Beerenartige Früchte – Rot

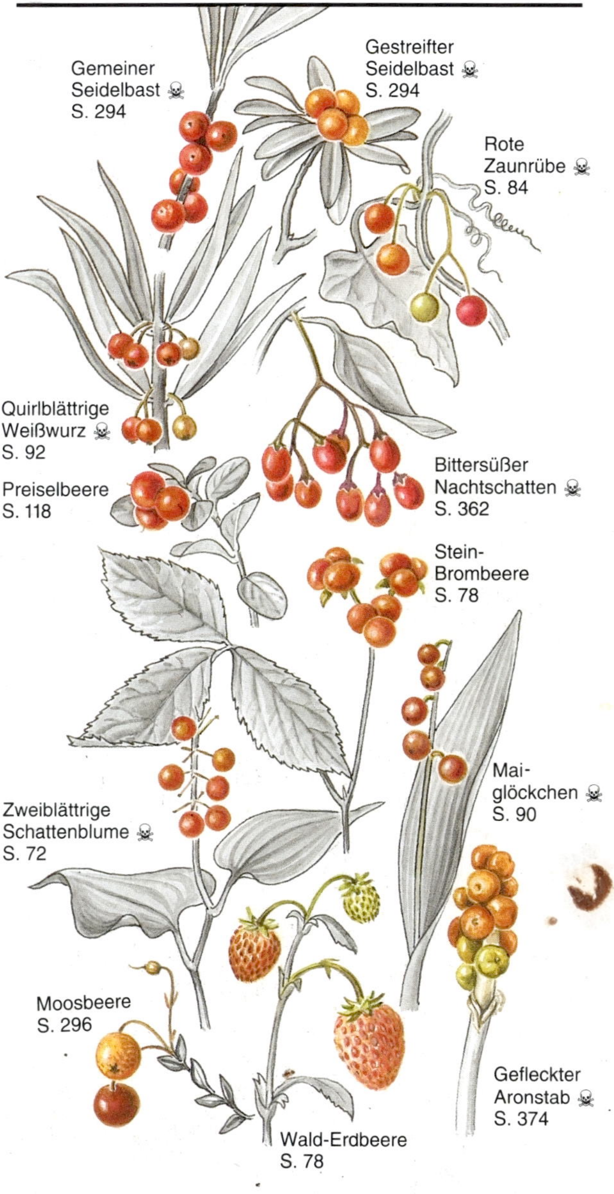
Gemeiner
Seidelbast ☠
S. 294
Gestreifter
Seidelbast ☠
S. 294
Rote
Zaunrübe ☠
S. 84
Quirlblättrige
Weißwurz ☠
S. 92
Preiselbeere
S. 118
Bittersüßer
Nachtschatten ☠
S. 362
Stein-
Brombeere
S. 78
Mai-
glöckchen ☠
S. 90
Zweiblättrige
Schattenblume ☠
S. 72
Moosbeere
S. 296
Gefleckter
Aronstab ☠
S. 374
Wald-Erdbeere
S. 78

D. Aichele / M. Golte-Bechtle

Was blüht
denn da?

*Wildwachsende
Blütenpflanzen
Mitteleuropas*

*Farbzeichnungen
von Marianne Golte-Bechtle*

Franckh · Kosmos

622 Farbzeichnungen im
Bestimmungsteil, 80 Farbzeichnungen
und 96 Schwarzweißzeichnungen
(Fachausdrücke im Bild) in der
Einführung und 75 Farbzeichnungen
auf den Klappen, alle von
Marianne Golte-Bechtle

Umschlag von Kaselow Design unter
Verwendung einer Farbzeichnung
von Marianne Golte-Bechtle

Die Deutsche Bibliothek –
CIP-Einheitsaufnahme

Was blüht denn da? :
Wildwachsende Blütenpflanzen
Mitteleuropas / D. Aichele ;
M. Golte-Bechtle. Farbzeichn.
von Marianne Golte-Bechtle. –
55. Aufl. – Stuttgart :
Franckh-Kosmos, 1993
   (Kosmos-Naturführer)
   ISBN 3-440-06637-1
NE: Aichele, Dietmar; Golte-Bechtle,
Marianne

55. Auflage/1993
© 1965, 1968, 1973, 1986, 1993,
Franckh-Kosmos Verlags-GmbH & Co.,
Stuttgart
Alle Rechte vorbehalten
Lektorat: Rainer Gerstle
Herstellung: Lilo Pabel
ISBN 3-440-06637-1
Printed in Italy
Imprimé en Italie
Satz: G. Müller, Heilbronn
Gesamtherstellung:
Printer Trento s.r.l., Trento

Holländische Ausgabe:
Thieme Zutphen/Niederlande
Französische Ausgabe:
Nathan, Paris/Frankreich
Englische Ausgabe:
Octopus, London/Großbritannien
Italienische Ausgabe:
Rizzoli, Mailand/Italien
Polnische Ausgabe:
Rolnicze i Lesne
Warschau/Polen
Dänische Ausgabe:
Lademann, Kopenhagen/Dänemark
Spanische Ausgabe:
Omega SA, Barcelona/Spanien
Ungarische Ausgabe:
Gondolat, Budapest/Ungarn

Seit der 48. Auflage liegt „Was blüht denn da?" in einem neuen, handlichen Format vor. Es ist ein „Buch zum Einstecken" geworden, das in jede Jackentasche paßt und das man leicht auf Wanderungen mitnehmen kann. Schließlich soll es nicht zuletzt im Gelände benutzt werden. In die 48. Auflage wurden einige Arten neu aufgenommen; neuere Erkenntnisse über Vorkommen und Inhaltsstoffe wurden – wo nötig – berücksichtigt. In der 51. Auflage habe ich auch die Kapitel „Die Einteilung im Pflanzenreich" und „Hauptgruppen des Pflanzenreichs" überarbeitet. Dabei habe ich mich an „Strasburgers Lehrbuch der Botanik", 32. Aufl., 1983, gehalten. Die hier getroffene Einteilung wird weithin akzeptiert und als Ausdruck des derzeitigen Kenntnisstandes angesehen.

Frau Marianne Golte-Bechtle hat für die 48. Auflage die Bildtafeln, in der die wichtigsten Fachbegriffe veranschaulicht werden, farbig gestaltet. Den Strichzeichnungen, die gewollt abstrahieren, hat sie Ausschnitte der Abbildungen beigefügt, die das Gemeinte beispielhaft zeigen. Jetzt kann der Benutzer mit dem Begriff sofort konkret Anschauliches verbinden. Frau Golte-Bechtle hat damit nicht nur das Begriffsverständnis erleichtert, sondern „Was blüht denn da?" noch schöner gemacht. So wirken auch die Abbildungen, die das umfängliche Register unterbrechen.

Ab der 55. Auflage enthält „Was blüht denn da?" Umschlagklappen, auf denen auffallende Früchte dargestellt sind. Auch diese Seiten hat Frau M. Golte-Bechtle in ästhetisch höchst ansprechender Weise gestaltet. Sie erlauben, anhand von „Früchten" und Fruchtständen wichtige Arten, die in dem Buch beschrieben werden, auf einen Blick zu identifizieren. Ich bin sicher, daß ich mit diesem Bildschlüssel den Wünschen zahlreicher Pflanzenfreunde entspreche.

Ich danke Frau Golte-Bechtle herzlich für ihre aufgeschlossene und einfühlsame Mitarbeit. Ohne ihre künstlerische Gestaltungskraft hätte „Was blüht denn da?" nicht so viele Freunde unter den Liebhabern unserer Pflanzenwelt gefunden.

Dr. Dietmar Aichele

Dies ist ein Buch für den fachlich nicht vorgebildeten Pflanzenfreund. Mit ihm kann er die häufigeren Pflanzen auf die einfachste Weise sicher kennenlernen. Jedem unvoreingenommenen Betrachter fällt als erstes die Blütenfarbe auf. Folgerichtig ist sie der Leitfaden in diesem Bestimmungswerk. Dies hat sich hunderttausendfach bewährt. Deshalb wurden vor allem auffällig blühende Pflanzen aufgenommen. Für Gräser, Moose und Farne, Bäume und Sträucher wurden Naturführer geschaffen, mit deren Hilfe jedermann auch zu diesen Gewächsen leicht Zugang findet.

Anhand der Blütenfarbe allein kann man Pflanzen leider nicht bestimmen. Andere Eigentümlichkeiten müssen darüber hinaus berücksichtigt werden. Als jedermann einleuchtend erwiesen sich Standortsgruppen. Die Randleisten erleichtern das Auffinden der Blütenfarbe, die Kopfzeile führt zum Standort. Mit einem Blick erfaßt man dabei auch das Symbol, das für den Blütenbau steht. Es symbolisiert, ob die Blüte zweiseitig (Löwenmaul) oder allseitig symmetrisch (radiärsymmetrisch, z. B. Nelke) ist. Zweckmäßigerweise unterteilt man radiärsymmetrische Blüten noch nach der Blütenblattzahl. Die drei ersten Untergruppen jeder Farbgruppe umfassen Pflanzen mit radiärsymmetrischen Blüten. Pflanzen der Untergruppe ✳ haben höchstens 4 Blütenblätter oder -zipfel, die der Untergruppe ✴ 5 und die der Untergruppe ◉ mehr als 5. Die Untergruppe ✾ umfaßt Pflanzen mit zweiseitig symmetrischen Blüten. Da der unvoreingenommene Betrachter „Korbblüten" in der Regel nicht als Blütenstände, sondern als Einzelblüten ansieht, wurden Korbblütler in die Gruppe der Blütenpflanzen mit mehr als 5 Blütenblättern aufgenommen. Kurz: „Blütenblatt" heißen in diesem Buch all die Gebilde, die der Laie dafür hält. Auch habe ich die Lippenblüten der Minzen bei den „vierzipfligen, radiärsymmetrischen Blüten" aufgeführt; denn der nicht Vorgeschulte wird an ihnen zweiseitige Symmetrie kaum erkennen.

Der Vergleich der gefundenen Pflanze mit der Zeichnung ist der Hauptschritt bei der raschen Identifikation. Der durchlaufende Text soll die Lesbarkeit erhöhen. Unter „SK" wurden „Sichere Kennzeichen" zusammengefaßt. Sie ermöglichen eine Schnellbestimmung. Unter „B" sind weitere Kennzeichen aufgeführt. Die hier verwendeten Fachausdrücke werden in der Einleitung bildlich erklärt. Erfahrungsgemäß führt dies sicherer zum Ziel als eine noch so gute begriffliche Umschreibung. Unter „SV" findet der Leser Wissenswertes über Standortsverhältnisse und Verbreitung. Die Verbreitungsangaben (z. B. „selten") beziehen sich auf die Wahrscheinlichkeit, mit der man die Pflanzen draußen in der Natur auch tatsächlich antrifft. Unter „**A**" ist allgemein Wissenswertes zusammengefaßt. Großbuchstaben kennzeichnen die Zugehörigkeit zu den taxonomischen Gruppen der Einkeimblättrigen, der Getrenntblättrigen und der Verwachsenblättrigen Blütenpflanzen; hier stehen – ausgedrückt mit den gebräuchlichen Symbolen – Angaben über den Lebenszyklus der Pflanze, über ihre evtl. Giftigkeit und darüber, ob und welchen Schutz sie genießt. Wer auch in der Pflanze nicht nur einen schönen Gegenstand, sondern vielmehr ein Lebewesen sieht, der möchte gleichsam ,,Persönliches'' über sie erfahren: Auch das Tier erschließt sich dem Menschen ja erst, wenn er sein Verhalten kennt. Dem sollen die weiteren Angaben dienen, die unter ,,**A**'' gemacht sind. Wie sehr gerade sie einem weitverbreiteten Interesse unter den Benutzern entgegenkommen, haben mir zahlreiche Zuschriften während der letzten Jahre gezeigt.

Leser, die sich schon seit Jahren mit heimischen Pflanzen beschäftigen, finden manche Gewächse unter neuen wissenschaftlichen Namen. Wo möglich sind ältere und vertraute Namen in Klammern beigegeben. Was verursacht die leidigen Änderungen in der Benennung? So lächerlich es gerade dem langjährigen Pflanzenfreund erscheinen mag: Es ist das Bestreben, die Namen zu vereinheitlichen und zu stabilisieren. Kein Bearbeiter eines Bestimmungsbuches sollte daher die ,,Liste der Gefäßpflanzen Mitteleuropas'' unbeachtet lassen. Sie enthält die derzeit gültigen Namen. Friedrich Ehrendorfer hat sie federführend zusammengestellt.

,,Was blüht denn da?'' wird geprägt durch die farbige Bebilderung. Frau Marianne Golte-Bechtle hat in vieljähriger Arbeit die Pflanzen nach der Natur gemalt. Ihre Bilder sprechen für sich. Nur wer weiß, wieviel einfühlsame Klein- und Feinarbeit hinter jedem Pflanzenporträt steckt, vermag ihre Leistung zu würdigen. Ich danke ihr sehr herzlich. Dank gebührt denen, die Frau Golte-Bechtle und mich beim Beschaffen des Pflanzenmaterials unterstützt haben, allen voran meiner Frau, die überdies viele Stunden bei der Korrektur half.

Dr. Dietmar Aichele

Die Tabelle auf S. 30–33 hilft Ihnen, Pflanzen rasch zu identifizieren. Sie brauchen nur 3 einfache Fragen zu beantworten.

Fragen:
1. Welche Blütenfarbe hat die fragliche Pflanze?
2. Zu welcher Standortsgruppe gehört der Fundort?
3. Hat die Pflanze radiär-symmetrische Blüten?
Wenn ja, wie viele Blütenblätter oder -zipfel besitzt die Blüte?
Ist die Blüte zweiseitig-symmetrisch?

Bitte schlagen Sie jetzt die in der Tabelle angegebene Standortsuntergruppe auf, die Sie mit Hilfe der Antworten aufgefunden haben. Vergleichen Sie dann die aufgefundene Pflanze mit den Abbildungen. Die Beschreibung unter **SK** und **B** sichert die Identifikation.

Beispiel:

An einem Waldrand auf der Schwäbischen Alb wird im März eine violett blühende Pflanze aufgefunden[1]. Sie hat 6 Blütenblätter. Die Übersichtstabelle verweist auf die Standortsgruppe „Violett, Wälder, Gebüsche, Hecken" und auf die Untergruppe „radiärsymmetrische Blüte mit mehr als 5 Blütenblättern", also auf die Seiten 354–357. Die Tafel auf S. 357 zeigt 3 Pflanzen mit ähnlichen Blüten, die sich jedoch in der Blattform unterscheiden. Die Blätter unserer Pflanze sind, wie ein rascher Blick zeigt, noch nicht voll entwickelt, doch schon deutlich als gefiedert erkennbar. Damit kann es sich bei der aufgefundenen Pflanze nur um die Echte Küchenschelle handeln. Die Beschreibungen (**SK** und **B**) der Echten Küchenschelle bestätigen die Richtigkeit der vollzogenen Identifikation. Ein Vergleich mit den Beschreibungen der übrigen Küchenschellen schließt selbst letzte Zweifel aus.

[1] Nicht immer läßt sich unter mehreren Betrachtern Einigkeit darüber erzielen, ob eine Pflanze „violett", „blau" oder „rot" blüht. Ich habe mich bemüht, die Farbe einer Blüte so zu benennen, wie sie von den meisten Menschen gesehen wird. Alle Arten, die man nach meinem Dafürhalten mit gutem Recht „blau" oder „violett" bzw. „rot" oder „violett" heißen kann, habe ich bei beiden Farbgruppen aufgeführt. Dennoch könnten vereinzelt Pflanzen, die üblicherweise als „blau" angesehen werden, jemandem „violett" erscheinen, zumal die Blütenfarbe regional etwas variieren kann. Führt deshalb eine Bestimmung nicht zum Ziel, so empfiehlt es sich, unter der Farbgruppe nachzuschlagen, in die die Pflanze ebenfalls eingeordnet werden könnte.

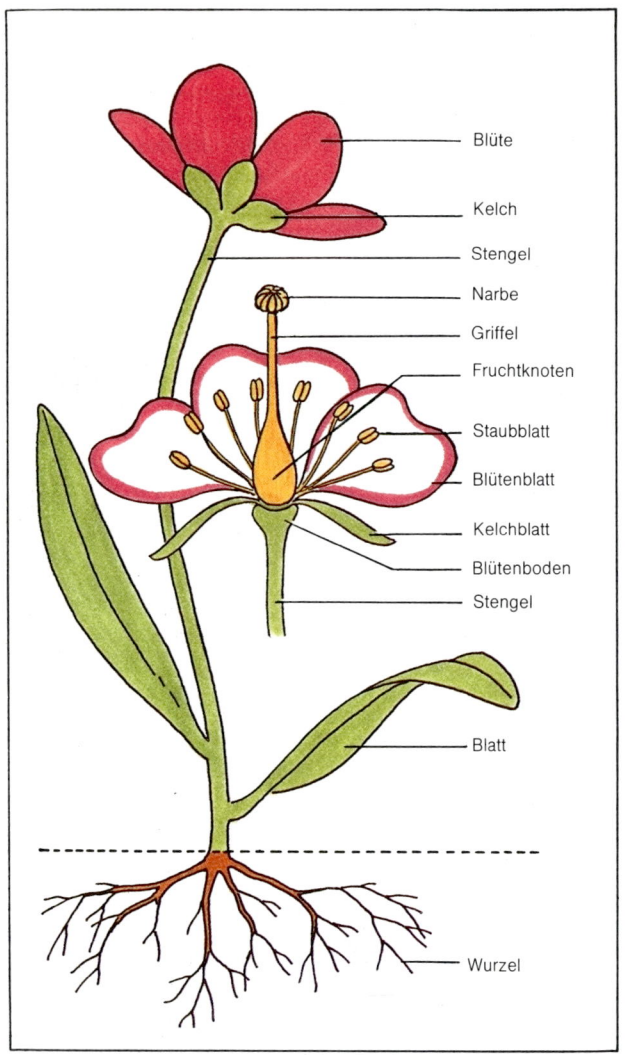

- Blüte
- Kelch
- Stengel
- Narbe
- Griffel
- Fruchtknoten
- Staubblatt
- Blütenblatt
- Kelchblatt
- Blütenboden
- Stengel
- Blatt
- Wurzel

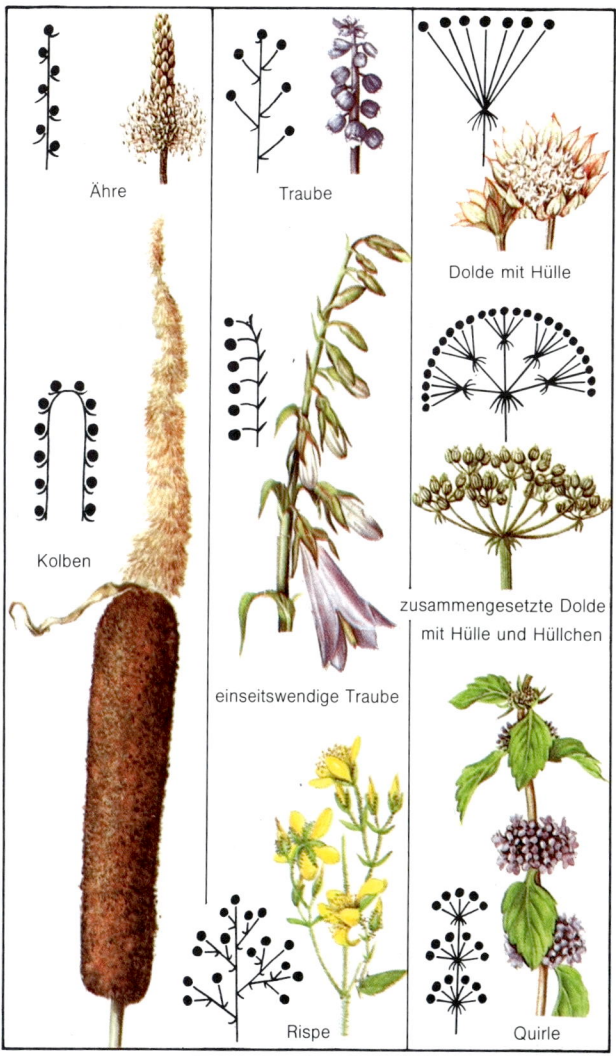

Ähre

Traube

Dolde mit Hülle

Kolben

einseitswendige Traube

zusammengesetzte Dolde
mit Hülle und Hüllchen

Rispe

Quirle

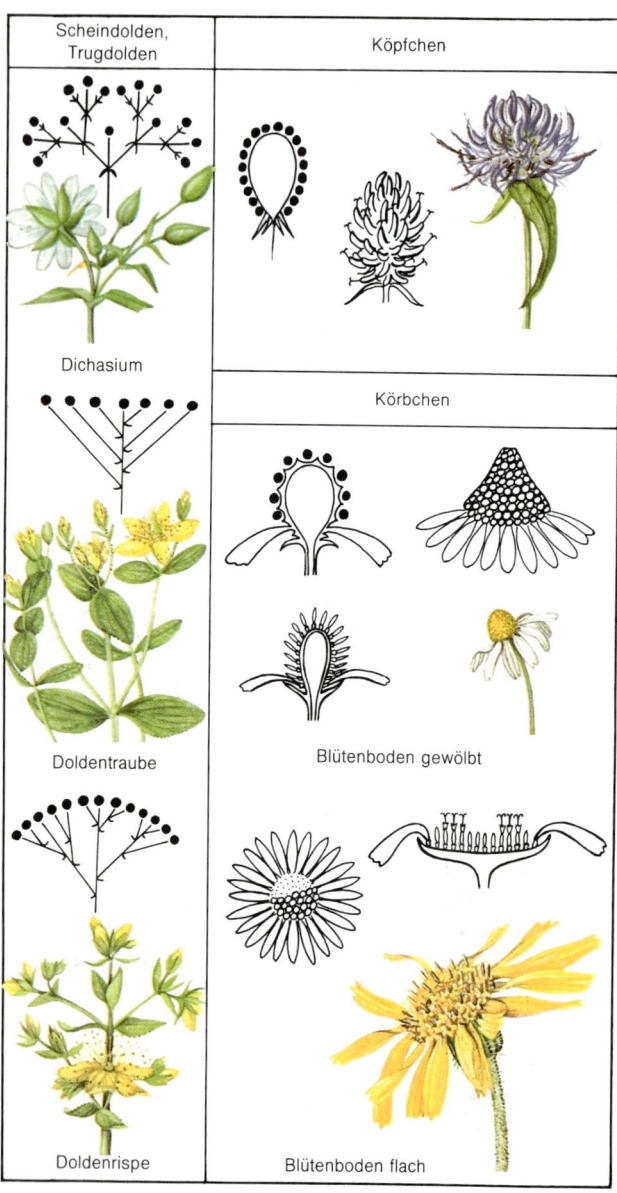

Scheindolden, Trugdolden	Köpfchen
Dichasium	
Doldentraube	Körbchen
	Blütenboden gewölbt
Doldenrispe	Blütenboden flach

flach

getrenntblättrig

glockig

zweiseitig symmetrisch

Orchideenblüte

Leinkrautblüte

Lippenblüten

Veilchen

Schmetterlingsblüte

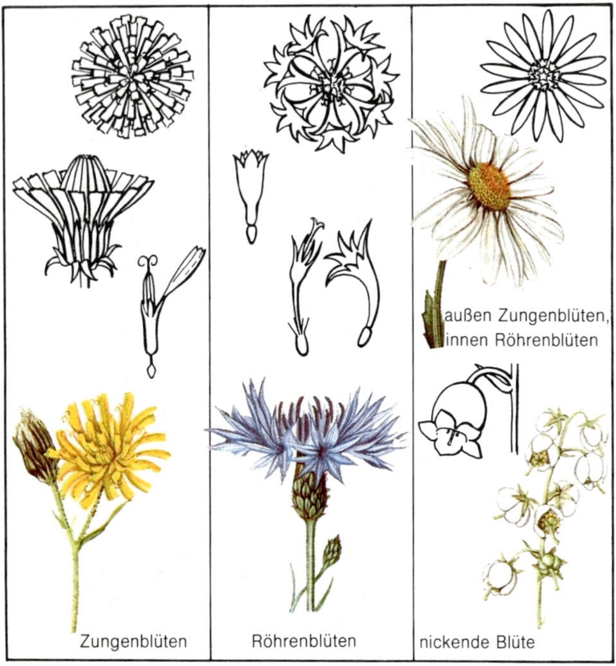

außen Zungenblüten, innen Röhrenblüten

Zungenblüten | Röhrenblüten | nickende Blüte

Kelch

getrenntblättrig | bauchig | nervig

verwachsen | aufgeblasen | zweilippig

Blattspreite

nadelförmig

pfriemenförmig

lanzettlich

linealisch

keilförmig

spatelig

länglich

eiförmig

eiförmig-lanzettlich

nierenförmig

verkehrt eiförmig

rundlich

schildförmig

herzförmig

pfeilförmig

gefingert

spießförmig

dreizählig

handförmig gelappt

fiederschnittig /
schrotsägeförmig

handförmig

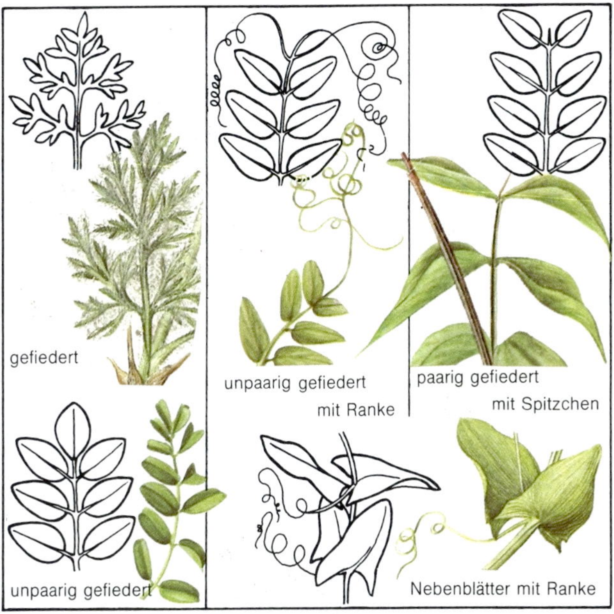

gefiedert

unpaarig gefiedert
mit Ranke

paarig gefiedert
mit Spitzchen

unpaarig gefiedert

Nebenblätter mit Ranke

Nervatur

fiedernervig

parallelnervig

netznervig

ganzrandig

gezähnt

gebuchtet

gesägt

gekerbt

doppelt gesägt

dornig gezähnt

schrotsägerandig

wechselständig

quirlständig

gekreuzt gegenständig

zweireihig

aufrecht

aufsteigend

niederliegend

mit Ausläufern

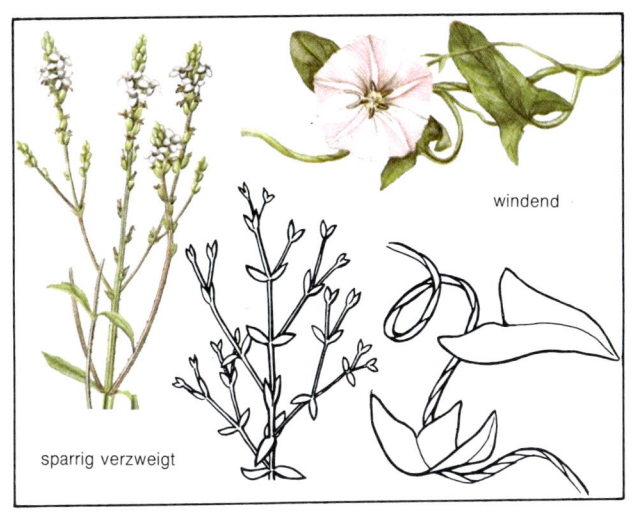

windend

sparrig verzweigt

Unterirdische Pflanzenteile

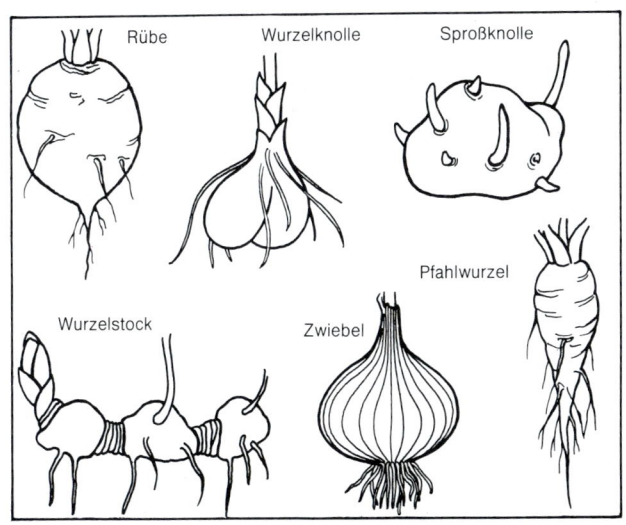

Rübe · Wurzelknolle · Sproßknolle · Wurzelstock · Zwiebel · Pfahlwurzel

Viele Gemeinsamkeiten, die selbst Laien auf den ersten Blick sehen, gründen auf einem „Bauplan" (z. B. Schmetterlingsblütengewächse). Man darf ihn als entstanden aus Frühformen verstehen, die vor mehr oder minder langer Zeit gelebt haben. Die Gleichheit der Erbsubstanz, der Bau aus Zellen – um nur einiges zu nennen – deutet möglicherweise auf nur einen Ursprung aller Lebewesen. Nach dem Grad ihrer Übereinstimmung kann man sie in ein System ordnen. Dessen Gruppen umfassen um so mehr verschiedenartige Lebewesen, je weniger sie sich ähneln. Für den Alltagsgebrauch sind Gruppen großen Umfangs vielfach ebensowenig tauglich wie solche, deren Angehörige nur mit Mühe voneinander unterschieden werden können. Was also zu einer Gruppe gehörend angesehen und mit einem Begriff versehen wird, der die Rangstufe kennzeichnet, nennt man ein „Taxon". Beschrieben, errichtet wird es auf Artstufe anhand von Beobachtungen an einem einzigen Individuum. Den Umfang oder Rang einer Gruppe legt die Taxonomie fest.

Gebräuchliche Taxa im Pflanzenreich sind:
(in Anlehnung an Strasburger: Lehrbuch der Botanik, 32. Aufl., 1983)

Art	Echte Küchenschelle	*Pulsatilla vulgaris*
Gattung	Küchenschelle	*Pulsatilla*
Familie	Hahnenfußgewächse	*Ranunculaceae*
Ordnung	Hahnenfußartige Gewächse (auch: Hahnenfußartige)	*Ranunculales*
Überordnung	kein gebräuchlicher deutscher Name	*Ranunculanae*
Unterklasse	kein gebräuchlicher deutscher Name	*Ranunculidae*
Klasse	Zweikeimblättrige Bedecktsamer	*Dicotyledoneae* (= *Magnoliatae*)
Unterabteilung	Bedecktsamer	*Angiospermae* (= *Angiospermophytina, Magnoliophytina*)
Abteilung	Samenpflanzen	*Spermatophyta*
Unterreich	kein gebräuchlicher deutscher Name	*Cormobionta*
Reich	kein gebräuchlicher deutscher Name	*Eukaryota*

Was zu einer Gattung gerechnet wird, bestimmt nicht etwa eine „Artenmindestzahl". Die Gattung Huflattich (*Tussilago*) umfaßt nur eine Art

(*Tussilago farfara*). Sie ist „monotypisch". Beim Greiskraut (*Senecio*) unterscheiden Spezialisten hingegen fast 1500 Arten. Daher machen artenreiche Gruppen dem, der sie erst kennenlernen will, oft besondere Schwierigkeiten.

Das Benennen einer Art durch den an erster Stelle stehenden Gattungsnamen (z. B *Pulsatilla*) und das nachfolgende Epitheton (z. B. *vulgaris*) soll durch seinen einheitlichen Gebrauch über die Sprachgrenzen hinweg Klarheit schaffen. Unmißverständlich kann sie aber nur durch Laien störende Zusatzvereinbarungen erzielt werden: Namengeber ist, wer in einer festgelegten Weise des Vorgehens als erster die Pflanze „gültig" benannt hat. Daher fügt man dem Epitheton – um bestmögliche Eindeutigkeit zu schaffen – auch noch den Namen des Erstbenenners, ja die Jahreszahl und den Veröffentlichungsort an, in dem die gültige Veröffentlichung vorgenommen wurde (z. B. *Pulsatilla vulgaris* Miller Gard. Dict. ed. 8, nr. 1, 1768). Immer wieder werden bei genauer Nachprüfung Mißverständnisse entdeckt, die eine Umbenennung zur Folge haben. Natürlich kann diese auch das Ergebnis neuerer oder mit neuen Gründen auf den alten Stand zurückgeführter Erkenntnisse sein. Für den Pflanzenfreund überwiegt allzu meist das Ärgernis über die ihm willkürlich erscheinende Namengebung, und wer dies nicht als berechtigt anerkennt, läuft möglicherweise Gefahr, betriebsblind zu sein und vor lauter Korrektheit das Praktikable zu übersehen.

Damit aus alten Veröffentlichungen ausgegrabenen Umbenennungen eine Zeitgrenze in die Vergangenheit gezogen werden kann, darf eine gültige Benennung auf Artstufe 1753, das Erscheinungsdatum von Linnés bahnbrechendem Werk „Species plantarum", in dem zahllose Pflanzenarten trefflich beschrieben wurden, nicht überschreiten.

(in Anlehnung an Strasburger: Lehrbuch der Botanik, 32. Aufl. 1983)

Anmerkungen zu Systematik und Taxonomie

Ähnlichkeit beruht oft darauf, daß die Lebewesen gemeinsame Vorfahren besaßen: Sie bilden eine „Abstammungsgemeinschaft", sind also miteinander verwandt. Es ist das Ziel der Systematik, Abstammungsgemeinschaften zu erkennen. Aufgabe der Taxonomie ist es, die „Taxa" zu beschreiben, zu benennen, im Rang einzustufen und sie hierarchisch zu ordnen.

Ähnlichkeit kann indessen auch zustande kommen, wenn Lebewesen durch Umweltbedingungen auf Merkmale ausgelesen worden sind, die sie unter den Gegebenheiten haben überleben lassen, oder wenn sie eine gleiche Entwicklungsstufe erreicht haben. Baum- oder Strauchwuchs, Zwiebel- oder Rosettenbildung treten bei Pflanzen auf, die den unterschiedlichsten Taxa angehören. Würde man nach solchen Merkmalen gruppieren, erhielte man künstliche, formale Systeme, weil in ihnen keine Abstammungsgemeinschaften erfaßt sind. Wir zögern z. B. keine Sekunde, pigmentierte Wasserpflanzen ohne beblätterten Sproß und Wurzeln Algen zu nennen. In diesem Begriff fassen wir indessen recht unterschiedliche Abstammungsgemeinschaften zusammen. „Alge" ist kein tauglicher taxonomischer Begriff. Gleichwohl ist es sinnvoll, von Algen zu sprechen, wenn man sich rasch im Pflanzenreich orientieren will. Nennt man eine Pflanze „Alge", kennzeichnet man damit ihren „Organisationstyp", stuft sie aber nicht taxonomisch ein.

Mit Hilfe von Begriffen, die sich auf die Organisationsform bzw. auf die Organisationshöhe beziehen, erleichtert man sich die Orientierung in der Vielfalt der Lebewesen. Deswegen haben wir sie in der folgenden Übersicht verwendet. Andererseits findet eine derartige Kennzeichnung keinen Platz in einem hierarchisch-taxonomischen System, das die stammesgeschichtlichen Zusammenhänge nach dem derzeitigen Kenntnisstand abbildet.

A. Prokaryota – Lebewesen ohne echten Zellkern

Organisationstyp Bakterien
1. Abteilung: Archebacteria (frei übersetzt: Urbakterien; taxonomische Gliederung noch offen.)
2. Abteilung Eubacteria (frei übersetzt: Echte Bakterien; 2 Klassen.)

Organisationstyp Prokaryotische Algen (frei übersetzt: Algen ohne echten Zellkern)

1. Abteilung: Cyanophyta (Blaualgen; 1 Klasse)
2. Abteilung: Prochlorophyta (frei übersetzt: Vorläufer der Grünalgen; bisher nur wenige Arten bekannt; Gliederung noch offen.)

B. Eukaryota – Lebewesen mit echtem Zellkern

Organisationstyp Eukaryotische Algen (Algen mit echtem Zellkern)
7 Abteilungen, in denen meist insgesamt 13 Klassen unterschieden werden.

Organisationstyp Schleimpilze
3 Abteilungen mit zusammen 5 Klassen

Organisationstyp Pilze
2 Abteilungen mit zusammen 5 Klassen

Organisationsstufe Flechten
2 Klassen

Organisationstyp Moose und Gefäßpflanzen
1. Abteilung: Bryophyta (Moose; 3 Klassen)
2. Abteilung: Pterydophyta (Farnpflanzen; 5 Klassen)
3. Abteilung: Spermatophyta (Samenpflanzen)
Organisationsstufe Nacktsamer
1. Unterabteilung: Coniferophytina (Gabel- und Nadelblättrige Nacktsamer; 2 Klassen)
2. Unterabteilung: Cycadophytina Fiederblättrige Nacktsamer; 4 Klassen)
Organisationsstufe Bedecktsamer
3. Unterabteilung: Angiospermae = Angiospermophytina = Magnoliophytina (Bedecktsamer)
1. Klasse: Dicotyledoneae = Magnoliatae (Zweikeimblättrige Bedecktsamer; 8 Unterklassen)
2. Klasse: Monocotyledoneae = Liliatae (Einkeimblättrige Bedecktsamer; 3 Unterklassen).

Auswahl von Unterklassen, Überordnungen, Ordnungen und Familien, aus denen Vertreter in diesem Buch aufgeführt sind.

1. Klasse: Dicotyledoneae (= Magnoliatae) – Zweikeimblättrige Bedecktsamer
1. Unterklasse: Magnoliidae

Überordnung: Magnolianae
Ordnung: Aristolochiales – Osterluzeiartige

Familie:
Aristolochiaceae – Osterluzeigewächse

Überordnung: Nymphaeanae
Ordnung: Nymphaeales – Seerosenartige

Nymphaeaceae – Seerosengewächse

2. Unterklasse: Ranunculidae

Überordnung: Ranunculanae
Ordnung: Ranunculales – Hahnenfußartige
Ordnung: Papaverales – Mohnartige

Ranunculaceae – Hahnenfußgewächse
Berberidaceae – Berberitzengewächse
Papaveraceae – Mohngewächse
Fumariaceae – Erdrauchgewächse

3. Unterklasse: Caryophyllidae

Überordnung: Caryophyllanae
Ordnung: Caryophyllales – Nelkenartige

Caryophyllaceae – Nelkengewächse
Amaranthaceae – Fuchsschwanzgewächse
Chenopodiaceae – Gänsefußgewächse

Überordnung: Polygonanae
Ordnung: Polygonales — Knöterichartige

Polygonaceae – Knöterichgewächse

Überordnung: Plumbaginanae
Ordnung: Plumbaginales – Bleiwurzartige

Plumbaginaceae – Strandnelkengewächse

4. Unterklasse: Hamamelididae

Überordnung: Urticanae
Ordnung: Urticales – Brennesselartige

Ulmaceae – Ulmengewächse
Cannabaceae – Hanfgewächse
Urticaceae – Brennesselgewächse

5. Unterklasse: Rosidae

Überordnung: Rosanae
Ordnung: Saxifragales – Steinbrechartige
Ordnung: Rosales – Rosenartige

Grossulariaceae – Stachelbeergewächse
Saxifragaceae – Steinbrechgewächse
Rosaceae – Rosengewächse

Überordnung: Fabanae
Ordnung: Fabales – Schmetterlingsblütenartige

Fabaceae – Schmetterlingsblütengewächse

Überordnung: Myrtanae
Ordnung: Myrtales – Myrtenartige

Onagraceae – Nachtkerzengewächse
Lythraceae – Weiderichgewächse

Ordnung: Haloragales – Seebeerenartige

Haloragaceae – Seebeerengewächse

Überordnung: Rutanae
Ordnung: Rutales – Rautenartige
Ordnung: Sapindales – Seifenbaumartige
Ordnung: Geraniales – Storchschnabelartige

Rutaceae – Rautengewächse
Aceraceae – Ahorngewächse
Oxalidaceae – Sauerkleegewächse
Linaceae – Leingewächse

Ordnung: Polygalales – Kreuz-
blümchenartige
Überordnung: Celastranae
Ordnung: Celastrales – Spindel-
baumartige
Rhamnales – Kreuzdornartige
Ordnung: Santalales – Sandelartige

Geraniaceae – Storchschnabelgewächse
Balsaminaceae – Balsaminengewächse
Polygalaceae – Kreuzblümchen-
gewächse

Celastraceae – Spindelbaumgewächse

Rhamnaceae – Kreuzdorngewächse
Santalaceae – Sandelgewächse
Oleaceae – Ölbaumgewächse
Viscaceae – Mistelgewächse

Überordnung: Euphorbianae
Ordnung: Euphorbiales – Wolfs-
milchartige
Ordnung: Thymelaeales – Seidel-
bastartige
Ordnung: Eleagnales – Ölweiden-
artige
Überordnung: Aralianae
Ordnung: Araliales – Aralienartige

Euphorbiaceae – Wolfsmilchgewächse

Thymelaeaceae – Seidelbastgewächse

Eleagnaceae – Ölweidengewächse

Araliaceae – Araliengewächse
Apiaceae – Doldengewächse

6. Unterklasse: Dilleniidae

Überordnung: Theanae
Ordnung: Theales – Teestrauchartige
Ordnung: Droserales – Sonnentau-
artige
Überordnung: Violanae
Ordnung: Violales – Veilchenartige

Ordnung: Capparales – Kapern-
strauchartige
Ordnung: Cucurbitales – Kürbis-
artige
Überordnung: Malvanae
Ordnung Malvales – Malvenartige

Überordnung: Primulanae
Ordnung: Primulales – Primelartige
Überordnung: Cornanae
Ordnung: Cornales – Hartriegel-
artige
Ordnung: Ericales – Heidekraut-
artige

Hypericaceae – Hartheugewächse
Droseraceae – Sonnentaugewächse

Violaceae – Veilchengewächse
Cistaceae – Zistrosengewächse
Brassicaceae – Kreuzblütengewächse

Cucurbitaceae – Kürbisgewächse

Tiliaceae – Lindengewächse
Malvaceae – Malvengewächse

Primulaceae – Primelgewächse

Aquifoliaceae – Stechhülsengewächse
Cornaceae – Hartriegelgewächse
Ericaceae – Heidekrautgewächse
Pirolaceae – Wintergrüngewächse
Monotropaceae – Fichtenspargel-
gewächse

7. Unterklasse Lamiidae

Überordnung Gentiananae
Ordnung: Dipsacales – Kardenartige

Ordnung: Oleales – Ölbaumartige
Ordnung: Gentianales – Enzianartige

Sambucaceae – Holundergewächse
Caprifoliaceae – Geißblattgewächse
Adoxaceae – Moschuskrautgewächse
Valerianaceae – Baldriangewächse
Dipsacaceae – Kardengewächse
Oleaceae – Ölbaumgewächse
Gentianaceae – Enziangewächse
Menyanthaceae – Fieberkleegewächse
Apocynaceae – Hundsgiftgewächse

Asclepiadaceae – Schwalbenwurzgewächse
Rubiaceae – Rötegewächse

Überordnung: Solananae
Ordnung: Solanales – Nacht-
schattenartige

Solanaceae – Nachtschattengewächse
Convolvulaceae – Windengewächse
Cuscutaceae – Seidengewächse
Ordnung: Boraginales – Borretsch-
artige
Boraginaceae – Borretschgewächse

Überordnung: Scrophularianae
Ordnung: Scrophulariales Braun-
wurzartige

Scrophulariaceae – Braunwurzgewächse
Globulariaceae – Kugelblumengewächse
Orobanchaceae – Sommerwurz-
gewächse
Lentibulariaceae – Wasserschlauch-
gewächse
Plantaginaceae – Wegerichgewächse
Ordnung: Hippuridales – Tannen-
wedelartige
Hippuridaceae – Tannenwedelgewächse
Ordnung: Lamiales – Lippenblüten-
artige
Lamiaceae – Lippenblütengewächse

8. Unterklasse: Asteridae

Überordnung: Asteranae
Ordnung: Campanulales – Glocken-
blumenartige
Campanulaceae – Glockenblumen-
gewächse
Ordnung: Asterales – Korbblüten-
artige
Asteraceae – Korbblütengewächse
Cichoriaceae – Korbblütengewächse

2. Klasse: Monocotyledoneae (= Liliatae) – Einkeimblättrige Bedecktsamer
1. Unterklasse: Alismatidae

Ordnung: Alismatales – Frosch-
löffelartige
Alismataceae – Froschlöffelgewächse
Ordnung: Hydrocharitales –
Froschbißartige
Hydrocharitaceae – Froschbißgewächse
Ordnung: Zosterales – Seegrasartige
Potamogetonaceae – Laichkraut-
gewächse

2. Unterklasse: Liliidae

Überordnung: Lilianae
Ordnung: Asparagales – Spargel-
artige

Convallariaceae – Maiglöckchen-
gewächse
Alliaceae – Lauchgewächse
Amaryllidaceae – Amaryllisgewächse
Ordnung: Liliales – Lilienartige
Colchicaceae – Zeitlosengewächse
Liliaceae – Liliengewächse
Iridaceae – Schwertliliengewächse

Überordnung: Orchidanae
Ordnung: Orchidales – Orchideen-
artige
Orchidaceae – Orchideengewächse

Überordnung: Typhanae
Ordnung: Typhales – Rohrkolben-
artige
Typhaceae – Rohrkolbengewächse

3. Unterklasse: Arecidae

Überordnung: Aranae
Ordnung: Arales – Aronstabartige
Araceae – Aronstabgewächse

Abkürzungen und Symbole

SK: Sichere Kennzeichen
  B: Beschreibung
SV: Standort und Verbreitung
  A: Allgemein Wissenswertes
  M: Monokotyle; Einkeimblättrige Blütenpflanze
  G: Getrenntblütenblättrige Pflanze
  V: Verwachsenblütenblättrige Pflanze
  ⊙: Einjährige Pflanze
  ☉: Zweijährige Pflanze
  ♃: Ausdauernde Pflanze
  ☠: Giftige Pflanze
 (☠): Schwach giftige oder giftverdächtige Pflanze
  ▽: Schutzwürdige Pflanze

Betonungszeichen bei den wissenschaftlichen Namen

Betonte Vokale sind durch ´(z. B. á), betonte Doppelvokale durch —
(z. B. a͞u) gekennzeichnet.

Blütenformen

 Blüten mit höchstens 4 Blütenblättern

 Blüten mit 5 Blütenblättern

 Blüten mit mehr als 5 Blütenblättern oder Korbblütler

 Zweiseitig symmetrische Blüten

Übersicht über die Tabellen

Blütenfarbe **Weiß**

Blütenfarbe **Gelb**

Blütenfarbe **Rot**

Blütenfarbe **Blau**

Blütenfarbe **Violett**

Blütenfarbe **Grün**

Blütenfarbe **Braun**

März – Oktober   20 – 40 cm

1 Gemeines Hirtentäschelkraut
Hirtentäschel
Capsélla búrsa-pastóris
Kreuzblütengewächse
Brassicáceae (Crucíferae)

SK: Blüten in lockerer Traube, mit endständiger Trugdolde. Fruchtknoten und Früchte dreieckig bis keil-herzförmig, aufrecht abstehend, oben am breitesten.
B: Stengel ästig. Grundständige Blattrosette. Grundblätter schrotsägeförmig-fiederteilig. Oberste Blätter ganzrandig.
SV: Unkrautbestände auf Äckern, in Gärten und Weinbergen, auf Bahndämmen, auf Schuttplätzen an Wegen; stickstoffliebend; wächst auf Sand-, Lehm- und Kiesböden jeder Art; sehr häufig.
A: G; ⊙; ⊖
Die Pflanze hat ihren Namen wegen der taschenartigen Früchte bekommen. Gelegentlich wird das Hirtentäschel von einem Pilz befallen und sieht dann weißlich bestäubt aus. Heilpflanze; enthält Cholin und Acetylcholin.

Mai – Oktober   15 – 30 cm

2 Acker-Hellerkraut
Acker-Pfennigkraut, Ackertäschel
Thláspi arvénse
Kreuzblütengewächse
Brassicáceae (Crucíferae)

SK: Fruchtknoten höchstens 3mal so lang wie breit. Frucht 10 – 18 mm lang, breit geflügelt und oben tief ausgeschnitten. Stengel kantig. Pflanze kahl.
B: Blütenstand traubig. Stengelblätter sitzend, länglich, buchtig gezähnt, mit pfeilförmigem Grund, hellgrün. Fruchtfächer mehrsamig.
SV: Unkrautbestände vor allem auf Hackfruchtäckern, in Weinbergen und Gärten, seltener auf Schuttplätzen, an Wegrainen und auf Getreideäckern; vorwiegend auf nährstoffreichen, aber doch lockeren Lehmböden; häufig.
A: G; ⊙
Der Name Hellerkraut bezieht sich auf das münzenähnliche Aussehen der

Früchte. Die Pflanze enthält Senföl und schmeckt scharf.

April – Mai   8 – 20 cm

3 Sand-Bauernsenf
Teesdália nudicaulis
Kreuzblütengewächse
Brassicáceae (Crucíferae)
Siehe Seite 54

März – Mai   5 – 10 cm

4 Frühlings-Hungerblümchen
Eróphila vérna (Drába vérna)
Kreuzblütengewächse
Brassicáceae (Crucíferae)

SK: Blütenblätter etwa auf $^1/_3$ eingeschnitten. Fruchtknoten höchstens 3mal so lang wie breit. Stengel blattlos. Blätter in flacher Rosette.
B: Blütenstand traubig. Blätter lanzettlich.
SV: Unkrautbestände auf Hackfruchtäckern, auf und an Wegen, Trocken- und Halbtrockenrasen, seltener auf Bahnschotter; etwas stickstoffliebend; bevorzugt lockere, verhältnismäßig grobkörnige Sandböden; zerstreut.
A: G; ⊙
Die Pflanze wächst auf ertragsarmen Böden (Name!).

Mai – Oktober   2 – 5 cm

5 Liegendes Mastkraut
Liegender Knebel
Sagína procúmbens
Nelkengewächse
Caryophylláceae

SK: Meist 4, gelegentlich 5 Blütenblätter; Pflanze niederliegend.
B: Die Blütenstiele entspringen in den Blattachseln. Sie krümmen sich nach dem Verblühen zurück. Die Äste biegen sich nach oben und wurzeln an den Knoten. Die Blätter sind sehr kurz, schmallineal und stachelspitzig.
SV: Unkrautbestände auf Äckern, an Wegen, in Quellfluren und auf Uferbänken; liebt dichten, kalkarmen Lehmboden; Nässezeiger; zerstreut; in Quellfluren wächst das Liegende Mastkraut jedoch oftmals in kleinen Polstern.
A: G; ♃

1

5

4

3

2

35

April—Juni 5—20 cm
1 Durchwachsenes Hellerkraut
Stengelumfassendes Hellerkraut
Thláspi perfoliátum
Kreuzblütengewächse
Brassicáceae (Cruciferae)
Siehe Seite 54

Mai—Juni 15—30 cm
2 Feld-Kresse
Lepídium campéstre
Kreuzblütengewächse
Brassicáceae (Cruciferae)
SK: Blüten in Trauben, unansehnlich. Fruchtknoten höchstens 3mal so lang wie breit. Frucht stark zusammengedrückt, eiförmig, nach oben breit geflügelt. Fruchtfächer einsamig. Blütenstiele meist behaart. Stengelblätter mit herz- oder pfeilförmigem Grund stengelumfassend.
B: Blätter ungeteilt, gezähnt, am Rand oft etwas wellig; untere Blätter länglich, in den Blattstiel verschmälert, weichhaarig.
SV: Unkrautbestände auf Äckern und auf Schuttplätzen; liebt nährstoffreiche Lehmböden; wärmeliebend; selten.
A: G; ⊙; ⊖
Alte Heilpflanze; wird gelegentlich mit Kleesaaten verschleppt und taucht so in Gegenden auf, in denen sie längere Zeit fehlte.

Mai—Juli 20—50 cm
3 Gemeine Pfeilkresse
Herzkresse, Türkische Kresse
Cardária drába (Lepídium drába)
Kreublütengewächse
Brassicáceae (Cruciferae)
SK: Blüten in dichter Scheindolde, wohlriechend, Fruchtknoten höchstens 3mal so lang wie breit. Frucht stark zusammengedrückt, herzförmig; Fruchtfächer einsamig. Blütenstiele kahl. Mittlere und obere Stengelblätter mit herz- oder pfeilförmigem Grund stengelumfassend.
B: Doldenähnliche Rispe. Stengel meist aufrecht und etwas kantig. Untere Blätter gestielt.
SV: Unkrautbestände an Wegrainen,

auf Bahndämmen und auf Schuttplätzen; liebt steinigen, etwas kalkhaltigen Boden; bevorzugt trockene Standorte; zerstreut.
A: G; ♃
Die Samen der Pfeilkresse schmecken scharf (Senföle) und wurden früher anstelle des Pfeffers als Würze verwendet.

Mai—Juni 20—100 cm
4 Gemeines Lauchkraut
Knoblauchsrauke
Alliária petioláta (A. officinális)
Kreuzblütengewächse
Brassicáceae (Cruciferae)
SK: Pflanze riecht beim Zerreiben stark nach Knoblauch.
B: Trugdoldige Traube. Stengel aufrecht. Blätter ungeteilt; untere langgestielt, nieren-herzförmig, grob gekerbt; obere Blätter herz-eiförmig, buchtig gezähnt.
SV: Gebüsche, Waldränder, lichte und feuchte Wälder, Schuttplätze, gelegentlich auch an Wegrändern; liebt lockere, nährstoffreiche und stickstoffhaltige Böden; häufig.
A: G; ⊖
Enthält Senföle (Name); wurde früher als Salatwürze verwendet, schmeckt aber etwas bitter. Alte Heilpflanze, deren Wirkung ähnlich der von Knoblauch sein soll.

Mai—Juni 15—60 cm
5 Rauhhaarige Gänsekresse
Árabis hirsúta
Kreuzblütengewächse
Brassicáceae (Cruciferae)
SK: Fruchtknoten mehr als dreimal so lang wie breit. Blätter ungeteilt, mit herz- oder pfeilförmigem Grund stengelumfassend. Pflanze behaart.
B: Die Blüten stehen in einer Traube. Stengel mäßig dicht beblättert.
SV: Trockenrasen, Halbtrockenrasen, trockene Bergwiesen, Wegraine, auch in Mooren; liebt nährstoffreiche, kalkhaltige Böden; zerstreut.
A: G; ⊙ —♃

5

4

1

2

3

Mai−August   30−100 cm
1 Wiesen-Labkraut
Gemeines Labkraut
Gálium mollúgo
Rötegewächse
Rubiáceae

SK: Blütenzipfel haarfein zugespitzt. Stengel vierkantig.

B: Rispe. Blüten weiß oder elfenbein-farben. Blätter länglich bis verkehrt-eiförmig, stachelspitzig, meist zu 8 quirlständig.

SV: Wiesen, Weiden, Wegraine; liebt nährstoffreiche, lehmige Böden; etwas stickstoffliebend; sehr häufig.

A: V; ♃

Name: s. Echtes Labkraut, S.132

Juni−August   30−130 cm
2 Kletten-Labkraut
Klebriges Labkraut, Klimmendes Labkraut, Klebkraut
Gálium aparíne
Rötegewächse
Rubiáceae

SK: Blütenstände in den Blattachsen, länger als die Blätter. Stengel vierkan-tig, mit Hilfe von rauhen Haaren klet-ternd.

B: Blüten weiß oder grünlichweiß. Blätter keilförmig-länglich, stachel-spitzig. Am Blattrand und in der Mitte der Blattunterseite spürt man gut die groben Haare, wenn man mit dem Fin-ger gegen die Blattspitze streicht. Die Blätter stehen zu 6−8 in einem Quirl.

SV: Unkrautbestände auf Äckern, in Gärten und in Weinbergen, auf Schuttplätzen, in Gebüschen, an Waldrändern und in Wäldern, Uferge-strüpp; liebt feuchte, nährstoffreiche, stickstoffhaltige Lehmböden; sehr häufig.

A: V; ☉

Name: s. Echtes Labkraut, S.132

Juni−August   30−60 cm
3 Acker-Rettich
Wilder Rettich, Hederich
Ráphanus raphanístrum
Kreuzblütengewächse
Brassicáceae (Cruciferae)

SK: Blüten hellgelb oder weiß, mit dunkelgelben oder violetten Adern. Kelchblätter aufrecht. Fruchtknoten und Früchte mehr als dreimal so lang wie breit. Frucht zwischen den Samen stark eingeschnürt.

B: Doldenähnliche Traube. Stengel steifhaarig. Untere Blätter leierförmig, obere lanzettlich.

SV: Unkrautbestände auf Äckern, sel-tener in Gärten oder auf Schuttplätzen; liebt kalkarmen bis kalkfreien, lehmi-gen Boden; auch auf Sandböden; zeigt oberflächliche Bodenversaue-rung; häufig.

A: G; ☉

Der Hederich ist mit großer Wahr-scheinlichkeit die Wildform der Kultur-pflanze Rettich. „Rettich" ist aus dem lateinischen „radix" = Wurzel einge-deutscht worden.

Mai−Juni   15−30 cm
4 Weide-Wegerich
Mittlerer Wegerich
Plantágo média
Wegerichgewächse
Plantagináceae
Siehe Seite 56

Mai−Oktober   5−60 cm
5 Spitz-Wegerich
Plantágo lanceoláta
Wegerichgewächse
Plantagináceae

SK: Keine Verwechslungsmöglichkeit.

B: Ähre kopfartig kurz. Blüten un-scheinbar; Staubfäden weißlich, spä-ter braun werdend. Stengel gefurcht. Blätter rosettig, lanzettlich.

SV: Wiesen, Weiden, Wegränder, Schuttplätze; liebt nährstoffreichen, sandigen oder lehmigen Boden; etwas stickstoffliebend; sehr häufig.

A: V; ♃

Alte Heilpflanze; enthält Schleimstof-fe; in den Samen ist etwas Aucubin enthalten, das schwach giftig ist.

1

3

5

2

4

Mai—Juni   5—15 cm
1 Knack-Erdbeere
Knackelbeere
Fragária víridis
Rosengewächse *Rosáceae*
Siehe Seite 56

März—Oktober   8—60 cm
2 Vogel-Sternmiere
Vogelmiere, Hühnerdarm
Stellária média
Nelkengewächse
Caryophylláceae
SK: Haare am Stengel in nur einer, deutlich erkennbaren Reihe. 3 Griffel.
B: Blüten gabel- und endständig. Blätter gegenständig, untere gestielt, obere sitzend, eiförmig, spitz.
SV: Unkrautbestände, besonders auf Hackfruchtäckern und in Gärten, aber auch auf Schuttplätzen; stickstoffliebend; sehr häufig.
A: G; ⊙
Der Name Hühnerdarm bezieht sich auf den oft weit kriechenden, runden, gewundenen Stengel. Die Vogel-Sternmiere enthält Saponin. Alte Heilpflanze.

Mai—September   15—30 cm
3 Gras-Sternmiere
Gras-Miere
Stellária gramínea
Nelkengewächse *Caryophylláceae*
SK: Blütenblätter fast bis zum Grund gespalten, 3—5 mm lang (etwa so lang wie der Kelch). 3 Griffel. Hochblätter trockenhäutig, am Rand gewimpert.
B: Gabelästige Trugdolde; Äste oft geknickt. Stengel vierkantig, schlaff. Blätter gegenständig, sitzend, lineallanzettlich.
SV: Trockene Wiesen, Bergwiesen, seltener in Unkrautbeständen auf Äckern. Liebt lehmigen und etwas sandigen Boden; kalkscheu; zerstreut.
A: G; ♃

März—Mai   5—20 cm
4 Doldige Spurre
Sparte
Holósteum umbellátum

Nelkengewächse
Caryophylláceae
SK: Blüten in Dolden. Blütenblätter fein gezähnt.
B: Trugdolde; Blütenstiele nach der Blüte zurückgeschlagen. Blätter sitzend, eiförmig, stumpf. Unterste Blätter länglich-lanzettlich. Pflanze ist bläulichgrün.
SV: Unkrautbestände auf Äckern und an Wegrainen; liebt wenig bewachsene, sandige Lehmböden und Sandböden; zerstreut.
A: G; ⊙

April—Juni   10—30 cm
5 Acker-Hornkraut
Cerástium arvénse
Nelkengewächse
Caryophylláceae
Siehe Seite 58

April—Oktober   10—50 cm
6 Gemeines Hornkraut
Cerástium fontánum (C. caespitósum, C. vulgátum, C. holosteoídes)
Nelkengewächse
Caryophylláceae
SK: Blütenblätter höchstens bis 1/3 eingeschnitten, meist nur eingerandet; 4—5 Griffel. Neben den blühenden Trieben auch blütenlose Zweige.
B: Trugdolde, Stengel niederliegend, aufsteigend oder aufrecht, dichthaarig bis fast kahl. Blätter länglich-eiförmig bis lanzettlich.
SV: Wiesen, gelegentlich auch in Unkrautbeständen auf Äckern; liebt gut durchfeuchtete, nährstoffreiche Lehmböden; zerstreut.
A: G; ♃
Der Name der Gattung wird von den hornartig gekrümmten Fruchtkapseln hergeleitet, die man bei einigen Arten findet.

März—Juni   5—25 cm
7 Sand-Hornkraut
Cerástium semidecándrum
Nelkengewächse
Caryophylláceae
Siehe Seite 56

1 Juni—September 5—20 cm
Quendelblättriges Sandkraut
Arenária serpyllifólia
Nelkengewächse
Caryophylláceae
SK: Blütenblätter ganzrandig, kürzer als der Kelch. 3 Griffel.
B: Blüten in den Blattachsen, gestielt. Stengel ästig, aufsteigend. Blätter gegenständig, sehr klein, eiförmig, sitzend. Pflanze kahl oder stark behaart.
SV: Trockenrasen, Wegraine, Mauernischen, Unkrautbestände auf Getreideäckern; liebt trockene, steinige oder sandige Böden; zerstreut.
A: G; ☉
Pflanze enthält Saponine.

2 Juni—Oktober 10—50 cm
Acker-Spark
Feld-Spark
Spérgula arvénsis
Nelkengewächse *Caryophylláceae*
SK: In den Blattachsen entspringen Kurzsprosse; Blätter daher scheinbar quirlständig. Blütenblätter ganzrandig.
B: Endständige Trugdolde. Stengel mit angeschwollenen Knoten. Blätter lineal-pfriemlich, unten mit einer Längsfurche.
SV: Unkrautbestände auf Hackfrucht- und Getreideäckern, auch auf sandigen Wegen; zeigt Bodenversauerung an; zerstreut.
A: G; ☉
Besonders in Nordwestdeutschland früher als Viehfutter angebaut.

3 Juli—September 30—60 cm
Echtes Seifenkraut
Saponária officinális
Nelkengewächse *Caryophylláceae*
Siehe Seite 286

4 Mai—Oktober 20—100 cm
Weißes Leimkraut
Weiße Nachtnelke,
Weiße Lichtnelke
Siléne álba (Melándrium álbum)
Nelkengewächse
Caryophylláceae
SK: Blütenblätter tief zweispaltig. Kelch bauchig, stark behaart, zehnnervig.
B: Jeweils 3 Blüten in den Blattachseln. Blüten eingeschlechtig, weibliche mit 5 Griffeln. Blätter gegenständig, obere eiförmig-lanzettlich.
Ähnlich: Echte Nachtnelke *(Siléne noctiflóra)*: Blüten zwittrig, 3 Griffel. Unkrautbestände auf Getreideäckern; liebt lehmige Böden; sehr selten.
SV: Unkrautbestände auf Äckern und Schuttplätzen, auch an Wegrändern; liebt Wärme; zerstreut.
A: G; ☉; ⚁
Beide Arten sind ausgesprochene Nachtblüher (Name). Die Blüten öffnen sich vollständig erst gegen Abend; dann beginnen sie auch zu duften. Bestäuber sind Nachtschmetterlinge.

5 Juni—August 20—50 cm
Taubenkropf-Leimkraut
Aufgeblasenes Leimkraut,
Gemeines Leimkraut
Siléne vulgáris
(S. cucúbalus, S. infláta)
Nelkengewächse
Caryophylláceae
Siehe Seite 58

6 Juni—Oktober 10—50 cm
Vogel-Knöterich
Polýgonum aviculáre
Knöterichgewächse
Polygonáceae
SK: Blüten blattachselständig. Stengel niederliegend.
B: Blüten grün mit weißem oder rotem Rand. Stengel verästelt. Äste bis zur Spitze beblättert.
SV: Unkrautbestände auf Äckern und Schuttplätzen, Wegränder, Feldwege, Straßenpflaster, stickstoffliebend; sehr häufig.
A: G; ☉
Der Vogel-Knöterich enthält bis zu 1% des Trockengewichts Kieselsäure. Alte Heilpflanze. Wird auch als Teebeimischung verwendet.

5

3

1

2

4

6

1 Juli–Oktober 20–80 cm
Ampfer-Knöterich
Polýgonum lapathifólium
Knöterichgewächse
Polygonáceae
Siehe Seite 286

2 April–Juni 15–50 cm
Acker-Steinsame
Bauernschminke, Schminkwurz
Buglossoides arvénsis
(Lithospérmum arvénse)
Borretschgewächse
Boragináceae
SK: Blätter einnervig, rauhhaarig.
B: Blüten klein. Stengel einfach oder verästelt; Blätter lineal-lanzettlich.
SV: Unkrautbestände, vor allem auf Getreideäckern, seltener auf Hackfruchtäckern; liebt Lehmboden; selten.
A: V; ⊙
In den Wurzeln ist ein roter Farbstoff enthalten, den man früher zum Schminken verwendet hat. Hierauf beziehen sich manche deutsche Volksnamen.

3 Mai–August 5–15 cm
Weiße Fetthenne
Weißer Mauerpfeffer
Sédum álbum
Dickblattgewächse
Crassuláceae
Siehe Seite 98

4 Juli–August 15–50 cm
Feld-Mannstreu
Feld-Männertreu
Erýngium campéstre
Doldengewächse
Apiáceae (Umbelliferae)
SK: Blüten in fast kugeligen Dolden. Blätter mit stechenden Dornen.
B: Hülle der Dolde dornig, oft bläulich überlaufen. Blätter wechselständig, untere gestielt, obere stengelumfassend; junge Blätter ungeteilt; Stengelblätter dreiteilig-fiederspaltig.
SV: Trockenrasen und Halbtrockenrasen, auch an Wegrainen; liebt flach-

gründige, oft steinige, kalkhaltige Böden; wärmeliebend; selten.
A: G; ♃
Der Name Männertreu bezieht sich vermutlich in ironischem Sinn auf die vom Winde verwehten und so unstet hin- und her „laufenden" Fruchtstände. Die Fruchtstände werden auch „Laufdistel" oder „Steppenhexe" genannt. Der Feld-Mannstreu ist an trockene Standorte nicht nur durch seine ledrigen Blätter angepaßt. Er besitzt auch Wurzeln, die bis zu 2 m in die Tiefe reichen. Alte Heilpflanze; enthält Saponine.

5 Juni–August 1–2 m
Gefleckter Schierling
Conium maculátum
Doldengewächse
Apiáceae (Umbelliferae)
SK: Blüten in Dolden; Dolde mit 7–20 Strahlen. Hülle der Dolde vielblättrig. Hüllchenblätter nur an der Außenseite des Döldchens. Stengel blaubereift, unten rotfleckig, kahl. Blätter zwei- bis vierfach fiederschnittig, kahl. Pflanze riecht nach Mäusen.
B: Dolde zusammengesetzt. Blattzipfel gesägt.
SV: Unkrautbestände auf Schuttplätzen, an Wegen, auf Äckern und in Gärten; liebt feuchte Lehmböden; wärmeliebend, Stickstoffzeiger; zerstreut.
A: G; ⊙; ☘
Die Pflanze enthält in allen Teilen, besonders aber in den unreifen Früchten, das stark giftige Alkaloid Coniin. Aus solchen unreifen Früchten stellten die Griechen im Altertum den Gifttrank her, den zum Tode verurteilte Staatsfeinde trinken mußten. Auch Sokrates starb durch den „Schierlingsbecher".

6 Juni–Juli 30–170 cm
Taumel-Kälberkropf
Hecken-Kälberkropf
Chaerophýllum témulum
Doldengewächse
Apiáceae (Umbelliferae)
Siehe Seite 88

1

2

3

5

6

4

45

1 Juni—Oktober 50—100 cm
Große Bibernelle
Pimpinélla májor (P. mágna)
Doldengewächse
Apiáceae (Umbelliferae)
SK: Blüten in Dolden mit 9–15 dünnen, vor dem Aufblühen schlaffen Strahlen. Hülle fehlt. Hüllchen fehlt oder ein- bis zweiblättrig. Stengel scharfkantig, gefurcht. Blätter einfach gefiedert.
B: Dolde zusammengesetzt. Stengel kahl. Blätter dunkelgrün, etwas glänzend. Blätter riechen beim Zerreiben unangenehm.
SV: Wiesen, Wegraine, alpine Matten; liebt lehmigen, etwas feuchten Boden; stickstoffliebend; zerstreut.
A: G; ♃
Alte Heilpflanze; enthält ätherische Öle, Gerbstoffe und scharf schmeckendes Pimpinellin.

2 Mai—Juni 30—100 cm
Wiesen-Kümmel
Echter Kümmel
Cárum cárvi
Doldengewächse
Apiáceae (Umbelliferae)
Siehe Seite 64

3 Juni—Oktober 10—100 cm
Gemeine Hundspetersilie
Aethúsa cynápium
Doldengewächse
Apiáceae (Umbelliferae)
SK: Blüten in Dolden; Dolde mit 10–20 Strahlen. Hülle fehlt. Nur 3 Hüllchenblättchen an der Außenseite der Döldchen. Blütenblätter nur 1–2 mm lang.
B: Dolde zusammengesetzt. Blätter zwei- bis dreifach fiederteilig; petersilienähnlich, glänzend.
SV: Unkrautbestände auf Schuttplätzen, an Wegen und auf Hackfruchtäckern, seltener auf Getreideäckern und in Gärten; liebt lockere Böden; stickstoffliebend; zerstreut, tritt jedoch oft in größeren Beständen auf.
A: G; ☉; ☠

Die Hundspetersilie enthält in geringen Mengen das stark giftige Alkaloid Coniin. Ihr Genuß kann zu tödlichen Vergiftungen führen. Von der echten Petersilie, deren Wildform bekanntlich keine gekräuselten Blätter besitzt, unterscheidet sich die Hundspetersilie vor allem durch die glänzenden Blätter und durch den knoblauchartigen Geruch, der auftritt, wenn man die Blätter zerreibt.

4 Juli—Oktober 30—60 cm
Wilde Möhre
Mohrrübe
Daúcus caróta
Doldengewächse
Apiáceae (Umbelliferae)
SK: Blüten in Dolden; in der Mitte der Dolde meist eine schwarzpurpurne Blüte.
B: Dolde zusammengesetzt, erst vogelnestartig, dann flach; fruchtend nestförmig. Stengel behaart, gefurcht, hohl. Blätter zwei- bis dreifach fiederteilig.
SV: Halbtrockenrasen, Wiesen, Wegraine, Unkrautbestände auf Schuttplätzen; liebt lockere, sandige oder steinige, oft wenig bewachsene Böden; sehr häufig.
A: G; ☉
Wildform der Kulturmöhre; enthält ätherische Öle und in der Wurzel bis 17 mg/100 g Provitamin A, dazu Vitamine der B-Gruppe.

5 Juli—September 50—200 cm
Wald-Brustwurz
Wald-Engelwurz
Angélica sylvéstris
Doldengewächse
Apiáceae (Umbelliferae)
Siehe Seite 88

6 Juni—Oktober 30—150 cm
Wiesen-Bärenklau
Heracléum sphondýlium
Doldengewächse
Apiáceae (Umbelliferae)
Siehe Seite 64

5

2

6

1

3

4

1 Zaun-Giersch
Geißfuß, Podagrakraut
Aegopódium podagrária
Doldengewächse
Apiáceae (Umbelliferae)

SK: Blüten in zusammengesetzten, flachen Dolden, Dolde mit 12–18 Strahlen. Hülle und Hüllchen fehlen. Blätter einfach oder doppelt dreiteilig.

B: Stengel hohl, kahl. Teilblättchen länglich-eiförmig, scharfgesägt.

SV: Auwälder, Schluchtwälder, feuchte Laub- und Mischwälder, Gebüsche, Parkanlagen, Unkrautbestände, vor allem in Gärten; liebt grundwasserfeuchte, lehmige, stickstoffhaltige Böden; sehr häufig.

A: G; ♃

Die Blätter des Geißfußes können als Wildgemüse zubereitet werden. Früher wurde der Geißfuß als schmerzlinderndes Mittel gegen Rheumatismus und Gicht („Podagra", Name) zerquetscht auf die schmerzenden Körperpartien aufgelegt. Wirkstoffe, die im Kraut enthalten sein könnten, hat man bisher nicht gefunden. Die Frucht enthält ätherische Öle.

2 Mehlige Königskerze
Lichtnelken-Königskerze
Verbáscum lychnítis
Braunwurzgewächse
Scrophulariáceae Siehe Seite 60

3 Weißer Stechapfel
Datúra stramónium
Nachtschattengewächse
Solanáceae

SK: Blüten 5–8 cm lang, trichterförmig, aufrecht.

B: Blüten endständig oder in Astgabeln. Stengel aufrecht, kahl. Blätter gestielt, buchtig gezähnt. Blätter riechen unangenehm.

SV: Unkrautbestände an Wegen, an Dorfrändern, auf Schuttplätzen, an Mauern und Bahndämmen; liebt lockeren Boden; stickstoffliebend; sehr selten.

A: V; ☉; ☠

Der Name „Stechapfel" ist von der weichstacheligen Kapselfrucht hergeleitet worden. Die Blüten des Stechapfels öffnen sich zwischen 19 und 20 Uhr; bei Regenwetter schließen sie sich. Bestäubt werden sie durch Nachtschmetterlinge. Die Pflanze enthält stark giftige Alkaloide. Heilpflanze.

4 Schwarzer Nachtschatten
Solánum nígrum
Nachtschattengewächse
Solanáceae

SK: Blüte ähnlich der einer Kartoffel; Stengel kahl oder nur spärlich behaart.

B: Wenigblütige Trauben. Stengel verästelt. Blätter wechselständig, langgestielt, eirautenförmig, am Rande oft lappig-buchtig.

SV: Unkrautbestände auf Hackfruchtäckern, in Gärten, an Mauern und auf Schuttplätzen; liebt lehmigen Boden; stickstoff- und wärmeliebend; häufig.

A: V; ☉; ☠

Der Schwarze Nachtschatten enthält giftige Alkaloide; Pflanze riecht schwach widerlich.

5 Rote Zaunrübe
Zweihäusige Zaunrübe
Bryónia dióica
Kürbisgewächse
Cucurbitáceae
Siehe Seite 84

6 Acker-Winde
Convólvulus arvénsis
Windengewächse
Convolvuláceae
Siehe Seite 230

7 Ufer-Zaunwinde
Zaun-Winde
Calystégia sépium
(Convólvulus sépium)
Windengewächse
Convolvuláceae
Siehe Seite 86

Februar—November 3—10 cm
1 Mehrjähriges Gänseblümchen
Maßliebchen, Tausendschönchen
Béllis perénnis
Korbblütengewächse
Asteráceae (Compósitae)
Siehe Seite 66

Mai—Juni 10—20 cm
2 Doldiger Milchstern
Ornithógalum umbellátum
Liliengewächse
Liliáceae
SK: Doldiger Blütenstand. Blütenstiele bis 8 cm lang.
B: Blütenblätter mit grünem Rücken-
streifen. Blätter erscheinen erst im
Herbst; sie haben einen weißen Mit-
telstreifen. Zwiebel ohne Brutzwiebeln.
SV: Unkrautbestände auf Hackfruchtäckern, besonders in Weinbergen,
seltener auch in Gebüschen; etwas
stickstoffliebend; bevorzugt tiefgründige und lockere Lehmböden; selten,
kommt an seinem Standorten jedoch
in Rudeln vor.
A: M; ♃

Mai—August 15—30 cm
3 Echte Kamille
Matricária chamomílla
Korbblütengewächse
Asteráceae (Compósitae)
SK: Blüten in rispig angeordneten
Körbchen; außen weißliche Zungen-
blüten, innen gelbe Röhrenblüten;
Blütenboden hohl, ohne Spreublätter.
Blätter fein, doppelt fiederteilig.
Pflanze riecht kräftig aromatisch.
B: Zungenblüten bei älteren Blüten
nach unten geschlagen. Stengel auf-
recht, ästig, kahl.
SV: Unkrautbestände, vor allem auf
Getreideäckern und an Wegen; liebt
nährstoffreichen, stickstoffhaltigen
Lehmboden; etwas kalkscheu; häufig.
A: V; ☉
Heilpflanze; enthält vor allem in den
Blüten ätherische Öle.

Juni—August 25—60 cm
4 Geruchlose Strandkamille
Falsche Kamille
Tripleurospérmum inodórum
(Matricária maritima,
Matricária inodóra)
Korbblütengewächse
Asteráceae (Compósitae)
SK: Blüten in rispig angeordneten
Körbchen; außen weiße Zungenblü-
ten, innen gelbe Röhrenblüten. Blü-
tenboden markig, ohne Spreublätter.
Blätter fein, doppelt-dreifach fiederte-
lig; Pflanze riecht allenfalls schwach
aromatisch.
B: Stengel aufrecht, oben verästelt.
SV: Unkrautbestände auf Äckern, auf
Schuttplätzen, an Wegen und gele-
gentlich auch auf Bahnschotter; auf
unterschiedlichen, stets stickstoffhal-
tigen Böden; häufig.
A: V; ☉; ♃
Enthält im Gegensatz zur Echten
Kamille kaum ätherische Öle.

Mai—Oktober 20—50 cm
5 Acker-Hundskamille
Ánthemis arvénsis
Korbblütengewächse
Asteráceae (Compósitae)
SK: Blüten in Körbchen; außen weiße
Zungenblüten, innen gelbe Röhren-
blüten. Blütenboden mit Spreublät-
tern. Blätter fiederteilig.
B: Teilblättchen lineal-lanzettlich, un-
geteilt oder 1—3zähig, grün, weich-
haarig.
SV: Unkrautbestände auf Äckern und
an Wegen; liebt stickstoffhaltigen, aber
sauren Boden; zerstreut.
A: V; ☉
Die Acker-Hundskamille enthält äthe-
rische Öle.

Juni—Oktober 15—50 cm
6 Gemeine Schafgarbe
Achilléa millefólium
Korbblütengewächse
Asteráceae (Compósitae)
Siehe Seite 250

6

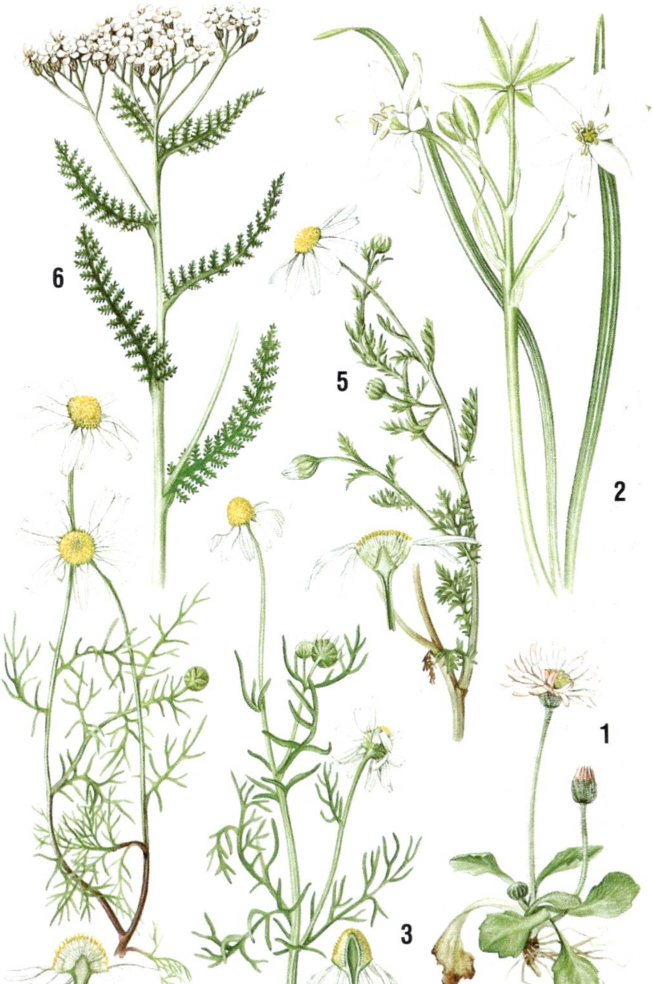

5

2

1

4

3

51

Mai–Oktober   10–90 cm

1 Behaartes Knopfkraut
Franzosenkraut
Galinsóga ciliáta
Korbblütengewächse
Asteráceae (Compósitae)

SK: Blüten in trugdoldig angeordneten kleinen Körbchen; außen Zungenblüten, innen gelbe Röhrenblüten, Blätter ungeteilt, gezähnt, gegenständig.
B: Meist nur 5 Zungenblüten. Stengel ästig, oben abstehend behaart.
SV: Unkrautbestände in Hackkulturen, auch auf Schutt und an Wegen; liebt stickstoffhaltigen, lehmigen, z. T. etwas sandigen Boden; zerstreut.
A: V; ⊙

Das Behaarte Knopfkraut war ursprünglich in den peruanischen Anden beheimatet. Anfang des 19. Jahrhunderts trat es in den USA als Unkraut auf. Um 1850 faßte es in Europa Fuß. Neuerdings breitet es sich vor allem in Gärten und in Rabattenpflanzungen in Städten aus. Es ist frostempfindlich und bevorzugt Stellen, die schon im Frühjahr genügend Wärme erhalten. Liebt nicht zu kalkreichen Lehmboden, der gelegentlich gehackt wird.

Juni–Oktober   30–100 cm

2 Kanadischer Katzenschweif
Kanadisches Berufkraut
Conýza canadénsis
(Erígeron canadénsis)
Korbblütengewächse
Asteráceae (Compósitae)
Siehe Seite 94

April–Oktober   30–60 cm

3 Weiße Taubnessel
Bienensaug
Lámium álbum
Lippenblütengewächse
Lamiáceae (Labiátae)

SK: Pflanze brennesselartig, ohne Brennhaare.
B: 5–8 Blüten in blattachselständigen Scheinquirlen. Stengel vierkantig. Blätter kreuzgegenständig, gestielt, gekerbt-gesägt.
SV: Unkrautbestände an Wegen, auf Schuttplätzen, an Mauern und auf Bahndämmen, selten auf Äckern; stickstoffliebend, sehr häufig.
A: V; ♃
Blüten nektarreich; besonders von langrüsseligen Hummeln beflogen. Alte Heilpflanze; enthält Schleimstoffe, Gerbstoffe und ätherisches Öl.

März–Mai   15–30 cm

4 Hohler Lerchensporn
Corýdalis cáva
Erdrauchgewächse *Fumariáceae*
Siehe Seite 236

Juni–September   10–30 cm

5 Steifer Augentrost
Euphrásia stricta (E. officinális)
Braunwurzgewächse
Scrophulariáceae
Siehe Seite 70

Juli–September   30–130 cm

6 Weißer Steinklee
Honigklee, Bucharaklee
Melilótus alba
Schmetterlingsblütengewächse
Fabáceae (Leguminósae)

SK: Blüten in langen, schmalen, aufrechten Trauben. Blätter dreizählig gefingert.
B: Stengel aufrecht, ästig. Teilblättchen verkehrt-eiförmig, gezähnt. Getrocknete Pflanze riecht nach Waldmeister.
SV: Unkrautbestände an Wegrainen, auf Bahnschotter und auf steinigen Schuttplätzen; liebt steinigen, aber auch lehmigen Boden; stickstoffliebend; häufig.
A: G; ⊙
Der Waldmeisterduft wird durch Cumarin hervorgerufen, das die Pflanze in organischer Bindung enthält und das beim Trocknen frei wird. Wenn Weißer Steinklee in feuchtem Heu enthalten ist, entsteht in ihm aus Cumarin eine chemische Verbindung, die die Blutgerinnung hemmt. Rinder, die solches Heu fressen, können dann an relativ geringfügigen Verletzungen verbluten.

1

5

2

4

3

6

März – Mai   5–10 cm
1 Frühlings-Hungerblümchen
Eróphila vérna (Drába vérna)
Kreuzblütengewächse
Brassicáceac (Cruciferae)
Siehe Seite 34

April – Mai   8–20 cm
2 Sand-Bauernsenf
Teesdália nudicaulis
Kreuzblütengewächse
Brassicáceae (Cruciferae)
SK: Kleine, endständige Traube. Die beiden äußeren Blütenblätter sind fast doppelt so lang wie die inneren. Stengel meist unverzweigt.
B: Blätter stehen in grundständiger Blattrosette. Sie sind leierförmig, fiederspaltig. Meist finden sich am Stengel 1–3 kleine Stengelblätter.
SV: Unkrautbestände auf Getreideäckern, auf trockenen, schütteren Rasen, an Wegrainen und auf Dünen; Sandzeiger; zeigt magere, nährstoffarme Böden an; kalkscheu; selten.
A: G; ☉

April – Mai   30–60 cm
3 Wiesen-Schaumkraut
Cardámine praténsis
Kreuzblütengewächse
Brassicáceae (Cruciferae)
SK: Fruchtknoten mehr als dreimal so lang wie breit. Blätter gefiedert.
B: Traube. Stengel hohl, fast rund. Grundblätter rosettig, unpaarig gefiedert. Teilblättchen rundlich, Endblättchen oft stark vergrößert. Stengelblätter fiederschnittig, mit linealen Abschnitten.
SV: Feuchte Wiesen und feuchte Stellen in Laubwäldern, Mischwäldern, Nadelforsten, Auwäldern, Bergwiesen; liebt lehmigen, grundwasserdurchzogenen Boden; sehr häufig; bestimmt mit seinen Blüten Ende April das Bild der feuchteren Wiesen.
A: G; ♃
Der Name „Schaumkraut" bezieht

sich auf das häufige Vorkommen von Schaumhäufchen, die einer Schaumzirpe als Lebensraum dienen. Die Schaumzirpe saugt aus dem Stengel Saft, der durch die Atemluft schaumig aufgetrieben wird. Siehe auch Kuckucks-Lichtnelke, S. 242. Die Pflanze enthält reichlich Senföle und Vitamin C.

April – Juni   5–20 cm
4 Durchwachsenes Hellerkraut
Stengelumfassendes Hellerkraut
Thláspi perfoliátum
Kreuzblütengewächse
Brassicáceae (Cruciferae)
SK: Blütenblätter 2–3 mm lang. Fruchtknoten höchstens dreimal so lang wie breit. Frucht 4–6 mm lang, schwach geflügelt; Fruchtfächer mehrsamig. Stengel rund. Stengelblätter blaugrün, meist ganzrandig, mit herzförmigem Grund, sitzend. Pflanze kahl.
B: Die Blüten stehen in einer Traube. Pflanze ohne nichtblühende Triebe.
SV: Trockenrasen, Halbtrockenrasen, Wegraine, Unkrautbestände auf warmen Äckern und in Weinbergen; liebt kalkhaltige Löß- und Lehmböden; zerstreut; tritt an seinen Standorten aber häufiger auf.
A: G; ☉
Name: s. Acker-Hellerkraut, S. 34

Mai – Juni   15–60 cm
5 Rauhhaarige Gänsekresse
Árabis hirsúta
Kreuzblütengewächse
Brassicáceae (Cruciferae)
Siehe Seite 36

Mai – August   30–60 cm
6 Wiesen-Labkraut
Gemeines Labkraut
Gálium mollúgo
Rötegewächse
Rubiáceae
Siehe Seite 38

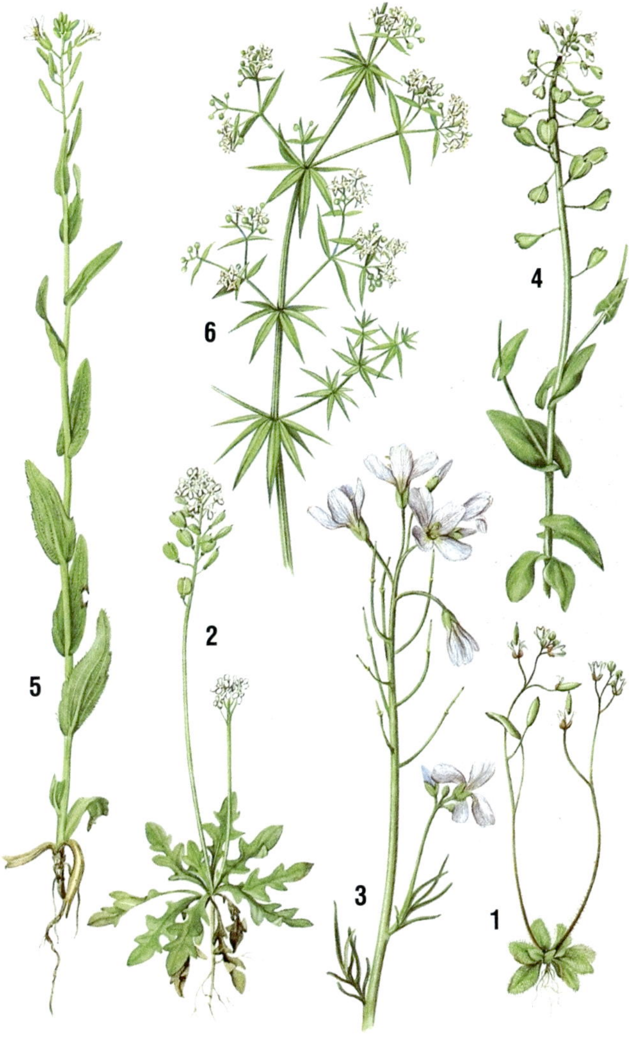

6

4

5

2

3

1

1 Sumpf-Labkraut
Gálium palústre
Rötegewächse *Rubiáceae*
SK: Blätter zu je 4 quirlständig, ein-nervig. Stengel von rückwärts gerich-teten Stacheln rauh.
B: Ausgebreitete Rispe. Stengel vier-kantig, liegend oder aufsteigend. Blät-ter dunkelgrün, lineal-länglich, vorn abgerundet.
SV: Röhricht stehender und fließender Gewässer, Riedgrasbestände, Grä-ben, Ufer, auch in nassen Wiesen und auf nassen, alpinen Matten; liebt hu-musreiche, grundwasserfeuchte, tor-fige oder lehmige Böden; zerstreut.
A: V; ♃
Name: s. Echtes Labkraut, S. 132.

2 Spitz-Wegerich
Plantágo lanceoláta
Wegerichgewächse
Plantagináceae
Siehe Seite 38

3 Weide-Wegerich
Mittlerer Wegerich
Plantágo média
Wegerichgewächse *Plantagináceae*
SK: Stengel zwei- bis fünfmal so lang wie die Blütenähre. Blattfläche min-destens viermal so lang wie der Blattstiel.
B: Kurze, dichte Ähre. Blüten un-scheinbar. Staubfäden rötlichviolett, lang. Blätter rosettig, ganzrandig.
SV: Halbtrockenrasen, Wiesen, Wei-den, Wege, Wegraine, Sportplätze; liebt nährstoffreichen, etwas kalkhalti-gen Lehmboden; sehr häufig.
A: V; ♃
Heilpflanze. Enthält Schleimstoffe.

4 Knack-Erdbeere
Knackelbeere
Fragária víridis

Rosengewächse
Rosáceae
SK: Stengel drei- bis zehnblütig, auf-recht. Blütenblätter nicht ausgerandet, sich berührend. Blätter oberseits sei-dig behaart. Pflanze meist ohne Aus-läufer oder nur mit kurzen Ausläufern.
B: Blütenblätter elfenbeinweiß. Pflan-ze der Wald-Erdbeere ähnlich, aber etwas kleiner als diese.
SV: Trockene Gebüsche, lichte Trok-kenwälder, Halbtrockenrasen, Weg-ränder; liebt lockere, kalkhaltige Bö-den; zerstreut.
A: G; ♃
Die Scheinfrüchte der Knack-Erd-beere schmecken etwas fade. Von den heimischen Erdbeerarten stellt die Knack-Erdbeere die geringsten An-sprüche an das Klima. Temperatur-gensätze, insbesondere Erwärmung und auch Bodentrockenheit, schaden ihr nicht. Hingegen wird sie an ihren Standorten oft überwachsen. Deshalb bevorzugt sie unbewachsene Stellen.

5 Gemeines Hornkraut
Cerástium fontánum (C. caespitó-sum; C. vulgátum; C. holosteoides)
Nelkengewächse
Caryophylláceae
Siehe Seite 40

6 Sand-Hornkraut
Cerástium semidecándrum
Nelkengewächse
Caryophylláceae
SK: Blütenblätter etwa auf 1/3 einge-schnitten. 4—5 Griffel. Alle Triebe mit Blüten.
B: Trugdolde. Stengel aufsteigend oder aufrecht. Blätter gegenständig, lanzettlich-eiförmig.
SV: Trockenrasen, Wegraine; wärme- und kalkliebend; zeigt lockeren oder gar sandigen Boden an; zerstreut.
A: G; ☉

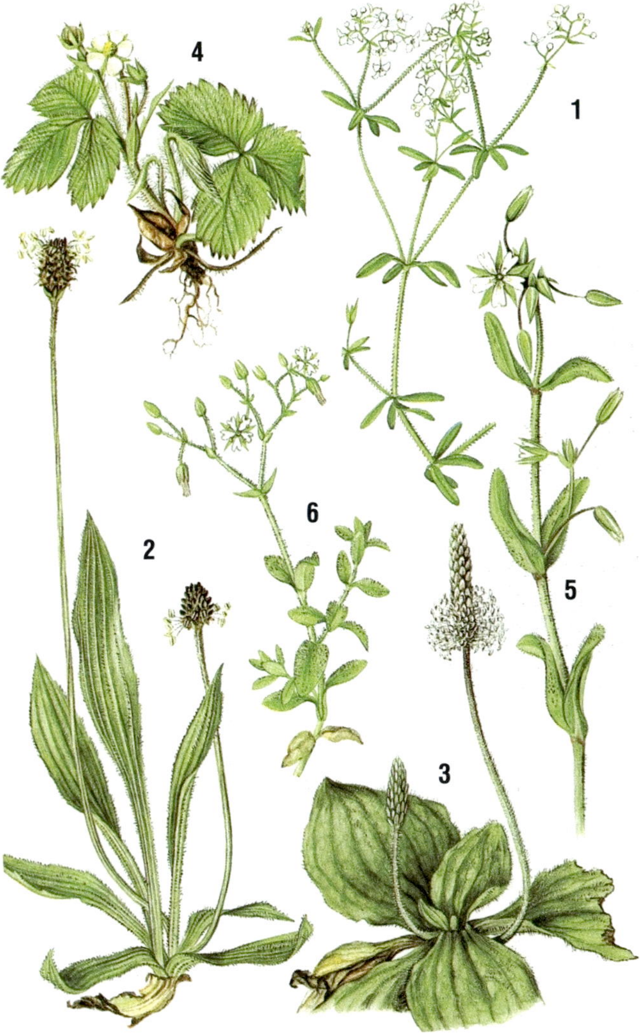

4

1

2

6

3

5

April–Juni   10–30 cm

1 Acker-Hornkraut
Cerástium arvénse
Nelkengewächse *Caryophylláceae*
SK: Blütenblätter über 8 mm lang,
doppelt so lang wie der Kelch, nur bis
¹/₄ eingekerbt. Pflanze stark mit kurzen
Haaren bestanden.
B: Trugdolde. Nichtblühende Stengel
bilden oft dichte Rasen. Blätter gegen-
ständig, länglich-lanzettlich.
SV: Unkrautbestände auf Äckern, in
Mauernischen, an Wegrainen und auf
Halbtrockenrasen; liebt kalkhaltige,
lockere Böden; zerstreut.
A: G; ♃

Mai–September   15–30 cm

2 Gras-Sternmiere
Gras-Miere
Stellária gramínea
Nelkengewächse *Caryophylláceae*
Siehe Seite 40

Juni–August   20–50 cm

3 Taubenkropf-Leimkraut
Aufgeblasenes Leimkraut,
Gemeines Leimkraut
Siléne vulgáris
(S. cucúbalus, S. infláta)
Nelkengewächse *Caryophylláceae*
SK: Blütenblätter auf etwa ¹/₃ ein-
geschnitten. Kelch aufgeblasen, netz-
adrig, mit 20 Hauptnerven.
B: Lockere Trugdolde; Stengel auf-
recht oder aufsteigend, nicht klebrig.
Blätter gegenständig, elliptisch oder
lanzettlich, zugespitzt, kahl.
SV: Unkrautbestände auf Äckern, an
Wegrändern, auf Halbtrockenrasen
und auf lichten Standorten in Wäldern
(vorwiegend an trockenen Stellen);
wärmeliebend; etwas kalk- und stickstoffliebend; zerstreut.
A: G; ♃
Das Taubenkropf-Leimkraut sondert in
der Blüte reichlich Nektar ab. Es wird
durch Nachtschmetterlinge bestäubt.
Die Pflanze enthält Saponine.

Mai–September   30–60 cm

4 Nickendes Leimkraut
Siléne nútans
Nelkengewächse
Caryophylláceae
Siehe Seite 84

Mai–Juni   15–40 cm

5 Knöllchen-Steinbrech
Körner-Steinbrech
Saxífraga granuláta
Steinbrechgewächse
Saxifragáceae
SK: Knöllchen am Grunde des
Stengels. Blütenblätter ohne farbige
Punkte.
B: Wenigblütige Trugdolde. Stengel
wenigblättrig, aufrecht, klebrig be-
haart. Grundblätter langgestielt, nie-
renförmig, lappig gekerbt; Stengel-
blätter keilförmig, drei- bis fünfspaltig.
SV: Wiesen, Halbtrockenrasen, selten
in lichten Wäldern; etwas kalkscheu;
bevorzugt lehmige Böden; zerstreut.
A: G; ♃
Name: s. Trauben-Steinbrech, S. 98

April–Juni   15–50 cm

6 Wald-Windröschen
Großes Windröschen,
Wald-Anemone
Anemóne sylvéstris
Hahnenfußgewächse
Ranunculáceae
SK: Blüten einzeln (selten zu zweien)
aus einem Hochblattquirl entsprin-
gend; Blütendurchmesser bis 7 cm,
Blütenblätter bis 3 cm lang, außen be-
haart. Griffel ohne Schwänze. Grund-
ständige Blätter vorhanden (zur Blüte-
zeit erst in der Entfaltung).
B: Meist 2–6 grundständige Blätter,
handförmig 5teilig, weiß behaart.
SV: Lichte Trockenwälder, Halbtrok-
kenrasen; liebt lockere, nährstoffrei-
che, kalkhaltige Böden; sehr selten.
A: G; ♃; ☣; ▽
Enthält Protoanemonin und Saponine;
giftig.

58

3

4

2

1

5

6

Mai–Juli   30–60 cm

1 Narzissenblütiges Windröschen
Berghähnlein
Anemóne narcissiflóra
Hahnenfußgewächse
Ranunculáceae
SK: Blüten zu 3–8 in einer Dolde. Blütenblätter um 1,5 cm lang, außen kahl.
B: Blütenblätter innen weiß, außen oft rötlich überlaufen; manche Blüten haben statt 5 Blütenblättern 6. Blattquirl sitzend; untere Blätter 3- bis 5teilig.
SV: Alpine Matten und Halbtrockenrasen; sehr selten.
A: G; ⁀; ✽; ▽
Die Pflanze enthält in allen Teilen das giftige Protoanemonin.

Juni–August   30–60 cm

2 Weiße Schwalbenwurz
Vincetóxicum hirundinária
(Cynánchum vincetóxicum,
Vincetóxicum officinále)
Schwalbenwurzgewächse
Asclepiadáceae
Siehe Seite 84

Juni–September   50–130 cm

3 Mehlige Königskerze
Lichtnelken-Königskerze
Verbáscum lychnitis
Braunwurzgewächse
Scrophulariáceae
SK: Staubgefäße weißwollig. Stengel oben scharfkantig, mehlig. Blätter oberseits fast kahl, unterseits mehlig.
B: Traube. Untere Blätter gestielt, obere eiförmig-lanzettlich, sitzend.
SV: Trockenrasen, Halbtrockenrasen, Gebüsche, Wegraine, Bahndämme, Kahlschläge, Waldränder; liebt Kalkboden; wärmeliebend; häufig.
A: V; ⊙

Mai–August   30–100 cm

4 Ährige Teufelskralle
Ährige Rapunzel
Phyteūma spicátum
Glockenblumengewächse
Campanuláceae
SK: Grundblätter etwa so lang wie breit, tief herzförmig.
B: Blüten in walzlichen Köpfchen,

weiß oder blau, vor dem Aufblühen gekrümmt.
SV: Laubwälder, Mischwälder, seltener Nadelwälder, Bergwiesen, liebt lockeren, mullhaltigen, nährstoffreichen, etwas feuchten Boden; häufig.
A: V; ⁀
Der Name Teufelskralle bezieht sich auf die gebogenen Blütenknospen.

Juni–Juli   15–30 cm

5 Pyrenäen-Vermeinkraut
Wiesen-Leinblatt,
Wiesen-Bergflachs
Thésium pyrenáicum
(Thésium praténse)
Sandelgewächse *Santaláceae*
SK: Bütenblätter zur Fruchtzeit (unterste Blüten beachten!) nicht ganz, sondern nur an der Spitze eingerollt. Obere Hochblätter am Rande rauh.
B: Doppeltraube. Unter jeder Blüte 3 kleine Blättchen. Blüten meist fünfzipflig, innen weiß, außen grün. Blätter wechselständig. Mehrere ähnliche, aber sehr seltene und schwer unterscheidbare Arten.
SV: Halbtrockenrasen und magere Wiesen; etwas kalkscheu; selten.
A: G; ⁀

Juni–August   8–30 cm

6 Wiesen-Lein
Purgier-Lein, Wiesenflachs
Linum cathárticum
Leingewächse *Lináceae*
SK: Blütenblätter ungekerbt, 4–5 mm lang, am Grunde gelb.
B: Lockere Rispe. Stengel dünn, oben sparrig verzweigt. Untere Blätter gegenständig, obere oft wechselständig, ganzrandig.
SV: Halbtrockenrasen, feuchte, ungedüngte Wiesen, Riedgrasbestände, Flachmoore; liebt winterfeuchte, sommertrockene Böden; zerstreut.
A: G; meist ⊙; ✽
Früher wurde die Pflanze als Abführmittel verwendet; darauf bezieht sich der Name Purgier-Lein (lat. purgare = reinigen, abführen). Der Purgier-Lein enthält Gerbstoffe und den giftigen Bitterstoff Linin.

2

1

6

3

5

4

Juni–September 5–20 cm

1 Quendelblättriges Sandkraut
Arenária serpyllifólia
Nelkengewächse
Caryophylláceae
Siehe Seite 42

Mai–August 5–15 cm

2 Weiße Fetthenne
Weißer Mauerpfeffer
Sédum álbum
Dickblattgewächse
Crassuláceae
Siehe Seite 98

Juni–August 1–2 m

3 Echtes Mädesüß
Echte Rüsterstaude, Spierstaude,
Wiesenkönigin
Filipéndula ulmária
Rosengewächse
Rosáceae

SK: Blätter einfach gefiedert. Teilblättchen 3–5 cm lang, in 2–5 Paaren.
B: Blüten in ästigen Trugdolden, stark duftend, z. T. mit 6 Blütenblättern. Stengel beblättert. Teilblättchen groß, seitenständige gesägt, endständiges drei- bis fünfspaltig, unterseits weißhaarig.
SV: Nasse Wiesen, Flach- und Zwischenmoore, feuchte Bergwiesen, Auwälder; auf sandigem und lehmigem, jedoch stets feuchtem Boden; häufig.
A: G; ♃; (☙)
Name und Giftstoffgehalt: s. Kleines Mädesüß, S. 94

April–August 70–130 cm

4 Wiesen-Kerbel
Anthríscus sylvéstris
Doldengewächse
Apiáceae (Umbelliferae)

SK: Blüten in Dolden. Dolde mit 8–16 Strahlen; Hülle der Dolde fehlend oder ein- bis zweiblättrig; Hüllchenblättchen bewimpert. Blütenblätter rund oder nur ganz schwach ausgerandet. Stengel unten rauhhaarig, meist nicht gefleckt. Blätter zwei- bis dreifach fiederteilig.

B: Dolde zusammengesetzt. Stengel kantig.
SV: Wiesen, seltener Gebüsche und Waldränder; liebt etwas feuchten Boden; Stickstoffzeiger; sehr häufig; tritt in frisch mit Jauche gedüngten Wiesen oft massenweise auf und bestimmt mit seinen Blüten oft das Bild der Wiese.
A: G; ♃

Juni–August 30–100 cm

5 Große Sterndolde, Stranze
Astrántia májor
Doldengewächse
Apiáceae (Umbelliferae)

SK: Blüten in köpfchenartigen Dolden. Hüllblätter so lang wie die Dolde. Blätter handförmig geteilt.
B: Dolde klein, von auffälligen, meist weißlichen Hüllblättern umgeben. Stengel wenig verzweigt. Teilblättchen gesägt.
SV: Laubwälder, Mischwälder, Auwälder, Schluchtwälder, Bergwälder, Bergwiesen; liebt kalkhaltigen, lockeren Lehmboden; Kalkzeiger; selten, kommt aber an ihren Standorten in Rudeln vor.
A: G; ♃

Juni–Oktober 15–50 cm

6 Kleine Bibernelle
Stein-Bibernelle
Pimpinélla saxifraga
Doldengewächse
Apiáceae (Umbelliferae)

SK: Blüten in Dolden; Dolde mit 6–15 Strahlen. Hülle fehlt. Hüllchen fehlt oder ein- bis zweiblättrig. Stengel nur fein gerillt, rund. Blätter einfach gefiedert.
B: Dolde zusammengesetzt. Stengel oben wenig beblättert.
SV: Trockenrasen, Halbtrockenrasen, Heiden; liebt trockenen, etwas flachgründigen und oft steinigen, lockeren Boden; wärmeliebend; zerstreut.
A: G; ♃
Alte Heilpflanze; enthält ätherische Öle, Gerbstoffe und scharf schmeckendes Pimpinellin sowie weitere cumarinähnliche Stoffe.

2

6

5

4

1

3

Mai–Juni   30–100 cm

1 Wiesen-Kümmel
Echter Kümmel
Cárum cárvi
Doldengewächse
Apiáceae (Umbellíferae)

SK: Blüten in Dolden; Dolden acht- bis sechzehnstrahlig. Blätter zwei- bis dreifach fiederteilig. Unterste Fiederchen der oberen Stengelblätter stehen am Grund der Blattscheiden.

B: Dolde zusammengesetzt; Blätter riechen beim Zerreiben aromatisch.

SV: Wiesen, vor allem in den Mittelgebirgen und im Gebirge, Wegraine; liebt nährstoffreiche, etwas feuchte und lockere Böden; stickstoffliebend; häufig.

A: G; ⊙
Wurzel eßbar. Früchte werden als Gewürz verwendet. Sie enthalten 3–7% ätherisches Öl, das ihnen ihren typischen Geschmack verleiht. Fördert in geringen Mengen die Verdauung. Auch als Zusatz zu Schnäpsen verwendet.

Juli–August   30–100 cm

2 Berg-Haarstrang
Bergsilge, Bergsellerie, Grundheil
Peucédanum oreoselínum
Doldengewächse
Apiáceae (Umbellíferae)

SK: Blüten in Dolden. Dolden mit 15–25 Strahlen. Hüll- und Hüllchenblättchen zahlreich. Stengel rund, fein gerillt. Blätter dreifach fiederteilig, die unteren 30–40 cm lang. Blattfiedern recht- bis stumpfwinklig abstehend.

B: Dolde zusammengesetzt. Blätter riechen stark aromatisch.

SV: Trockenwälder und trockene Gebüsche, auch auf Halbtrockenrasen; liebt sandige oder steinige, flachgründige Böden; wärmeliebend; selten.

A: G; ♃
Alte Heilpflanze; enthält ätherische Öle (Geruch) und Cumarinverbindungen. Der Saft der Pflanze kann bei empfindlichen Personen auf der Haut Entzündungen hervorrufen, wenn die benetzten Stellen dem Licht ausgesetzt sind.

Juni–Oktober   30–150 cm

3 Wiesen-Bärenklau
Herácleum sphondýlium
Doldengewächse
Apiáceae (Umbellíferae)

SK: Blüten in Dolden. Dolden mit 15–30 Strahlen. Hülle fehlt oder weniger als sechsblättrig. Hüllchenblätter zahlreich. Randblüten vergrößert. Stengel kantig gefurcht, steifhaarig. Blätter drei- bis vierfach fiederschnittig, untere bis 50 cm lang. Pflanze riecht unangenehm.

B: Dolde zusammengesetzt. Blüten oft leicht grünlich oder hellrosa überlaufen.

SV: Lichte, feuchte Laub- und Mischwälder, Auenwälder, Gebüsche, Wiesen, Unkrautbestände; liebt lockeren, feuchten Boden; stickstoffliebend; sehr häufig.

A: G; ♃
Die Pflanze variiert stark und wird in mehrere, schwer unterscheidbare Unterarten aufgegliedert.
Gutes Kaninchenfutter; enthält ätherische Öle und Furocumarine, die im Licht auf der Haut Entzündungen hervorrufen können. Alte Heilpflanze.

Juli–Oktober   30–60 cm

4 Wilde Möhre, Mohrrübe
Daúcus caróta
Doldengewächse
Apiáceae (Umbellíferae)
Siehe Seite 46

Juli–August   15–50 cm

5 Feld-Mannstreu
Feld-Männertreu
Erýngium campéstre
Doldengewächse
Apiáceae (Umbellíferae)
Siehe Seite 44

Juni–Oktober   50–100 cm

6 Große Bibernelle
Pimpinélla májor
(Pimpinélla mágna)
Doldengewächse
Apiáceae (Umbellíferae)
Siehe Seite 46

5

2

6

3

1

4

Februar–April   10–30 cm
1 Frühlings-Knotenblume
Sommertürchen, Märzenbecher
Leucójum vérnum
Amaryllisgewächse
Amaryllidáceae
SK: Alle 6 Blütenblätter gleichartig.
B: Stengel ein- bis zweiblütig. Blüte
duftet. Blütenblätter an der Spitze mit
gelbgrünem Fleck. Blätter schmal, et-
was fleischig, unbereift.
SV: Feuchte Wälder, Gebüsche, Wie-
sen; liebt mullreiche Böden; sehr sel-
ten; an ihren Standorten in größeren
Beständen.
A: M; ♃; ♨; ▽
Die Staubblätter, die sich nach unten
öffnen, lassen den Pollen beim leise-
sten Anstoß fallen. Die Pflanze enthält
das giftige Alkaloid Leucojin.

März–April   8–15 cm
2 Frühlings-Krokus
Weißer Safran, Weißer Krokus
Crócus albiflórus
Schwertliliengewächse
Iridáceae
Siehe Seite 344

Mai–Juli   30–70 cm
3 Astlose Graslilie
Anthéricum liliágo
Liliengewächse
Liliáceae
Siehe Seite 92

Juni–August   30–100 cm
4 Ästige Graslilie
Anthéricum ramósum
Liliengewächse
Liliáceae
Siehe Seite 92

Juni–August   50–150 cm
5 Weißer Germer
Nieswurz
Verátrum álbum
Liliengewächse
Liliáceae
SK: An den wechselständigen Blättern
auch im nichtblühenden Zustand si-
cher von dem im Wuchs ähnlichen
Gelben Enzian zu unterscheiden, der

gegenständige Blätter hat. Blätter riechen stark. Rhizom knollig.
B: Blüten in endständiger Rispe, innen
oft weiß, außen grünlich.
SV: Alpine Lägerflur (hier häufig),
gedüngte Flachmoore und Auwälder
(selten); stickstoff- und etwas kalkliebend; Alpen und Alpenvorland; sonst
selten.
A: M; ♃; ♨.
Der Germer blüht erst nach mehreren
Jahren vegetativen Wachstums.
An Giftstoffen enthält er die Alkaloide
Protoveratrin und Germarin; sie wirken
unter anderem durch Reizung der
Nervenenden in der Haut. In der Nase
erzeugt schon $1/50\,000$ g Niesreiz. Die
Germer-Alkaloide sind Nervengifte.
Im Altertum wurden sie zur Herstellung von Pfeilgiften benutzt. Sie sind
auch für Insekten giftig. Hierauf beruht
die frühere, aber wegen möglicher
Vergiftungen nicht ratsame Verwen-
dung von Germerextrakten gegen
Läuse.

Februar–November   3–10 cm
6 Mehrjähriges Gänseblümchen
Maßliebchen, Tausendschönchen
Béllis perénnis
Korbblütengewächse
Asteráceae (Compósitae)
SK: Keine Verwechslung möglich.
B: Blüten in einem Körbchen, dieses
einzeln auf einem blattlosen Stengel.
Außen weiße oder rötlich überlaufene
Zungenblüten, innen gelbe Röhren-
blüten. Blätter rosettig, verkehrt-ei-
förmig bis spatelig, gekerbt.
SV: Wiesen, Weiden, Wegränder,
Feldwege; sehr häufig.
A: V; ♃
Die Blüten des Gänseblümchens er-
tragen bei trockener Luft bis −15°C,
ohne daß sie wesentlich geschädigt
werden. Das Körbchen reagiert wie
eine Einzelblüte und schließt sich bei
feuchter Witterung und auch nachts.
Außerdem dreht sich das Körbchen oft
nach der Sonne. Alte Heilpflanze; enthält in den Blüten Saponine, ätherisches Öl, Gerbstoffe, Bitterstoff und
Schleimstoffe.

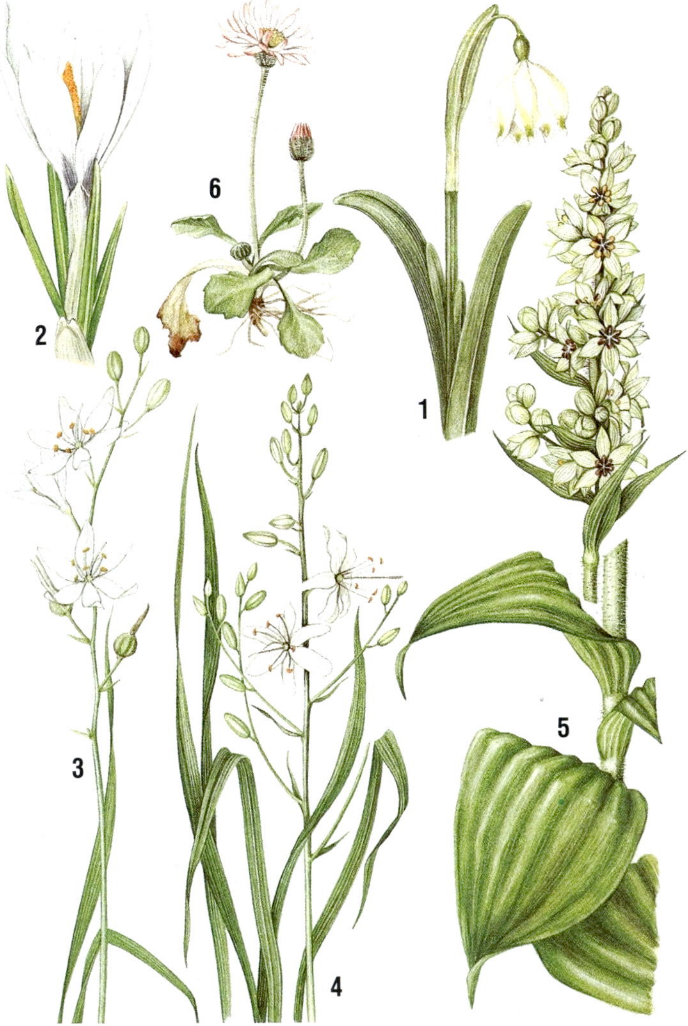

2

6

1

3

4

5

Mai—Oktober 30—60 cm

1 Weiße Wucherblume
Gemeine Wucherblume,
Orakelblume, Margerite
Leucánthemum vulgáre
(Chrysánthemum leucánthemum)
Korbblütengewächse
Asteráceae (Compósitae)
SK: Keine Verwechslungsmöglichkeit.
B: Blüten in einzelnen endständigen Köpfchen; außen weiße Zungenblüten, innen gelbe Röhrenblüten. Stengel aufrecht. Untere Blätter langgestielt, verkehrt-eiförmig bis spatelförmig, gekerbt; obere Blätter sitzend, gesägt.
SV: Halbtrockenrasen, Wiesen, trockene Gebüsche und lichte Trockenwälder; auf unterschiedlichen Böden; sehr häufig.
A: V; ♃

Juni—Oktober 15—60 cm

2 Gemeine Schafgarbe
Achilléa millefólium
Korbblütengewächse
Asteráceae (Compósitae)
Siehe Seite 250

Juli—September 30—70 cm

3 Sumpf-Schafgarbe
Sumpf-Garbe,
Bertram-Schafgarbe
Achilléa ptármica
Korbblütengewächse
Asteráceae (Compósitae)
SK: Blüten in trugdoldig angeordneten, kleinen Körbchen. Außen 8—13 Zungenblüten, innen Röhrenblüten. Blätter ungeteilt, lineallanzettlich, gesägt.
B: Körbchen etwa 1,5 cm im Durchmesser. Blüten elfenbeinfarben. Stengel reichblättrig.
SV: Nasse Wiesen, Gräben, Ufer; liebt grundwasserfeuchten, lehmigen Boden; Nässezeiger; zerstreut.
A: V; ♃
Alte Heilpflanze; enthält in der Wurzel einen noch unerforschten, scharfschmeckenden Stoff.

Mai—Juni 8—25 cm

4 Zweihäusiges Katzenpfötchen
Gemeines Katzenpfötchen
Antennária dióica
Korbblütengewächse
Asteráceae (Compósitae)
Siehe Seite 270

Juli—September 20—40 cm

5 Wald-Ruhrkraut
Gnaphálium sylváticum
Korbblütengewächse
Asteráceae (Compósitae)
Siehe Seite 94

Juni—September 3—40 cm

6 Große Eberwurz
Stengellose Eberwurz, Silberdistel,
Wetterdistel
Carlína acaūlis
Korbblütengewächse
Asteráceae (Compósitae)
SK: Keine Verwechslungsmöglichkeit.
B: Körbchen 5—10 cm im Durchmesser. Nur weiße bis bräunlichweiße Röhrenblüten. Innere Hüllblätter lineal, strahlend weiß. Stengel niederliegend oder aufsteigend. Blätter meist rosettig, seltener am Stengel, tief fiederspaltig, mit stechenden Zipfeln, unterseits oft spinnwebig behaart.
SV: Halbtrockenrasen, Heiden, Weiden; liebt trockenen und tiefgründigen, aber meist steinigen Boden; wärmeliebend; zerstreut.
A: V; ♃; ▽
Die weißen Hüllblätter sind hygroskopisch (wasseranziehend) und bewegen sich bei feuchter Luft nach innen, wogegen sie bei trockener Luft auseinanderspreizen. Auf diese Eigentümlichkeit bezieht sich der Name Wetterdistel.

Juni—Juli 30—80 cm

7 Kleines Mädesüß
Knolliges Mädesüß, Filipendelwurz
Filipéndula vulgáris (F. hexapétala)
Rosengewächse
Rosáceae
Siehe Seite 94

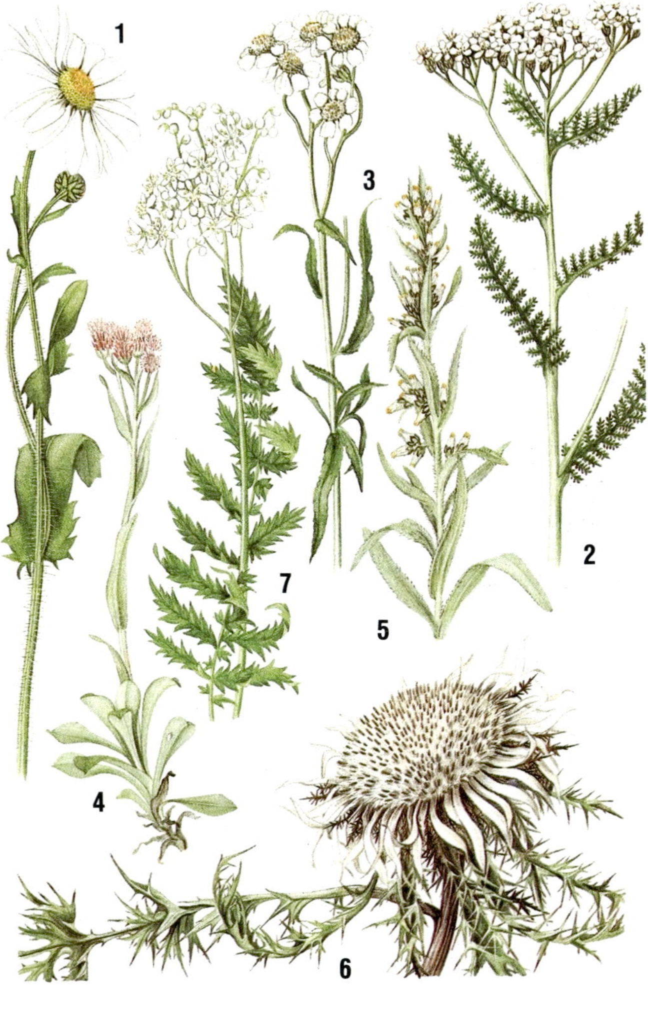

Mai–Juli   20–40 cm
1 Zweiblättrige Waldhyazinthe
Platanthéra bifólia
Orchideengewächse
Orchidáceae
Siehe Seite 96

Mai–Oktober   15–60 cm
2 Berg-Klee
Trifólium montánum
Schmetterlingsblütengewächse
Fabáceae (Leguminósae)
Siehe Seite 96

Mai–September   20–50 cm
3 Weiß-Klee
Lämmer-Klee, Kriechender Klee
Trifólium répens
Schmetterlingsblütengewächse
Fabáceae (Leguminósae)
SK: Blüten deutlich gestielt, rein weiß.
Kelch zehnnervig. Stengel niederliegend, kriechend, wurzelnd. Blättchen
unterseits kahl.
B: Blüten in eiförmigen Köpfchen,
duftend. Teilblättchen keil- bis verkehrt-eiförmig mit herzförmiger Spitze.
SV: Wiesen und Weiden, Gartenrasen, Rasen in Parks, auf Sportplätzen
usw.; stickstoffliebend; unempfindlich
gegen Tritt; sehr häufig.
A: G; ♃

Juli–Oktober   8–30 cm
4 Hasen-Klee
Acker-Klee, Katzen-Klee,
Mäuse-Klee
Trifólium arvénse
Schmetterlingsblütengewächse
Fabáceae (Leguminósae)
SK: Blütenköpfchen zylindrisch. Blüten erst weiß, dann rötlich überlaufen.
Kelch dicht und lang behaart, länger
als die Blütenblätter.
B: Stengel aufsteigend oder aufrecht.
Teilblättchen lineal-länglich.
SV: Trockenrasen, offene Sandböden; kalkscheu; wärmeliebend; häufig.
A: G; ⊙
Alte Volksheilpflanze; der Hasen-Klee

ist als Futterkraut wertlos. Er schmeckt
bitter; außerdem ist er ziemlich hart.

Juni–Oktober   20–60 cm
5 Berg-Ziest
Stáchys récta
Lippenblütengewächse
Lamiáceae (Labiátae)
Siehe Seite 96

Juni–September   10–30 cm
6 Steifer Augentrost
Euphrásia strícta (E. officinális)
Braunwurzgewächse
Scrophulariáceae
SK: Blüten 0,7–1 cm lang. Kelch
und Hochblätter ohne Drüsenhaare.
Hochblätter mit Grannen.
B: Ähre. Blüten weiß oder weißviolett,
auf der Unterlippe mit einem gelben
Fleck. Stengel aufrecht, Blätter gegenständig, eiförmig, gekerbt-gesägt.
SV: Halbtrockenrasen, Wiesen, Wegraine; liebt sandige Böden; zerstreut.
A: V; ⊙; (✿)
Halbschmarotzer. Name und enthaltene Stoffe: s. Wiesen-Augentrost,
unten.

Juli–Oktober   5–25 cm
7 Wiesen-Augentrost
Gemeiner Augentrost
Euphrásia rostkoviána
Braunwurzgewächse
Scrophulariáceae
SK: Kelch und Hochblätter mit Drüsenhaaren.
B: Ähre. Unterlippe dreilappig, violett
gestreift und gelb gefleckt. Stengel
aufsteigend, meist verzweigt. Blätter
gegenständig, eiförmig, gekerbt-gezähnt.
SV: Wiesen, Halbtrockenrasen; etwas
kalkscheu; sehr häufig.
A: V; ⊙; (✿)
Halbschmarotzer. Enthält Aucubin (s.
Wald-Läusekraut, S. 290), Gerbstoffe
und ätherisches Öl. Alte Heilpflanze.
Früher und auch gelegentlich noch
heute zur Behandlung von Augenleiden verwendet (Name).

7

6

5

1

4

2

3

April–Juni   15–50 cm
1 Gefleckter Aronstab
Zehrwurz
Árum maculátum
Aronstabgewächse *Aráceae*
Siehe Seite 374

April–Juni   5–15 cm
2 Zweiblättrige Schattenblume
Zweiblättriges Schattenblümchen
Maiánthemum bifólium
Maiglöckchengewächse
Convallariáceae
SK: Keine Verwechslungsmöglichkeit.
B: Blüten in rispiger Traube, vierblättrig. Am Stengel 2, seltener 3 herzförmige, gestielte, wechselständige Blätter.
SV: Laubwälder, Laubmischwälder und Nadelwälder; liebt mullreichen Lehmboden; zeigt leichte und oft nur oberflächliche Versauerung an; häufig.
A: M; ♃; ☹
Die Schattenblume enthält nach neueren Angaben nur giftige Saponine, aber keine giftigen Cardenolide wie das Maiglöckchen.

April–Mai   30–50 cm
3 Wiesen-Schaumkraut
Cardámine praténsis
Kreuzblütengewächse
Brassicáceae (Cruciferae)
Siehe Seite 54

April–Mai   5–30 cm
4 Bitteres Schaumkraut
Cardámine amára
Kreuzblütengewächse
Brassicáceae (Cruciferae)
SK: Staubblätter purpurviolett. Fruchtknoten und Frucht mehr als dreimal so lang wie breit, flach. Stengel markig.
B: Traube. Blüten manchmal etwas violett oder rötlich überlaufen. Stengel fünfkantig. Grundblätter nicht rosettig, unpaarig gefiedert. Teilblättchen eiförmig-rundlich bis länglich. Stengelblätter einfach bis doppelt fiederschnittig.

SV: Quellfluren, Gräben, sickerfeuchte Geröllhalden in Bergwäldern, Bruch- und Auwäldern; liebt nasse, aber nährstoffreiche Böden; etwas kalkscheu; selten.
A: G; ♃
Enthält Senföl, einen Bitterstoff (Name; s. auch Wiesen-Schaumkraut, S. 54) und reichlich Vitamin C. Alte Heilpflanze. Kann wie die ähnlich aussehende Brunnenkresse zu einem Wildsalat verwendet werden; schmeckt weniger scharf, aber bitterer als Brunnenkresse.

Mai–Juni   20–100 cm
5 Gemeines Lauchkraut
Knoblauchrauke
Alliária petioláta (A. officinális)
Kreuzblütengewächse
Brassicáceae (Cruciferae)
Siehe Seite 36

Juni–Juli   50–150 cm
6 Kahle Gänsekresse
Kahles Turmkraut
Árabis glábra (Turrítis glábra)
Kreuzblütengewächse
Brassicáceae (Cruciferae)
SK: Fruchtknoten mehr als dreimal so lang wie breit. Blätter ganzrandig, blau bereift, wenigstens mittlere und obere kahl, stumpf.
B: Traube. Stengel aufrecht, astlos. Grundblätter zur Blütezeit oft schon verkümmert. Stengelblätter mit pfeilförmigem Grund stengelumfassend.
SV: Trockenes Gebüsch, Waldränder, Kahlschläge, lichte Trockenwälder; liebt steinigen, kalkhaltigen Boden; wärmeliebend; selten.
A: G; ☉
Der Name bezieht sich auf den steif aufrechten Wuchs der Pflanze (lat. turris = Turm). Früher wurde die Pflanze als Heilmittel verwendet. Über arzneilich wirksame Inhaltsstoffe – außer einem verhältnismäßig geringen Gehalt an Vitamin C – ist aber nichts bekanntgeworden.

2

5

4

3

6

1

Mai–Juni 30–60 cm

1 Ähren-Christophskraut
Actaēa spicáta
Hahnenfußgewächse
Ranunculáceae

SK: Blüten in einer eiförmigen Traube. Blätter dreizählig – doppelt gefiedert, zerrieben von scharfem, unangenehmem Geruch.

B: Endständige und seitenständige Trauben. Blüten klein, mit 4 Kelch- und 4 Blütenblättern. Blätter doppelt dreizählig. Teilblättchen ei-lanzettlich.

SV: Bergwälder, Mischwälder, Laubwälder; liebt lockeren, steinigen, feuchten Boden; selten.

A: G; ♃; ♣

Pollenblume, die von Käfern und Geradflüglern bestäubt wird. Alte Heilpflanze. Beeren und Samen gelten (durch einen noch unbekannten Stoff) als giftig.

Der lateinische Gattungsname bezieht sich auf die griechische Sage: Aktäon überraschte Artemis beim Baden. Sie verwandelte ihn in einen Hirsch, den die Jagdhunde Aktäons zerrissen, weil sie die Beeren des Christophskrauts gefressen hatten und davon toll geworden waren. Der deutsche Name bezieht sich auf den Heiligen Christophorus, den Schutzpatron gegen die Pest. Gegen diese Krankheit wurde das Christophskraut früher verwendet.

Juli–August 20–100 cm

2 Ufer-Wolfstrapp
Gemeiner Wolfstrapp
Lýcopus europaēus
Lippenblütengewächse
Lamiáceae (Labiátae)
Siehe Seite 102

Mai–Juni 10–30 cm

3 Waldmeister
Wohlriechendes Labkraut
Gálium odorátum
(Aspérula odoráta)
Rötegewächse *Rubiáceae*

SK: Stengel vierkantig. Blätter zu 6–8 quirlständig, dunkelgrün.

B: Langgestielte Trugdolden. Blüten trichterig. Stengel meist aufrecht. Blätter lanzettlich, am Rand und am Kiel rauh. Welkende Pflanzen duften stark.

SV: Laubwälder, Mischwälder, seltener in Nadelwäldern; liebt nährstoffreichen, lockeren, mullreichen Boden; sehr häufig.

A: ♃

Die Pflanze enthält Cumarinverbindungen, aus denen beim Welken Cumarin frei wird („Waldmeisterduft"). Alte Heilpflanze. Waldmeisterblätter werden auch als Bowlenzusatz verwendet. Setzt man die Bowle mit zu viel Waldmeister an, dann kann das Cumarin Kopfschmerzen verursachen.

Juni–September 30–130 cm

4 Wald-Labkraut
Gálium silváticum
Rötegewächse *Rubiáceae*

SK: Blütenstiele nicken vor dem Aufblühen. Stengel rund, oben mit 4 feinen Rippen, oft rötlich überlaufen (vgl. Waldmeister, oben). Blätter wenigstens unterseits bläulichgrün.

B: Lockere Rispe. Stengel aufrecht. Blätter länglich-lanzettlich, weiß-stachelspitzig, am Rande rauh, zu 6–8 quirlständig.

SV: Laubwälder, Mischwälder, Bergwälder; liebt etwas feuchte, mullreiche, lehmige Böden; kalkliebend; häufig.

A: V; ♃

Name: s. Echtes Labkraut, S. 132

Juni–August 30–130 cm

5 Kletten-Labkraut
Klebriges Labkraut,
Klimmendes Labkraut, Klebkraut
Gálium aparíne
Rötegewächse *Rubiáceae*
Siehe Seite 38

Juni–August 5–15 cm

6 Gebirgs-Hexenkraut
Alpen-Hexenkraut,
Kleines Hexenkraut
Circāea alpina
Nachtkerzengewächse
Onagráceae (Oenotheráceae)
Siehe Seite 262

1

3

6

5

4

2

1 Großes Hexenkraut
Gemeines Hexenkraut
Circāēa lutetiána
Nachtkerzengewächse
Onagrâceae (Oenotherâceae)
Siehe Seite 262

2 Schwarze Nieswurz
Schneerose, Christrose
Helléborus niger
Hahnenfußgewächse
Ranunculáceae

SK: Blüten einzeln. Stengel mit 1–3 Hochblättern. Grundblätter immergrün.
B: Blüte zuweilen rosa überlaufen, nach dem Verblühen grünlich. Grundblätter handförmig geteilt (vier- bis neunteilig), lederartig, gesägt.
SV: Bergwälder; liebt humusreiche, steinige, kalkreiche Böden; sehr selten; außerhalb der Berchtesgadener Alpen in Deutschland nur verwildert.
A: G; ♃; ☠; ▽
Durch Protoanemonin und Saponine giftig; möglicherweise herzwirksame Glykoside in den oberirdischen Organen. Pulver aus dem getrockneten Wurzelstock reizt die Schleimhäute. Bestandteil einer Niespulver.

3 Wald-Sauerklee
Hain-Sauerklee
Óxalis acetosélla
Sauerkleegewächse *Oxalidáceae*
SK: Blüten langgestielt; Blätter kleeblattförmig.
B: Blütenblätter weiß mit violetten Adern, am Grunde mit einem gelben Fleck.
SV: Laubwälder, Mischwälder, Nadelforsten; liebt humusreiche, etwas saure Böden; schattenliebend; sehr häufig.
A: G; ♃; (☠)
Der Sauerklee enthält in seinen Blättern Oxalsäure und Oxalate (Kleesalz, Name) und ist deswegen schwach giftig. Er ist eine ausgesprochene Schattenpflanze und erreicht bei ¹/₁₀ des

Tageslichts schon seine volle Assimilationsleistung. Bei starker Besonnung senken sich die Teilblättchen, desgleichen nach vielfach wiederholter Berührung.

4 Wald-Windröschen
Großes Windröschen,
Wald-Anemone
Anemóne sylvéstris
Hahnenfußgewächse
Ranunculáceae
Siehe Seite 58

5 Weißes Fingerkraut
Potentílla álba
Rosengewächse
Rosáceae
SK: Blüten 2–2,5 cm im Durchmesser. Grundblätter meist fünfzählig handförmig, geteilt, unterseits weiß glänzend.
B: Stengel meist dreiblütig. Blüten langgestielt. Stengel aufsteigend bis aufrecht. Teilblättchen im oberen Teil jederseits mit 1–5 Zähnen.
SV: Trockene Gebüsche und lichte Trockenwälder; kalkscheu; selten.
A: G; ♃
Name: s. Frühlings-Fingerkraut, S. 134

6 Erdbeer-Fingerkraut
Potentílla stérilis (P. fragariástrum)
Rosengewächse
Rosáceae
SK: Stengel ein- bis dreiblütig, schlaff. Blütenblätter ausgerandet, sich nicht berührend. Vgl. Wald-Erdbeere S. 78!
B: Blütenblätter 4–7 mm lang, breit verkehrt-eiförmig. Kelchblätter etwas kürzer als die Blütenblätter. Stengel aufsteigend, meist behaart. Blätter erdbeerähnlich, oft bläulichgrün, behaart.
SV: Laubwälder, Mischwälder, Nadelforsten; liebt nährstoff- und humusreiche Böden; kalkscheu; zeigt Versauerung der Bodenoberfläche an; häufig.
A: G; ♃
Name: s. Frühlings-Fingerkraut, S. 134.

1

2

3

4

5

6

Mai – Juni   8 – 15 cm
1 Wald-Erdbeere
Fragária vésca
Rosengewächse
Rosáceae
SK: Stengel drei- bis zehnblütig, aufrecht. Blütenblätter nicht ausgerandet, sich berührend. Haare der Blütenstiele aufrecht. Blätter oberseits nicht seidig behaart. Pflanze meist mit Ausläufern.
B: Seitliche Teilblättchen sitzend, das mittlere kurz gestielt.
SV: Laubwälder, Mischwälder, lichte Nadelforsten, Kahlschläge, Waldwege; liebt etwas feuchte Böden; sehr häufig.
A: G; ♃
Scheinfrüchte wohlschmeckend, eßbar, reich an Zucker (rund 8% des Frischgewichts). Die Erdbeere galt im Mittelalter als Sinnbild der Verlockung. Hieronymus Bosch malte sie so. Die Menschen, die nach ihr lechzen, verwandeln sich in Ungeheuer, die Untugenden symbolisieren. Die Blätter enthalten Gerbstoffe und können als Ersatz für chinesischen Tee verwendet werden.

Mai – Juni   5 – 15 cm
2 Knack-Erdbeere
Knackelbeere
Fragária víridis
Rosengewächse
Rosáceae
Siehe Seite 56

Mai – Juni   10 – 30 cm
3 Zimt-Erdbeere
Fragária moscháta
Rosengewächse
Rosáceae
SK: Stengel drei- bis zehnblütig, aufrecht. Blütenblätter nicht ausgerandet, sich berührend. Haare der Blütenstiele waagrecht abstehend.
B: Blütenblätter 5 – 10 mm lang, reinweiß. Der Wald-Erdbeere ähnlich, aber größer als diese (s. oben).
SV: Waldränder, feuchte Gebüsche; nährstoffliebend; selten.

A: G; ♃
Die Scheinfrüchte der Zimt-Erdbeere schmecken sehr würzig. Die Pflanze wurde deshalb früher häufig angebaut, in den letzten Jahrzehnten jedoch durch die großfrüchtigen Kultursorten fast vollständig verdrängt. Von den heimischen Erdbeerarten stellt die Zimt-Erdbeere die größten Ansprüche an das Klima. Größere Temperaturgegensätze, vor allem Nachtfröste im späten Frühjahr, erträgt sie nicht.

Mai – Juni   10 – 25 cm
4 Stein-Brombeere
Steinbeere, Felsenbeere
Rúbus saxátilis
Rosengewächse
Rosáceae
SK: Aufrechte, scheindoldige Traube. Blätter dreizählig.
B: Sammelfrucht aus kaum zusammenhängenden, roten Steinfrüchtchen. Ausläuferartige Schößlinge. Teilblättchen verkehrt-eiförmig, gesägt.
SV: Laubwälder, Mischwälder, Nadelforsten; liebt lockere, kalk- und humusreiche Böden; selten, tritt aber an ihren Standorten meist in Rudeln auf.
A: G; ♃

Mai – Juni   15 – 40 cm
5 Knöllchen-Steinbrech
Körner-Steinbrech
Saxífraga granuláta
Steinbrechgewächse
Saxifragáceae
SK: Knöllchen am Grunde des Stengels. Blütenblätter ohne farbige Punkte.
B: Wenigblütige Trugdolde. Stengel wenigblättrig, aufrecht, klebrig behaart. Grundblätter langgestielt, nierenförmig, lappig gekerbt; Stengelblätter keilförmig, drei- bis fünfspaltig.
SV: Wiesen, Halbtrockenrasen, selten in lichten Wäldern; etwas kalkscheu; bevorzugt lehmige Böden; zerstreut.
Name: s. Trauben-Steinbrech, S. 98
A: G; ♃

1

4

2

5

3

Mai–Juli   4–10 cm
1 Einblütiges Moosauge
Einblütiges Wintergrün
Monéses uniflóra (Pýrola uniflóra,
Pírola uniflóra)
Wintergrüngewächse
Pyroláceae

SK: Blüte einzeln, flach ausgebreitet,
1,5–2,5 cm im Durchmesser.
B: Einzelblüte auf blattlosem Stengel,
nickend, wohlriechend, Blätter rosettig, immergrün, lederig, rundlich-spa-
telig.
SV: Mischwälder, Nadelforsten; liebt
trockene, lockere, mullhaltige und etwas saure Böden; selten.
A: V; ♃; ▽
Alte Heilpflanze; enthält in den Blättern
Aucubin.

Juni–Juli   15–20 cm
2 Einseitswendiges Birngrün
Nickendes Wintergrün
Orthília secúnda (Pýrola secúnda,
Pírola secúnda,
Ramíschia secúnda)
Wintergrüngewächse
Pyroláceae

SK: Einseitswendige Traube. Staubblätter länger als die glockige Blüte.
B: Blüten nicken. Stengel aufsteigend.
Blätter immergrün, lederig, eiförmig,
schwach gekerbt.
SV: Mischwälder und Nadelwälder;
liebt trockene, lockere, mullhaltige und
schwach saure Böden; selten; kommt
an seinen Standorten meist zu mehreren vor.
A: V; ♃; ▽
Der deutsche Gattungsname Birngrün
bezieht sich auf die Ähnlichkeit der
Blätter mit denen des Birnbaums (Pýrus). Alte Arzneipflanze.

Juni–Juli   10–30 cm
3 Mittleres Wintergrün
Pýrola média (Pirola média)
Wintergrüngewächse
Pyroláceae

SK: 3–15 Blüten in einer allseitswen-

digen Traube. Griffel aus der engglok-
kigen Blüte hervorragend.
B: Blütenblätter 6–8 mm lang, stark
gekrümmt, zusammenneigend. Stengel aufrecht. Blätter immergrün, rundlich-eiförmig, schwach gekerbt, lederig.
SV: Laubwälder, Mischwälder, Nadelwälder; liebt trockenen, schwach sauren, lockeren, z. T. etwas steinigen,
mullhaltigen Lehmboden; sehr selten.
A: V; ♃; ▽
Der wissenschaftliche Name Pýrola
verweist auf die Ähnlichkeit der Blätter
mit denen des Birnbaums (Pýrus).
Obwohl die Blüten des Mittleren Win-
tergrüns duften, ist der Insektenbe-
such gering. Die Samenbildung erfolgt
meist durch Selbstbestäubung.

Juni–Juli   15–30 cm
4 Rundblättriges Wintergrün
Großes Wintergrün
Pýrola rotundifólia
(Pirola rotundifólia)
Wintergrüngewächse
Pyroláceae
Siehe Seite 268

Juni–Juli   10–20 cm
5 Kleines Wintergrün
Pýrola minor (Pirola minor)
Wintergrüngewächse
Pyroláceae

SK: 4–16 Blüten in allseitswendiger
Traube. Griffel nicht aus der engglok-
kigen Blüte hervorragend.
B: Blüten nickend, Griffel gerade.
Stengel meist aufsteigend. Blätter ro-
settig, eiförmig, lederartig, immergrün,
gekerbt.
SV: Laubwälder, Mischwälder, Nadel-
forsten; liebt trockene, schwach sau-
ren, lockeren und lehmigen Boden;
selten.
A: V; ♃; ▽
Name: s. Mittleres Wintergrün, links.
Samenbildung spärlich. Meist Selbst-
befruchtung oder Bestäubung durch
Fliegen und Käfer.

5

1

2

3

4

Mai – Juli   90 – 200 cm
1 Wald-Geißbart
Arúncus dióicus
(A. vulgáris, A. silvéster)
Rosengewächse *Rosáceae*

SK: Pflanze meist zweihäusig. Blüten in reichblütiger Rispe, klein. Blätter zwei- bis dreifach dreizählig gefiedert, bis 1 m lang.
B: Männliche Blütenstände elfenbeinweiß; weibliche Blütenstände rein weiß. Stengel aufrecht, einfach, kahl. Teilblättchen spitz, eiförmig, doppelt gesägt.
SV: Schluchtwälder und Bergwälder; liebt lockere, etwas steinige, humusreiche und sickerfeuchte Böden; selten.
A: G; ♃; ▽

Der Wald-Geißbart hat so leichte Samen, daß sie durch den Wind, ja selbst durch die leichten Luftströmungen entstehen, emporgehoben und fortgetragen werden. Ein Samenkorn wiegt nur 0,00008 g. Alte Heilpflanze; die Samen enthalten Saponine, die Blätter in geringen Mengen eine organische Blausäureverbindung.

Juni – August   1 – 2 m
2 Echtes Mädesüß
Echte Rüsterstaude, Spierstaude, Wiesenkönigin
Filipéndula ulmária
Rosengewächse *Rosáceae*
Siehe Seite 62

April – Mai   15 – 30 cm
3 Echte Sternmiere
Große Sternmiere
Stellária holóstea
Nelkengewächse
Caryophylláceae

SK: Blütenblätter nur etwa bis zur Mitte gespalten, 10 – 15 mm lang, doppelt so lang wie der Kelch, 3 Griffel. Hochblätter krautig.
B: Gabelästige Trugdolde. Stengel unten vierkantig. Blätter gegenständig, sitzend, lineal oder lineal-lanzettlich, spitz.
SV: Laubwälder, Mischwälder, selte-

ner Nadelforsten und Gebüsche; besonders auf lehmigen und etwas sandigen Böden; häufig.
A: G; ♃

Juni – September   20 – 100 cm
4 Gemeiner Wasserdarm
Wassermiere
Myosóton aquáticum (Maláchium aquáticum, Stellária aquática)
Nelkengewächse
Caryophylláceae Siehe Seite 106

Mai – August   15 – 30 cm
5 Wald-Sternmiere
Stellária némorum
Nelkengewächse
Caryophylláceae

SK: Blütenblätter tief zweispaltig, doppelt so lang wie der Kelch. 3 Griffel.
B: Stengel mit Ausläufern, schlaff, oben behaart. Untere und mittlere Blätter gestielt, herz-eiförmig, spitz. Pflanze sieht etwas glasig aus.
SV: Auwälder, Mischwälder, Laubwälder und Nadelforsten; liebt grundwasserdurchzogene, mullreiche, lockere, lehmige Böden; kalkscheu; zerstreut.
A: G; ♃

Mai – Juli   15 – 30 cm
6 Dreinervige Nabelmiere
Rippen-Nabelmiere
Moehríngia trinérvia
Nelkengewächse
Caryophylláceae

SK: 5 (oder 4) Blütenblätter. Blätter mit nur 3 Nerven, selten 4 oder 5.
B: Blüten entspringen aus den Blattachseln, gestielt. Blütenblätter kürzer als die Kelchblätter. Stengel niederliegend, aufsteigend oder aufrecht. Blätter eiförmig, spitz, die unteren deutlich gestielt, die oberen sitzend.
SV: Laubwälder, Mischwälder, Nadelforsten; liebt nährstoffreichen und etwas feuchten Lehmboden; zeigt leichte Oberflächenversauerung an; zerstreut, aber oft in Rudeln.
A: G; ♃

Der Name wurde zu Ehren des Danziger Arztes und Botanikers P. H. Moehring (1720 – 1792) verliehen.

1

5

3

4

6

2

Juni−August 20−50 cm

1 Taubenkropf-Leimkraut
Aufgeblasenes Leimkraut,
Gemeines Leimkraut
Siléne vulgáris
(S. cucúbalus, S. infláta)
Nelkengewächse
Caryophylláceae
Siehe Seite 58

Mai−September 30−60 cm

2 Nickendes Leimkraut
Siléne nútans
Nelkengewächse
Caryophylláceae
SK: Blütenblätter tief zweispaltig.
Kelch zehnnervig. Blüten nicken.
B: Doldenrispe. Stengel unten weich-
haarig, oben durch Drüsenhaare kleb-
rig (Name). Untere Blätter spatelför-
mig, gestielt; obere lanzettlich, sitzend
oder fast sitzend, gegenständig.
SV: Halbtrockenrasen, Heiden, Trok-
kenwälder und trockene Gebüsche,
Felsabbrüche; liebt Wärme und locke-
ren Boden; stellt an den Nährstoffge-
halt der Böden keine hohen Ansprü-
che; zerstreut.
A: G; ♃
Nachtblüher. Die Blüte beginnt erst
abends zu duften. Bestäuber sind
Nachtschmetterlinge.

Juni−September 50−130 cm

3 Mehlige Königskerze
Lichtnelken-Königskerze
Verbáscum lychnítis
Braunwurzgewächse
Scrophulariáceae
Siehe Seite 60

Mai−August 30−100 cm

4 Ährige Teufelskralle
Ährige Rapunzel
Phytéuma spicátum
Glockenblumengewächse
Campanuláceae
Siehe Seite 60

Juni−August 30−60 cm

5 Weiße Schwalbenwurz
Vincetóxicum hirundinária
(Cynánchum vincetóxicum,
Vincetóxicum officinále)
Schwalbenwurzgewächse
Asclepiadáceae
SK: Keine Verwechslungsmöglichkeit.
B: Blüten in achselständigen Trugdolden, 5−15 mm im Durchmesser.
Stengel aufrecht, im oberen Teil gelegentlich windend. Blätter gegenständig, kurzgestielt, herzförmig bis länglich.
SV: Trockenwälder, trockene Gebüsche, Gesteinsschutthalden, Felsen,
seltener Halbtrockenrasen; liebt flachgründige, steinige, nährstoffreiche
und meist kalkhaltige Böden; zerstreut.
A: V; ♃; ☠
Die Blüte besitzt einen Klemmmecha-
nismus: Das nektarsuchende Insekt
gerät mit dem Rüssel in eine enge
Spalte, aus der es sich in der Regel nur
befreien kann, wenn es die Pollen-
klumpen mitzieht. Manche Insekten
klemmen sich den Rüssel so fest ein,
daß sie sich bei den Befreiungsversu-
chen tödlich verletzen. An den fruch-
tenden Pflanzen fallen die Samen
durch ihren langen Haarschopf auf.
Die Pflanze enthält in allen ihren Organen den Giftstoff Vincetoxin.

Juni−September 50−300 cm

6 Rote Zaunrübe
Zweihäusige Zaunrübe
Bryónia dióica
Kürbisgewächse
Cucurbitáceae
SK: Blüte zweihäusig, Stengel klet-
ternd.
B: Blattachselständige Doldenrispen.
Männliche Blüten langstielig, weibli-
che Blüten kurzstielig. Blätter fünflap-
pig, rauh.
SV: Unkrautbestände auf Schuttplät-
zen, an Wegen, Zäunen und Mauern,
aber auch in Gebüschen, an Waldrän-
dern und auf Lichtungen; liebt locke-
ren, kalkhaltigen Lehmboden; Kalk-
zeiger; zerstreut.
A: V; ♃; ☠
Heilpflanze; enthält Glykoside, Gerbstoffe und Alkaloide.

1

2

6

3

4

5

Juni–Oktober   1,5–3 m

1 Ufer-Zaunwinde
Zaun-Winde
Calystégia sépium
(Convólvulus sépium)
Windengewächse
Convolvuláceae

SK: Blüte, 3,5–6 cm lang in den Blattachseln, ohne rötliche Streifen, geruchlos.
B: Stengel windend, Blätter wechselständig, gestielt, am Grunde pfeilförmig.
SV: Auwälder, feuchte Gebüsche, Waldränder, Röhricht stehender und fließender Gewässer, auch an Zäunen und Wegen; liebt nassen, nährstoffreichen Lehmboden; stickstoffliebend; häufig.
A: V; ♃
Die Blüten der Ufer-Zaunwinde schließen sich bei trübem Wetter und bei Regen, können aber zu jeder Tages- und Nachtzeit geöffnet sein. Die Suchbewegung (vgl. Acker-Winde, S. 230) dauert 1¾ Stunden. Die Blätter enthalten Herz-Glykoside und Gerbstoffe; Heilpflanze.

April–August   70–130 cm

2 Wiesen-Kerbel
Anthríscus sylvéstris
Doldengewächse
Apiáceae (Umbelliferae)
Siehe Seite 62

Mai–Juni   5–50 cm

3 Wald-Sanikel
Sanícula europaēa
Doldengewächse
Apiáceae (Umbelliferae)
SK: Blüten in köpfchenartigen Dolden. Hüllblätter sehr klein. Blätter handförmig geteilt.
B: Dolde zusammengesetzt. Stengel unbeblättert oder mit 1–2 kleineren Blättern. Blattzipfel eingeschnitten gesägt.
SV: Laub-, Misch-, Nadelwälder; liebt feuchte, mullreiche Lehmböden; häufig.
A: G; ♃

Der wissenschaftliche und der deutsche Gattungsname leiten sich von dem lateinischen Wort sanare = heilen ab. Die Sanikel galt im Mittelalter als vorzügliches Wundheilmittel. Die Pflanze enthält Saponine, Gerbstoffe und einen Bitterstoff. Heilpflanze, heute nicht mehr verwendet.

Juni–August   30–100 cm

4 Große Sterndolde, Stranze
Astrántia májor
Doldengewächse
Apiáceae (Umbelliferae)
Siehe Seite 62

Juni–August   1–1,8 m

5 Knollen-Kälberkropf
Rüben-Kälberkropf
Chaerophýllum bulbósum
Doldengewächse
Apiáceae (Umbelliferae)
SK: Blüten in Dolden. Dolde mit 15–20 kahlen Strahlen. Hülle der Dolde fehlt. Hüllchenblättchen zu 4–6, am Rande ungewimpert. Blütenblätter bis auf die Hälfte eingeschnitten. Stengel nur unten rot gefleckt und steifhaarig, rund, bläulich bereift. Blätter drei- bis vierfach gefiedert.
B: Dolde zusammengesetzt. Teilblättchen an den oberen Blättern ganz schmallineal. Wurzel knollig verdickt.
SV: Auwälder, Unkrautbestände an Ufern und in Flußauen; liebt kalkhaltigen, grundwasserdurchzogenen, lockeren Boden; selten.
A: G; ⊙; (✿)
Die Pflanze enthält in den Blättern den Giftstoff Chaerophyllin, nicht jedoch in der Wurzelknolle. Diese ist sehr stärkereich. Besonders im Mittelalter wurde der Knollen-Kälberkropf deswegen angebaut; die Wurzelknollen wurden ähnlich wie Kartoffeln verwendet. Ihr Geruch ähnelt dem eßbaren Kastanien. Vom Genuß ist jedoch abzuraten, weil der Knollen-Kälberkropf stark giftigen Doldengewächsen so sehr ähnelt, daß Verwechslungen nicht immer mit Sicherheit auszuschließen sind.

1

2

3

4

5

Juni–Juli   30–170 cm
1 Taumel-Kälberkropf
Hecken-Kälberkropf,
Betäubender Kälberkropf
Chaerophýllum témulum
Doldengewächse
Apiáceae (Umbellíferae)
SK: Blüten in Dolden. Dolde mit 6–12 rauhhaarigen Strahlen. Hülle der Dolde fehlend oder nur als 1–2 Blättchen. Hüllchenblätter am Rand bewimpert. Blütenblätter bis auf die Hälfte eingeschnitten. Stengel rot gefleckt, steifhaarig, kantig. Blätter doppelt gefiedert.
B: Dolde zusammengesetzt. Stengel unter den Gelenken verdickt. Blätter verwaschen grün. Teilblättchen lappig.
SV: Auwälder, lichte, etwas feuchte Laub- und Mischwälder, Gebüsche, Kahlschläge; liebt lockeren Boden; Stickstoffzeiger; zerstreut.
A: G, ☉; ⊖; ⚘
Der Name Kälberkropf bezieht sich auf die aufgeblasenen Stengelknoten. Die Pflanze enthält den Giftstoff Chaerophyllin. Tiere, die den Taumel-Kälberkropf gefressen haben, taumeln.

Juni–Juli   30–100 cm
2 Zaun-Giersch
Geißfuß, Podagrakraut
Aegopódium podagrária
Doldengewächse
Apiáceae (Umbellíferae)
Siehe Seite 48

Juni–Oktober   30–150 cm
3 Wiesen-Bärenklau
Herácleum sphondýlium
Doldengewächse
Apiáceae (Umbellíferae)
Siehe Seite 64

Juli–August   30–100 cm
4 Berg-Haarstrang
Peucédanum oreoselínum
Doldengewächse
Apiáceae (Umbellíferae)
Siehe Seite 64

Juli–August   50–150 cm
5 Sumpf-Haarstrang
Peucédanum palústre
Doldengewächse
Apiáceae (Umbellíferae)
SK: Blüten in Dolden; Dolde mit 20–30 Strahlen. Hülle und Hüllchen mehrblättrig. Stengel gefurcht. Blätter zwei- bis vierfach fiederschnittig. Blattzipfel lineal.
B: Dolde zusammengesetzt. Stengel hohl, oft rot, jung mit Milchsaft.
SV: Riedgrasbestände, Ufer, Bruchwälder; liebt schlammigen oder torfigen, zeitweise überschwemmten Boden; selten.
A: G; ☉
Alte Heilpflanze; enthält in der Wurzel ätherisches Öl und einen scharf-bitter schmeckenden Stoff.

Juli–September   50–200 cm
6 Wald-Brustwurz
Wald-Engelwurz
Angélica sylvéstris
Doldengewächse
Apiáceae (Umbellíferae)
SK: Blüten in Dolden. Dolde 20–40 Strahlen. Hülle fehlt oder nur aus 1–3 Blättchen. Hüllchenblättchen zahlreich. Stengel rund, hohl, weißlich bereift. Blätter zwei- bis dreifach fiederteilig, die unteren länger als 50 cm.
B: Dolde aus kugeligen Döldchen. Teilblättchen 1,5–3 cm breit, gesägt, Blattscheiden bauchig.
SV: Auwälder, feuchte Wiesen, Gebüsche und Unkrautbestände an Wegen, Gärten und an Ufern; liebt grundwasserfeuchten Lehmboden; häufig.
A: G; ♃; (⚘)
Der wissenschaftliche und der deutsche Gattungsname (lat. angelus= Engel) beziehen sich auf die Sage, nach der die angeblich heilkräftige Pflanze den Menschen durch einen Engel gezeigt worden sein soll. Sie enthält ätherische Öle, die aber in hoher Konzentration giftig wirken, und Furocumarine.

4

5

2

6

1

3

1 Februar–März 8–20 cm
Schneeglöckchen
Galánthus nivális
Amaryllisgewächse
Amaryllidáceae

SK: Blütenblätter ungleich: die 3 äußeren groß, weiß; die inneren kleiner, grünlich.
B: Stengel einblütig, Blätter 2, grundständig, schmal, fleischig, bereift.
SV: Laubmischwälder, Auwälder, Schluchtwälder; liebt nährstoff- und mullreichen, grundwasserdurchzogenen Lehmboden; sehr selten, an seinen Standorten jedoch in Rudeln; gelegentlich auch aus Gärten verwildert.
A: M; ♃; (✿); ▽
Die grünen Flecken an den inneren Blütenblättern sind Saftmale.

2 Februar–April 10–30 cm
Frühlings-Knotenblume
Sommertürchen, Märzenbecher
Leucójum vérnum
Amaryllisgewächse
Amaryllidáceae Siehe Seite 66

3 März–April 15–25 cm
Busch-Windröschen
Weiße Osterblume
Anemóne nemorósa
Hahnenfußgewächse
Ranunculáceae

SK: Blüten entspringen einzeln aus einem Hochblattquirl. Blütenblätter kahl oder weiß behaart. Blüte 1,5–4 cm im Durchmesser.
B: Blüten oft rötlich überlaufen, besonders auf der Außenseite der Blütenblätter. Am Wurzelstock oft ein handförmiges, grundständiges Blatt.
SV: Laub-, Misch-, Nadelwälder, Gebüsche; liebt mullreichen Boden; sehr häufig.
A: G; ♃; ✿
Enthält die Gifte Anemonin und Protoanemonin.

4 Mai–Juni 10–20 cm
Europäischer Siebenstern
Trientális europaēa
Primelgewächse
Primuláceae Siehe Seite 110

5 April–Juni 15–30 cm
Bären-Lauch
Állium ursínum
Lauchgewächse *Alliáceae*

SK: „Maiblumenähnliche" Blätter; beim Zerreiben starker Knoblauchgeruch.
B: Reichblütige Scheindolde. Blüten schneeweiß. Stengel stumpf dreikantig.
SV: Laubmischwälder, Buchenwälder und Auwälder, Parkanlagen, Gebüsche; liebt nährstoffreichen, lockeren, grundwasserdurchzogenen, humusreichen Lehmboden; sehr häufig; bildet oftmals dichte und ausgedehnte Bestände.
A: M; ♃
Der Bären-Lauch enthält ätherisches Öl mit übelriechenden Schwefelverbindungen, das in seiner Heilwirkung dem Knoblauchöl sehr nahekommt. Gelegentlich wie Knoblauch als Volksheilmittel verwendet.

6 Mai–Juni 15–25 cm
Maiglöckchen
Maiblume
Convallária majális
Maiglöckchengewächse
Convalliáceae

SK: Keine Verwechslungsmöglichkeit.
B: Einseitswendige, überhängende, armblütige Traube. Blüten duften stark. Meist 2 (seltener 1 oder 3) Grundblätter. Kriechender Wurzelstock.
SV: Wälder verschiedener Art, alpine Matten; liebt lockere, warme Böden; sehr häufig; kommt an seinen Standorten meist in dichten Beständen vor.
A: M; ♃; ✿; ▽
Das Maiglöckchen enthält (besonders in der Blüte und im Blatt) Cardenolide (u. a. Convallatoxin), die in der Heilkunde verwendet werden. Sie sind z. T. wasserlöslich und gehen deshalb in Vasen, in denen Maiglöckchen längere Zeit stehen, in das Wasser über. Schwere Vergiftungen durch das Kauen der Blütenstiele wurden bekannt. Das Fruchtfleisch der Beeren ist giftarm, doch sind die Samen gifthaltig.

1

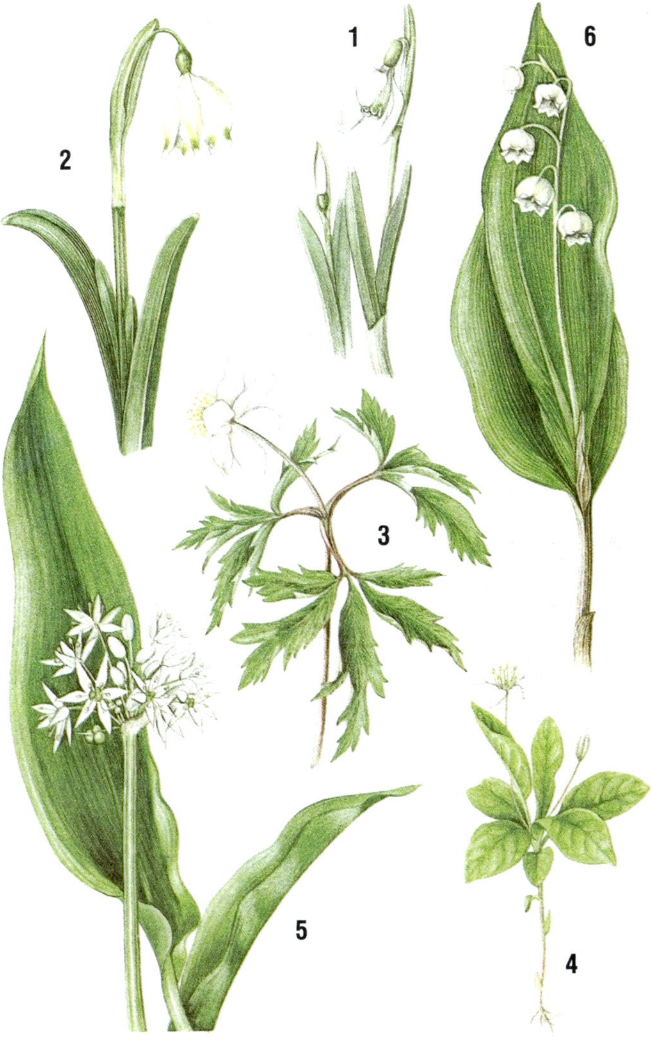

2

6

3

4

5

1 Mai–Juni 30–60 cm
Vielblütige Weißwurz
Polygonátum multiflórum
Maiglöckchengewächse
Convallariáceae
SK: Stengel.rund.
B: Trauben oder Einzelblüten in den Blattachseln. Beeren zuerst rot, später schwarz-blau. Blätter zweireihig, wechselständig.
SV: Buchenwälder und Laubmischwälder, seltener in Nadelforsten; liebt kalkhaltige, lockere und humusreiche, lehmige Böden; häufig.
A: M; ♃; ☙
Die Vielblütige Weißwurz wird durch Hummeln bestäubt. Da der Blüteneingang verhältnismäßig eng ist, können nur langrüsselige Insekten an den Nektar gelangen. Wiewohl die Blüten der Vielblütigen Weißwurz normalerweise zweigeschlechtig sind, kommen eingeschlechtige Blüten ebenfalls vor. Dabei scheinen männliche Blüten häufiger aufzutreten. Die Vielblütige Weißwurz enthält Saponine, nach neueren Untersuchungen aber keine herzwirksamen Glykoside, wie man das früher angenommen hat.

2 Mai–Juni 30–50 cm
Gemeine Weißwurz
Wohlriechende Weißwurz, Echte Weißwurz, Salomonssiegel
Polygonátum odorátum
(P. officinále)
Maiglöckchengewächse
Convallariáceae
SK: Stengel kantig.
B: Meist nur 1 Blüte in den Blattachseln. Blüten duften. Blätter zweireihig, wechselständig.
SV: Lichte und trockene, oft an sonnigen Hängen gelegene Laubmischwälder oder Kiefernwälder, auch in Gebüschen; liebt kalkige, lockere oder sandige Böden; zerstreut.
A: M; ♃; ☙
Die Gemeine Weißwurz enthält dieselben Giftstoffe wie die Vielblütige Weißwurz. Sie ist die „Springwurz" der Märchen und Sagen, die ver-

schlossene Türen öffnet und aus den Felsen Quellen springen läßt.

3 Mai Juni 30–70 cm
Quirlblättrige Weißwurz
Polygonátum verticillátum
Maiglöckchengewächse
Convallariáceae
SK: Blätter stehen in 3–8zähligen Quirlen.
B: Blüten in den Blattachseln. Blätter schmallanzettlich.
A: M; ♃; ☙
Die Quirlblättrige Weißwurz enthält möglicherweise dieselben Giftstoffe wie die Vielblütige Weißwurz.

4 Juni–August 50–150 cm
Weißer Germer
Nieswurz
Verátrum álbum
Liliengewächse
Liliáceae
Siehe Seite 66

5 Mai–Juli 30–70 cm
Astlose Graslilie
Anthéricum liliágo
Liliengewächse
Liliáceae
SK: Blütenstand eine einfache Traube.
B: Blüten bis 5 cm im Durchmesser. Stengel aufrecht. Blätter schmal, fast grasartig.
SV: Trockenrasen, lichte Wälder und Waldränder; wärmeliebend; etwas kalkscheu; selten.

6 Juni–August 30–100 cm
Ästige Graslilie
Anthéricum ramósum
Liliengewächse
Liliáceae
SK: Blütenstand verzweigt (Rispe).
B: Blüten bis 3,5 cm im Durchmesser. Stengel aufrecht. Blätter schmal, grasartig (2–6 mm breit).
SV: Trockenrasen, lichte Wälder und Gebüsche; liebt lockere, kalkhaltige Böden; selten.
A: M; ♃

1 Kleines Mädesüß
Knolliges Mädesüß, Filipendelwurz
Filipéndula vulgáris (F. hexapétala)
Rosengewächse
Rosáceae
SK: Blätter einfach gefiedert. Teilblättchen etwa 2 cm lang, in 8–30 Paaren.
B: Blüten in ästigen Trugdolden, z. T.
nur mit 5 Blütenblättern. Stengel oben
fast blattlos, aufrecht. Teilblättchen
fiederspaltig bis gesägt.
SV: Feuchte Wiesen, Halbtrockenrasen, lichte Wälder; besonders auf Böden, die zeitweilig feucht, zweitweilig
trocken sind; zerstreut.
A: G; ♃; (♀).
Der deutsche Name Mädesüß kommt
von dem althochdeutschen Wort
„met". Das Kraut wurde wahrscheinlich als Zusatz zu diesem bierähnli-
chen Getränk verwendet. Enthält (besonders in den Knollen) schwach giftige Glykoside. Alte Heilpflanze, Wildsalat. Auch die Knollen wurden gege-
sen.

2 Weiße Wucherblume
Gemeine Wucherblume, Orakel-
blume, Margerite
*Leucánthemum vulgáre (Chrysán-
themum leucánthemum)*
Korbblütengewächse
Asteráceae (Compósitae)
Siehe Seite 68

3 Zweihäusiges Katzenpfötchen
Gemeines Katzenpfötchen
Antennária dióica
Korbblütengewächse
Asteráceae (Compósitae)
Siehe Seite 270

4 Wald-Ruhrkraut
Gnaphálium sylváticum
Korbblütengewächse
Asteráceae (Compósitae)
SK: Körbchen in Ähren oder Trauben.
Nur Röhrenblüten. Hüllblätter trok-
kenhäutig, gelblich oder bräunlich,
kahl. Blätter ungeteilt.
B: Blüten bräunlichweiß. Stengel auf-
recht. Mittlere Blätter kürzer als die un-
teren, alle auf der Oberseite zuletzt
kahl, Unterseite weißfilzig.
SV: Lichte Wälder, Kahlschläge,
Waldwege, magere Wiesen, Heiden;
liebt sandig-lehmige, oft steinige Bö-
den; etwas kalkscheu; zeigt oberflächliche Versauerung an; häufig.
A: V; ♃

5 Kanadischer Katzenschweif
Kanadisches Berufkraut
*Conýza canadénsis
(Erígeron canadénsis)*
Korbblütengewächse
Asteráceae (Compósitae)
SK: Blüten in kleinen, zahlreichen
Körbchen; außen mehrere Reihen
unscheinbarer Zungenblüten, innen
gelbe Röhrenblüten. Stengel ver-
zweigt, beblättert. Blätter ungeteilt,
wechselständig, lineal-lanzettlich, bor-
stig bewimpert.
B: Körbchen rispig angeordnet. Zun-
genblüten fädig, kaum länger als die
Röhrenblüten. Stengel aufrecht, bor-
stig bewimpert.
SV: Unkrautbestände auf Bahnschot-
ter, an Wegen und Mauern, auf
Schuttplätzen und auf Kahlschlägen,
seltener auf Äckern; auf unterschiedlichen Böden; stickstoff- und wärmeliebend; sehr häufig.
A: V; ⊙; ⊝
Die Pflanze wurde erst Mitte des 17.
Jahrhunderts aus Nordamerika nach
Europa eingeschleppt. Ende des 18.
Jahrhunderts war sie schon über ganz
Mitteleuropa verbreitet. Heilpflanze;
enthält ätherische Öle und Gerbstoffe.
Name: s. Echtes Berufkraut, S. 250.

6 Hohler Lerchensporn
Corýdalis cáva
Erdrauchgewächse
Fumariáceae
Siehe Seite 236

1 April–Mai   15–30 cm
Gefingerter Lerchensporn
Corýdalis sólida
Erdrauchgewächse *Fumariáceae*
Siehe Seite 272

2 Mai–Juli   20–50 cm
Bleiches Waldvögelein
Großblütiges Waldvögelein,
Weißes Waldvögelein
Cephalanthéra damasónium
(C. grandiflóra, C. álba)
Orchideengewächse
Orchidáceae
Siehe Seite 198

3 Mai–Juli   20–40 cm
Zweiblättrige Waldhyazinthe
Platanthéra bifólia
Orchideengewächse
Orchidáceae
SK: Blütensporn dünn, langgezogen.
Blüte stark duftend, Stengel trägt nur 2
große, ovale Blätter.
B: Reichblütige Traube. Sporn der
Lippe eineinhalb- bis zweimal so lang
wie der gedrehte Fruchtknoten.
SV: Lichte Laub-, Laubmisch- und
Nadelwälder, auch auf Magerrasen
und Heiden; zeigt leichte oberflächli-
che Versauerung, besonders auf sonst
kalkhaltigen Böden; wärmeliebend;
zerstreut.
A: M; ♃; ▽
Die Zweiblättrige Waldhyazinthe duftet
besonders stark bei Nacht. Durch den
Duft werden Nachtschmetterlinge angelockt, die mit ihrem langen Rüssel
den Nektar erreichen können, der sich
in der Spornspitze befindet. Beim Blü-
tenbesuch erfolgt die Bestäubung.

4 Juni–Juli   20–60 cm
Grünliche Waldhyazinthe
Platanthéra chlorántha
Orchideengewächse
Orchidáceae
Siehe Seite 112

5 Mai–Oktober   15–60 cm
Berg-Klee
Trifólium montánum
Schmetterlingsblütengewächse
Fabáceae (Leguminósae)
SK: Blüten deutlich gestielt. Blättchen
unterseits behaart.
B: Blüten weiß bis elfenbeinfarben.
Stengel wollig behaart, aufrecht. Teil-
blättchen länglich, scharf gesägt.
SV: Trockenrasen, Halbtrockenrasen,
trockene Gebüsche, lichte Trocken-
wälder; liebt kalkhaltigen, gelegentlich
feuchten Boden; wurzelt verhältnis-
mäßig tief und meidet flachgründige
Standorte; selten.
A: G; ♃
Alte Heilpflanze; als Futterpflanze von
geringem Wert; zellulosereich und daher hart.

6 Juni–Oktober   20–60 cm
Berg-Ziest
Stáchys récta
Lippenblütengewächse
Lamiáceae (Labiátae)
SK: Sitzende Blüten in Scheinquirlen
in den Blattachseln und endständig.
Lappen der Unterlippe breit und
stumpf. Kelch ohne hervorstechende
Rippen.
B: Blüten 1–2 cm lang. Stengel auf-
recht oder aufsteigend. Blätter eiför-
mig bis lanzettlich, gekerbt-gesägt
oder fast ganzrandig.
SV: Trockenrasen, Halbtrockenrasen,
trockene Gebüsche, lichte Trocken-
wälder; liebt kalkhaltigen, steinigen,
aber dennoch tiefgründigen Boden; in
verkarstetem Gelände gelegentlich an
Schlotten; wärmeliebend; selten, tritt
aber an seinen Standorten meist in
Rudeln auf.
A: V; ♃
Die römischen Gladiatoren sollen Teile
dieser Pflanze als Amulett gegen
Hieb- und Stichverletzungen bei ihren
Schaukämpfen getragen haben.

Mai–Juli   5–45 cm

1 Trauben-Steinbrech
Saxífraga panículáta (S. aizóon)
Steinbrechgewächse
Saxifragáceae

SK: Blütenblätter oft rot gepunktet. Blätter dickfleischig, starr, hart, rosettig, oft mit weißen Punkten am Rand.
B: Traube. Blütenblätter verkehrt-eiförmig, abgerundet. Stengel steif aufrecht. Blätter hellgrün oder blaugrün, scharf gezähnt. Neben der blühenden Rosette meist einige nichtblühende.
SV: Felsspalten in Kalkfelsen oder kalkhaltigen Gesteinen, seltener auf Geröllhalden; wärmeliebend; sehr selten; durch die Blattrosetten an seinen Standorten auffallend.
A: G; ♃; ▽
Der Name (lat. saxifraga = Steinbrech) bezieht sich auf den steinigen Standort vieler Arten der Gattung. Der Trauben-Steinbrech scheidet aus feinen Öffnungen am Blattrande Kalk aus. Daher sind die Blätter am Rand oft weiß gepunktet oder gerändert. Der Trauben-Steinbrech gedeiht noch an extrem trockenen Standorten, z. B. in feinerdearmen Felsspalten.

Mai–September   30–60 cm

2 Nickendes Leimkraut
Siléne nútans
Nelkengewächse
Caryophylláceae

SK: Blütenblätter tief zweispaltig. Kelch zehnnervig. Blüten nicken.
B: Doldenrispe. Stengel unten weichhaarig, oben durch Drüsenhaare klebrig (Name). Untere Blätter spatelförmig, gestielt; obere lanzettlich, sitzend oder fast sitzend, gegenständig.
SV: Halbtrockenrasen, Heiden, Trockenwälder und trockene Gebüsche, Felsabbrüche; liebt Wärme und lockeren Boden; zerstreut.
A: G; ♃
Nachtblüher. Die Blüte beginnt erst abends zu duften. Bestäuber sind Nachtschmetterlinge.

Mai–August   5–15 cm

3 Weiße Fetthenne
Weißer Mauerpfeffer
Sédum álbum
Dickblattgewächse
Crassuláceae

SK: Blütenstand kahl. Blätter walzlich, länglich-lineal, stielrund, dunkelgrün.
B: Stengel niederliegend, aufsteigend, seltener aufrecht. Blätter 6–12 mm lang.
SV: Trockenrasen, Halbtrockenrasen, Felsen, Mauern, Bahnschotter; liebt kalkhaltigen, steinigen Boden; zerstreut.
A: G; ♃
Die Weiße Fetthenne ist die Futterpflanze eines der schönsten einheimischen Schmetterlinge, des seltenen Apollofalters.

Juni–August   30–60 cm

4 Weiße Schwalbenwurz
Vincetóxicum hirundinária (Cynánchum vincetóxicum, Vincetóxicum officinále)
Schwalbenwurzgewächse
Asclepiadáceae
Siehe Seite 84

Mai–Juni   5–15 cm

5 Alpen-Fettkraut
Pinguícula alpína
Wasserschlauchgewächse
Lentibulariáceae

SK: Keine Verwechslungsmöglichkeit.
B: Blüten einzeln, weiß, im Schlund gelb gefleckt, gespornt. Blätter grundständig, rosettig, gelblich, länglich oder elliptisch, ganzrandig, am Rande aufgebogen, klebrig.
SV: Flachmoore, nasse alpine Matten, nasse Felsspalten; liebt nasse, kalkhaltige Böden; auch in Felsspalten mit sehr wenig Bodenunterlage; selten; nur im Alpen- und Voralpengebiet.
A: V; ♃
Insektenfressende Pflanze; s. Echtes Fettkraut, S. 362.

2

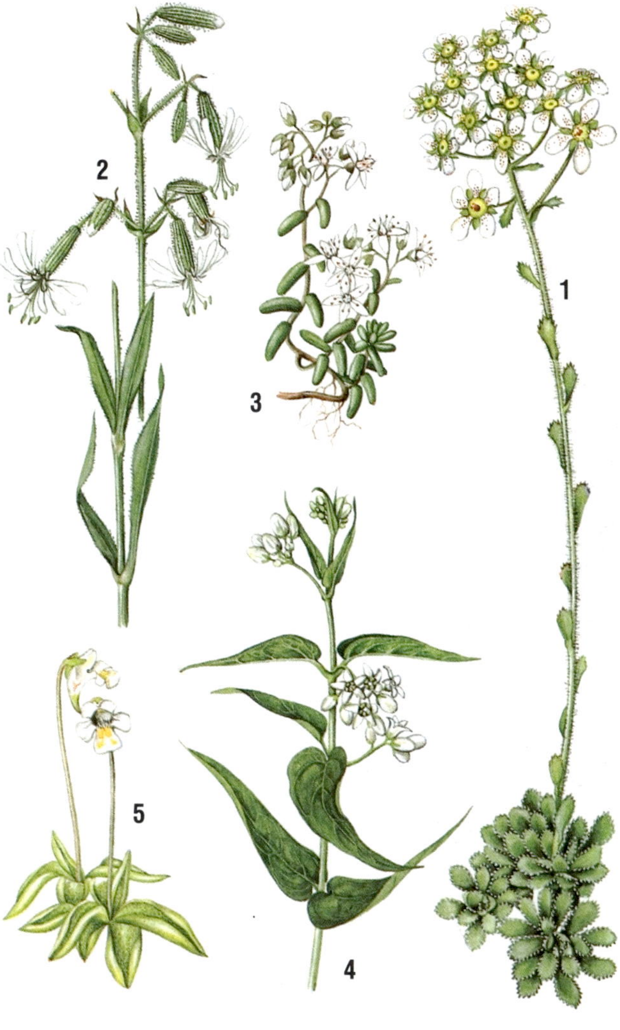

3

1

5

4

1 April–Mai 5–30 cm
Bitteres Schaumkraut
Cardámine amára
Kreuzblütengewächse
Brassicáceae (Crucíferae)
Siehe Seite 72

2 Mai–September 15–50 cm
Echte Brunnenkresse
*Nastúrtium officinále (Roríppa na-
stúrtium-aquáticum)*
Kreuzblütengewächse
Brassicáceae (Crucíferae)
SK: Staubblätter gelb. Fruchtknoten
und Frucht mehr als dreimal so lang
wie breit. Stengel hohl, rund.
B: Trugdoldige Traube. Stengel im unteren Teil manchmal mit Würzelchen in
den Blattachseln. Untere Blätter dreizählig, obere unpaarig gefiedert. Teilblättchen eiförmig; das Endblättchen
meist mit herzförmigem Grund.
SV: Quellen, Gräben, Bäche mit be-
wegtem, kühlem Wasser und Sand;
selten.
A: G;♃
Enthält Senföle, ätherische Öle, einen
Bitterstoff und reichlich Vitamin C. Alte
Heilpflanze. Kann zu einem vitamin-
reichen Salat verwendet werden.

3 Mai–September 15–50 cm
Drachenwurz
Sumpf-Schlangenwurz,
Schweinsohr
Cálla palústris
Aronstabgewächse *Aráceae*
SK: Hüllblatt innen weiß. Kolben ei-
förmig-rundlich.
B: Blätter herzförmig, lederartig, glän-
zend. Beeren korallenrot.
SV: Erlenbruchwald und Riedgrasbe-
stände, flache, schlammige Gräben
und Tümpel; etwas kalkscheu; zeigt
Staunässe an; sehr selten.
A: M;♃;☠; ▽
Der Name Schlangenwurz oder Dra-
chenwurz leitet sich nicht von dem
kriechenden Rhizom ab. Wurde frü-
her gegen Schlangenbiß verordnet.
Ganze Pflanze wahrscheinlich durch
Aroin giftig. Wird durch Schnecken
bestäubt.

4 Mai–Oktober 2–5 cm
Liegendes Mastkraut
Liegender Knebel
Sagína procúmbens
Nelkengewächse
Caryophylláceae
Siehe Seite 34

5 Mai–August 15–30 cm
Gemeiner Froschbiß
Hydrócharis mórsus-ránae
Froschbißgewächse
Hydrocharitáceae
SK: Keine Verwechslungsmöglich-
keit.
B: Männliche Blüten zu 1–3; 12
Staubblätter. Weibliche Blüten ein-
zeln, 6 Griffel. Blätter schwimmen, le-
derartig, am Stielansatz tief ausge-
buchtet.
SV: Schwimmpflanzengürtel stehen-
der, meist flachgründiger Gewässer;
etwas kalkscheu; liebt sommerwar-
mes, beschattetes Wasser; selten.
A: M;♃

6 Mai–August 1–3 m
Kanadische Wasserpest
Wassermyrte
*Elódea canadénsis (Anacháris ca-
nadénsis, Helódea canadénsis)*
Froschbißgewächse
Hydrocharitáceae
SK: Keine Verwechslung möglich.
B: Pflanze ist an der Wuchsform zu erkennen. Blätter meist zu 3 in einem
Quirl.
SV: Stehende oder fließende Gewässer; untergetaucht; nährstoffliebend;
häufig.
A: M;♃
Die Wasserpest wurde erst Mitte des
letzten Jahrhunderts aus Nordamerika
eingeschleppt. Sie breitete sich so
rasch aus, daß sie zur regelrech-
ten „Wasserseuche" wurde und die
Fischerei und Schiffahrt behinderte. In
den letzten Jahrzehnten konnte man
einen Rückgang der Wasserpest beobachten. Die Wasserpest ist zweihäusig. In Europa gibt es fast nur weibliche Pflanzen, die jedoch nur sehr selten und überdies unscheinbar blühen.

5

1

4

6

2

3

Juni—August   30—130 cm
1 Spitzes Pfeilkraut
Sagittária sagittifólia
Froschlöffelgewächse
Alismatáceae

SK: Keine Verwechslungsmöglichkeit.
B: Quirlige Rispe. Blüten eingeschlechtig, die oberen männlich, die unteren weiblich, weiß, am Grunde der Blütenblätter rötlich oder violett. Stengel dreikantig, aufrecht. Untergetauchte Blätter länglich.
SV: Röhricht langsam fließender oder stehender Gewässer; auch auf abgeflachten, gelegentlich überschwemmten Ufersäumen; nährstoffliebend; Schlammzeiger; sehr selten.
A: M; ♃

Juni—Oktober   10—100 cm
2 Gemeiner Froschlöffel
Alisma plantágo-aquática
Froschlöffelgewächse
Alismatáceae

SK: 6 Griffel, länger als der Fruchtknoten.
B: Quirlige Rispe. Blüten gestielt. Blütenblätter rasch abfallend, weiß oder rötlich, am Grunde gelblich. Stengel aufrecht. Blätter langgestielt, rosettig. Untergetauchte Blätter schmäler.
Ähnlich: Grasblättriger Froschlöffel, *Alisma gramíneum:* untergetauchte Blätter bandförmig, Griffel kürzer als der Fruchtknoten. Röhricht; sehr selten.
SV: Röhricht langsam fließender oder stehender Gewässer, auch in Riedgrasbeständen oder auf flachen, gelegentlich überschwemmten Ufersäumen; häufig.
A: M; ♃
Der brennend scharfe Saft soll für das Vieh stark giftig sein, besonders für Rinder. Hingegen fressen Ziegen die Pflanze erwiesenermaßen recht gern. Der Wirkstoff des Froschlöffels ist noch nicht näher bekannt („Bitterstoff"). Alkaloide oder Blausäureverbindungen, die die Giftigkeit erklären könnten, wurden nicht gefunden.

Juni—August   30—130 cm
3 Kletten-Labkraut
Klebriges Labkraut, Klimmendes Labkraut, Klebkraut
Gálium aparíne
Rötegewächse *Rubiáceae*
Siehe Seite 38

Mai—September   15—40 cm
4 Sumpf-Labkraut
Gálium palústre
Rötegewächse
Rubiáceae

SK: Blätter zu je 4 quirlständig, einnervig. Stengel von rückwärts gerichteten Stacheln rauh.
B: Ausgebreitete Rispe. Stengel vierkantig, liegend oder aufsteigend. Blätter dunkelgrün, lineal-länglich, vorn abgerundet.
SV: Röhricht stehender und fließender Gewässer. Riedgrasbestände, Gräben, Ufer, auch in nassen Wiesen und nassen, alpinen Matten; liebt humusreiche, grundwasserfeuchte, torfige oder lehmige Böden; zerstreut.
A: V; ♃
Name: s. Echtes Labkraut, S. 132.

Juli—August   20—100 cm
5 Ufer-Wolfstrapp
Gemeiner Wolfstrapp
Lýcopus europǣus
Lippenblütengewächse
Lamiáceae (Labiátae)

SK: Blüten vier- bis fünfzipflig, nur ganz schwach zweiseitig symmetrisch, innen rot punktiert, in dichten Quirlen in den Blattachseln.
B: Blüten klein. Stengel einfach oder ästig. Blätter kreuzgegenständig, gestielt, untere Blätter oft fiederspaltig, obere grob gekerbt.
SV: Röhricht stehender und fließender Gewässer, Riedgrasbestände, Gräben, Ufer, Bruchwälder; auf unterschiedlichen, aber meist zeitweilig überschwemmten Böden; zerstreut.
A: V; ♃
Die Samen des Ufer-Wolfstrapps werden vom Wasser mitgenommen und auch von Wasservögeln verschleppt.

2

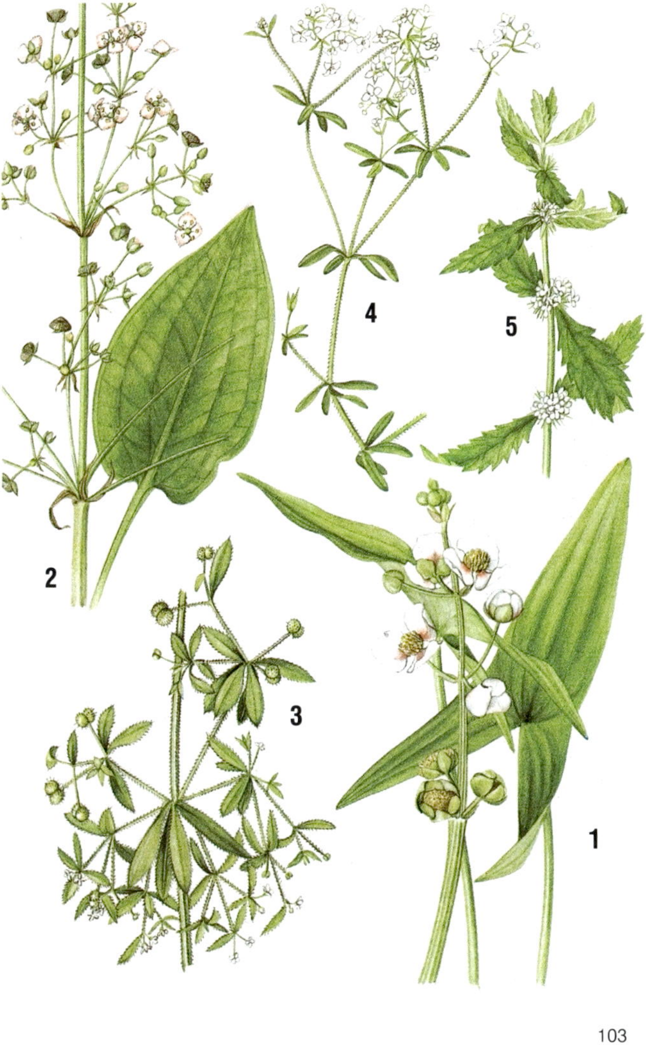

4

5

3

1

Mai–Juni   10–30 cm
1 Dreiblättriger Fieberklee
Bitterklee, Biberklee
Menyánthes trifoliáta
Fieberkleegewächse
Menyantháceae
Siehe Seite 284

Mai–Juli   10–50 cm
2 Schlaffer Hahnenfuß
Haarblättriger Hahnenfuß
Ranúnculus trichophýllus
Hahnenfußgewächse
Ranunculáceae
SK: Blüten 0,5–1,5 cm im Durchmesser, Blätter sitzend oder nur kurz gestielt.
B: Blüten langgestielt. Schwimmblätter dreiteilig. Untergetauchte Blätter mehrfach dreiteilig in schmale Zipfel aufgespalten.
SV: Schwimmpflanzenbestand meist stehender Gewässer; liebt nährstoffreiche, etwas schlammige Gewässer; zerstreut; kommt an seinen Standorten meist in größeren Beständen vor.
A: G; ♀
Name: s. Knolliger Hahnenfuß, S. 136.
Blüten bleiben auch bei Regenwetter und unter Wasser geöffnet.

Juni–August   1–6 m
3 Flutender Hahnenfuß
Ranúnculus flúitans
Hahnenfußgewächse
Ranunculáceae
SK: Blüten 1–2 cm im Durchmesser. Zipfel der untergetauchten Blätter 7–15 cm lang, parallel im Wasser flutend. Nur im fließenden Wasser.
B: Blüten einzeln, langgestielt. Meist ohne Schwimmblätter. Untergetauchte Blätter gestielt; Blätter außerhalb des Wassers pinselförmig zusammenfallend.
SV: Schwimmpflanzenbestand fließender Gewässer; liebt klares und sauerstoffreiches Wasser; häufig, bildet meist ausgedehnte Bestände aus langflutenden Zöpfen.
A: G; ♀
Name: s. Knolliger Hahnenfuß, S. 136.

Juni–August   10–50 cm
4 Gemeiner Wasser-Hahnenfuß
Wasser-Froschkraut,
Wasser-Haarkraut
Ranúnculus aquátilis
Hahnenfußgewächse
Ranunculáceae
SK: Blüten 2–2,5 cm im Durchmesser. Blätter deutlich gestielt. Meist mit wenig geteilten nierenförmigen, fünflappigen Schwimmblättern.
B: Blüten einzeln, langgestielt; untergetauchte Blätter in borstliche Zipfel geteilt.
SV: Schwimmpflanzenbestand stehender oder langsam fließender Gewässer; liebt nährstoffreiche, aber leicht saure Gewässer; zerstreut.
A: G; ♀
Untergetauchte Blüten bleiben geschlossen und befruchten sich selbst; sonst werden sie vor allem von Fliegen und Käfern bestäubt.

Juni–August   1–2 m
5 Echtes Mädesüß
Echte Rüsterstaude, Spierstaude,
Wiesenkönigin
Filipéndula ulmária
Rosengewächse *Rosáceae*
Siehe Seite 62

Juli–September   15–45 cm
6 Sumpf-Herzblatt
Studentenröschen
Parnássia palústris
Steinbrechgewächse
Saxifragáceae
SK: Keine Verwechslung möglich.
B: Blüten einzeln. Stengel kantig mit nur einem Stengelblatt. Grundblätter herzförmig, langgestielt.
SV: Flachmoore und Quellmoore, auch in Halbtrockenrasen an Hängen mit austretendem Hangdruckwasser; etwas kalkliebend; selten, kommt an seinen Standorten meist in Rudeln vor.
A: G; ♀
Die Staubblätter werden nacheinander reif und strecken sich in der Reihenfolge der Reifung. Die Pflanze enthält Gerbstoffe.

4

3

6

1

2

5

1 Juni—September   20—100 cm
Gemeiner Wasserdarm
Wassermiere
Myosóton aquáticum (Maláchium aquáticum, Stellária aquática)
Nelkengewächse *Caryophylláceae*
SK: Blütenblätter bis fast zum Grunde gespalten. 5 Griffel. Kelch behaart, fast so lang wie die Blütenblätter. Blätter sitzend oder nur kurz gestielt.
B: Blütenstand gabelig. Stengel schlaff, niederliegend, aufsteigend oder kletternd, oft an den Knoten wurzelnd. Blätter gegenständig, herzeiförmig, spitz, sitzend, nur die untersten und die der nichtblühenden Stengel gestielt.
SV: Auwälder, Ufer stehender oder fließender Gewässer; liebt nährstoffreichen, humushaltigen Boden; Nässezeiger; zerstreut.
A: G; ♃

2 Juni—September   10—30 cm
Quell-Sternmiere
Bach-Sternmiere
Stellária alsíne
Nelkengewächse *Caryophylláceae*
SK: Blütenblätter 1—3 mm lang, kürzer als die Kelchblätter. 3 Griffel.
B: Trugdolden in den Blattachseln. Stengel schließt mit einem blütenlosen Trieb ab, niederliegend. Blätter gegenständig, lanzettlich bis schmallanzettlich.
SV: Bachufer, Gräben, Quellfluren; kalkscheu, stickstoffliebend; meist auf feinen Lehm- oder Sandböden; zerstreut, an den Standorten meist in Rudeln.
A: G; ♃

3 Juli—September   30—60 cm
Echtes Seifenkraut
Saponária officinális
Nelkengewächse
Caryophylláceae Siehe Seite 286

4 Juni—September   10—20 cm
Langblättriger Sonnentau
Drósera ánglica
Sonnentaugewächse
Droseráceae

SK: Blütenstiel in der Mitte der Rosette entspringend, aufrecht, mindestens doppelt so lang wie die Blätter.
B: Ährenförmiger Wickel. Blattspreite länglich-keilförmig, 1,5—5 cm lang, bis 5 mm breit, aufrecht. Ähnlich: Mittlerer Sonnentau, *Drósera intermédia* (4 a): Blütenstiel entspringt unter der Blattrosette, bogig aufsteigend, nur wenig länger als die Blätter. Blätter 7—10 mm lang, 3,5 mm breit.
SV: Feuchte, offene Stellen (Schlenken) in Hoch- und Zwischenmooren; nur auf offenen, zeitweise überschwemmten Moorböden; sehr selten.
A: G; ♃; ▽
Insektenfressende Pflanze; Fangweise s. Rundblättriger Sonnentau, unten.

5 Juli—August   10—20 cm
Rundblättriger Sonnentau
Drósera rotundifólia
Sonnentaugewächse
Droseráceae
SK: Keine Verwechslung möglich.
B: Ährenförmiger Wickel, wenigblütig. Blätter in grundständiger Rosette, langgestielt, rund, etwas ausgehöhlt, mit roten „Tentakeln".
SV: Hochmoore, Flachmoore und Zwischenmoore; kommt meist in Torfmoosrasen vor, aber auch auf offenen, sandigen Torfböden; selten; bildet an seinen Standorten meist größere Bestände.
A: G; ♃; ▽
Die Köpfchen der Tentakel scheiden eine fadenziehende, klebrige Flüssigkeit aus, die ein eiweißspaltendes Verdauungsenzym enthält. Kleine Insekten werden durch das Sekret festgehalten und verdaut. Wenn ein Insekt die Tentakel berührt und anklebt, krümmen diese sich langsam auf die Blattfläche herab. Die Tentakel können auch durch kleine Käsestückchen gereizt werden. Die Krümmungsbewegungen, die auf einseitigem Wachstum beruhen, verlaufen jedoch sehr langsam. Heilpflanze; Wirkstoff noch unbekannt.

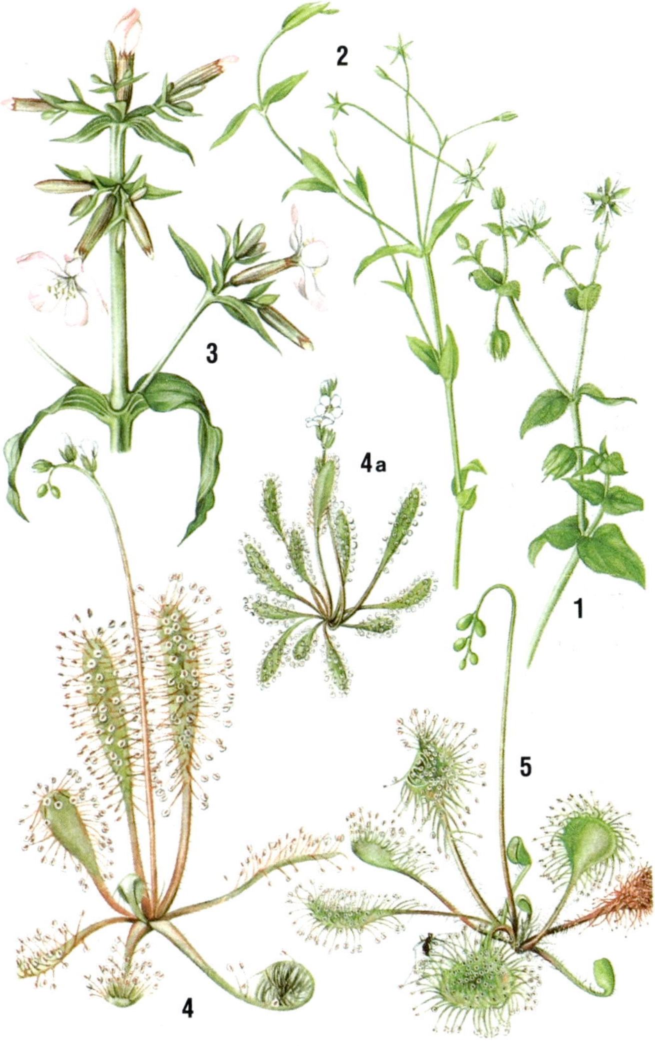

Juli–Oktober   20–80 cm
1 Ampfer-Knöterich
Polýgonum lapathifólium
Knöterichgewächse
Polygonáceae
Siehe Seite 286

Juni–Oktober   50–300 cm
2 Ufer-Zaunwinde
Zaun-Winde
Calystégia sépium (Convólvulus sépium)
Windengewächse
Convolvuláceae
Siehe Seite 86

Juli–August   5–25 cm
3 Wasser-Nabelkraut
Wassernabel
Hydrocótyle vulgáris
Doldengewächse
Apiáceae (Umbelliferae)
SK: Blüten in Dolden. Blätter kreisrund, gekerbt. Blattstiel entspringt in der Mitte der Blattunterseite. Blätter schmecken beim Kauen brennend scharf.
B: Dolden kopfig, sehr klein. Stengel kriechend.
SV: Flachmoore, Riedgrasbestände, nasse Wiesen; liebt grundwasserfeuchten, kalkfreien, tonigen Boden; sehr selten.
A: G; 2|; (✿)
Der Name bezieht sich auf die „Nabelform" (Trichterform) der Blätter. Die Pflanze enthält einen noch nicht näher erforschten, scharfschmeckenden Stoff, der vermutlich schwach giftig ist.

Juni–August   1–1,8 m
4 Knollen-Kälberkropf
Rüben-Kälberkropf
Chaerophýllum bulbósum
Doldengewächse
Apiáceae (Umbelliferae)
SK: Blüten in Dolden. Dolde mit 15–20 kahlen Strahlen. Hülle der Dolde fehlt. Hüllchenblättchen zu 4–6, am Rande unbewimpert. Blütenblätter bis auf die Hälfte eingeschnitten. Stengel nur unten rot gefleckt und steifhaarig, rund, bläulich bereift. Blätter drei- bis vierfach gefiedert.
B: Dolde zusammengesetzt. Teilblättchen an den oberen Blättern ganz schmallineal. Wurzel knollig verdickt.
SV: Auwälder, Unkrautbestände an Ufern und in Flußauen; liebt kalkhaltigen, grundwasserdurchzogenen, lokkeren Boden; selten.
A: G; ☉; (✿)
Die Pflanze enthält in den Blättern den Giftstoff Chaerophyllin, nicht jedoch in der Wurzelknolle. Diese ist sehr stärkereich. Besonders im Mittelalter wurde der Knollen-Kälberkropf deswegen angebaut; die Wurzelknollen wurden ähnlich wie Kartoffeln verwendet. Ihr Geruch ähnelt dem eßbarer Kastanien. Vom Genuß ist jedoch abzuraten, weil der Knollen-Kälberkropf stark giftigen Doldengewächsen so sehr ähnelt, daß Verwechslungen nicht immer mit Sicherheit auszuschließen sind.

Juli–August   60–130 cm
5 Gift-Wasserschierling
Cicúta virósa
Doldengewächse
Apiáceae (Umbelliferae)
SK: Blüten in Dolden. Dolden mit 15–25 Strahlen. Hülle fehlt oder nur aus 1–2 Blättchen. Hüllchenblätter zahlreich. Stengel aufrecht oder aufsteigend. Blätter zwei- bis dreifach fiederteilig. Fiederchen lanzettlich, scharf gesägt.
B: Dolde zusammengesetzt. Stengel hohl. Blattstiele hohl. Blattscheiden blasig aufgetrieben. Wurzelstock dick, innen mit hohlen Fächern.
SV: Röhricht stehender und fließender Gewässer, Riedgrasbestände; liebt schwach saure und torfige Böden; kalkscheu; erträgt Überschwemmungen; selten.
A: G; 2|; ✿
Die Pflanze enthält in allen Teilen, vor allem aber in dem angenehm riechenden (Selleriegeruch!) und süßlich schmeckenden Wurzelstock den stark giftigen Stoff Cicutoxin.

1

2

5

3

4

1 Wald-Brustwurz
Wald-Engelwurz
Angélica sylvéstris
Doldengewächse
Apiáceae (Umbellíferae)
SK: Blüten in Dolden. Dolde 20–40 Strahlen. Hülle fehlt oder nur aus 1–3 Blättchen. Hüllchenblättchen zahlreich. Stengel rund, hohl, weißlich bereift. Blätter zwei- bis dreifach fiederteilig, die unteren länger als 50 cm.
B: Dolde aus kugeligen Döldchen zusammengesetzt. Teilblättchen 1,5–3 cm breit, gesägt. Blattscheiden bauchig.
SV: Auwälder, feuchte Wiesen, Gebüsche und Unkrautbestände an Wegen, Gärten und an Ufern; liebt grundwasserfeuchten Lehmboden; häufig.
A: G; ♃; (♣)
Der wissenschaftliche und der deutsche Gattungsname (lat. angelus = Engel) bezieht sich auf die Sage, nach der die angeblich heilkräftige Pflanze den Menschen durch einen Engel gezeigt worden sein soll. Sie enthält ätherische Öle, die aber in hoher Konzentration giftig wirken, und Furocumarine. Pflanzensaft kann auf der Haut im Licht Entzündungen hervorrufen.

2 Wasser-Pferdesaat
Gewöhnlicher Wasserfenchel,
Roßkümmel, Rebendolde
Oenánthe aquática
Doldengewächse
Apiáceae (Umbellíferae)
SK: Blüten in Dolden. Dolde mit 8–12 Strahlen. Hülle wenigblättrig oder fehlend. Hüllchen vielblättrig. Stengel nicht fleckig. Blätter zwei- bis fünffach fiederteilig. Zipfel der nicht untergetauchten Blätter 4–6 mm lang.
B: Dolde zusammengesetzt; Doldenstrahlen nicht hohl. Stengel sparrig ästig.
SV: Röhricht stehender und fließender Gewässer, Riedgrasbestände; liebt zeitweise überschwemmte Schlammböden; selten.

A: G; ⊙
Alte Heilpflanze; enthält in den Früchten ätherische Öle.

3 Sumpf-Haarstrang
Ölsenich
Peucédanum palústre
Doldengewächse
Apiáceae (Umbellíferae)
Siehe Seite 88

4 Weiße Pestwurz
Petasítes álbus
Korbblütengewächse
Asteráceae (Compósitae)
SK: Blüten in traubig angeordneten Körbchen. Pflanze zur Blütezeit ohne Blätter, nur mit Blattschuppen am Stengel. Spinnwebig behaart.
B: Zungenblüten und Röhrenblüten gelblichweiß. Blätter erscheinen gegen Ende der Blütezeit; sie sind sehr groß, rundlich-herzförmig, unten weißfilzig, spitz gezähnt.
SV: Schluchtwälder, Auwälder, Bergwälder, Mischwälder; liebt humusreichen, steinigen Boden; zerstreut.
A: V; ♃
Name: s. Rote Pestwurz, S. 288.

5 Europäischer Siebenstern
Trientális europāēa
Primelgewächse
Primuláceae
SK: Keine Verwechslungsmöglichkeit.
B: Blüten einzeln, 1,2–1,5 cm im Durchmesser, langstielig. Blütenblätter am Grunde gelb. Stengel aufrecht, oben mit 5–7 elliptischen, fast quirlständigen Blättern.
SV: Feuchte Nadelforsten, seltener in feuchten Mischwäldern, Flachmoore; liebt nasse, moorige, saure und oft etwas torfige Böden; sehr selten.
A: V; ♃
Die Pflanze vermehrt sich hauptsächlich vegetativ durch Ausläufer. Im Wurzelstock enthält sie Saponine.

1

2

3

4

5

Mai–August je nach Wassertiefe
bis 2,5 m

1 Weiße Teichrose
Seerose, Wasserrose
Nymphāēa álba
Teichrosengewächse
Nymphaeáceae

SK: Narben gelb (wenn rot: Glänzende Seerose *(Nymphāēa cándida))*.
B: Blüten groß, weit geöffnet, schwach, aber angenehm duftend. Blattstiel seilartig. Blatt rundlich, tief herzförmig eingeschnitten, ganzrandig, schwimmend, unter Wasser eingerollt, lederartig, glänzend.
SV: Schwimmpflanzenbestand stehender oder langsam fließender Gewässer; liebt wärmere Gewässer, ist aber in kalten, nährstoffarmen Moorseen ebenfalls anzutreffen; selten, meist in größeren Beständen.
A: G;♃; (♠); ▽
Der Wurzelstock, der reichlich Gerbstoffe enthält, wurde früher zum Gerben verwendet. Die Blüten der Weißen Teichrose sind etwa von 7 Uhr bis 16 Uhr geöffnet. Die Bestäubung erfolgt durch Fliegen und Käfer. Die Pflanze ist vor allem durch Alkaloide schwach giftig.

Juli–September 30–70 cm

2 Sumpf-Schafgarbe
Sumpf-Garbe,
Bertram-Schafgarbe
Achilléa ptármica
Korbblütengewächse
Asteráceae (Compósitae)
Siehe Seite 68

Mai–Juni 5–15 cm

3 Alpen-Fettkraut
Pinguícula alpína
Wasserschlauchgewächse
Lentibulariáceae Siehe Seite 98

Juni–August 15–30 cm

4 Gottes-Gnadenkraut
Gratíola officinális
Braunwurzgewächse
Scrophulariáceae

SK: Keine Verwechslung möglich.
B: Blüten einzeln, blattachselständig. Blätter weißlich oder rötlich, Blütenröhre gelblich. Stengel aufrecht oder aufsteigend. Blätter kreuzgegenständig, sitzend, lanzettlich, gesägt, kahl.
SV: Röhricht stehender oder langsam fließender Gewässer, Ufersäume, feuchte Wiesen; liebt schlammigen, etwas kalkhaltigen, dichten Boden; erträgt sommerliche Trockenheit; sehr selten.
A: V;♃;♠
Das Gottes-Gnadenkraut enthält das giftige Glykosid Elatericid. Alte Heilpflanze.

Juni–Juli 20–60 cm

5 Grünliche Waldhyazinthe
Platanthéra chlorántha
Orchideengewächse
Orchidáceae

SK: Blütensporn walzlich, am Ende etwas verdickt. Blüten kaum duftend. Stengel trägt nur 2 große ovale Blätter.
B: Reichblütige Traube. Blüten schwach grünlich oder gelblich.
SV: Laubwälder, Flachmoore und nasse Wiesen; kalkliebend; sehr selten.
A: M;♃; ▽

Juni–August 30–50 cm

6 Sumpf-Sitter
Sumpfwurz
Epipáctis palústris
Orchideengewächse
Orchidáceae

SK: Lippe ohne Sporn, Blüte leicht hängend, Blütenblätter abstehend; Lippe mit rötlichen Adern.
B: Einseitswendige Traube. Äußere Blütenblätter etwas grünlich oder bräunlich, vorne abgerundet. Lippe stark eingeschnürt, vorne abgerundet (vorderes Lippenglied bricht oft ab). Blätter länglich-lanzettlich.
SV: Flachmoore, Binsen- und Pfeifengrasbestände; kalkliebend; sehr selten.
A: M;♃; ▽

1

5

2

4

3

6

113

März–Mai 1–3,5 m
1 Gemeiner Sanddorn
Seedorn, Stranddorn
Hippóphaë rhamnoídes
Ölweidengewächse
Elaeagnáceae
SK: Äste dornspitzig. Blätter ganzrandig, oberseits graugrün, unterseits silberweiß.
B: Pflanze zweihäusig. Blüten unscheinbar. Blätter lineal, 5–8 cm lang.
SV: Gebüsche in kiesigen und sandigen Flußauen, Dünen, Waldrändern, liebt etwas feuchten und z. T. salzhaltigen Boden; selten; kommt an seinen Standorten in Rudeln vor; öfters angepflanzt und gelegentlich verwildert.
A: G; ▽
Die Beeren enthalten neben Flavonen reichlich Vitamin C (etwa 900 mg / 100 g Früchte). Die Flavone aktivieren die Vitamin-C-Wirkung, weshalb Sanddornbeeren eine besonders wertvolle Vitamin-C-Quelle sind.

Juni–Juli bis 7 m
2 Weiße Waldrebe
Gemeine Waldrebe
Clématis vitálba
Hahnenfußgewächse
Ranunculáceae
SK: Keine Verwechslungsmöglichkeit.
B: Blüten in blattachsel- und endständigen Trugdolden. Blüte besteht nur aus den 4–5 Kelchblättern. Diese sind innen weiß, außen bis auf einen weißen Randstreifen grünlichgelb. Blätter gegenständig, gefiedert. Teilblätter ei-länglich-herzförmig, spitz. Blattstiele ranken.
SV: Auwälder, Waldränder, Gebüsche, Trockenwälder; liebt kalkreiche, tiefgründige, lockere Lehmböden; etwas stickstoffliebend (deshalb häufig auf Gebüschen über ehemaligen Schuttplätzen); wärmeliebend; zerstreut.
A: G; ♣
Die Pflanze fällt im Herbst und im Winter durch ihre zahlreichen, wollknäuelartigen Fruchtstände auf. Blüten duften weißdornähnlich. Eine der weni-gen mitteleuropäischen Lianen. Enthält das Gift Protoanemonin.

Mai–Juni 1–7 m
3 Stech-Hülsen, Stechpalme
Ilex aquifólium
Stechhülsengewächse
Aquifoliáceae
SK: Blätter lederartig, glänzend, dornig gezähnt.
B: Blüten in blattachselständigen Büscheln, klein. Holz hart, gelblich bis grünlich-weiß. Blätter eiförmig bis elliptisch, kurzgestielt.
SV: Laubwälder, Mischwälder, Nadelforste, Bruchwälder; liebt feuchte, etwas saure Böden; frostempfindlich; selten; tritt an ihren Standorten zerstreut auf.
A: G; ♣; ▽

Mai–Juni 3–5 m
4 Roter Hartriegel
Hornstrauch
Córnus sanguínea
Hartriegelgewächse *Cornáceae*
SK: Blüten in flachen Trugdolden; Blätter bogig-fiedernervig; Zweige oft rötlich überlaufen, im Herbst und Winter blutrot.
B: Blätter ganzrandig, eiförmig, beiderseits grün.
SV: Laubwälder, Mischwälder, Gebüsche; liebt lehmigen, etwas steinigen, nährstoffreichen Boden; sehr häufig.
A: G

Juni–Juli 1,5–3 m
5 Gemeiner Liguster
Rainweide
Ligústrum vulgáre
Ölbaumgewächse *Oleáceae*
SK: Keine Verwechslungsmöglichkeit.
B: Rispen. Blüten klein, unangenehm riechend. Zweige rutenförmig. Blätter kahl, gekreuzt-gegenständig, länglich-lanzettlich.
SV: Trockene Wälder, trockene Gebüsche, Waldränder, Auwälder; liebt lockeren, oft etwas steinigen, kalkhaltigen Boden; wärmeliebend; häufig.
A: V; ♣

5

2

1

3

4

April–Mai   6–20 m
1 Wilder Birnbaum
Wild-Birne
Pýrus commúnis (Pírus commúnis)
Rosengewächse *Rosáceae*
SK: Staubblätter rot.
B: Wenigblütige Dolden; Frucht eine
Birne. Äste oft etwas dornig. Blätter
rundlich oder eiförmig, lederig, ober-
seits glänzend, wechselständig, klein
gesägt.
SV: Laubwälder; liebt nährstoffreiche
Lehmböden; selten.
A: G
Wichtigste Stammform der Kulturbir-
ne. Samen schmecken bitter, weil sie
eine organische Blausäureverbindung
enthalten.

April–Mai   bis 10 m
2 Wilder Apfel
Holzapfel
Málus sylvéstris (Málus commúnis,
ssp. *acérba)*
Rosengewächse *Rosáceae*
SK: Staubblätter gelb; Blütenblätter
rötlich.
B: Wenigblütige Dolden. Frucht ein
Apfel. Äste oft etwas dornig. Blätter
breiteiförmig oder elliptisch, zugespitzt, gekerbt-gesägt, oberseits etwas runzelig.
SV: Laubwälder; liebt nährstoffreiche,
etwas kalkhaltige Böden; zerstreut.
A: G
Wichtigste Stammform des Kulturap-
fels. Samen schmecken bitter, weil sie
eine organische Blausäureverbindung
enthalten.

März–Mai   2–3 m
3 Schwarzdorn
Schlehe
Prúnus spinósa
Rosengewächse *Rosáceae*
SK: Blüten meist einzeln. Äste meist
mit stechender Spitze (Dornen).
B: Blüten erscheinen vor den Blättern.
Beeren schwarzblau, bläulich bereift.
Blätter elliptisch, kurzgestielt, scharf
gesägt.
SV: Gebüsche, Waldränder; liebt stei-
nigen, flachgründigen Boden; häufig.

A: G
An den Dornen der Schlehenhecken
sieht man gelegentlich aufgespießte
Insekten oder Mäuse. „Übeltäter" ist
der Neuntöter, der gerne in Schlehen-
gebüschen nistet. – Die Blüten der
Schlehe werden getrocknet zu Tee
aufgebrüht (Volksheilmittel; „Blutrei-
nigungstee"). Die Früchte enthalten
reichlich Gerbstoffe; sie schmecken
„trocken".

April–Mai   bis 18 m
4 Gemeine Vogelkirsche
Süß-Kirsche
*Prúnus ávium (*ssp. *silvéstris)*
Rosengewächse
Rosáceae
SK: Blüten in doldigen Büscheln, ohne
Blätter am Grund.
B: Blüten zu 2–4. Frucht eine Kirsche.
Blätter verkehrt-eiförmig, zugespitzt,
bis 15 cm lang.
SV: Laubwälder, Mischwälder, selte-
ner in Auwäldern; zerstreut.
A: G
Früchte eßbar. Wildform der Kulturkir-
sche. Die Kirsche wurde schon bei
den Griechen vier Jahrhunderte v.
Chr. angepflanzt. Sie wurde jedoch
erst 64 v. Chr. durch Lucullus als Kul-
turpflanze in Rom eingeführt.

Mai   3–15 m
5 Trauben-Kirsche
Ahl-Kirsche
Prúnus pádus
Rosengewächse *Rosáceae*
SK: Blüten in reichblütigen, hängen-
den Trauben.
B: Trauben hängen am Ende beblät-
terter Zweige. Blüten duften stark.
Blätter elliptisch, zugespitzt, wechsel-
ständig, doppeltgesägt, runzelig.
SV: Auwälder, feuchte Laubwälder,
Gebüsche an Wasserläufen; liebt
nährstoffreiche, tiefgründige Lehmbö-
den; häufig.
A: G
Früchte eßbar, wurden in prähistori-
scher Zeit als Wildobst gesammelt.
Rinde enthält bitterschmeckende or-
ganische Blausäureverbindungen.

5

1

4

2

3

April–Mai   1–3 m
1 Gemeine Felsenbirne
Felsenmispel
Amelánchier ovális (A. vulgáris)
Rosengewächse
Rosáceae
SK: Blüten in büscheligen Trauben. Blütenblätter schmallineal, 1–2 cm lang, 5–8 mm breit, unterseits behaart.
B: Früchte erbsengroß, blauschwarz. Wenn man die Frucht oder den Blütenbecher quer durchschneidet, sieht man die für die Felsenbirne kennzeichnenden 10 Fruchtfächer. Zweige ohne Dornen. Blätter oval, stumpf, 2–4 cm lang, gestielt, gekerbt, jung unterseits dicht behaart.
SV: Felsabhänge, warme Gebüsche; liebt steinigen, flachgründigen Boden; wärmeliebend; sehr selten.
A: G

Mai–Juni   2–6 m
2 Deutsche Mispel
Méspilus germánica
Rosengewächse
Rosáceae
SK: Blüten einzeln an den Zweigspitzen. Kelchzipfel länger als die Blütenblätter.
B: Junge Zweige filzig behaart. Blätter länglich-lanzettlich, kurz zugespitzt, an der Spitze gezähnelt, unterseits dicht behaart.
SV: Trockene Gebüsche, Trockenwälder, warme Laubwälder, Felsabhänge; kalkliebend, wärmeliebend; sehr selten.
A: G
Mittelalterliche Obstpflanze. Die Früchte sind aber erst genießbar, wenn sie teigig werden. Sie eignen sich wegen des hohen Pektingehalts gut zur Herstellung von Gelees.

März–Juli   30–100 cm
3 Echte Bärentraube
Gemeine Bärentraube
Arctostáphylos úva-úrsi
Heidekrautgewächse
Ericáceae
SK: Blätter länglich- bis verkehrt-eiförmig, lederig, unterseits hellgrün, nicht eingerollt.
B: 3–12 Blüten in endständiger Traube. Früchte rot, mehlig. Zweige kriechen oft. Blätter ganzrandig.
SV: Nadelwälder, alpine Matten und Gebüsche; liebt lockeren, humushaltigen und wenigstens oberflächlich sauren Boden; selten.
A: V
Die Bärentraube kann etwa 100 Jahre alt werden. Heilpflanze. Die Blätter enthalten reichlich Arbutin.

Mai–August   10–30 cm
4 Preiselbeere
Kronsbeere, Grante
Vaccínium vítis-idäéa
Heidekrautgewächse
Ericáceae
SK: Blätter immergrün, lederig (unterste Blätter prüfen!), am Rand eingerollt.
B: Mehrere Blüten in endständiger Traube. Blüten gestielt. Blütenkrone an der Spitze fein gezähnt. Stengel aufrecht, rund. Blätter ganzrandig oder leicht gekerbt, stumpf.
SV: Mischwälder, Nadelforste, Hochmoore, alpine Gebüsche und Matten; liebt sauren, etwas feuchten, humushaltigen Boden; zerstreut.
A: V
Die Preiselbeere ist eine wertvolle Wildfrucht. Die Früchte enthalten neben organischen Säuren und Gerbstoffen etwas Provitamin A und sehr viel Vitamin C. Heilpflanze. Die Blätter enthalten reichlich Arbutin und werden als Tee verwendet.

Mai–Juli   30–90 cm
5 Rauschbeere
Trunkelbeere, Moorbeere
Vaccínium uliginósum
Heidekrautgewächse
Ericáceae Siehe Seite 298

1

2

4

3

5

1 Mai–Juni 50–100 cm
Acker-Brombeere
Kratzbeere
Rúbus cáēsius
Rosengewächse
Rosáceae
SK: Kelchblätter dicht grauhaarig. Stengel ungleich stachelig, rund, kriechend. Blätter drei- bis siebenzählig. Schößlinge bläulich bereift.
B: Doldenrispe. Schößlinge bogig liegend oder kletternd.
SV: Auwälder, Bruchwälder, Unkrautbestände auf feuchtem Brachland, seltener an Äckern; liebt nasse, nährstoffreiche Böden; stickstoffliebend; zerstreut.
A: G

2 Juni–August 1,2–2 m
Echte Brombeere
Rúbus fruticósus
Rosengewächse
Rosáceae
SK: Stengel meist bogig überhängend und stark stachelig, seltener kriechend oder aufsteigend. Blätter meist handförmig geteilt, wechselständig.
B: Traube. Sammelfrucht schwarz oder schwarzrot. Blühende Schößlinge aufrecht, nichtblühende bogig niedergestreckt. Die Gattung *Rubus* spaltet sich in mehrere Dutzend Kleinarten auf, die sehr schwer zu unterscheiden sind.
SV: Waldränder, Äcker, Gärten, Lichtungen, Heiden; häufig.
A: G
Die Sammelfrüchte schmecken gut und enthalten reichlich Vitamin C.

3 Mai–August 50–120 cm
Himbeere
Rúbus idáēus
Rosengewächse *Rosáceae*
SK: Stengel aufrecht oder gebogen, feinstachelig. Blätter hellgrün, meist gefiedert, unterseits dicht weißhaarig, wechselständig.
B: Wenigblütige, nickende Rispe. Blätter drei- bis siebenzählig gefiedert. Teilblättchen eiförmig, gezähnt, oberseits runzelig.

SV: Feuchte, lichte Laub-, Misch- und Nadelwald; Kahlschläge, Waldränder; liebt nährstoffreiche Böden; stickstoffliebend; sehr häufig.
A: G; ☉
Die Sammelfrüchte schmecken gut und enthalten reichlich Vitamin C.

4 Mai–Juni bis 12 m
Zweigriffliger Weißdorn
Stumpfgelappter Weißdorn
Cratāēgus laevigáta
(C. oxyacántha)
Rosengewächse
Rosáceae
SK: Blüten mit 2–3 Griffeln. Blütenstiele kahl. Zweige dornig. Blätter nur schwach gelappt.
B: Aufrechte Doldenrispen. Blüten riechen stark. Äste dornspitzig. Blätter im Umriß eiförmig, am Grunde keilförmig, drei- bis fünflappig oder ungeteilt.
SV: Laubwälder, Mischwälder, Gebüsche an Wegen, auf Schuttplätzen und auf Steinriegeln, Schluchtwälder; liebt kalkhaltigen Boden; häufig.
A: G
Der widerliche Blütenduft rührt von Trimethylamin her. Enthält in den Blättern herzwirksame organische Säuren. Heilpflanze. Beeren eßbar, aber wenig wohlschmeckend.

5 Mai–Juni bis 8 m
Eingriffliger Weißdorn
Cratāēgus monógyna
Rosengewächse *Rosáceae*
SK: Blüten mit 1 Griffel. Blütenstiele behaart. Zweige dornig. Blätter tief eingeschnitten gelappt.
B: Aufrechte Doldenrispen. Blüten riechen stark. Äste dornenspitzig. Blätter meist drei- bis fünflappig, selten mit mehr Lappen. Blattlappen vorn gesägt, spitz.
SV: Laubwälder, Mischwälder, Trockenwälder, Gebüsche an Wegen und auf Steinriegeln, Felsen; liebt flachgründige, etwas steinige Böden; erträgt Trockenheit; häufig; oft als Hecke angepflanzt.
A: G
S. Zweigrifflger Weißdorn, oben.

5

4

3

1

2

Mai–Juni   1,5–2,5 m

1 Faulbaum, Pulverholz
Frángula álnus (Rhámnus frángula)
Kreuzdorngewächse
Rhamnáceae

SK: Zweige und Blätter wechselständig.
B: Blüten klein, zu 2–6 in blattachselständigen Trugdolden. Zweige dornenlos. Blätter eiförmig-elliptisch, ganzrandig.
SV: Laubwälder, Mischwälder, Nadelwälder, Gebüsche in Flachmooren, Auwälder; liebt dichte, nasse oder wenigstens feuchte Böden; zerstreut.
A: G; ♣.
Das Beiwort *„frángula"* des wissenschaftlichen Artnamens bezieht sich auf die Brüchigkeit des Holzes (lat. frangere = brechen). Der deutsche Artname Faulbaum wurde wegen des fauligen Geruchs der Rinde gewählt. In der Rinde sind Glykoside, Gerbstoffe, Saponine und Bitterstoffe enthalten, die stark abführend wirken. Heilpflanze.

Mai–Juni   1,3–2,5 m

2 Wolliger Schneeball
Vibúrnum lantána
Holundergewächse
Sambucáceae

SK: Blüten in endständigen, schirmförmigen Trugdolden. Blätter ungelappt.
B: Blüten alle gleichartig. Junge Äste graufilzig. Blätter elliptisch, feingezähnt, unterseits runzelig, graufilzig.
SV: Gebüsche, Laubwälder, Mischwälder, Bergwälder, Auwälder; liebt lockeren, etwas steinigen, kalkreichen Boden; Kalkzeiger; zerstreut.
A: V; (♣).
Giftstoff der Beere unbekannt.

Mai–Juni   2–4 m

3 Gemeiner Schneeball
Vibúrnum ópulus
Holundergewächse
Sambucáceae

SK: Blüten in endständigen, schirmförmigen bis kugeligen Trugdolden.
B: Randblüten der Trugdolde größer als die übrigen, steril. Äste kahl. Blätter langgestielt, dreilappig; Lappen buchtig gezähnt.
SV: Auwälder, Schluchtwälder, Bergwälder, Laubwälder, Mischwälder; liebt grundwasserfeuchten, meist lehmigen Boden; Nässezeiger; zerstreut.
A: V; (♣).

Juni–Juli   3–10 m

4 Schwarzer Holunder
„Flieder", Holler
Sambúcus nigra
Holundergewächse
Sambucáceae

SK: Blüten in schirmförmigen Trugdolden. Blätter riechen aromatisch.
B: Trugdolde meist mit 5 Hauptstrahlen, erst aufrecht, später nickend. Äste bogig abwärts gekrümmt. Mark weiß. Teilblättchen 3–7, eiförmig, gesägt.
SV: Laubwälder, Mischwälder, Auwälder, Gebüsche, Kahlschläge und Lichtungen; liebt humusreiche Böden; stickstoffliebend; Feuchtigkeitszeiger; häufig.
A: V
Heilpflanze. Die Blätter enthalten ätherisches Öl. Die Beeren enthalten Vitamin C (10 mg / 100 g) und Vitamin A.

Mai   3–9 m

5 Mehl-Vogelbeere
Mehlbeere, Weiß- oder Silberbaum
Sórbus ária
Rosengewächse *Rosáceae*

SK: Blütenblätter 3–5 mm lang. Blätter schwach gelappt oder doppelt gesägt.
B: Schirmförmige Doldenrispe. Frucht rot oder gelblich, mehlig. Zweige anfangs graufilzig, später olivbraun. Blätter elliptisch-länglich, am Grunde keilförmig, kurzgestielt, doppeltgesägt oder von der Mitte zur Spitze etwas gelappt, oberseits glänzend, unterseits dicht weißhaarig, wechselständig.
SV: Mischwälder, felsige Bergwälder, Trockenwälder; liebt flachgründigen, steinreichen Boden; selten.
A: G; (♣)

123

Mai–Juni 5–20 m
1 Els-Vogelbeere
Elsbeere, Ruhrbirne, Atlasbeere
Sórbus torminális (Pirus torminális, Pýrus tormínális)
Rosengewächse
Rosáceae
SK: Blütenblätter 3–5 mm lang. Blätter drei- bis siebenlappig.
B: Doldenrispen. Blätter im Umriß breiteiförmig, am Grunde gestutzt oder etwas herzförmig, bis 10 cm lang, wechselständig; Lappen ungleich gesägt, tief eingeschnitten, oben glänzend, dunkelgrün, unten hellgrün.
SV: Laubwälder, Mischwälder, Trockenwälder; liebt nährstoffreiche, kalkhaltige Lehmböden; wärmeliebend; zerstreut.
A: G; (✿)

Mai–Juni bis 15 m
2 Wilde Vogelbeere
Eberesche
Sórbus aucupária (Pirus aucupária, Pýrus aucupária)
Rosengewächse *Rosáceae*
SK: Blütenblätter 4–5 mm lang. Blätter unpaarig gefiedert.
B: Vielblütige Doldenrispe. 9–15 Teilblättchen, kurzgestielt, länglich-lanzettlich, spitz gezähnt. Blätter riechen unangenehm.
SV: Feuchte Laubwälder, Mischwälder, Auwälder, Bruchwälder, Hochmoore; wächst auch auf verdichteten, sauren Böden; zerstreut.
A: G; (✿)
Eberesche = „Scheinesche" („Aber"-glaube). Früchte enthalten Vitamin C und Provitamin A.

Juni–Juli 1,5–2 m
3 Kriechende Rose
Feld-Rose, Weiße Kletter-Rose
Rósa arvénsis (R. répens)
Rosengewächse *Rosáceae*
SK: Stengel niederliegend, kriechend, stachelig. Blätter gefiedert.
B: Blüten einzeln, 3–5 cm im Durchmesser. Blütenstiele sehr lang. 5–7 Teilblättchen.

SV: Laubwälder, Mischwälder, Trockenwälder; kalkliebend; häufig.
A: G
Früchte vitaminarm (vgl. Hunds-Rose, S. 298).

Mai–Juni bis 25 m
4 Weiße Robinie
Falsche Akazie
Robínia pseūdo-acácia (R. pseudacácia)
Schmetterlingsblütengewächse
Fabáceae (Leguminósae)
SK: Blüten in hängenden Trauben. Am Blattstiel oft zwei nebeneinanderstehende Dornen.
B: Blüten wohlriechend. Blätter unpaarig gefiedert. 9–19 eiförmig-längliche Teilblättchen.
SV: Bahndämme, lichte, trockene Wälder, trockene Gebüsche; auf Böden unterschiedlicher Art; wärmeliebend; nur angepflanzt oder verwildert.
A: G
Wurde im 16. Jh. aus Amerika eingeführt. Benannt nach J. Robin (1550–1629).

Mai–Juni 1,2–2,5 m
5 Rote Heckenkirsche
Lonícera xylósteum
Geißblattgewächse
Caprifoliáceae
SK: Zweige rutenförmig, hohl, nicht windend. Blätter flaumig behaart.
B: Blüten paarweise auf einem Stiel, blattachselständig, elfenbeinfarben. Blätter ganzrandig, rundlich-elliptisch.
SV: Laubwälder, Mischwälder, Bergwälder, Auwälder, seltener in Nadelwäldern; liebt lockeren, oft etwas steinigen Lehmboden; kalkliebend; häufig.
A: V; ✿

Juni–August bis 3 m
6 Deutsches Geißblatt
Wald-Geißblatt
Lonicera periclýmenum
Geißblattgewächse
Caprifoliáceae
Siehe Seite 224

4

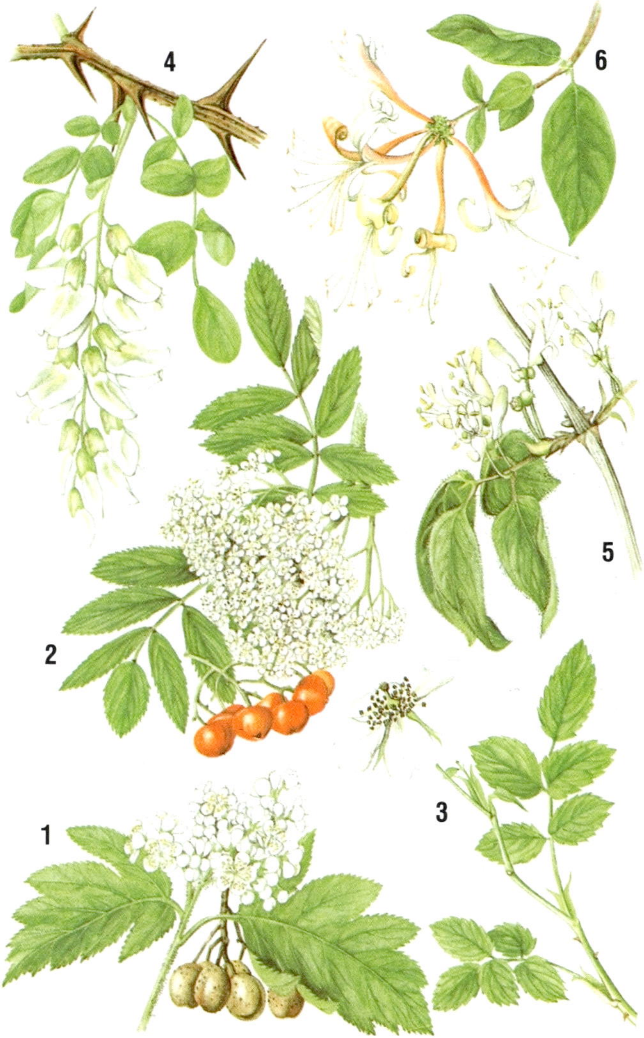

6

5

2

3

1

1 April–Juni 8–25 cm
Kelch-Steinkraut, Schildkraut
Alýssum alyssoídes (A. calýcinum)
Kreuzblütengewächse
Brassicáceae (Cruciferae)
Siehe Seite 156

2 Mai–Juli 50–140 cm
Färber-Waid, Waid
Ísatis tinctória
Kreuzblütengewächse
Brassicáceae (Cruciferae)
SK: Blütentraube. Früchte hängend, nach vorn verbreitert, zuletzt schwarz.
B: Doldige Rispe. Blütenblätter doppelt so lang wie der Kelch. Blätter bläulichgrün, kahl, ganzrandig, herz- bis pfeilförmig stengelumfassend.
SV: Unkrautbestände in Weinbergen, an Wegen, seltener in Halbtrockenrasen; wärmeliebend; liebt stickstoffreichen, kalkhaltigen, lockeren Boden; selten; überall nur verwildert; kommt in größeren Rudeln vor.
A: G; ⊙; ♃; (♠)
Der Färber-Waid wurde seit rund 2000 Jahren bis in die Neuzeit hinein angebaut. Aus dem vergorenen Kraut gewann man Indigoblau. Die eigentliche Heimat des Färber-Waids ist Südosteuropa und Westasien. Indigo ist giftig.

3 Mai–Oktober 20–100 cm
Gemeines Sophienkraut
Besen-Rauke
Descuráinia sóphia
(Sisýmbrium sóphia)
Kreuzblütengewächse
Brassicáceae (Cruciferae)
SK: Fruchtknoten und Frucht mehr als dreimal so lang wie breit. Früchte jederseits mit 3 Nerven. Samen in jedem Fruchtfach einreihig. Blätter zwei- bis dreifach gefiedert und in schmale Zipfel gespalten.
B: Traube. Blütenblätter nur bis 2 mm lang.
SV: Unkrautbestände an Wegen, auf Schuttplätzen und auf Bahndämmen; wärmeliebend, auf Schotter- oder Sandböden, Stickstoffzeiger; selten.
A: G; ⊙

Das Gemeine Sophienkraut wurde in den Kräuterbüchern des 16. Jh. „sophia chirurgorum" (= Weisheit der Wundärzte) genannt, weil es angeblich die Wundheilung fördern sollte. Wirkstoffe sind jedoch nicht gefunden worden.

4 Mai–Oktober 30–60 cm
Wege-Rauke, Raukensenf
Sisýmbrium officinále
Kreuzblütengewächse
Brassicáceae (Cruciferae)
SK: Fruchtknoten und Früchte mehr als dreimal so lang wie breit. Früchte jederseits mit 3 Nerven. Samen in jedem Fruchtfach einreihig. Früchte aufrecht, an den Stengel angedrückt. Untere Blätter schrotsägeförmig.
B: Traube, Blüten blaßgelb. Blütenblätter bis 3 mm lang.
SV: Unkrautbestände an Wegen, auf Schuttplätzen, auf Bahndämmen und auf Mauern und in Ruinen; Stickstoffzeiger; häufig.
A: G; ⊙
Alte Heilpflanze. Wirkstoffe sind bisher nicht gefunden worden.

5 Mai–Oktober 30–60 cm
Acker-Schotendotter
Schöterich
Erýsimum cheiranthoídes
Kreuzblütengewächse
Brassicáceae (Cruciferae)
Siehe Seite 206

6 Mai–Juli 30–60 cm
Saat-Dotter, Lein-Dotter
Camelína sativa
Kreuzblütengewächse
Brassicáceae (Cruciferae)
SK: Blütenblätter 4–5 mm lang. Früchte 5–10 mm lang, birnenförmig.
B: Traube. Blätter abstehend, länglich-lanzettlich, am Grunde pfeilförmig.
SV: Unkrautbestände auf Getreideäckern, Schuttplätzen, seltener auf Hackfruchtäckern oder an Wegen; liebt lockeren Boden; wärmeliebend; selten.
A: G; ⊙

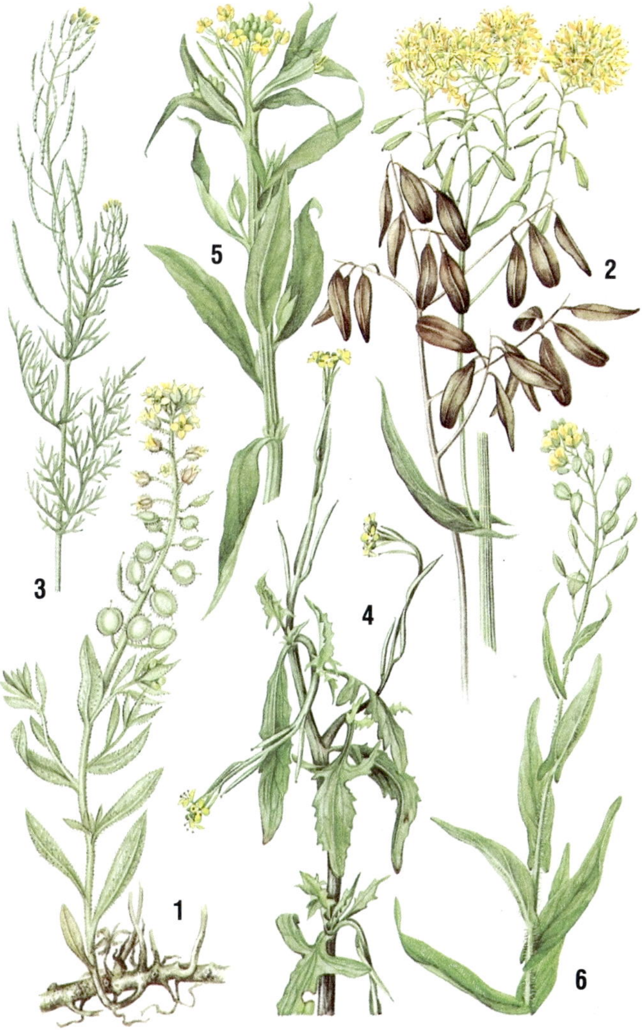

5

2

3

4

1

6

Mai–August   15–50 cm
1 Rispen-Finkensame
Ackernuß
Néslia paniculáta
Kreuzblütengewächse
Brassicáceae (Cruciferae)

SK: Blüten 2–6 mm im Durchmesser. Früchte kugelig, 1–2 mm im Durchmesser, schräg aufwärts abstehend.
B: Trugdoldige, reichblütige Rispe. Blüten goldgelb. Stengel einfach oder in der Mitte verzweigt, unten behaart. Blätter lanzettlich, die untersten in den Stiel verschmälert, die oberen sitzend, spitz, behaart.
SV: Unkrautbestände vor allem auf Getreideäckern; wärmeliebend, bevorzugt Lehmböden; auch auf Löß; selten.
A: G; ⊙

Mai–August   30–60 cm
2 Acker-Senf
Sinápis arvénsis
Kreuzblütengewächse
Brassicáceae (Cruciferae)

SK: Fruchtknoten und Frucht mehr als dreimal so lang wie breit. Blüten gelb, 12–15 mm im Durchmesser. Kelchblätter stehen waagrecht ab.
B: Doldenähnliche Traube. Blätter ungeteilt, eiförmig, die unteren fast leierförmig, unregelmäßig eingebuchtet und gezähnt.
SV: Unkrautgesellschaften auf Äckern und gelegentlich in Gärten, auch auf Schuttplätzen; liebt kalkhaltige und nährstoffreiche Lehmböden; sehr häufig.
A: G; ⊙
Enthält im Samen Senföl. Alte Arzneipflanze.

Juni–August   30–60 cm
3 Acker-Rettich
Wilder Rettich, Hederich
Ráphanus raphanístrum
Kreuzblütengewächse
Brassicáceae (Cruciferae)
Siehe Seite 38

Juni–September   20–60 cm
4 Mauer-Doppelsame
Diplotáxis murális
Kreuzblütengewächse
Brassicáceae (Cruciferae)

SK: Blüten gelb, 8–15 mm im Durchmesser. Fruchtknoten mehr als dreimal so lang wie breit, gleich der Frucht zusammengedrückt. Samen in jedem Fruchtfach zweireihig. Blütenstiele kaum länger als die eben geöffnete Blüte.
B: Stengel nur am Grunde beblättert.
SV: Unkrautbestände auf Hackfrucktäckern, an Wegen, auf Mauern, gelegentlich auch auf steinigen Schuttplätzen und an Bahndämmen; liebt lockere, etwas steinige Lehmböden oder Sandböden; selten.
A: G; ⊙; ⊙
Der Mauer-Doppelsame ist erst im 18. Jh. aus Frankreich nach Deutschland eingewandert und hat sich vor allem (verschleppt durch Züge) entlang der Bahnlinien ausgebreitet. Er tritt meist unbeständig auf.

Mai–September   30–100 cm
5 Schmalblättriger Doppelsame
Senfrauke
Diplotáxis tenuifólia
Kreuzblütengewächse
Brassicáceae (Cruciferae)

SK: Fruchtknoten und Früchte mehr als dreimal so lang wie breit, zusammengedrückt. Blüten schwefelgelb bis dottergelb, 12–20 mm im Durchmesser. Samen in jedem Fruchtfach zweireihig. Blütenstiele zwei- bis dreimal länger als die eben geöffnete Blüte.
B: Reichblütige Trauben am Hauptstengel und an den Ästen. Stengel am Grund verholzend, meist kahl, bis dicht unter den Blütenstand beblättert. Blätter bläulichgrün, tief fiederteilig.
SV: Unkrautbestände an Wegen, auf Bahnschotter, auf Schuttplätzen und auf unbebautem Land; liebt lockeren, kalkhaltigen Boden; selten.
A: G; ♃

2

1

5

4

3

Mai – Juni 30 – 60 cm

1 Echtes Barbarakraut
Echtes Barbenkraut
Barbaréa vulgáris
Kreuzblütengewächse
Brassicáceae (Crucíferae)
Siehe Seite 206

Juni – September 15 – 50 cm

2 Wilde Sumpfkresse
Waldkresse
Roríppa sylvéstris
(Nastúrtium silvéstre)
Kreuzblütengewächse
Brassicáceae (Crucíferae)
SK: Blütenblätter deutlich länger als
der Kelch, goldgelb. Fruchtknoten und
Früchte mehr als dreimal so lang wie
breit.
B: Trugdoldige Traube. Stengel ästig,
aufsteigend, hohl. Blätter fiederspaltig.
SV: Unkrautbestände auf feuchten
Äckern, an und auf Wegen, sandige
Schuttplätze, Flußufer, seltener in
Ruinen; zeigt Verschlammung an; liebt
schwere, stickstoffhaltige Böden; et-
was kalkscheu; selten.
A: G; ⹁

Mai – Oktober 30 – 60 cm

3 Gelbe Resede
Gelber Wau, Wilde Resede
Reséda lútea
Resedengewächse   *Resedáceae*
SK: Blätter ein- bis zweifach fieder-
spaltig.
B: Dichtblütige Traube. Blüten blaß-
gelb. Stengel einfach oder ästig.
SV: Unkrautbestände an Wegen, auf
Bahndämmen, auf Schuttplätzen, sel-
tener in Weinbergen oder auf sonni-
gen Hackfruchtäckern; liebt sandige
oder steinige, aber nährstoffreiche
Böden, zerstreut.
A: G; ⊙ – ⹁
Hat sich besonders entlang der Eisen-
bahnlinien ausgebreitet. Enthält Senf-
öle und Flavone. Heilpflanze.

April – Oktober 30 – 100 cm

4 Großes Schöllkraut
Schellkraut
Chelidónium május

Mohngewächse
Papaveráceae
Siehe Seite 180

Juni – August 60 – 100 cm

5 Gemeine Nachtkerze
Zweijährige Nachtkerze
Oenothéra biénnis
Nachtkerzengewächse
Onagráceae (Oenotheráceae)
SK: Blüten 3 – 5 cm im Durchmesser.
Blütenblätter kürzer als der Kelch.
B: Blüten in Ähren. Blütenblätter län-
ger als die Staubblätter. Untere Blätter
bilden eine dem Boden angedrückte
Rosette.
SV: Unkrautbestände auf Bahndäm-
men, auf Schuttplätzen und gelegentlich auf noch wenig bewachsenen
Wegböschungen; liebt trockene Böden; zerstreut.
A: G; ⊙
Die Blüten der Gemeinen Nachtkerze
öffnen sich abends gegen 18 Uhr, und
24 Stunden später schließen sie sich
wieder. Zunächst stäuben die Staubbeutel. Zu dieser Zeit ist die Narbe
noch nicht empfängnisfähig; sie wird
dies erst gegen Abend des nächsten
Tages. Die Blüten duften besonders in
der Nacht. Bestäuber sind vorwiegend
Nachtschmetterlinge. Die Pflanze enthält vor allem in den Blättern Gerbstoffe.

Juni – August 40 – 100 cm

6 Ufer-Nachtkerze
Kleinblütige Nachtkerze
Oenothéra parviflóra (O. muricáta)
Nachtkerzengewächse
Onagráceae (Oenotheráceae)
SK: Blüten 2 – 3 cm im Durchmesser.
Blütenblätter so lang wie der Kelch.
B: Blüten in Ähren. Staubblätter so
lang wie die Blütenblätter. Untere Blät-
ter bilden eine Rosette über dem Bo-
den.
SV: Unkrautbestände auf Bahndäm-
men und auf Schuttplätzen; liebt lok-
kere, oft sandige Böden; etwas stick-
stoffliebend, wärmeliebend; selten.
A: G; ⊙
Blühwcise s. Gemeine Nachtkerze.

4

2

3

6

5

1

April–Oktober   5–30 cm
1 Sonnenwend-Wolfsmilch
Euphórbia helioscópia
Wolfsmilchgewächse
Euphorbiáceae

SK: Trugdolde vier- bis fünfstrahlig. Drüsen des Hüllbechers queroval, hellgelb.
B: Stengel meist aufrecht. Blätter verkehrt-eiförmig, vorn gesägt, kahl. Pflanze mit weißem Milchsaft.
SV: Unkrautbestände auf Hackfruchtäckern, in Gärten und Weinbergen, auf Schuttplätzen; liebt lockeren Boden; Stickstoffzeiger; sehr häufig.
A: G; ☉; ⚘
Die Sonnenwend-Wolfsmilch dreht ihre Blütenstände dem Licht zu. Auf diese Eigenschaft beziehen sich der wissenschaftliche und der deutsche Artname (griech. helios = Sonne; griech. skopein = schauen). Der Milchsaft enthält giftige Diterpene. Auf der Haut kann er Entzündungen verursachen.

Mai–September   5–25 cm
2 Kleine Wolfsmilch
Euphórbia exigua
Wolfsmilchgewächse
Euphorbiáceae

SK: Trugdolde drei-(bis fünf-)strahlig. Strahlen gegabelt. Drüsen im Hüllbecher halbmondförmig, Blätter 1–4 mm breit.
B: Stengel niederliegend, aufsteigend oder aufrecht, meist reich verzweigt. Blätter lineal, spitzig, sitzend. Pflanze mit weißem Milchsaft.
SV: Unkrautbestände in Hackkulturen und auf Schuttplätzen, auch an Wegen und auf Bahndämmen; liebt trockene, kalkhaltige Böden; zerstreut.
A: G; ☉; ⚘
Blütenbau und Gift: s. Garten-Wolfsmilch, unten.

Juni–November   5–35 cm
3 Garten-Wolfsmilch
Euphórbia péplus
Wolfsmilchgewächse
Euphorbiáceae

SK: Trugdolde dreistrahlig. Strahlen gegabelt. Drüsen im Hüllbecher halbmondförmig. Blätter 5–10 mm breit.
B: Stengel aufrecht und meist verzweigt. Blätter wechselständig, verkehrt-eiförmig bis rundlich. Pflanze mit weißem Milchsaft.
SV: Unkrautbestände in Hackkulturen und auf Schuttplätzen, auch an Wegrändern und auf Bahndämmen; liebt lehmigen Boden; häufig.
A: G; ☉; ⚘
Die „Blüte" der Wolfsmilch-Arten ist in Wirklichkeit ein stark rückgebildeter Blütenstand. Zwischen den Hochblättern des Hüllbechers sitzen eine weibliche und mehrere männliche Blüten. Der Milchsaft enthält giftige Diterpene. Auf der Haut kann er Entzündungen verursachen.

April–Mai   15–30 cm
4 Zypressen-Wolfsmilch
Euphórbia cyparissias
Wolfsmilchgewächse
Euphorbiáceae Siehe Seite 154

April–Juni   15–70 cm
5 Breitblättriges Kreuzlabkraut
Kreuz-Labkraut
Cruciáta lǽvipes (Gálium cruciáta, G. cruciátum)
Rötegewächse *Rubiáceae*
Siehe Seite 180

Juni–Oktober   15–60 cm
6 Echtes Labkraut
Gálium vérum
Rötegewächse *Rubiáceae*

SK: Endständige, reichblütige Rispe. Blätter nadelförmig; 8–12 quirlständig.
B: Blüten zitronengelb, nach Honig duftend. Stengel aufrecht oder aufsteigend, rundlich, mit 4 hervortretenden Linien. Blätter unterseits weißlich.
SV: Trockenrasen, Halbtrockenrasen, Wegraine; häufig.
A: V; ♃
Die Pflanze enthält in 100 g Blattgewebe etwa 1 mg Labferment (Name!). Dieser Stoff bringt die Milch zum Gerinnen. Deswegen wurde das Labkraut früher oft zur Käsebereitung verwendet. Alte Heilpflanze.

6

2

3

5

1

4

März–Mai   5–15 cm
1 Frühlings-Fingerkraut
Potentilla vérna
(P. tabernaemontáni)
Rosengewächse
Rosáceae

SK: Rispe, Blütenblätter ausgerandet, sich nicht überdeckend. Stengel z. T. kriechend. Blätter fünf- bis siebenzählig, handförmig geteilt, am Rand nicht seidig glänzend.
B: Stengel meist drei- bis fünfblütig. Blütenblätter eiförmig, hell- bis dunkelgelb. Blütenstiel 1–2 cm lang, nach der Blüte oft herabgebogen. Stengel oft rötlich überlaufen, niederliegend oder aufsteigend, meist behaart. Stengelblätter nach oben kleiner werdend, die oberen sitzend und meist ungeteilt. Pflanze wächst in polster- bzw. kissenähnlichen kleineren Verbänden.
SV: Trockenrasen, Halbtrockenrasen, Wegraine, Mauern, seltener auf sandigen Geröllhalden oder auf Gesteinsschutt; liebt lockeren, etwas kalkhaltigen Boden; wärmeliebend; häufig.
A: G; ♃
Der Name Fingerkraut bezieht sich auf die handförmig geteilten Blätter. Innerhalb der Art kann man zahlreiche Kleinrassen unterscheiden. Auffallend ist, daß die Stärke der Behaarung abnimmt, je westlicher oder nördlicher die Pflanze wächst; auch an feuchteren, z. T. auch an schattigeren Standorten ist sie weniger behaart.

Mai–August   30–60 cm
2 Kriechendes Fingerkraut
Fünf-Fingerkraut
Potentilla réptans
Rosengewächse
Rosáceae
Siehe Seite 158

Mai–Juli   15–50 cm
3 Gänse-Fingerkraut
Anserine
Potentilla anserína

Rosengewächse
Rosáceae
Siehe Seite 210

Juni–Oktober   10–40 cm
4 Silber-Fingerkraut
Potentilla argéntea
Rosengewächse
Rosáceae

SK: Rispe. Stengel dicht behaart. Blätter fünf- bis siebenzählig handförmig geteilt. Teilblättchen am Rande eingerollt, unterseits dicht weißhaarig.
B: Blüten ziemlich klein, etwa 1–1,5 cm im Durchmesser. Blütenstiele nach dem Verblühen aufrecht oder abstehend. Stengel aufrecht bis aufsteigend, weißhaarig.
SV: Wege, Raine, unbebaute, sandige Böden; liebt flachgründige, lockere, steinige oder sandige Böden; kalkscheu; zerstreut.
A: G; ♃
Name: s. Frühlings-Fingerkraut, oben. Innerhalb der Art lassen sich zahlreiche Kleinrassen unterscheiden, die sich in der Aufteilung der Blätter, der Wuchsform des Stengels und in der Behaarung unterscheiden.

Mai–Juli   30–60 cm
5 Acker-Hahnenfuß
Ranúnculus arvénsis
Hahnenfußgewächse
Ranunculáceae

SK: Blüten nur 4–15 mm im Durchmesser, schwefelgelb. Früchte (meist auch an noch blühenden Pflanzen vorhanden) auffällig stachelig.
B: Vielblütig. Stengel aufrecht oder aufsteigend, reich verzweigt. Untere Blätter ungeteilt, keilförmig, gezähnt; obere in schmale Zipfel gespalten.
SV: Unkrautbestände vor allem auf Getreideäckern; liebt lehmige Böden; zerstreut. ⚘
A: G; ☉; ⚘
Name: s. Knolliger Hahnenfuß, S. 136. Enthält die Giftstoffe Protoanemonin und Anemonin.

3

5

4

2

1

Mai—August 15—50 cm
1 Kriechender Hahnenfuß
Ranúnculus répens
Hahnenfußgewächse
Ranunculáceae
Siehe Seite 160

Mai—Juli 15—30 cm
2 Knolliger Hahnenfuß
Ranúnculus bulbósus
Hahnenfußgewächse
Ranunculáceae
SK: Kelchblätter zurückgeschlagen und mit den Außenseiten an den Blütenstiel gepreßt.
B: Blüten einzeln, endständig, Blütenstiele gefurcht. Stengel am Grunde (unmittelbar unter der Erdoberfläche) mit einer Knolle. Untere Blätter langgestielt, dreizählig oder doppelt dreizählig.
SV: Halbtrockenrasen, trockene Wiesen, Wegraine; liebt warme, kalkhaltige Böden; häufig.
A: G; ♃; ⚘
Der deutsche Gattungsname „Hahnenfuß" bezieht sich auf die vogelfußartig geteilten Blätter, der wissenschaftliche auf die kleinen, gekrümmten Früchtchen (lateinisch ranúnculus = Fröschchen).
Die Pflanze enthält die Giftstoffe Protoanemonin und Anemonin.

Juni—Oktober 25—50 cm
3 Echte Nelkenwurz
Benediktenwurz
Géum urbánum
Rosengewächse
Rosáceae
Siehe Seite 184

Juni—Juli 5—30 cm
4 Pfennig-Gilbweiderich
Pfennigkraut, Rundblättriger Gilbweiderich
Lysimáchia nummulária
Primelgewächse
Primuláceae
Siehe Seite 188

Juni—September 5—15 cm
5 Niederliegendes Hartheu
Niederliegendes Johanniskraut
Hypericum humifúsum
Hartheugewächse Hypericáceae
SK: Stengel niederliegend.
B: Rispe. Staubblätter gebüschelt. Stengel rundlich bis zweikantig. Blätter gegenständig, eiförmig-länglich, die oberen durchscheinend punktiert.
SV: Unkrautbestände auf nassen Hackfruchtäckern, auf unbebautem Boden, auf Wegen, in nassen, lichten Wäldern; liebt feuchte, sandige oder lehmige Böden; kalkscheu, zerstreut.
A: G, ⊙ —♃
Der Name Hartheu kommt angeblich von den harten Stengeln, die ein wenig brauchbares Heu ergeben. Der Name „Johanniskraut" verweist auf die Blütezeit der Pflanze (24. Juni = Johannistag).
Farbstoffgehalt der Blüte: s. Tüpfel-Hartheu, S. 162.

Juni—Oktober 10—30 cm
6 Gemüse-Portulak
Gelber Portulak
Portuláca olerácea
Portulakgewächse Portulacáceae
SK: Keine Verwechslungsmöglichkeit.
B: Blüten klein, einzeln oder zu 2—3. Blütenblätter fallen früh ab. Stengel niederliegend bis aufsteigend, oft rötlich überlaufen. Blätter 1—2 cm lang, fleischig, sitzend, keilförmig bis verkehrt-eiförmig.
SV: Unkrautbestände auf Hackfruchtäckern, an und auf Wegen und auf Schuttplätzen; wärmeliebend; liebt sandigen, stickstoffreichen Boden; selten.
A: G; ⊙ — ⊝
Der Gemüse-Portulak enthält reichlich Vitamin C und wurde früher als Heilpflanze bei Skorbut gegessen. Die Blüten des Portulak befruchten sich in der Regel selbst. Die Früchte werden durch Ameisen verbreitet.

2

6

3

4

1

5

1 Juli—Oktober   15—30 cm
Gelbes Sonnenröschen
Gemeines Sonnenröschen
Heliánthemum nummulárium
(H. vulgáre; H. chamaecístus)
Zistrosengewächse
Cistáceae
SK: Keine Verwechslungsmöglichkeit.
B: Wenigblütige, endständige Traube. Blüten zitronengelb. Staubblätter nicht gebüschelt. Kelchblätter oft rötlich gestreift. Stengel am Grunde holzig, niederliegend oder aufsteigend. Blätter gegenständig, ganzrandig, oval, bewimpert.
SV: Trockenrasen, Halbtrockenrasen, seltener an Wegrainen; liebt flachgründige, oft steinige und kalkhaltige Böden; wärmeliebend; häufig.
A: G; ♃
Die Staubblätter spreizen bei Sonnenschein nach außen. Bei trübem Wetter stehen sie mehr aufrecht.

2 Juni—Oktober   30—60 cm
Schwarzes Bilsenkraut
Hyoscyamus niger
Nachtschattengewächse
Solanáceae
SK: Blüten schmutziggelb bis orangegelb, violett geadert.
B: Mehrere blattachselständige, trichterförmige Blüten, Stengel klebrig-zottig behaart. Blätter buchtig-fiederspaltig, untere gestielt, obere halb stengelumfassend.
SV: Unkrautbestände auf Schuttplätzen, an Wegen und Mauern, auch auf alten Kompostlagern auf Äckern; liebt lehmigen Boden; stickstoffliebend; wärmeliebend; selten.
A: V; ☉; ☉; ⚱
Enthält stark giftige Alkaloide.

3 Juli—September   80—200 cm
Großblütige Königskerze
Großblütiges Wollkraut
Verbáscum densiflórum
(V. thapsifórme)
Braunwurzgewächse
Scrophulariáceae
Siehe Seite 190

4 Juli—September   30 150 cm
Kleinblütige Königskerze
Kleinblütiges Wollkraut
Verbáscum thápsus
Braunwurzgewächse
Scrophulariáceae
SK: Blüten 1,5—2 cm im Durchmesser.
B: Dichte, drüsig behaarte Traube. Blüten wohlriechend. Stengel aufrecht. Blätter kleingekerbt, beiderseits gelbfilzig, herablaufend.
SV: Unkrautbestände an Wegrainen, Bahndämmen, auf Schuttplätzen, an Waldrändern, auf Kahlschlägen; liebt lockeren, flachgründigen, oft etwas steinigen, stickstoffhaltigen Boden; wärmeliebend; zerstreut.
A: V; ☉
Enthält Saponine und Schleimstoffe, wird aber heute als Heilmittel nicht mehr verwendet.

5 Juni—September   30—100 cm
Schwarze Königskerze
Verbáscum nígrum
Braunwurzgewächse
Scrophulariáceae
SK: Staubbeutel violett- oder rotzottig.
B: Traube. Stengel oben kantig. Blätter nicht herablaufend, gekerbt, oberseits fast kahl, unten dicht behaart.
SV: Unkrautbestände auf Schuttplätzen, an Wegen, Rainen, Bahndämmen und auf Kahlschlägen; liebt kalkarmen, sandigen Lehmboden; etwas stickstoffliebend; zerstreut.
A: V; ☉

6 Juni—September   50—130 cm
Mehlige Königskerze
Lichtnelken-Königskerze
Verbáscum lychnítis
Braunwurzgewächse
Scrophulariáceae
Siehe Seite 60

6

3

1

5

4

2

139

Juni–August 5–15 cm
1 Scharfe Fetthenne
Mauerpfeffer
Sédum ácre
Dickblattgewächse
Crassuláceae
Siehe Seite 204

Juni–August 5–15 cm
2 Milde Fetthenne
Sédum sexanguláre
(S. boloniénse, S. míte)
Dickblattgewächse
Crassuláceae
Siehe Seite 164

Juni–August 30–130 cm
3 Kleiner Odermennig
Gemeiner Odermennig
Agrimónia eupatória
Rosengewächse
Rosáceae
SK: Blüten in langen, reichblütigen Trauben.
B: Stengel aufrecht, rauhhaarig. Blätter unterbrochen-unpaarig gefiedert. Teilblättchen länglich-lanzettlich, gesägt, sitzend; das unpaarige Endblättchen gestielt.
SV: Halbtrockenrasen, Wegraine, Waldränder, sonnige Waldwege; liebt lockere Böden; wärmeliebend, zerstreut.
A: G; ♃
Das Epitheton „*eupatória*" verweist auf die griechische Sage. Nach ihr soll König Mithridates Eupator (132–63 v. Chr.) die Heilkräfte des Odermennigs als erster entdeckt haben. Der Odermennig enthält in allen Organen, besonders aber im Blatt, Gerbstoffe. Alte Heilpflanze.

Mai–September 30–100 cm
4 Gemeiner Beinwell
Schwarzwurz
Sýmphytum officinále
Borretschgewächse

Boragináceae
Siehe Seite 190

Juni–August 20–100 cm
5 Sichel-Hasenohr
Bupléurum falcátum
Doldengewächse
Apiáceae (Umbellíferae)
SK: Blüten in Dolden. Blätter ganzrandig, schmal-lanzettlich, nicht stengelumfassend.
B: Dolden zusammengesetzt. Stengel aufrecht oder aufsteigend. Obere Blätter sichelförmig gebogen.
SV: Trockenwälder, trockene Gebüsche, Waldränder, seltener an Wegrainen und in waldnahen Halbtrockenrasen; liebt lockeren, kalkhaltigen Boden; zerstreut.
A: G; ♃

Juli–September 30–100 cm
6 Gemeiner Pastinak
Pastináca satíva
Doldengewächse
Apiáceae (Umbellíferae)
SK: Blüten in Dolden, goldgelb, Dolden mit 5–15 Strahlen. Hülle und Hüllchen fehlend oder nur aus 1–2 Blättchen. Stengel gerillt, behaart. Blätter ein- bis zweifach fiederteilig.
B: Dolde zusammengesetzt. Stengel aufrecht, oben verästelt. Pflanze riecht nach Möhren (Blatt zerreiben!).
SV: Wiesen, Unkrautbestände an Wegen, auf Schuttplätzen und auf Getreideäckern, seltener an Bahndämmen; liebt tiefgründige, lehmige Böden; stickstoffliebend; häufig.
A: G, ⊙
Wegen der würzig schmeckenden Wurzel auch in Kulturrassen gezogen. Wurzelextrakte wurden als Schnapszusätze verwendet. Die Blätter eignen sich als Wildgemüse. Die Wurzel enthält reichlich Eiweiß, Stärke, Pektin und etwa 30 mg Vitamin C pro 100 g Frischgewicht.

6

4

5

3

2

1

1 März–April 5–15 cm
Acker-Goldstern
Acker-Gelbstern
Gágea villósa (G. arvénsis)
Liliengewächse
Liliáceae
SK: Blütenblätter spitz. Zwei grundständige Blätter.
B: Trugdolde aus 2–10 Blüten, die zwischen zwei schmalen Hochblättern entspringt. Blätter grasgrün, 1–2 mm breit, lineal-rinnig. 2 Zwiebeln.
SV: Unkrautbestände; nährstoffliebend, aber etwas kalkscheu; oft auf Sandböden; wärmeliebend; selten, aber gelegentlich truppweise auftretend.
A: M; ♃

2 März–Mai 6–20 cm
Wiesen-Goldstern
Wiesen-Gelbstern
Gágea praténsis
Liliengewächse *Liliáceae*
SK: Nur 1 grundständiges, scharf gekieltes Blatt.
B: Trugdolde aus 1–5 Blüten, die zwischen 2 schmalen Hochblättern entspringt. Blüten gelb, außen grünlichstreifig. Blätter 3–4 mm breit, etwas fleischig, länger als der Stengel. Neben der blütentragenden Zwiebel noch 2 freie Zwiebeln.
SV: Unkrautbestände, besonders auf Hackfruchtäckern, auch auf Halbtrockenrasen, an Wegen und Rainen; wärme- und etwas stickstoffliebend; bevorzugt Lehm- und Lößböden; selten.
A: M; ♃

3 März–April 10–30 cm
Gemeiner Huflattich
Tussilágo fárfara
Korbblütengewächse
Asteráceae (Compósitae)
Siehe Seite 214

4 April–Juni 10–60 cm
Gemeine Kuhblume
Gemeiner Löwenzahn,
Butterblume
Taráxacum officinále
Korbblütengewächse
Cichoriáceae (Compósitae)
SK: Blüten in einem großen, einzelnen Körbchen. Nur Zungenblüten. Fruchtknoten mit Haarkrone. Stengel blattlos, weitröhrig, mit weißem Milchsaft, der auf der Haut braune Flecken gibt.
B: Blätter grundständig, rosettig, schrotsägeförmig.
SV: Wiesen, Wegraine, Äcker, Gärten, Wegränder, Schuttplätze, lichte Wälder, fehlt kaum einem Standort; stickstoffliebend, sehr häufig.
A: V; ♃
Name: s. Herbst-Löwenzahn, S. 168.
Die Art ist vielgestaltig. Heilpflanze; enthält einen Bitterstoff, der angeblich schwach giftig sein soll. Junge Blätter werden oft als Wildsalat zubereitet.

5 Mai–Oktober 8–30 cm
Kleines Habichtskraut
Langhaariges Habichtskraut
Hierácium pilosélla
Korbblütengewächse
Cichoriáceae (Compósitae)
Siehe Seite 204

6 Juni–Oktober 15–50 cm
Kleinköpfiger Pippau
Grüner Pippau,
Dünnästige Grundfeste
Crépis capilláris
Korbblütengewächse
Cichoriáceae (Compósitae)
SK: Blüten in Körbchen, diese 1–1,5 cm im Durchmesser, doldenrispig angeordnet. Fruchtknoten mit Haarkrone. Haare weiß, biegsam (Fingerdruck auf Haarspitzen; vgl. Kleines Habichtskraut, S. 204).
B: Äußere Zungenblüten oft rötlich. Stengel im unteren Teil beblättert. Blätter schrotsägeförmig-fiederspaltig, obere lineal, am Grunde pfeilförmig.
SV: Unkrautbestände an Wegen, in Parks, auch auf Wiesen und Weiden; liebt nährstoffreichen, stickstoffhaltigen Lehmboden; häufig.
A: V; ☉
Mehrere, sehr schwer unterscheidbare Arten.

1

5

2

4

3

6

143

Mai—Oktober   30—60 cm
1 Wald-Habichtskraut
Mauer-Habichtskraut
Hierácium sylváticum
(Hierácium murórum)
Korbblütengewächse
Cichoriáceae (Compósitae)
SK: Blüten in rispig angeordneten Körbchen. Nur Zungenblüten. Fruchtknoten mit Haarkrone. Haare grauweiß, zerbrechlich (Fingerdruck). Stengel meist mit ein bis zwei Blättern.
B: Blätter rauhhaarig, mehr oder weniger gezähnt, rosettig.
SV: Laubwälder, Mischwälder, Nadelwälder, Bergwälder, Trockenwälder, auch an Wegen und Mauern; liebt etwas steinigen, humusreichen Boden, sehr häufig.
A: V; ♃
Formenreiche Art, die sich von mehreren ähnlichen Arten nur schwer unterscheiden läßt.

Juli—Oktober   15—50 cm
2 Herbst-Löwenzahn
Leóntodon autumnális
Korbblütengewächse
Cichoriáceae (Compósitae)
Siehe Seite 168

August—Oktober   50—250 cm
3 Kanadische Goldrute
Solidago canadénsis
Korbblütengewächse
Asteraceae (Compósitae)
SK: Hunderte von kleinen Körbchen in etwas einseitiger, ausladender Rispe.
B: Körbchen um 5 mm lang. Zungenblüten kaum länger als die Röhrenblüten. Stengel aufrecht, im Blütenstand verzweigt. Blätter lanzettlich, gesägt.
SV: Ufer, Waldränder, Lichtungen, Ödland. Oft auf Lehmboden. Meist in kleineren oder größeren, dichten Beständen. Zerstreut. Fehlt über 1000 m.
A: V; ♃
Die Kanadische Goldrute kam ursprünglich als Zierpflanze nach Mitteleuropa. Seit Mitte des letzten Jahr-

hunderts verwildert; Ausbreitung dauert an.

Juni—September   10—120 cm
4 Gemeiner Rainkohl
Lapsána commúnis
Korbblütengewächse
Cichoriáceae (Compósitae)
SK: Blüten in kleinen, rispig angeordneten Körbchen. Nur Zungenblüten. Fruchtknoten ohne Haarkrone. Stengel beblättert.
B: Körbchen mit 8—12 blaßgelben Blüten. Stengel reichästig. Untere Blätter leierförmig, mit sehr großem Endzipfel, obere Blätter lanzettlich. Pflanze enthält Milchsaft.
SV: Unkrautbestände auf Hackfruchtäckern, in Gärten, auf Schuttplätzen in Gebüschen, an Waldrändern, auf Lichtungen und in lichten Wäldern; liebt etwas feuchten, nährstoffreichen, stickstoffhaltigen Boden; häufig.
A: V; ☉
Die Blüten öffnen sich zwischen 6 und 7 Uhr und schließen sich zwischen 15 und 16 Uhr.

Juni—August   15—40 cm
5 Strahlenlose Kamille
Matricária discoídea (M. matricarioides; M. suavéolens)
Korbblütengewächse
Asteráceae (Compósitae)
SK: Blüten in halbkugeligen, grünlichgelben Körbchen. Meist nur Röhrenblüten, selten verkümmerte weiße Zungenblüten. Blätter fein doppelt fiederteilig. Pflanze riecht aromatisch.
B: Stengel aufrecht, ästig, kahl, reich beblättert.
SV: Unkrautbestände an Wegen, Mauern, Bahndämmen, auf Sportplätzen und in Getreideäckern; liebt lehmige, stickstoffhaltige Böden, sehr häufig.
A: V; ☉
Enthält ätherische Öle (Geruch), denen aber die Heilwirkung der ätherischen Öle der Echten Kamille fehlt.

5

2

1

3

4

Juli–September 60–130 cm
1 Gemeiner Rainfarn
Wurmkraut
Tanacétum vulgáre (Chrysánthemum vulgáre; Chrysánthemum tanacétum)
Korbblütengewächse
Asteráceae (Compósitae)
SK: Blüten in trugdoldig angeordneten, kleinen Körbchen. Alle Blüten röhrenförmig. Fruchtknoten ohne Haarkrone. Blätter doppelt fiederteilig.
B: Körbchen halbkugelig. Randblüten gelegentlich mit ganz kurzer Zunge. Stengel kantig, kahl. Teilblättchen gesägt.
SV: Unkrautbestände an Wegen, Bahndämmen und auf Schuttplätzen; auch an Waldrändern, in Gebüschen und auf Kahlschlägen; liebt nährstoffreiche Lehmböden; häufig.
A: V; ♃; ⚘
Der deutsche Gattungsname bezieht sich auf die farnähnlichen Blätter und den Standort. – Der Gemeine Rainfarn enthält ätherische Öle und Bitterstoffe. Heilpflanze.

Juli–Oktober 60–130 cm
2 Stachel-Lattich
Lactúca serríola (Lactúca scaríola)
Korbblütengewächse
Cichoriáceae (Compósitae)
SK: Blüten in Körbchen, diese rispig angeordnet. Nur Zungenblüten. Fruchtknoten mit Haarkrone. Blätter am Stengel senkrecht gestellt.
B: Stengel meist weißlichgrün. Blätter länglich, buchtig-fiederspaltig, am Grunde pfeilförmig, scharf gezähnt. Pflanze führt Milchsaft.
SV: Unkrautbestände an Wegen, Bahndämmen und auf Schuttplätzen; liebt stickstoffhaltigen, oft etwas steinigen Boden; häufig.
A: V; ☉; ☉; (⚘)
Die Ränder der Blätter sind etwa in Nord-Süd-Richtung einreguliert. Dadurch wird eine zu starke Bestrahlung und vor allem eine Erhitzung der Blätter durch die Mittagssonne vermieden

(Kompaß-Pflanze). In Versuchen konnte nachgewiesen werden, daß sich flachgestellte Blätter in der Mittagssonne um 3,6–7,6°C stärker erhitzen als steil gestellte. – Der Stachel-Lattich enthält im Milchsaft schwach giftige Bitterstoffe.

Juni–Oktober 15–50 cm
3 Klebriges Kreuzkraut
Klebriges Greiskraut
Senécio viscósus
Korbblütengewächse
Asteráceae (Compósitae)
Siehe Seite 194

Januar–Dezember 15–50 cm
4 Gemeines Kreuzkraut
Gemeines Greiskraut
Senécio vulgáris
Korbblütengewächse
Asteráceae (Compósitae)
SK: Blüten in rispig angeordneten Körbchen. Nur Röhrenblüten. Blätter fiederteilig, meist spinnwebig behaart.
B: Hüllblätter schwarzfleckig.
SV: Unkrautbestände auf Äckern, in Gärten, auf Schuttplätzen und Kompostlagerstätten; auf unterschiedlichen Böden; stickstoffliebend; sehr häufig.
A: V; ☉; ⚘
Name: s. Raukenblättriges Kreuzkraut, S. 194.
Enthält giftige Alkaloide.

Juli–Oktober 30–100 cm
5 Jakobs-Kreuzkraut
Jakobs-Greiskraut
Senécio jacobǽa
Korbblütengewächse
Asteráceae (Compósitae)
Siehe Seite 194

Juli–Oktober 30–100 cm
6 Raukenblättriges Kreuzkraut
Raukenblättriges Greiskraut
Senécio erucifólius
Korbblütengewächse
Asteráceae (Compósitae)
Siehe Seite 194

147

Juni–Oktober   30–100 cm
1 Rauhe Gänsedistel
Sónchus ásper
Korbblütengewächse
Cichoriáceae (Compósitae)
SK: Blüten in Körbchen. Nur Zungenblüten. Fruchtknoten mit Haarkrone. Stengel ästig. Blätter stachelig gezähnt, oft ungeteilt, am Grunde pfeilförmig. Öhrchen angedrückt.
B: Körbchen in Doldentrauben. Zungenblüten tief gelb. Stengel aufrecht, hohl. Blätter derb, dunkelgrün, meist glänzend. Blattzähne ausgesprochen stachelspitz. Pflanze enthält Milchsaft.
SV: Unkrautbestände auf Hackfruchtäckern, in Gärten, an Gebüschen und auf Schuttplätzen; auch an Wegen; liebt nährstoffreichen, stickstoffhaltigen Boden; sehr häufig.
A: V; ☉; (🌑)
Enthält möglicherweise in geringer Menge einen giftigen Bitterstoff.

Juli–Oktober   50–150 cm
2 Acker-Gänsedistel
Feld-Saudistel
Sónchus arvénsis
Korbblütengewächse
Cichoriáceae (Compósitae)
SK: Blüten in doldenrispig angeordneten Körbchen. Nur Zungenblüten. Fruchtknoten mit einer Haarkrone. Stengel nur im Blütenstand verzweigt. Blätter stachelig gezähnt. Wurzelstock kriecht.
B: Hüllblätter und Blütenstiele drüsenhaarig. Blätter schrotsägeförmigfiederspaltig. Stengelblätter ungeteilt, mit mehr oder weniger anliegenden Öhrchen. Pflanze enthält Milchsaft.
SV: Unkrautbestände auf Hackfruchtäckern, in Gärten, Weinbergen und auf Schuttplätzen; auch an Wegen; liebt nährstoffreichen, stickstoffhaltigen Boden; häufig.
A: V; ♃; (🌑)
Die Körbchen öffnen sich nur bei son-

nigem Wetter, und zwar morgens zwischen 7 und 8 Uhr. Zwischen 10 und 14 Uhr schließen sie sich wieder. – Die Pflanze enthält möglicherweise einen giftigen Bitterstoff.

Juli–Oktober   90–150 cm
3 Gemeiner Beifuß
Echter Beifuß
Artemísia vulgáris
Korbblütengewächse
Asteráceae (Compósitae)
Siehe Seite 196

Mai–September   5–30 cm
4 Gemeiner Hornklee
Wiesen-Hornklee
Lótus corniculátus
Schmetterlingsblütengewächse
Fabáceae (Leguminósae)
Siehe Seite 172

Mai–September   10–30 cm
5 Gemeiner Wundklee
Anthýllis vulnerária
Schmetterlingsblütengewächse
Fabáceae (Leguminósae)
SK: Blüten in Köpfchen. Blätter unpaarig gefiedert. Endblättchen länglich-eiförmig, viel größer als die manchmal sogar fehlenden Seitenblättchen.
B: Stengel liegend oder aufsteigend. Unterste Blätter oft ungeteilt. Stengelblätter gefiedert. Teilblättchen länglich.
SV: Trockenrasen und Halbtrockenrasen, Wegraine; liebt lockeren, sandiglehmigen oder steinig-lehmigen Boden; etwas kalkliebend; wärmeliebend; häufig.
A: G; ♃
Der Wundklee wurde früher als Wundheilmittel benutzt. Als Inhaltsstoffe wurden Saponine gefunden. Gelegentlich wird Wundklee auf flachgründigen, trockenen Kalkböden als Futterpflanze angebaut. Er kann jedoch nur einmal im Jahr geschnitten werden.

1

2

5

3

4

Mai−Juli 8−30 cm

1 Schopf-Hufeisenklee
Hippocrépis comósa
Schmetterlingsblütengewächse
Fabáceae (Leguminósae)
Siehe Seite 174

Juni−Juli 10−50 cm

2 Gold-Klee
Trifólium áureum
(*Trifólium strépens*)
Schmetterlingsblütengewächse
Fabáceae (Leguminósae)
SK: 20−50 Blüten in einem 7−10 mm
breiten Köpfchen. Blütenblätter nach
dem Verblühen bleibend, hellbraun.
Blätter dreizählig gefingert. Alle Teil-
blättchen mit gleich langen Stielen.
B: Stengel aufrecht, kahl. Teilblättchen
länglich-lanzettlich.
SV: Halbtrockenrasen, Heiden, Weg-
raine; etwas kalkscheu; zeigt Oberflä-
chenversauerung an; selten.
A: G; ☉; ☉

Mai−Oktober 10−40 cm

3 Hopfen-Luzerne
Hopfen-Klee,
Hopfen-Schneckenklee
Medicágo lupulína
Schmetterlingsblütengewächse
Fabáceae (Leguminósae)
SK: Blüten 2−5 mm lang, in kugelig-
eiförmigen, zehn- bis fünfzigblütigen
Köpfchen. Blütenblätter nach dem
Verblühen abfallend. Blätter dreizählig
gefingert.
B: Stengel aufrecht oder niederlie-
gend. Teilblätter auf der Unterseite
behaart.
SV: Halbtrockenrasen, Wiesen, Weg-
raine, Bahnschotter; meist auf lehmi-
gen, nährstoffreichen und stickstoff-
haltigen Böden; häufig.
A: G; ☉; ☉; ♃
Der Name „Hopfen-Klee" bezieht
sich auf die Form der Blütenstände, die
denen des Hopfens ähneln. Der Name
„Schnecken-Klee" bezieht sich auf
die Fruchtform: Die Hülse der *Medica-
go*-Arten ist gekrümmt bis eingerollt.

Juni−September 5−30 cm

4 Feld-Klee, Gelber Acker-Klee
Trifólium campéstre
(*T. procúmbens*)
Schmetterlingsblütengewächse
Fabáceae (Leguminósae)
Siehe Seite 176

Mai−Oktober 10−20 cm

5 Acker-Stiefmütterchen
Acker-Veilchen
Víola trícolor
Veilchengewächse *Violáceae*
Siehe Seite 172

Mai−Juni 30−100 cm

6 Aufrechte Osterluzei
Gemeine Osterluzei
Aristolóchia clematítis
Osterluzeigewächse
Aristolochiáceae
SK: Keine Verwechslung möglich.
B: Blüten in den Blattachseln, langröh-
rig, am Grunde kugelig. Stengel aufrecht oder leicht gewunden. Blätter
herz-eiförmig, langgestielt.
SV: Unkrautbestände vor allem in
Weinbergen, gelegentlich auch an
Mauern und Wegrändern, in Gebü-
schen und in Auwäldern; wärme- und
etwas kalkliebend; selten.
A: V; ♃; ♠
Die Blüte der Aufrechten Osterluzei ist
eine Fliegenkesselfalle. Die Innen-
seite der tütenartigen Blütenöffnung
ist durch einen Wachsüberzug so glatt,
daß landende Fliegen abrutschen und
auf diese Weise in den Kessel am Blütengrund fallen. Abwärts gerichtete
Haare verhindern ein Hinauskriechen.
Wenn die Insekten Blütenstaub von
einer anderen Osterluzeipflanze mit-
bringen, können sie die Narben am
Grund des Kessels bestäuben. Wenn
die Blüte welkt, öffnen sich die Staubgefäße und pudern die Insekten im
Kessel mit Blütenstaub ein. Jetzt welken auch die Sperrhaare und geben
die Gefangenen frei. − Alte Heilpflanze; Giftstoff ist die Aristolochia-
säure.

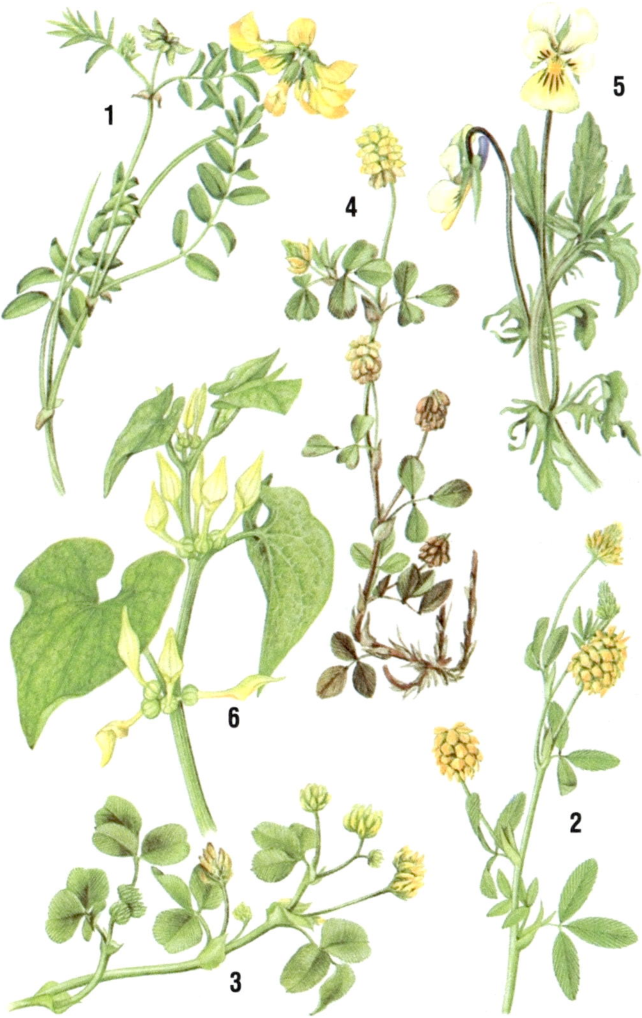

1

4

5

6

3

2

1 Juni—Oktober   30—60 cm
Gemeines Leinkraut
Frauenflachs,
Kleines „Löwenmaul"
Linária vulgáris
Braunwurzgewächse
Scrophulariáceae
SK: Keine Verwechslungsmöglichkeit.
B: Traube. Blüten mit einem langen Sporn. Unterlippe mit orangegelbem Fleck. Stengel meist aufrecht. Blätter lineal-lanzettlich, am Rande zurückgerollt.
SV: Unkrautbestände auf Bahndämmen, an Wegen, Mauern, Zäunen, seltener in Weinbergen, auf Getreideäckern und auf Kahlschlägen; liebt lockeren, steinigen oder sandigen Boden; wärmeliebend; sehr häufig.
A: V; ♃
Die Blüten des Gemeinen Leinkrauts werden durch Hummeln bestäubt. Die Samenproduktion ist verhältnismäßig groß (bis 32 000 je Pflanze). Alte Heilpflanze; enthält Flavone.

2 Juni—September   20—60 cm
Kleines Springkraut
Kleinblütiges Springkraut
Impátiens parviflóra
Balsaminengewächse
Balsamináceae
SK: Blüten aufrecht, klein, langgespornt. Sporn gerade, hellgelb.
B: 4—10 Blüten in traubigen, blattachselständigen Blütenständen. Stengel etwas glasig, an den Gelenken angeschwollen. Blätter eiförmig, gesägt.
SV: Laubwälder, Mischwälder, Gebüsche, Gärten, Schutthalden; liebt lockere, kalkarme oder kalkfreie, etwas feuchte Böden; etwas stickstoffliebend; schattenliebend; zerstreut.
A: G; ⊙; (✿)
Name, Giftstoffgehalt und Schleudermechanismus der Frucht: s. Echtes Springkraut, S. 216.

3 Mai—Juni   15—25 cm
Pfeil-Kleinginster
Flügel-Ginster, Geflügelter Ginster,
Pfeil-Ginster

Chamaespártium sagittále (Genistélla sagittális, Genista sagittális)
Schmetterlingsblütengewächse
Fabáccae (Leguminósae)
SK: Stengel breit geflügelt, spärlich beblättert. Blätter eiförmig-lanzettlich, behaart.
B: Blüten in endständigen, dichten Trauben. Stengel aufsteigend bis aufrecht. Blätter wechselständig, sitzend, länglich, spitz.
SV: Halbtrockenrasen, schüttere Wiesen, Wegränder, lichte, trockene Waldstellen, Heiden; gelegentlich auch an Felsen; etwas kalkscheu; zeigt in Halbtrockenrasen Oberflächenentkalkung an; häufig.
A: G
Die Stengelflügel passen sich an Trockenheit und starke Sonneneinstrahlung an. Sie sind Assimilationsorgane, die wenig Wasser verdunsten. An feuchteren, beschatteten Standorten und unter entsprechenden Bedingungen im Experiment bildet der Pfeil-Ginster kaum geflügelte und reicher beblätterte Stengel.

4 Juni—September   20—50 cm
Sichel-Luzerne
Sichelklee
Medicágo falcáta
Schmetterlingsblütengewächse
Fabáceae (Leguminósae)
Siehe Seite 174

5 Juni—Juli   15—50 cm
Ranken-Platterbse
Láthyrus áphaca
Schmetterlingsblütengewächse
Fabáceae (Leguminósae)
SK: Lange Ranke zwischen 2 großen, herz-eiförmigen, blaugrünen Blättern (Nebenblättern).
B: Blüten meist einzeln. Stengel aufsteigend oder kletternd. Ganze Pflanze blaugraugrün.
SV: Unkrautbestände auf Getreideäckern; liebt lehmige, kalkreiche Böden; selten.
A: G; ⊙
Neuerdings durch die chemische Unkrautbekämpfung selten geworden.

4

5

2

1

3

1 Juni—September   30—120 cm
Echter Steinklee
Melilótus officinális
Schmetterlingsblütengewächse
Fabáceae (Leguminósae)
SK: Blüten in langen, schmalen, aufrechten, blattachselständigen Trauben, Blätter dreizählig gefingert. Getrocknete Pflanze duftet nach Waldmeister.
B: Stengel aufsteigend bis aufrecht. Teilblättchen verkehrt-eiförmig, gezähnt.
SV: Wegraine, Bahnschotter; Stickstoffzeiger; häufig.
A: G; ⊙
Der Waldmeisterduft wird durch Cumarin hervorgerufen, das beim Trocknen frei wird. Heilpflanze.

2 Juni—Juli   10—30 cm
Acker-Wachtelweizen
Melampýrum arvénse
Braunwurzgewächse
Scrophulariáceae Siehe Seite 240

3 Mai—Juli   10—50 cm
Zottiger Klappertopf
Rhinánthus alectorólophus (Alectorólophus hirsútus)
Braunwurzgewächse
Scrophulariáceae Siehe Seite 178

4 Juli—Oktober   3—40 cm
Ästige Sommerwurz
Hanf-Würger
Orobánche ramósa
Sommerwurzgewächse
Orobancháceae
SK: Blüten 1—1,5 cm lang. Stengel ästig. Pflanze braungelb-blaßgelb.
B: Vielblütige, lockere Ähre. Blüten blaßgelb mit blauem oder violettem Saum.
SV: Hackfruchtäcker, schmarotzt gerne auf Tabak, Hanf, Kartoffel und Mais; selten; kommt an ihren Standorten meist gehäuft vor.
A: V; ⊙; (✿)
Bringt über 100 000 Samen hervor, die dank ihres geringen Gewichts vom Wind weit verweht werden. — Enthält Aucubin (s. Sumpf-Läusekraut, S. 290).

5 Mai—Juli   10—50 cm
Kleine Sommerwurz
Klee-Würger
Orobánche mínor (O. barbáta)
Sommerwurzgewächse
Orobancháceae Siehe Seite 178

6 April—Mai   15—30 cm
Zypressen-Wolfsmilch
Euphórbia cyparíssias
Wolfsmilchgewächse
Euphorbiáceae
SK: Trugdolde vielstrahlig. Stengel dicht beblättert. Blätter schmallineal, 1—2 mm breit. Pflanze bläulichgrün. Pflanze führt weißen Milchsaft.
B: Stengel aufrecht oder aufsteigend. Blätter wechselständig, ganzrandig.
SV: Trockenrasen, Halbtrockenrasen, magere Wiesen, Wegraine; auch auf älteren Schuttplätzen; liebt etwas flachgründige Böden; sehr häufig.
A: G; ♃; ✿
Blüte: s. Garten-Wolfsmilch, S. 132.

Der Milchsaft enthält das giftige Euphorbon. Vom Vieh wird die Pflanze nicht gefressen. Merkwürdigerweise ist sie aber die einzige Futterpflanze für die Raupen des Wolfsmilchschwärmers, den man gelegentlich auf der Pflanze findet. Sehr oft wird die Zypressen-Wolfsmilch vom Erbsenrost befallen, für den sie Zwischenwirt ist. Die befallenen Pflanzen bekommen ein anderes Aussehen: Meist sind sie unverzweigt, ihre Blätter bleiben klein und eiförmig, und die Pflanze kommt nicht zum Blühen. Stengel und Blätter sind gelbgrün. Den Befall erkennt man an den rostroten Pusteln auf der Blattunterseite.

6

5

3

4

1

2

155

April–Juni 5–20 cm

1 Berg-Steinkraut
Alýssum montánum
Kreuzblütengewächse
Brassicáceae (Crucíferae)

SK: Blüte goldgelb, 3–8 mm im Durchmesser. Fruchtknoten und Frucht höchstens dreimal so lang wie breit, 5–8 mm lang, linsenförmig. Blätter ganzrandig, graufilzig.
B: Reichblütige, dichte Traube. Stengel im unteren Teil verholzend, reichästig. Blätter verkehrt-eiförmig bis lanzettlich, untere in den Stiel verschmälert, obere sitzend.
SV: Trockenrasen und Rasenbänder in Felsabstürzen; liebt lockere, kalkhaltige und humusreiche Böden; wärmeliebend; sehr selten; kommt an seinen Standorten meist in kleineren Trupps vor.
A: G; ⌄
Osteuropäisch-mittelmeerische Steppenpflanze, die erst in einer nacheiszeitlichen Wärmeperiode ihr jetziges Verbreitungsgebiet in Mitteleuropa eingenommen hat.

April–Juni 8–25 cm

2 Kelch-Steinkraut
Schildkraut
Alýssum alyssoídes (A. calýcinum)
Kreuzblütengewächse
Brassicáceae (Crucíferae)

SK: Blüte hellgelb bis weißgelb, 1–4 mm im Durchmesser. Fruchtknoten und Frucht dreimal so lang wie breit, 2–4 mm lang, behaart. Blätter ganzrandig, graufilzig.
B: Dichte Traube, Stengel aufrecht oder aufsteigend, ästig. Untere Blätter verkehrt-eiförmig, obere lanzettlich.
SV: Trockenrasen, Halbtrockenrasen, Gesteinsschutthalden, Bahnschotter, Mauern, Wegränder, gelegentlich auch Unkrautbestände in Weinbergen und auf Äckern an Südhängen; etwas kalk- und stickstoffliebend; zerstreut.
A: G; ⊙

Das Kelch-Steinkraut wurde vor allem durch Gras- und Kleesamen nach Norddeutschland eingeschleppt, und zwar wohl erst im 19. Jahrhundert.

Mai–November 15–30 cm

3 Glattes Brillenschötchen
Brillenschote
Biscutélla laevigáta
Kreuzblütengewächse
Brassicáceae (Crucíferae)
Siehe Seite 180

Juni–August 50–120 cm

4 Gelbe Wiesenraute
Thalíctrum flávum
Hahnenfußgewächse
Ranunculáceae

SK: Blüten in kopfigen Büscheln in einer Rispe. Fiederchen der Blätter eiförmig bis länglich-lanzettlich.
B: Blüten aufrecht, wohlriechend, mit 4 spitzen Blütenblättern, die bald abfallen. Staubblätter gelb. Stengel aufrecht, kahl, gerillt, meist unverzweigt. Untere Blätter gestielt, obere sitzend, zwei- bis dreifach fiederteilig.
SV: Feuchte Wiesen, Flachmoore; liebt nasse, aber sommertrockene, lehmige Böden; selten.
A: G; ⌄
Name: s. Akeleiblättrige Wiesenraute, S. 340.

April–Juni 50–70 cm

5 Breitblättriges Kreuzlabkraut
Kreuz-Labkraut
Cruciáta laēvipes (Gálium cruciáta, G. cruciátum)
Rötegewächse
Rubiáceae
Siehe Seite 180

Juni–Oktober 15–60 cm

6 Echtes Labkraut
Gálium vérum
Rötegewächse
Rubiáceae
Siehe Seite 132

1

3

6

2

4

5

1 Juni–Oktober 15–30 cm
Aufrechtes Fingerkraut
Blutwurz, Ruhrwurz, Tormentill-
wurzel
*Potentílla erécta (P. tormentílla;
Tormentílla erécta)*
Rosengewächse *Rosáceae*
Siehe Seite 208

2 März–Mai 5–15 cm
Frühlings-Fingerkraut
*Potentílla vérna
(P. tabernaemontáni)*
Rosengewächse *Rosáceae*
Siehe Seite 134

3 Mai–August 30–60 cm
Kriechendes Fingerkraut
Fünf-Fingerkraut
Potentílla réptans
Rosengewächse *Rosáceae*
SK: Blüten einzeln in den Blattach-
seln, 1,5–2,5 cm im Durchmesser. 5
Blütenblätter. Blätter meist fünfzählig
handförmig geteilt, z. T. aber nur drei-
zählig.
B: Stengel kriechend bis aufsteigend.
Teilblättchen verkehrt-eiförmig, unter-
seits behaart.
SV: Feuchte Wiesen, Wegränder,
Schuttplätze, auch auf Äckern und in
Weinbergen; Stickstoffzeiger; liebt
tiefgründige, etwas dichte Böden; sel-
tener auf Sand oder Gesteinsschutt;
häufig.
A: G; ♃
Name: s. Frühlings-Fingerkraut, S. 134.
Der Wurzelstock und die Blätter ent-
halten Gerbstoffe.

4 März–Mai 15–30 cm
Wald-Primel
Wald-Schlüsselblume, Hohe
Schlüsselblume, Hohe Primel
Prímula elátior
Primelgewächse
Primuláceae
Siehe Seite 182

5 März–April 15–30 cm
Wiesen-Primel
Wiesen-Schlüsselblume, Duftende

Schlüsselblume
Prímula véris (Prímula officinális)
Primelgewächse
Primuláceae
SK: Blüte goldgelb, orangegelb ge-
fleckt. Blütenkrone glockig.
B: Einseitswendige Dolde. Blätter ro-
settig, länglich-eiförmig, gekerbt, run-
zelig.
SV: Trockene Laub- und Mischwälder,
seltener lichte Nadelforste, Gebüsche,
Bergwiesen; liebt kalkhaltigen, locke-
ren Boden; wärmeliebend; häufig.
A: V; ♃; ▽
Der wissenschaftliche Gattungsname
Prímula kommt aus dem Lateinischen
(primus = der erste) und bezieht sich
auf die frühe Blütezeit. Der deutsche
Gattungsname Schlüsselblume verweist auf die Ähnlichkeit der Blüten-
dolde mit dem Bart eines Schlüssels.
Die Pflanze enthält vor allem in der
Wurzel Saponine. Alte Heilpflanze. Die
Blätter sind auch reich an Vitamin C,
doch können sie wegen ihres Sapo-
nin-Gehalts nicht zur menschlichen
Ernährung verwendet werden.

6 Juni–September 30–100 cm
Wiesen-Silau
Wiesensilge
Silaum sílaus (Silaus praténsis)
Doldengewächse
Apiáceae (Umbelliferae)
SK: Blüten blaßgelb, in Dolden. Dolden fünf- bis zehnstrahlig. Hülle fehlt
oder besteht nur aus 1–2 Blättchen.
Hüllchen vielblättrig. Blätter drei- bis
vierfach fiederteilig. Blattzipfel lineal,
stachelig gesägt.
B: Dolde zusammengesetzt. Stengel
markig. Oberste Stengelblätter nur
einfach fiederteilig.
SV: Wiesen, Halbtrockenrasen; liebt
feuchten, lehmigen Boden, der aber in
den Sommermonaten austrocknen
darf; zerstreut.
A: G; ♃
Der Wiesen-Silau ist eine Futterpflanze für die Raupen des Schwal-
benschwanzes. Man kann sie im August gelegentlich an ihm finden.

1

2

3

4

5

6

März–Juli 15–50 cm
1 Sumpf-Dotterblume
Cáltha palústris
Hahnenfußgewächse
Ranunculáceae
Siehe Seite 182

April–September 8–40 cm
2 Berg-Hahnenfuß
Ranúnculus montánus
Hahnenfußgewächse
Ranunculáceae
SK: Pflanze klein. Stengel ein-, seltener mehrblütig, nicht hohl. Grundblätter zum Teil wintergrün.
B: Blütenstiele rund, nicht gefurcht. Stengel aufrecht, mit 1–2 sitzenden, in Zipfel geteilte Stengelblättern. Grundblätter handförmig geteilt. Teilblättchen ± tief eingeschnitten oder gekerbt.
SV: Halbtrockenrasen und schattige, spätauftauende Hangrinnen („Schneetälchen"), Bergwiesen und Geröllhalden; liebt kalkreiche und meist steinige Böden; außerhalb der Alpen sehr selten (Süddeutsches Mittelgebirge), in den Alpen zerstreut.
A: G; ♃; ☠
Name: s. Knolliger Hahnenfuß, S. 136. Enthält die Giftstoffe Protoanemonin und Anemonin.

Mai–Juli 30–100 cm
3 Scharfer Hahnenfuß
Ranúnculus ácris (R. ácer)
Hahnenfußgewächse
Ranunculáceae
SK: Blüte goldgelb, Blütenstiel rund, nicht gefurcht. Grundblätter tief drei- bis fünfspaltig. Pflanze kahl oder anliegend behaart.
B: Blüten in lockeren Rispen. Kelchblätter gelblich, anliegend behaart. Untere Blätter langgestielt, handförmig fünf- bis siebenteilig, obere Blätter sitzend. Blattstiele werden nach oben immer kürzer. Teilblättchen gespalten.

SV: Wiesen; liebt etwas feuchte, stickstoffhaltige Lehmböden; sehr häufig; der Scharfe Hahnenfuß bestimmt Mitte Mai mit seinen Blüten das Bild der feuchten Wiesen.
A: G; ♃; ☠
Name: s. Knolliger Hahnenfuß, S. 136. Bei Beweidung bleibt der Scharfe Hahnenfuß stehen und bildet dann auffällige Inseln auf den sonst abgeweideten Wiesen. Wegen des scharf schmeckenden Giftes Protoanemonin wird die frische Pflanze von den Kühen nicht gefressen. Durch das Trocknen verliert der Scharfe Hahnenfuß seine Giftigkeit.

Mai–Juli 15–30 cm
4 Knolliger Hahnenfuß
Ranúnculus bulbósus
Hahnenfußgewächse
Ranunculáceae
Siehe Seite 136

Mai–August 15–50 cm
5 Kriechender Hahnenfuß
Ranúnculus répens
Hahnenfußgewächse
Ranunculáceae
SK: Stengel mit oberirdischen, kriechenden Ausläufern, oft an den Blattansätzen wurzelnd. Grundblätter dreizählig. Abschnitte fiederteilig. Mittelabschnitt stets deutlich gestielt.
B: Blüten einzeln aus den Blattachseln. Blüten etwa 2–3 cm im Durchmesser, goldgelb, glänzend. Blätter drei- bis fünfzählig. Teilblättchen gelappt bis gekerbt.
SV: Ufersäume, Unkrautbestände auf und in Gärten, nasse Äcker, Wegränder, nasse Wiesen, Auwälder; liebt feuchte Lehmböden; Stickstoffzeiger; häufig.
A: G; ♃; (☠)
Name: s. Knolliger Hahnenfuß, S. 136. Enthält etwas Protoanemonin und ist deshalb schwach giftig.

2

4

3

1

5

Juni–Juli 5–30 cm
1 Pfennig-Gilbweiderich
Pfennigkraut,
Rundblättriger Gilbweiderich
Lysimáchia nummulária
Primelgewächse
Primuláceae
Siehe Seite 188

Juli–Oktober 15–30 cm
2 Gelbes Sonnenröschen
Gemeines Sonnenröschen
Heliánthemum nummulárium
(H. vulgáre; H. chamaecístus)
Zistrosengewächse
Cistáceae
SK: Keine Verwechslungsmöglichkeit.
B: Wenigblütige, endständige Traube. Blüten zitronengelb. Staubblätter nicht gebüschelt. Kelchblätter oft rötlich gestreift. Stengel am Grunde holzig, niederliegend oder aufsteigend. Blätter gegenständig, oval, bewimpert.
SV: Trockenrasen, Halbtrockenrasen, seltener an Wegrainen; liebt flachgründige, oft steinige und kalkhaltige Böden; wärmeliebend, häufig.
A: G; ♃
Die Staubblätter spreizen bei Sonnenschein nach außen.

Juni–September 15–40 cm
3 Kanten-Hartheu
Geflecktes Johanniskraut
Hyperícum maculátum
Hartheugewächse
Hypericáceae
SK: Pflanze kahl. Stengel aufrecht, rundlich, mit 4 erhabenen Leisten.
B: Trugdoldige Traube. Staubblätter gebüschelt. Stengel aufrecht oder aufsteigend. Blätter gegenständig, sitzend, breit-eiförmig, kaum punktiert.
SV: Feuchte bis nasse Wiesen, Bergwiesen; liebt etwas saure, wenigstens zeitweise feuchte bis nasse Böden; zerstreut.
A: G; ♃
Gattungsname: s. Tüpfel-Hartheu, unten.

Juni–Oktober 30–60 cm
4 Tüpfel-Hartheu
Johanniskraut
Hyperícum perforátum
Hartheugewächse *Hypericáceae*
SK: Pflanze kahl. Stengel aufrecht, rundlich, mit zwei erhabenen Leisten.
B: Doldenrispe. Staubblätter gebüschelt. Blätter gegenständig, ovallänglich, durchsichtig punktiert (auf Öldrüsen).
SV: Laubwälder, Mischwälder, Nadelforste, vor allem an lichten Stellen, auf Kahlschlägen und an Waldrändern, magere Wiesen, Heiden, Halbtrockenrasen; auf verschiedenartigen Böden; sehr häufig.
A: G; ♃
Der Name Hartheu kommt angeblich von den harten Stengeln, die wenig brauchbares Heu ergeben. Der Name Johanniskraut verweist auf die Blütezeit der Pflanze (24. Juni = Johannistag).
Die Pflanze spielte im Volksaberglauben eine große Rolle, weil ihre zerquetschten Blüten sich rot verfärben (Symbol des Blutes). In der Blüte ist kristallisiert der rote Farbstoff Hypericin enthalten. Er ist verantwortlich für die „Lichtkrankheit", die bei Tieren auftritt, welche Johanniskrautblüten gefressen haben. Nur wenn sie im Licht bleiben, kommt es zu schweren, ja sogar tödlichen Vergiftungserscheinungen. Blätter der Pflanze enthalten ätherisches Öl. Alte Heilpflanze.

Juni–August 30–130 cm
5 Kleiner Odermennig
Gemeiner Odermennig
Agrimónia eupatória
Rosengewächse *Rosáceae*
Siehe Seite 140

Juli–September 30–100 cm
6 Gemeiner Pastinak
Pastináca satíva
Doldengewächse
Apiáceae (Umbelliferae)
Siehe Seite 140

1

2

3

4

5

6

Juni—August   5—15 cm

1 Milde Fetthenne
Sédum sexanguláre (S. boloniénse, S. míte)
Dickblattgewächse
Crassuláceae

SK: Pflanze schmeckt nicht scharf (kauen!). Blütenblätter 3—5 mm lang. Blätter walzlich, am Grunde mit einem Sporn.
B: Wenigblütige Trugdolde, Stengel kriechend, aufsteigend oder aufrecht.
SV: Trockenrasen, Halbtrockenrasen, Felsspalten, seltener an Mauern oder auf Bahndämmen; wärmeliebend; kalkliebend; selten.
A: G; ♃
Name: s. Scharfe Fetthenne, S. 204

Juni—September   20—50 cm

2 Große Fetthenne
Sédum teléphium
(Sedum máximum)
Dickblattgewächse
Crassuláceae
Siehe Seite 188

Juni—August   5—15 cm

3 Scharfe Fetthenne
Mauerpfeffer
Sédum ácre
Dickblattgewächse
Crassuláceae
Siehe Seite 204

Juni—August   40—140 cm

4 Gelber Enzian
Gentiána lútea
Enziangewächse
Gentianáceae

SK: Keine Verwechslungsmöglichkeit.
B: Drei- bis zehnblütige Trugdolden in den Achseln schalenförmiger Tragblätter. Blüten tief fünf- bis sechsteilig. Stengel aufrecht. Blätter gegenständig, elliptisch, bis 30 cm lang und bis 15 cm breit. Im nichtblühenden Zustand könnte der Gelbe Enzian mit dem Germer verwechselt werden. Dieser hat jedoch stets wechselständige Blätter.

SV: Halbtrockenrasen, Bergwiesen, alpine Matten, lichte Bergwälder; liebt kalkhaltige, wenigstens zeitweise feuchte, lockere Boden; selten, kommt an seinen Standorten meist in kleineren Rudeln vor.
A: V; ♃; ▽
Die Samen des Gelben Enzians wiegen nur etwa 0,001 g und werden durch den Wind verbreitet. Jede Pflanze erzeugt etwa 10 000 Samen. Der Gelbe Enzian wird etwa 10 Jahre alt, ehe er zum erstenmal blüht. Die Pflanze enthält in allen Organen, besonders aber in der Wurzel, Bitterstoffe und Gerbstoffe. Die Wurzel wird vielfach zu Schnaps angesetzt („Enzian"). Alte Heilpflanze. Im Mittelalter häufig gepflanzt, desgleichen noch heute in manchen Gegenden zur Schnapsherstellung.

Juni—September   50—130 cm

5 Mehlige Königskerze
Lichtnelken-Königskerze
Verbáscum lychnitis
Braunwurzgewächse
Scrophulariáceae
Siehe Seite 60

Mai—September   30—100 cm

6 Gemeiner Beinwell
Schwarzwurz
Sýmphytum officinále
Borretschgewächse
Boragináceae
Siehe Seite 190

März—Mai   6—20 cm

7 Wiesen-Goldstern
Wiesen-Gelbstern
Gágea praténsis
Liliengewächse *Liliáceae*
Siehe Seite 142

März—Mai   5—15 cm

8 Frühlings-Scharbockskraut
Feigwurz
Ranúnculus ficária (Ficária vérna)
Hahnenfußgewächse
Ranunculáceae
Siehe Seite 192

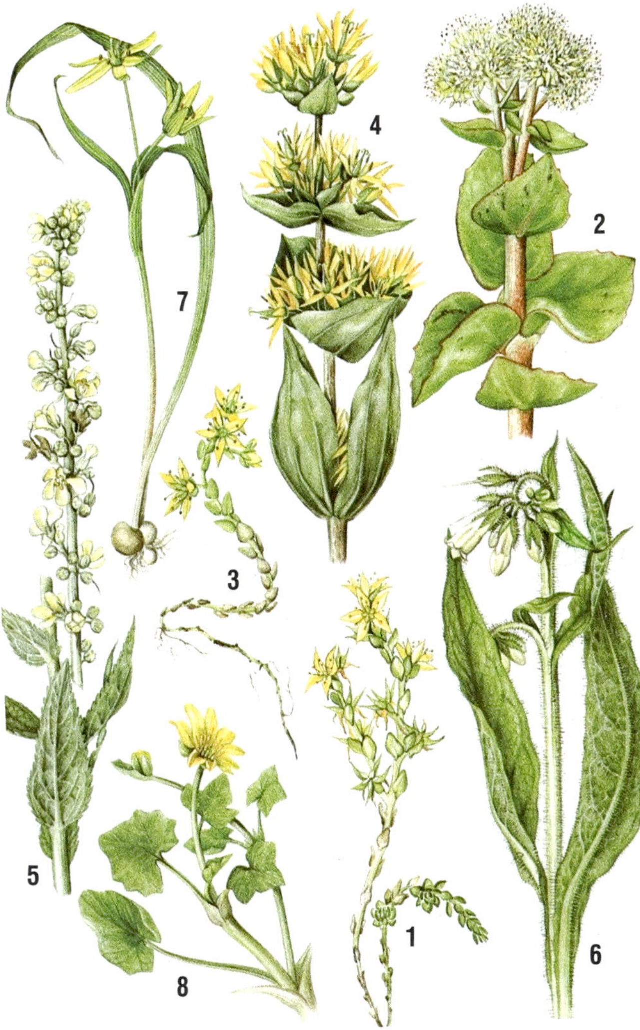

7

4

2

5

3

1

8

6

April–Mai   15–25 cm

1 Frühlings-Adonisröschen
Frühlings-Teufelsauge
Adónis vernális
Hahnenfußgewächse
Ranunculáceae

SK: Keine Verwechslung möglich.
B: Blüten einzeln, endständig, 4–8 cm im Durchmesser, mit 10–25 Blütenblättern. Stengel oben beblättert. Blätter fiederschnittig, vielzipfelig.
SV: Trockenrasen, Halbtrockenrasen und lichte Kiefernwälder; liebt sehr lockere, sandige Kalkböden; sehr selten.
A: G; ♃; ☻; ▽
Name: s. Sommer-Teufelsauge, S. 234. Die Pflanze enthält giftige, herzwirksame Glykoside (Cardenolide).

Mai–Juni   30–50 cm

2 Europäische Trollblume
Goldknöpfchen, Kugelranunkel
Tróllius europaēus
Hahnenfußgewächse
Ranunculáceae

SK: Blüte eine geschlossene, gelbe Kugel.
B: Blüte bis 3 cm im Durchmesser, 6–15 Blütenblätter. Stengel aufrecht, am Grunde verzweigt. Blätter handförmig, drei- bis fünfteilig.
SV: Feuchte Wiesen und Bergwiesen; liebt humusreichen Boden; selten, kommt an ihren Standorten meist in größeren Beständen vor.
A: G; ♃; (☻); ▽
Die Trollblume enthält Protoanemonin und ist deshalb schwach giftig.

April–Juni   10–60 cm

3 Gemeine Kuhblume
Gemeiner Löwenzahn,
Butterblume
Taráxacum officinále
Korbblütengewächse
Cichoriáceae (Compósitae)
Siehe Seite 142

Mai–Oktober   8–30 cm

4 Kleines Habichtskraut
Langhaariges Habichtskraut
Hieráčium pilosólla

Korbblütengewächse
Cichoriáceae (Compósitae)
Siehe Seite 204

Mai–Juli   30–60 cm

5 Wiesen-Bocksbart
Tragopógon praténsis
Korbblütengewächse
Cichoriáceae (Compósitae)

SK: Körbchen 4–6 cm im Durchmesser. Nur Zungenblüten. Fruchtknoten mit Haarkrone. Nur eine Reihe 3–7 cm langer Hüllblätter. Stengel beblättert.
B: Stengel oben angeschwollen. Blätter ungestielt, schmal-lineal, stengelumfassend.
SV: Wiesen; liebt nährstoffreiche Lehmböden; sehr häufig.
A: V; ☉–♃; (☻)
Der Name Bocksbart (griechisch tragos = Bock, pogon = Bart) bezieht sich auf die aus den Hüllblättern als Bart herausragenden Haare der Fruchtknoten an eben verblühten Körbchen. Die Körbchen öffnen sich gegen 8 Uhr und schließen sich gegen 11 bzw. 14 Uhr (Rassenunterschiede).

Juni–August   30–60 cm

6 Berg-Wohlverleih
Arnika
Árnica montána
Korbblütengewächse
Asteráceae (Compósitae)

SK: Blüten in einem Körbchen. Außen Zungenblüten, innen Röhrenblüten. Fruchtknoten mit einer Haarkrone. Die meisten Blätter rosettig.
B: Zungenblüten dotter- bis orangegelb. Stengel meist unverzweigt, flaumig behaart. Grundblätter rosettig, verkehrt-eiförmig, fast ganzrandig, derb, behaart, 1–2 Paare gegenständiger Stengelblätter. Pflanze duftet aromatisch.
SV: Weiden, magere Wiesen; liebt sand- und humushaltige, saure Lehmböden; auch auf torfigen Böden; selten; tritt an ihren Standorten meist in Rudeln auf.
A: V; ♃
Heilpflanze. Enthält ätherische Öle und Bitterstoffe.

4

2

3

5

6

1

Juni—August 30—60 cm

1 Weiden-Alant
Weidenblättriger Alant
Inula salícina
Korbblütengewächse
Asteráceae (Compósitae)
Siehe Seite 214

Mai—September 60—120 cm

2 Wiesen-Pippau
Wiesen-Feste, Zweijährige Grund-
feste
Crépis biénnis
Korbblütengewächse
Cichoriáceae (Compósitae)
SK: Blütenkörbchen doldenrispig an-
geordnet. Körbchen 3—4,5 cm im
Durchmesser. Nur Zungenblüten.
Fruchtknoten mit Haarkrone, Haare
weiß, biegsam (Fingerdruck). Untere
Blätter fiederlappig bis fiederteilig,
oberste ungeteilt.
B: Stengel beblättert, unten oft rot.
SV: Wiesen; liebt nährstoffreichen,
lehmigen Boden; sehr häufig.
A: V; ☉
Die Früchte des Wiesen-Pippau werden gelegentlich als Kanarienvogelfut-
ter verwendet. Ehe der Mensch groß-
flächige Wälder schlug und die freige-
wordenen Flächen als Grünland nutz-
te, gab es den Wiesen-Pippau in Mitteleuropa wahrscheinlich noch nicht.
Er dürfte aus den Wiesensteppen des
südlichen Osteuropas zu uns eingewandert sein.

Mai—August 30—120 cm

3 Sumpf-Pippau
Sumpf-Feste
Crépis paludósa
Korbblütengewächse
Cichoriáceae (Compósitae)
SK: Blütenkörbchen doldenrispig an-
geordnet. Nur Zungenblüten. Frucht-
knoten mit Haarkrone. Haare gelblich-
weiß, leicht brechend (Fingerdruck).
Untere Blätter buchtig, stengelumfas-
send; obere lanzettlich, alle kahl.
B: Stengel beblättert, meist bräunlich-
grün. Blätter oft braun gefleckt.
SV: Bergwiesen, alpine Matten, nasse
Wiesen, Flachmoore; liebt nährstoff-

reiche, grundwasserfeuchte, torfige
oder lehmige Böden; zerstreut.
A: V; ♃

Juli—Oktober 5—30 cm

4 Rauher Löwenzahn
Steifhaariger Löwenzahn,
Spieß-Löwenzahn
Leóntodon híspidus
Korbblütengewächse
Cichoriáceae (Compósitae)
SK: Blüten in großen Körbchen. Nur
Zungenblüten. Fruchtknoten mit Haar-
krone. Stengel oben oft mit 1—2
schuppenförmigen Hochblättern, sonst
blattlos, dünn. Blätter breit, undeutlich
gestielt, ganzrandig bis fiederspaltig.
B: Stengel unter dem Körbchen ver-
dickt, rauhhaarig. Pflanze führt Milch-
saft.
SV: Halbtrockenrasen, Wiesen; liebt
nährstoffreichen, feuchten Boden;
häufig.
A: V; ♃
Name: s. Herbst-Löwenzahn, unten.
Das Körbchen öffnet sich morgens
gegen 5 Uhr und schließt sich gegen
15 Uhr. Die verblühten Stengel rollen
sich an der Spitze ein.

Juli—Oktober 15—50 cm

5 Herbst-Löwenzahn
Leóntodon autumnális
Korbblütengewächse
Cichoriáceae (Compósitae)
SK: Blüten in großen Körbchen. Nur
Zungenblüten. Fruchtknoten mit Haar-
krone, die Haare gefiedert (Lupe!).
Stengel ästig. Blätter meist fiederteilig,
selten nur grob gesägt.
B: Stengel blattlos, gefurcht, nicht
hohl. Blätter rosettig. Pflanze führt
Milchsaft.
SV: Wiesen, Wegraine. Liebt stick-
stoffreichen, sandigen Lehmboden;
häufig.
A: V; ♃
Der deutsche Name Löwenzahn und
der wissenschaftliche Name *Leónto-
don* (lateinisch leo = Löwe, dens =
Zahn) beziehen sich auf die „Blattzähne" der fiederteiligen oder grob ge-
sägten Blätter.

1

3

2

4

5

1 Juni—September   5—15 cm
Zwerg-Filzkraut
Kleines Filzkraut
Filágo mínima
Korbblütengewächse
Asteráceae (Compósitae)

SK: 3—7 kleine Körbchen in Knäueln, nur Röhrenblüten. Hüllblätter wollig behaart. Blätter ungeteilt.
B: Körbchen etwa 3 mm lang, zu 3—6 in Knäueln an den Zweigenden. Blätter sehr klein. Stengel aufrecht oder aufsteigend. Blätter meist unter 1 cm lang, ganzrandig, graufilzig (Name!).
SV: Dünen, sandige Rasen, Wegränder; liebt lockere, offene Sandböden; etwas kalkscheu; selten.
A: V; ☉

2 Juli—Oktober   30—150 cm
Habichtskraut-Bitterkraut
Gemeines Bitterkraut
Pícris hieracioídes
Korbblütengewächse
Cichoriáceae (Compósitae)

SK: Blüten in großen Körbchen. Nur Zungenblüten. Fruchtknoten mit Haarkrone. Stengel beblättert, wie die Blätter rauhhaarig.
B: Körbchen trugdoldig angeordnet. Blüten schwefel- bis goldgelb, außen oft rot überlaufen. Stengel oben verzweigt. Blätter buchtig gezähnt.
SV: Halbtrockenrasen, Wiesen, Wegraine; liebt kalkhaltigen, etwas steinigen Lehmboden, zerstreut.
A: V; ☉—♃

3 Juli—Oktober   30—100 cm
Jakobs-Kreuzkraut
Jakobs-Greiskraut
Senécio jacobāēa
Korbblütengewächse
Asteráceae (Compósitae)

SK: Blüten in trugdoldig angeordneten Körbchen. Außen Zungenblüten, innen Röhrenblüten. Fruchtknoten mit einer Haarkrone. Blätter fiederteilig, etwas spinnwebig behaart. Wurzelstock geht steil in die Erde.
B: Stengel aufrecht, kantig, gerillt, meist braunrot überlaufen.

SV: Halbtrockenrasen, Raine, Wegränder, Waldränder; liebt etwas steinigen, wenigstens zeitweise feuchten Boden; häufig.
A: V; ☉—♃; ☠
Der Name Greiskraut und der wissenschaftliche Gattungsname *Senécio* (Lateinisch senex = Greis) beziehen sich auf die bald nach der Blüte erscheinenden weißen Haare der Früchte. Enthält giftige Alkaloide.

4 Juli—Oktober   30—100 cm
Raukenblättriges Kreuzkraut
Raukenblättriges Greiskraut
Senécio erucifólius
Korbblütengewächse
Asteráceae (Compósitae)

SK: Blüten in trugdoldig angeordneten Körbchen. Außen Zungenblüten, innen Röhrenblüten. Fruchtknoten mit einer Haarkrone. Blätter fiederteilig, unterseits spinnwebig behaart. Wurzelstock kriechend.
B: Stengel meist rotbraun überlaufen, kantig.
SV: Halbtrockenrasen, Wegraine, Waldränder, Gebüsche; liebt kalkhaltige, oft etwas steinige, lehmige Böden; stickstoffliebend; häufig.
A: V; ☉—♃

5 Juli—September   50—150 cm
Kohl-Kratzdistel, Kohl-Distel
Cirsium oleráceum
Korbblütengewächse
Asteráceae (Compósitae)

SK: Keine Verwechslungsmöglichkeit.
B: Körbchen endständig, von bleichen, weichstacheligen Hochblättern umgeben. Nur gelblichweiße Röhrenblüten. Blätter nicht herablaufend, kahl, etwas dornig, obere oft ungeteilt, stengelumfassend; untere fiederspaltig mit gezähnten Zipfeln.
SV: Nasse Wiesen, Flachmoore, Gräben, Bachufer, Auwälder; liebt nährstoffreichen grundwasserfeuchten Lehmboden; in Wiesen Nässezeiger; sehr häufig.
A: V; ♃

1

3

2

4

5

Mai−Oktober 10−20 cm

1 Acker-Stiefmütterchen
Acker-Veilchen
Viola tricolor
Veilchengewächse
Violáceae

SK: Blätter länger als breit.
B: Blüten einzeln, langgestielt, weißlichgelb, hellviolett oder dreifarbig. Stengel meist ästig, aufrecht oder aufsteigend. Untere Blätter herz-eiförmig, gekerbt. Nebenblätter fiederspaltig.
SV: Unkrautbestände auf Äckern, in Gärten und seltener in Weinbergen; auch gelegentlich auf Bergwiesen; etwas säureliebend; zerstreut.
A: G; ☉
Der Name „Stiefmütterchen" bezieht sich auf die ungleich gestalteten und gefärbten Blütenblätter: das unterste Blütenblatt ist die „Stiefmutter"; die beiden anschließenden, meist ähnlich gefärbten Blütenblätter symbolisieren die „Töchter", die obersten, meist anders gefärbten Blütenblätter die „Stieftöchter" (Volksdeutung). − Enthält in der Wurzel Saponine. Heilpflanze.

Mai−August 8−12 cm

2 Zweiblütiges Veilchen
Gelbes Veilchen
Viola biflóra
Veilchengewächse
Violáceae
Siehe Seite 198

Mai−Juli 15−40 cm

3 Gelbe Spargelerbse
Spargelbohne, Schoten-Hornklee
Tetragonólobus maritimus
(Lótus siliquósus)
Schmetterlingsblütengewächse
Fabáceae (Leguminósae)

SK: Blüten einzeln, 2−3 cm lang, hellgelb. Blätter bläulichgrün.
B: Stengel niederliegend bis aufsteigend, bläulichgrün. Untere Blätter meist fünfzählig, fleischig, gestielt, obere kurz gestielt bis sitzend.
SV: Halbtrockenrasen, nasse Wiesen; Bergwiesen, an denen Hangdruck-

wasser austritt, Flachmoore; liebt grundwasserdurchzogene Böden, die aber im Sommer austrocknen können; selten.
A: G; ♃
Der Name bezieht sich auf die gekrümmten, großen Früchte (Hülsen).

Mai−September 5−30 cm

4 Gemeiner Hornklee
Wiesen-Hornklee
Lótus corniculátus
Schmetterlingsblütengewächse
Fabáceae (Leguminósae)

SK: 3−6 Blüten in doldigen Köpfchen. Blüte 8−15 mm lang. Fahne oft rot angelaufen. Stengel engröhrig. Blätter fünfteilig (zwei Teilblättchen sind Nebenblätter, die den Teilblättchen des dreizähligen gefingerten Blattes gleichen).
B: Stengel aufsteigend bis aufrecht. Teilblättchen länglich-eiförmig.
SV: Halbtrockenrasen, Wiesen, Wegraine; kalkliebend; bevorzugt lockere Lehmböden, häufig.
A: G; ♃
Der Name bezieht sich auf die gekrümmten Früchte (Hülsen).
Besonders auf trockenen Standorten treibt der Hornklee außerordentlich lange und tiefreichende Wurzeln, die bis 1 m lang werden können.

Juni−Juli 10−60 cm

5 Sumpf-Hornklee
Lótus uliginósus (L. pedunculátus)
Schmetterlingsblütengewächse
Fabáceae (Leguminósae)

SK: 8−12 Blüten in doldigen Köpfchen. Blüten 8−15 mm lang. Stengel weitröhrig.
B: Stengel aufsteigend bis aufrecht, Teilblättchen eiförmig-länglich.
SV: Nasse Wiesen, Flachmoore; bevorzugt nassen Boden, erträgt aber Sommertrockenheit; selten.
A: G; ♃
Der Name bezieht sich auf die gekrümmten Früchte (Hülsen).
In feuchten Wiesen wertvolle Futterpflanze; früher gelegentlich angebaut.

2

4

5

3

1

Mai–Juli 8–30 cm
1 Schopf-Hufeisenklee
Hippocrépis comósa
Schmetterlingsblütengewächse
Fabáceae (Leguminósae)
SK: 4–8 Blüten in einer Dolde. Blätter gefiedert mit 9–15 Teilblättchen.
B: Stengel niederliegend bis aufsteigend. Blätter langgestielt.
SV: Trockenrasen, Halbtrockenrasen, Steinbrüche, seltener auf Kalkschotter der Bahndämme und an Wegrainen; liebt lockeren, kalkhaltigen Boden; Kalkzeiger; zerstreut.
A: G; ♃
Der Name „Hufeisenklee" bezieht sich auf die Form der Früchte (Hülsen).

Mai–September 10–30 cm
2 Gemeiner Wundklee
Anthýllis vulnerária
Schmetterlingsblütengewächse
Fabáceae (Leguminósae)
Siehe Seite 148

Juni–August 30–100 cm
3 Wiesen-Platterbse
Láthyrus praténsis
Schmetterlingsblütengewächse
Fabáceae (Leguminósae)
SK: Staubblätter zu einer Röhre verwachsen, Röhre mit geradem Rand. Stengel nicht geflügelt, Blätter gefiedert, mit meist nur zwei Teilblättchen und einer Ranke.
B: Langgestielte, blattachselständige Traube. Nebenblätter (am Grunde des Blattstiels) pfeilförmig.
SV: Feuchte Wiesen; liebt lehmige, humusreiche Böden; stickstoffliebend; zerstreut.
A: G; ♃
Name: s. Berg-Platterbse, S. 316.
Die Wiesen-Platterbse enthält Bitterstoffe und wird deshalb von den Rindern meist verschmäht (obwohl sie wegen ihres hohen Eiweißgehaltes

eine wertvolle Futterpflanze sein könnte).

Juni–September 20–50 cm
4 Sichel-Luzerne
Sichelklee
Medicágo falcáta
Schmetterlingsblütengewächse
Fabáceae (Leguminósae)
SK: Blüten 8–11 mm lang, in eiförmigen Köpfchen. Blütenblätter nach dem Verblühen abfallend. Blätter dreizählig gefingert.
B: Stengel aufsteigend bis aufrecht, meist reichästig. Teilblättchen an der Spitze gezähnt.
SV: Trockenrasen, Halbtrockenrasen, Wegraine; liebt lockeren, kalkhaltigen Boden; zerstreut.
A: G; ♃
Die Sichel-Luzerne ist mit der Luzerne (*Medicágo satíva*) nahe verwandt. Sehr oft bilden sich Bastarde zwischen den beiden Arten, deren Blüten gelblich aufblühen, dann grünlich werden und violett verblühen. Die violett blühende Luzerne („Ewiger Klee") wird als wertvolles, eiweißreiches Futter in großem Maße angebaut.

Juni–Juli 10–50 cm
5 Gold-Klee
Trifólium áureum
(Trifólium strépens)
Schmetterlingsblütengewächse
Fabáceae (Leguminósae)
SK: 20–50 Blüten in einem 7–10 mm breiten Köpfchen. Blütenblätter nach dem Verblühen bleibend; hellbraun. Die drei Teilblättchen mit gleich langen Stielen.
B: Stengel aufrecht, kahl. Teilblättchen länglich-lanzettlich.
SV: Halbtrockenrasen, Heiden, Wegraine; etwas kalkscheu; zeigt Oberflächenversauerung an; selten.
A: G; ☉; ☉

3

4

2

5

1

Juni—September 5—30 cm

1 Feld-Klee
Gelber Acker-Klee
Trifólium campéstre
Schmetterlingsblütengewächse
Fabáceae (Leguminósae)
SK: 20—50 Blüten in einem 7—10 mm
breiten Köpfchen. Blütenblätter nach
dem Verblühen bleibend; hellbraun.
Blätter dreizählig gefingert. Mittleres
Teilblättchen deutlich länger gestielt
als die seitlichen.
B: Stengel niederliegend bis aufstei-
gend, aufrecht behaart. Teilblättchen
verkehrt-eiförmig.
SV: Halbtrockenrasen, trockene Wie-
sen, Bahndämme, Wegraine; liebt lok-
kere, nährstoffarme und kalkhaltige
Böden; zerstreut.
A: G; ⊙
Die vertrocknete, an der Frucht blei-
bende Blüte ermöglicht das Verwehen
durch den Wind.

Mai—Oktober 10—40 cm

2 Hopfen-Luzerne, Hopfen-Klee,
Hopfen-Schneckenklee
Medicágo lupulína
Schmetterlingsblütengewächse
Fabáceae (Leguminósae)
Siehe Seite 150

Mai—Juni 15—25 cm

3 Pfeil-Kleinginster
Flügel-Ginster, Geflügelter Ginster,
Pfeil-Ginster
*Chamaespártium sagittále (Geni-
stélla sagittális, Genísta sagittális)*
Schmetterlingsblütengewächse
Fabáceae (Leguminósae)
SK: Stengel geflügelt, spärlich beblät-
tert. Blätter eiförmig-lanzettlich, be-
haart.
B: Blüten in endständigen, dichten
Trauben. Stengel aufsteigend bis auf-
recht. Blätter wechselständig, sitzend,
länglich, spitz.
SV: Halbtrockenrasen, schüttere Wie-
sen, Wegränder, lichte, trockene
Waldstellen, Heiden; gelegentlich
auch an Felsen; etwas kalkscheu;
zeigt in Halbtrockenrasen Oberflächenentkalkung an; häufig.

A: G
Die Stengelflügel passen sich an Trok-
kenheit und starke Sonneneinstrahlung an. Sie sind Assimilationsorgane,
die wenig Wasser verdunsten. An
feuchteren, beschatteten Standorten
und unter entsprechenden Bedingungen im Experiment bildet der Pfeil-
Ginster kaum geflügelte und reicher
beblätterte Stengel.

Juni—Juli 50—130 cm

4 Großblütiger Fingerhut
Blasser Fingerhut
*Digitális grandiflóra
(Digitális ambígua)*
Braunwurzgewächse
Scrophulariáceae
SK: Blüten 3—4,5 cm lang.
B: Einseitswendige Traube. Blüten
schwefelgelb, bauchig, glockig, innen
braun geadert. Stengel aufrecht, be-
haart, Blätter länglich, bewimpert, ge-
sägt.
SV: Bergwälder, Laubwälder, Misch-
wälder, Lichtungen, Gebüsche, selte-
ner Bergwiesen und alpine Matten;
liebt lockeren, steinigen, sickerfeuch-
ten Boden; selten; kommt an seinen
Standorten meist in kleineren Rudeln
vor.
A: V; ♃; ✿; ▽
Enthält giftige Digitalis-Glykoside.

Mai—Juli 15—40 cm

5 Kleiner Klappertopf
*Rhinánthus minor (Alectorólophus
mínor)*
Braunwurzgewächse
Scrophulariáceae
SK: Blütenröhre gerade.
B: Blüten einzeln in den Blattachseln.
Blütenröhre fast gerade. Zähne der
Oberlippe meist weißlich. Blätter
schmallanzettlich, kahl.
SV: Wiesen, Halbtrockenrasen; liebt
kalkarmen bis kalkfreien, meist etwas
feuchten Boden; häufig.
A: V; ⊙; (✿)
Halbschmarotzer. Name: s. Großer
Klappertopf, S. 178.
Enthält den Giftstoff Aucubin (vgl.
Wald-Läusekraut, S. 290).

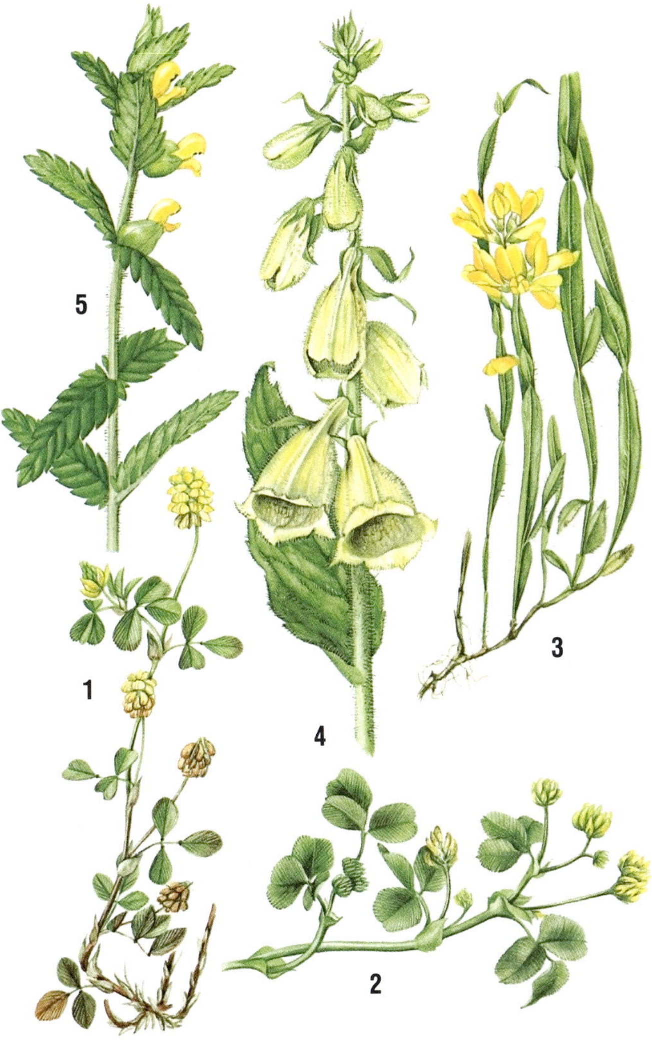

5

1

4

3

2

1 Zottiger Klappertopf
Mai–Juli   10–50 cm
Rhinánthus alectorólophus (Alectorólophus hirsútus)
Braunwurzgewächse
Scrophulariáceae
SK: Kelch behaart.
B: Blüten in den Blattachseln. Blütenröhre aufwärts gebogen. Blätter länglich-lanzettlich.
SV: Halbtrockenrasen, Wiesen, Unkrautbestände auf Getreideäckern, auch an Wegrainen; liebt lockeren, nährstoffreichen, etwas kalkhaltigen, lehmigen Boden; häufig.
A: V; ☉; (✿)
Halbschmarotzer. Name s. Großer Klappertopf, unten.
Enthält den Giftstoff Aucubin (vgl. Wald-Läusekraut, S. 290).

2 Großer Klappertopf
Mai–Juli   30–60 cm
Rhinánthus serótinus
(Rhinánthus gláber; Alectorólophus májor)
Braunwurzgewächse
Scrophulariáceae
SK: Kelch kahl.
B: Blüten einzeln in den Blattachseln. Blütenröhre gekrümmt. Zähne der Oberlippe violett. Stengel vierkantig. Blätter länglich-lanzettlich.
SV: Wiesen; liebt nährstoffreiche, lehmige und etwas feuchte Böden; zerstreut.
A: V; ☉; (✿)
Der Name Klappertopf bezieht sich auf die dürren Kapseln, in denen die Samen im Wind klappern. Halbschmarotzer.
Enthält das Gift Aucubin (vgl. Wald-Läusekraut, S. 290).

3 Wiesen-Wachtelweizen
Juni–September   15–30 cm
Melampýrum praténse
Braunwurzgewächse

Scrophulariáceae
Siehe Seite 202

4 Wald-Wachtelweizen
Juni–August   15–25 cm
Melampýrum sylváticum
Braunwurzgewächse
Scrophulariáceae
SK: Blüten 0,8–1 cm lang.
B: Einseitswendige Ähre. Stengel aufrecht oder aufsteigend. Blätter unterhalb der Blütenstände lanzettlich, ganzrandig, fast sitzend.
SV: Laubwälder, Mischwälder, Nadelwälder, Heiden; liebt lehmigen, oberflächlich sauren Boden; zerstreut.
A: V; ☉; (✿)
Halbschmarotzer. Die Blüten des Wald-Wachtelweizens werden häufig von kurzrüßligen Bienen und Hummeln am Grunde angebissen, weil diese Insekten nur so an den Nektar gelangen können. Name und Giftstoffgehalt: s. Acker-Wachtelweizen, S. 240.

5 Kleine Sommerwurz
Mai–Juli   10–50 cm
Klee-Würger
Orobánche minor (O. barbáta)
Sommerwurzgewächse
Orobancháceae
SK: Blüten 1–1,8 cm lang. Zipfel der Oberlippe gerade vorgestreckt, im durchscheinenden Licht dunkel punktiert. Stengel nicht verzweigt.
B: Ähre. Blüten blaßgelb. Oberlippe rötlich oder violett gestreift. Stengel rötlichgelb. Pflanze ohne grüne Blätter, nur mit gelblichen Schuppen. Mehrere ähnliche, sehr schwer unterscheidbare, seltenere Arten, die auf verschiedenen Pflanzen schmarotzen.
SV: Kleefelder, Halbtrockenrasen, Waldränder, Gebüsche; schmarotzt vor allem auf Klee; selten.
A: V; ☉; (✿)
Enthält Aucubin (s. Wald-Läusekraut, S. 290).

2

5

4

3

1

März–Juni   8–15 cm
1 Wechselblättriges Milzkraut
Chrysosplénium alternifólium
Steinbrechgewächse
Saxifragáceae
Siehe Seite 206

April–Juni   15–70 cm
2 Breitblättriges Kreuzlabkraut
Kreuz-Labkraut
Cruciáta laēvipes (Gálium cruciáta, Gálium cruciátum)
Rötegewächse
Rubiáceae
SK: Blüten in den Blattachseln. Blätter zu 4 quirlständig.
B: Blüten 2–2,5 mm im Durchmesser, Stengel vierkantig. Blätter dreinervig.
SV: Waldränder, Gebüsche, Unkrautbestände an Wegen, auch auf Schuttplätzen, seltener auf waldnahen Wiesen; liebt humushaltige, lockere Böden; häufig.
A: V; ♃
Name: s. Echtes Labkraut, S. 132

April–Oktober   30–100 cm
3 Großes Schöllkraut
Schellkraut
Chelidónium május
Mohngewächse
Papaveráceae
SK: Pflanze enthält orangegelben Milchsaft (Blatt abpflücken).
B: Blüten in Dolden, auch einzeln blattachselständig. Stengel ästig, dünn behaart oder kahl. Blätter fiederspaltig, buchtig gekerbt oder gezähnt, dünn behaart oder kahl, unterseits blaugrün.
SV: Unkrautbestände oder Schuttplätzen, an Mauern und Waldrändern, an Wegen und Dorfrändern (Gärten), auch in feuchten, lichten Wäldern und in Gebüschen; Stickstoffzeiger; häufig.
A: G; ♃; ☠
Das Große Schöllkraut enthält, besonders im Milchsaft, mehrere giftige Alkaloide. Arzneipflanze. Milchsaft gilt als Volksheilmittel gegen Warzen, jedoch scheint die angebliche Wirkung mehr auf Autosuggestion als auf wirksamen Inhaltsstoffen zu beruhen.

Mai–November   15–30 cm
4 Glattes Brillenschötchen
Biscutélla laevigáta
Kreuzblütengewächse
Brassicáceae (Cruciferae)
SK: Verzweigte Traube. Blüten hellgelb. Fruchtknoten und Frucht aus zwei kreisrunden, brillenartigen Fächern. Frucht steht aufrecht ab.
B: Grundblätter länglich, am Grunde kreisförmig, ganzrandig oder buchtig gezähnt. Stengelblätter lineal, sitzend, halbstengelumfassend.
SV: Steinige Trocken- und Halbtrockenrasen, Rasenbänder an Felsabbrüchen, Geröllhalden der Alpen, trockene Kiefernwälder und Latschenbestände; kalkliebend; außerhalb der Alpen sehr selten; in den Kalkalpen zerstreut.
A: G; ♃

Mai–August   20–100 cm
5 Wasser-Sumpfkresse
Wasserkresse
Roríppa amphíbia
Kreuzblütengewächse
Brassicáceae (Cruciferae)
SK: Blütenblätter deutlich länger als der Kelch, goldgelb. Fruchtknoten etwa zwei- bis dreimal so lang wie breit. Stengel hohl.
B: Trugdoldige Traube. Blüten auf 8–10 mm langen, aufrecht abstehenden Stielen. Stengel aufsteigend, dick, meist hohl, gefurcht. Untere Blätter kurz gestielt, buchtig gelappt oder fiederspaltig. Obere Blätter sitzend, lanzettlich, ganzrandig oder unregelmäßig gekerbt.
SV: Röhricht stehender oder fließender Gewässer, Riedgrasbestände, seltener an den nassesten Stellen in Auwäldern; Schlammzeiger; stickstoffliebend; selten.
A: G; ♃

Mai–Juni   30–60 cm
6 Echtes Barbarakraut
Barbaréa vulgáris
Kreuzblütengewächse
Brassicáceae (Cruciferae)
Siehe Seite 206

1

2

3

4

5

6

Juni–Oktober   15–30 cm

1 Aufrechtes Fingerkraut
Blutwurz, Ruhrwurz, Tormentill-
wurzel
*Potentílla erécta (Potentílla tormen-
tílla; ǀ ormentílla erécta)*
Rosengewächse
Rosáceae
Siehe Seite 208

Juni–Oktober   10–30 cm

2 Gewöhnlicher Fichtenspargel
Ohnblatt
Monótropa hypópitys
Fichtenspargelgewächse
Monotropáceae
SK: Ganze Pflanze bleichgelb. Nur mit
Schuppenblättern.
B: Traube zuerst nickend, zur Frucht-
zeit aufrecht. Blüten glockig. Endblüte
mit 5 Zipfeln. Blütenblätter 12–16 mm
lang. Stengel wachsgelb bis braun,
selten rötlich, brüchig-fleischig. Blätter
schuppenförmig, gelblich bis bräunlich. Wurzel reich verzweigt, nestartig
verflochten.
SV: Mischwälder und Nadelforste;
liebt sauren, mullhaltigen und sandigen Boden; selten.
A: V; ♃
Die Wurzeln des Fichtenspargels werden ähnlich wie die der Nestwurz von
Pilzfäden durchzogen. Die Pflanze
enthält Glykoside.
Alte Heilpflanze gegen Tierkrankhei-
ten.

März–Mai   15–30 cm

3 Wald-Primel
Wald-Schlüsselblume, Hohe
Schlüsselblume, Hohe Primel
Prímula elátior
Primelgewächse
Primuláceae
SK: Blüten schwefelgelb. Saum der
Blütenkrone tellerartig flach.
B: Dolden langgestielt. Blätter rosettig,
länglich-eiförmig, gekerbt, runzelig.
SV: Laubwälder, Mischwälder, selte-
ner lichte Nadelforste, Auwälder,
Schluchtwälder, Bergwälder, feuchte
Wiesen; liebt lockeren, feuchten und
etwas lehmigen Boden; sehr häufig.

A: V; ♃; ▽
Der wissenschaftliche Gattungsname
Primula kommt aus dem Lateinischen
(primus = der erste) und bezieht sich
auf die frühe Blütezeit. Der deutsche
Gattungsname Schlüsselblume verweist auf die Ähnlichkeit der Blüten-
dolde mit dem Bart eines Schlüssels.
Die Pflanze enthält vor allem im Wurzelstock Saponine. Alte Heilpflanze.

März–April   15–30 cm

4 Wiesen-Primel
Wiesen-Schlüsselblume, Duftende
Schlüsselblume
Prímula véris (P. officinális)
Primelgewächse
Primuláceae
Siehe Seite 158

März–Juni   15–50 cm

5 Sumpf-Dotterblume
Cáltha palústris
Hahnenfußgewächse
Ranunculáceae
SK: Blätter nierenförmig, glänzend.
Blüte fettig glänzend.
B: Blüten bestehen nur aus den 5
großen, dottergelben Kelchblättern.
Durchmesser bis 4 cm. Stengel hohl,
liegend bis aufsteigend. Blätter fein
gekerbt, langgestielt, obere sitzend
und mit deutlichen, krautigen Scheiden. Blattstiele rinnig.
SV: Nasse Wiesen, Gräben, Ufer,
Quellfluren, Riedgrasbestände, Bruch-
und Auwälder, liebt nährstoffreiche,
grundwasserfeuchte Böden; erträgt
auch gelegentlich Überflutung; häufig,
im Tiefland selten.
A: G; ♃; (🐝)
Die Sumpf-Dotterblume hat Samen,
die auf dem Wasser schwimmen und
so verbreitet werden können. Die Blüten sondern reichlich Nektar ab. Die
Pflanze schmeckt wegen ihres Gehalts
an Protoanemonin scharf; sie ist
schwach giftig; von der gelegentlichen
Verwendung der Blätter zu Wildsalat
oder der noch nicht aufgeblühten
Knospen als Kapernersatz ist daher
abzuraten. Mehrere, schwer unterscheidbare Unterarten.

1

4

2

3

5

März–April 15–30 cm

1 Gelbes Windröschen
Anemóne ranunculoídes
Hahnenfußgewächse
Ranunculáceae

SK: Aus einem Hochblattquirl entspringen eine oder zwei Blüten.
B: Meist zwei, seltener nur eine Blüte über dem Hochblattquirl. Stengel sonst blattlos. Am Wurzelstock gelegentlich handförmig geteilte (dreiteilige) Blätter.
SV: Auwälder, Schluchtwälder, feuchte Laubwälder, feuchte Gebüsche; liebt mullreichen, lockeren, grundwasserdurchzogenen, kalkreichen Lehmboden; selten; kommt an seinen Standorten oft in größeren Rudeln vor.
A: G; ♃; ☙
Enthält das Gift Protoanemonin und Saponine.

März–Mai 15–50 cm

2 Goldschopf-Hahnenfuß
Gold-Hahnenfuß
Ranunculus aurícomus
Hahnenfußgewächse
Ranunculáceae

SK: Blütenblätter leicht abfallend. Grundblätter klein, wenig geteilt, in nierenförmigem Umriß, nur zu 2 bis 6.
B: Meist wenigblütig. Blüten goldgelb, 1–2 cm im Durchmesser. Blütenstiele behaart, rund. Stengel aufrecht, verzweigt, wenig behaart. 5–7 sitzende, bis zum Grunde in lineale Zipfel geteilte Stengelblätter.
SV: Laubwälder, Mischwälder, Auwälder; liebt kalkige, nährstoffreiche und grundwasserdurchzogene Lehmböden; zerstreut.
A: G; ♃; (☙)
Name: s. Knolliger Hahnenfuß, S. 136. Enthält wahrscheinlich das Gift Protoanemonin.

Mai–August 15–50 cm

3 Kriechender Hahnenfuß
Ranúnculus répens
Hahnenfußgewächse
Ranunculáceae
Siehe Seite 160

Mai–Juni 30–100 cm

4 Wolliger Hahnenfuß
Ranúnculus lanuginósus
Hahnenfußgewächse
Ranunculáceae

SK: Blüten dottergelb. Stengel und Blätter dicht abstehend behaart.
B: Vielblütig. Blüten 2,5–4 cm im Durchmesser. Blütenstiel rund. Stengel aufrecht, meist reich verzweigt, unten hohl, dicht gelblich behaart. Grundblätter gestielt, fünfspaltig. Stengelblätter wie die Grundblätter, aber kurz gestielt oder sitzend.
SV: Laubwälder und Mischwälder; liebt kalkhaltige Lehmböden, die grundwasserdurchzogen sind; selten.
A: G; ♃; (☙)
Name: s. Knolliger Hahnenfuß, S. 136. Enthält wahrscheinlich das Gift Protoanemonin.

Juni–Oktober 25–50 cm

5 Echte Nelkenwurz
Benediktenkraut
Géum urbánum
Rosengewächse *Rosáceae*

SK: Blüten goldgelb, in lockerer Rispe, Griffel an den Früchten hakig gekrümmt. Blätter unregelmäßig, einfach gefiedert. Endblättchen größer.
B: Stengel stark verästelt. Obere Blätter fast handförmig, sitzend.
SV: Laubwälder, Mischwälder, Waldränder, Waldwege, Schuttplätze, Wege, Gebüsche; liebt Boden, der gut durchfeuchtet oder stickstoffhaltig ist; häufig.
A: G; ♃; (☙)
Name: s. Bach-Nelkenwurz, S. 264. Der Wurzelstock enthält das schwach giftige ätherische Öl Eugenol und Gerbstoffe. Alte Heilpflanze. Früher wurde der getrocknete Wurzelstock auch als Gewürznelkenersatz verwendet.

2

4

3

1

2   5

Juni–August   30–130 cm
1 Kleiner Odermennig
Gemeiner Odermennig
Agrimónia eupatória
Rosengewächse *Rosáceae*
SK: Blüten in langen, reichblütigen Trauben.
B: Stengel aufrecht, rauhhaarig. Blätter unterbrochen-unpaarig gefiedert. Teilblättchen länglich-lanzettlich, gesägt, sitzend, das unpaarige gestielt.
SV: Halbtrockenrasen, Wegraine, Waldränder, sonnige Waldwege; liebt lockere Böden; wärmeliebend; zerstreut.
A: G; ♃
Das Epitheton „*eupatória*" verweist auf die griechische Sage. Nach ihr soll König Mithridates Eupator (132–63 v. Chr.) die Heilkräfte des Odermennigs als erster entdeckt haben. Der Odermennig enthält in allen Organen, besonders aber im Blatt, Gerbstoffe. Alte Heilpflanze.

Juni–August   30–60 cm
2 Berg-Hartheu
Berg-Johanniskraut
Hypericum montánum
Hartheugewächse *Hypericáceae*
SK: Blüten hellgelb, am Rand ohne schwarze Punkte. Pflanze kahl. Stengel aufrecht, rundlich.
B: Trugdolde, Staubblätter gebüschelt. Blätter gegenständig, sitzend, mit herzförmigem Grunde; am Rande schwarz punktiert, nur die oberen durchscheinend.
SV: Trockene Gebüsche, Trockenwälder, Laubwälder, Mischwälder, Nadelforste; liebt lehmigen, etwas kalkhaltigen Boden; zerstreut.
A: G; ♃
Gattungsname: s. Tüpfel-Hartheu, S. 162

Juni–August   30–120 cm
3 Rauhes Hartheu
Behaartes Johanniskraut

Hypericum hirsútum
Hartheugewächse
Hypericáceae
SK: Pflanze behaart.
B: Lockere, pyramidenförmige Rispe. Staubblätter gebüschelt. Stengel aufsteigend bis aufrecht, rund. Blätter gegenständig, kurz gestielt, durchscheinend punktiert.
SV: Lichte, etwas feuchte Wälder, Kahlschläge, Waldränder; liebt lehmigen, etwas kalkhaltigen, wenigstens zeitweise feuchten Boden; häufig.
A: G; ♃
Gattungsname: s. Tüpfel-Hartheu, S. 162

Juli–September   15–30 cm
4 Schönes Hartheu
Schönes Johanniskraut
Hypericum púlchrum
Hartheugewächse
Hypericáceae
SK: Blüten goldgelb, Blütenblätter am Rand mit schwarz-roten Punkten. Pflanze kahl. Stengel aufrecht, rundlich.
B: Lockere Rispe, Staubblätter gebüschelt. Stengel aufrecht oder aufsteigend. Blätter gegenständig, sitzend, am Grunde herzförmig, durchscheinend punktiert.
SV: Laubwälder, Mischwälder, Nadelforste, meist auf Lichtungen oder an Waldrändern; liebt sauren Sand- oder Lehmboden; kalkscheu; zeigt Entkalkung der Bodenoberfläche an; zerstreut.
A: G; ♃
Gattungsname: s. Tüpfel-Hartheu, S. 162

Juni–Oktober   30–60 cm
5 Tüpfel-Hartheu
Johanniskraut
Hypericum perforátum
Hartheugewächse
Hypericáceae
Siehe Seite 162

1

2

3

4

5

1 Pfennig-Gilbweiderich

Pfennigkraut, Rundblättriger Gilb-
weiderich
Lysimáchia nummulária
Primelgewächse
Primuláceae

SK: Blütenblätter 1—1,5 cm lang.
Stengel liegend oder aufsteigend.
Blätter rund oder elliptisch.
B: Blüten einzeln oder zu zweien blatt-
achselständig. Blütenblätter zitronen-
gelb, innen oft rötlich gepunktet. Blät-
ter gegenständig.
SV: Wiesen, auch Wälder, Gräben,
Ufer, feuchte Äcker, Wegränder; liebt
dichte, feuchte Lehmböden; stickstoff-
liebend; sehr häufig.
A: V; ♃
Der Name Pfennigkraut bezieht sich
auf die Blattform. Die Pflanze enthält in
den Blättern Saponine und Gerbstoffe.
Alte Heilpflanze.

2 Große Fetthenne

Sédum teléphium
(Sédum máximum)
Dickblattgewächse
Crassuláceae

SK: Stengel aufrecht. Blätter eiförmig-länglich, fleischig.
B: Blütenrispe. Blüten grünlichgelb
oder rosa- bis dunkelrot (Unterart *purpúreum*). Blätter stumpf, ungleich gesägt, wechsel-, gegen- oder quirlständig, sitzend.
SV: Felsspalten, Geröllhalden, magere Rasen, lichte Gebirgswälder;
liebt steinigen, aber nährstoffreichen
Boden; selten.
A: G; ♃
Der Name bezieht sich auf die fleischi-
gen Blätter. Alte, schon von den Rö-
mern benützte Heilpflanze. Wirkstoffe
nicht bekannt.

3 Niederliegendes Hartheu

Niederliegendes Johanniskraut
Hypéricum humifúsum
Hartheugewächse
Hypericáceae

SK: Stengel niederliegend.
B: Rispe. Staubblätter gebüschelt.
Stengel rundlich bis zweikantig. Blätter
gegenständig, eiförmig-länglich, die
oberen durchscheinend punktiert.
SV: Unkrautbestände auf nassen
Hackfruchtäckern, auf unbebautem
Boden, an Wegen, in nassen, lichten
Wäldern; kalkscheu, zerstreut.
A: G; ☉—♃
Gattungsname und Farbstoffgehalt der
Blüte: s. Tüpfel-Hartheu, S. 162

4 Gemeiner Gilbweiderich

Gemeiner Felberich
Lysimáchia vulgáris
Primelgewächse
Primuláceae

SK: Blüten in endständiger, unten beblätterter Rispe. Blüten 1—1,5 cm lang.
B: Rispe wenig- bis reichblütig. Stengel aufrecht, schwach kantig. Blätter
gegenständig oder zu 3—4 quirlständig, groß, eiförmig-länglich.
SV: Gräben, Ufer, Flachmoore, seltener Bruchwälder; liebt nasse, torfige
Böden; zerstreut.
A: V; ♃

5 Sichel-Hasenohr

Bupléurum falcátum
Doldengewächse
Apiáceae (Umbelliferae)

SK: Blüten in Dolden. Blätter ganzrandig, obere sichelförmig gebogen,
schmal-lanzettlich, nicht stengelumfassend.
B: Dolden zusammengesetzt. Stengel
aufrecht oder aufsteigend.
SV: Trockenwälder, trockene Gebüsche, Waldränder, seltener an Wegrainen und in waldnahen Halbtrockenrasen; liebt kalkhaltigen Boden; zerstreut.
A: G; ♃
Eine seltene Art der Gattung hat ha-
senohrähnliche Blätter (Name).

1

5

2

4

3

Juni—August   40—140 cm
1 Gelber Enzian
Gentiána lútea
Enziangewächse
Gentianáceae
SK: Keine Verwechslungsmöglichkeit.
B: Drei- bis zehnblütige Trugdolden in den Achseln schalenförmiger Tragblätter. Blüten tief fünf- bis sechsteilig. Stengel aufrecht. Blätter gegenständig (vgl. Germer, S. 66), elliptisch, bis 30 cm lang und bis 15 cm breit.
SV: Halbtrockenrasen, Bergwiesen, alpine Matten, lichte Bergwälder; liebt kalkhaltige, wenigstens zeitweise feuchte, lockere Böden; selten, kommt an seinen Standorten meist in kleineren Rudeln vor.
A: V; ♃; ▽
Die Samen des Gelben Enzians wiegen nur etwa 0,001 g und werden durch den Wind verbreitet. Jede Pflanze erzeugt etwa 10 000 Samen. Der Gelbe Enzian wird etwa 10 Jahre alt, ehe er zum erstenmal blüht. Die Pflanze enthält in allen Organen, besonders aber in der Wurzel, Bitterstoffe und Gerbstoffe. Die Wurzel wird vielfach zu Schnaps angesetzt („Enzian"). Alte Heilpflanze. Im Mittelalter vielfach gepflanzt, desgleichen noch heute in manchen Gegenden zur Schnapsherstellung.

Juli—September   80—200 cm
2 Großblütige Königskerze
Großblütiges Wollkraut
Verbáscum densiflórum (V. thapsifórme)
Braunwurzgewächse
Scrophulariáceae
SK: Blüten etwa 3,5—4 cm im Durchmesser.
B: Dichte, drüsig behaarte Traube. Blüten wohlriechend. Blätter kleingekerbt, beiderseits gelbfilzig, herablaufend.
SV: Unkrautbestände an Wegrainen, auf Bahndämmen, auf Schuttplätzen, an Waldrändern und auf Kahlschlägen; liebt lockeren, flachgründigen, oft etwas steinigen, stickstoffhaltigen Bo-

den; wärmeliebend; zerstreut; fällt an ihren Standorten meist schon von weitem auf.
A: V; ⊙
Heilpflanze; enthält Schleimstoffe und in den Samen, in der Blüte und in den Blättern Saponine.

Juli—September   30—150 cm
3 Kleinblütige Königskerze
Kleinblütiges Wollkraut
Verbáscum thápsus
Braunwurzgewächse
Scrophulariáceae
Siehe Seite 138

Juni—September   50—130 cm
4 Mehlige Königskerze
Lichtnelken-Königskerze
Verbáscum lychnitis
Braunwurzgewächse
Scrophulariáceae
Siehe Seite 60

Mai—September   30—100 cm
5 Gemeiner Beinwell
Schwarzwurz
Sýmphytum officinále
Borretschgewächse
Boragináceae
SK: Blätter deutlich am Stengel herablaufend. Pflanze rauhhaarig.
B: Blütenstand nickend, trugdoldig. Blüte schmutzig purpurn, rosaviolett oder gelbweiß. Stengel unten reichästig. Stengelblätter rinnig.
SV: Ufer, Gräben, Auwälder, Waldränder und feuchte Stellen auf Waldlichtungen, nasse Wiesen, auch auf feuchten Schuttplätzen und an Wegen; liebt nasse, stickstoffhaltigen Boden; zerstreut.
A: V; ♃; (✿)
Die Pflanze wurde im Mittelalter als Heilmittel bei Knochenbrüchen verwendet. Deshalb der Name Beinwell. Schwarzwurz heißt die Pflanze nach ihrer schwarzen Wurzel. Sie darf jedoch nicht mit der bekannten Gemüsepflanze Schwarzwurzel verwechselt werden. Die Pflanze enthält Alkaloide und Gerbstoffe. Sie wird vom Vieh nicht gefressen.

1

5

2

3

4

April—Mai   15—25 cm
1 Frühlings-Adonisröschen
Frühlings-Teufelsauge
Adónis vernális
Hahnenfußgewächse
Ranunculáceae
Siehe Seite 166

März—Mai   5—15 cm
2 Frühlings-Scharbockskraut
Feigwurz
Ranúnculus ficária (Ficária vérna)
Hahnenfußgewächse
Ranunculáceae
SK: 8—12 Blütenblätter. Blätter rundlich-herzförmig, ungeteilt. Stengel niederliegend oder aufsteigend.
B: Blüten einzeln, langgestielt. Stengel hohl. Blätter herz-nierenförmig, gekerbt, die oberen handförmig eckig, glänzend. In den Blattachseln oft Brutknöllchen.
SV: Feuchte Laubwälder und Gebüsche, auch Wälder, Wiesen; liebt tiefgründigen, stickstoffhaltigen, grundwasserdurchzogenen Boden; häufig.
A: G; ♃; (✿)
Der Name Scharbockskraut verweist auf die früher übliche Verwendung der Pflanze als Heilmittel gegen Skorbut, eine Vitamin-C-Mangelkrankheit. Die Blätter des Scharbockskrauts gehören nicht nur zum ersten Grün, sie enthalten auch relativ reichlich Vitamin C. Indessen ist ihr Genuß nur unbedenklich, wenn sie vor der Blüte der Pflanze gesammelt werden. Während und nach der Blüte sammelt sich in den Blättern Protoanemonin an, das brennend scharf schmeckt und für den Menschen giftig ist. Die Brutknöllchen und das Rhizom wurden früher als Mittel gegen (Feig-)Warzen verwendet. Durch den Saft, der auf der Haut Brennen hervorrufen kann, wurde wohl ein Reiz gesetzt, der das Vertreiben der Warzen durch Autosuggestion ermöglichte.

März—Mai   15—30 cm
3 Wald-Goldstern
Gemeiner Goldstern, Gelbstern
Gágea lútea (Gágea silvática)

Liliengewächse
Liliáceae
SK: Nur 1 grundständiges, 7—8 mm breites, flaches oder schwach gekieltes Blatt.
B: Scheindolde aus 1—10 Blüten, die zwischen schmalen Hochblättern entspringt. Blüten gelb, außen grünlichstreifig. Nur eine Zwiebel.
SV: Auwälder und feuchte Laubmischwälder; liebt lockeren, kalkhaltigen und grundwasserdurchzogenen, humusreichen Lehmboden; zerstreut.
A: M; ♃

April—Juni   10—60 cm
4 Gemeine Kuhblume
Gemeiner Löwenzahn,
Butterblume
Taráxacum officinále
Korbblütengewächse
Cichoriáceae (Compósitae)
Siehe Seite 142

Mai—Oktober   8—30 cm
5 Kleines Habichtskraut
Langhaariges Habichtskraut
Hierácium pilosélla
Korbblütengewächse
Cichoriáceae (Compósitae)
Siehe Seite 204

Juli—August   15—50 cm
6 Gemeines Rindsauge
Ochsenauge, Weidenblättriges Rindsauge
Buphthálmum salicifólium
Korbblütengewächse
Asteráceae (Compósitae)
SK: Blüten in Körbchen, die 3—6 cm im Durchmesser haben. Außen Zungenblüten, innen Röhrenblüten. Fruchtknoten ohne Haarkrone. Blätter wechselständig, ganzrandig oder schwach gezähnt, weichhaarig.
B: Körbchen einzeln, endständig. Zungenblüten dottergelb. Blätter lanzettlich, obere sitzend, untere kurzgestielt.
SV: Trockenwälder, Gebüsche, Waldränder, Halbtrockenrasen; liebt kalkhaltigen, steinigen Boden; selten.
A: V; ♃

Juni—August   50—150 cm
1 Fuchs' Kreuzkraut
Senécio fúchsii
Korbblütengewächse
Asteráccae (Compósitae)
SK: An den einzelnen Körbchen meist nur 5, seltener bis 7 Zungenblüten. Blätter eilanzettlich, spitz gesägt, höchstens kurzstielig.
B: Blüten in doldenähnlich angeordneten Körbchen. Körbchen außen mit Zungen-, innen mit Röhrenblüten. Fruchtknoten und Frucht mit Haarkranz. Stengel aufrecht, im oberen Drittel oft verzweigt. Blätter wechselständig.
SV: Wälder, Gebüsche, Lichtungen, Schläge. Bevorzugt feuchten, nährstoff- und humusreichen Boden. Zerstreut; im nördlichen Mitteleuropa seltener.
A: V; ♃; (✿)
Der Name wurde zu Ehren des Tübinger Botanikers Leonhard Fuchs (1501—1565) gegeben.

Mai—Oktober   30—60 cm
2 Wald-Habichtskraut
Mauer-Habichtskraut
Hierácium sylváticum
(H. murórum)
Korbblütengewächse
Cichoriáceae (Compósitae)
Siehe Seite 144

Juni—Oktober   15—50 cm
3 Klebriges Kreuzkraut
Klebriges Greiskraut
Senécio viscósus
Korbblütengewächse
Asteráceae (Compósitae)
SK: Blüten in rispig angeordneten Körbchen. Außen Zungenblüten, innen Röhrenblüten. Fruchtknoten nur ganz schwach behaart. Stengel durch Drüsenhaare klebrig. Blätter fiederteilig.
B: Zungenblüten meist zurückgerollt. Innere Hüllblätter an der Spitze schwarz. Teilblättchen lanzettlich, buchtig gezähnt.
SV: Unkrautbestände an Wegen, an Böschungen, auf Schuttplätzen und Kahlschlägen; liebt lockeren, stickstoffreichen, lehmigen Boden; zerstreut.
A: V; ☉
Namen: s. Raukenblättriges Kreuzkraut, unten.

Juli—Oktober   30—100 cm
4 Jakobs-Kreuzkraut
Jakobs-Greiskraut
Senécio jacobāēa
Korbblütengewächse
Asteráceae (Compósitae)
SK: Blüten in trugdoldig angeordneten Körbchen. Außen Zungenblüten, innen Röhrenblüten. Fruchtknoten mit einer Haarkrone. Blätter fiederteilig, etwas spinnwebig behaart. Wurzelstock geht steil in die Erde.
B: Stengel aufrecht, kantig gerillt, meist braunrot überlaufen.
SV: Halbtrockenrasen, Raine, Wegränder, Waldränder; liebt etwas steinigen, wenigstens zeitweise feuchten Boden; häufig.
A: V; ☉—♃; ✿
Name: s. Raukenblättriges Kreuzkraut, unten. Enthält giftige Alkaloide.

Juli—Oktober   30—100 cm
5 Raukenblättriges Kreuzkraut
Raukenblättriges Greiskraut
Senécio erucifólius
Korbblütengewächse
Asteráceae (Compósitae)
SK: Blüten in trugdoldig angeordneten Körbchen. Außen Zungenblüten, innen Röhrenblüten. Fruchtknoten mit einer Haarkrone. Blätter fiederteilig, unterseits spinnwebig behaart. Wurzelstock kriechend.
B: Stengel meist rotbraun überlaufen, kantig.
SV: Halbtrockenrasen, Wegraine, Waldränder, Gebüsche; liebt kalkhaltige, oft etwas steinige, lehmige Böden; stickstoffliebend; häufig.
A: V; ☉—♃
Der Name Greiskraut und der Gattungsname Senécio (lateinisch senex = Greis) beziehen sich auf die bald nach der Blüte erscheinenden weißen Haare der Früchte.

1

3

2

4

5

195

August—Oktober   50—250 cm

1 Kanadische Goldrute
Solidágo canadénsis
Korbblütengewächse
Asteráceae
(Compósitae)

SK: Hunderte von kleinen Körbchen in etwas einseitiger, ausladender Rispe.
B: Körbchen um 5 mm lang. Zungenblüten kaum länger als die Röhrenblüten. Stengel aufrecht, im Blütenstand verzweigt. Blätter lanzettlich, gesägt.
SV: Ufer, Waldränder, Lichtungen, Ödland. Oft auf Lehmboden. Meist in kleineren oder größeren, dichten Beständen. Zerstreut. Fehlt über 1000 m.
A: V; ♃
Die Kanadische Goldrute kam ursprünglich als Zierpflanze nach Mitteleuropa. Seit Mitte des letzten Jahrhunderts verwildert; Ausbreitung dauert an.

Juli—September   60—100 cm

2 Echte Goldrute
Gemeine Goldrute
Solidágo virgãúrea
Korbblütengewächse
Asteráceae (Compósitae)

SK: Zahlreiche kleine Körbchen (7—8 mm lang) in einer Traube oder Rispe. Außen 5—12 Zungenblüten, innen Röhrenblüten.
B: Blüten goldgelb, Stengel aufrecht. Äste rutenförmig. Untere Blätter elliptisch, gesägt, mittlere eiförmig-lanzettlich, in den geflügelten Blattstiel herablaufend.
SV: Laubwälder, Mischwälder, Nadelwälder, Bergwälder, vor allem auf Kahlschlägen, Lichtungen und an Waldrändern; liebt lockeren, tiefgründigen, kalkhaltigen Boden; häufig.
A: V; ♃

Juli—September   30—150 cm

3 Zarter Mauerlattich
Mycélis murális
Korbblütengewächse
Cichoriáceae (Compósitae)

SK: Körbchen rispig. Meist nur fünf Zungenblüten in einem kleinen Körbchen. Fruchtknoten mit Haarkrone.
B: Blüten meist blaßgelb. Stengel aufrecht, oberwärts verästelt. Blätter oft rot überlaufen, die unteren gestielt, die oberen sitzend, leierförmig, mit großem Endabschnitt. Pflanze führt Milchsaft.
SV: Laubwälder, Mischwälder, Nadelwälder, Bergwälder; liebt lockere, nährstoffreiche, manchmal etwas steinige Böden; häufig.
A: V; ♃

Juni—September   10—120 cm

4 Gemeiner Rainkohl
Lapsána commúnis
Korbblütengewächse
Cichoriáceae (Compósitae)
Siehe Seite 144

Juli—September   50—150 cm

5 Kohl-Kratzdistel
Kohl-Distel
Círsium oleráceum
Korbblütengewächse
Asteráceae (Compósitae)
Siehe Seite 170

Juli—Oktober   90—150 cm

6 Gemeiner Beifuß
Echter Beifuß
Artemísia vulgáris
Korbblütengewächse
Asteráceae (Compósitae)

SK: Blüten in traubig-ährig angeordneten kleinen Körbchen (2—6 mm lang). Nur Röhrenblüten. Fruchtknoten ohne Haarkrone. Blätter fiederteilig, oberseits grün, unterseits weißfilzig, aromatisch riechend.
B: Körbchen aufrecht, außen filzig. Blüten braungelb. Stengel aufrecht, ästig, oft rötlich überlaufen.
SV: Unkrautbestände an Wegen, Bahndämmen, auf Schuttplätzen, auch an Waldrändern und in Gebüschen, ebenso an Bachufern; auf unterschiedlichen Böden; stickstoffliebend; sehr häufig.
A: V; ♃; (☠)

1

4

3

2

5

6

1 April–Juni   15–30 cm
Blasses Knabenkraut
Bleiches Knabenkraut
Órchis pállens
Orchideengewächse
Orchidáceae
SK: Lippe mit einem walzlichen, nach rückwärts gerichteten Sporn.
B: Walzliche Ähre. Äußere Blütenblätter abstehend. Lippen nur schwach dreilappig. Blätter eiförmig bis länglich, bis 4 cm breit.
SV: Buchenwälder, Laub-Mischwälder, Trockenwälder; liebt lockeren, humosen, etwas feuchten, kalkhaltigen Boden; wärmeliebend; selten.
A: M; ⅔; ▽

2 Mai–Juni   10–60 cm
Bräunliche Nestwurz
Vogelnest-Orchidee
Neóttia nidus-ávis
Orchideengewächse
Orchidáceae
SK: Ganze Pflanze gelbbraun. Lippe ohne Sporn.
B: Vielblütige Ähre. Lippe zweispaltig. Stengel trägt nur Schuppenblätter. Wurzeln vogelnestartig verflochten.
SV: Laubwälder, Laub-Mischwälder, Nadelforste; zerstreut.
A: M; ⅔; ▽
Die Nestwurz verdankt ihren Namen ihren eng nestartig verflochtenen Wurzeln. Sie ist kein eigentlicher Schmarotzer, sondern nutzt die organischen Stoffe im Humus aus. Allerdings braucht sie hierzu die Hilfe von Pilzen.

3 Mai–Juni   15–80 cm
Rotbrauner Frauenschuh
Cypripédium calcéolus
Orchideengewächse
Orchidáceae
Siehe Seite 274

4 Mai–Juli   20–50 cm
Bleiches Waldvögelein
Großblütiges Waldvögelein,
Weißes Waldvögelein
Cephalanthéra damasónium
(C. grandiflóra, C. álba)

Orchideengewächse
Orchidáceae
SK: Blüte aufrecht, ohne Sporn. Blätter eiförmig.
B: Blüten in einer Ähre, 15–20 mm lang; der „Blütenstiel" ist der gedrehte Fruchtknoten. Blüte meist elfenbeinfarben, seltener gelblich oder gelb.
SV: Buchenwälder, Laub-Mischwälder, Nadelforste (bes. Kiefernbestände), Trockenwälder und Gebüsche; liebt lockere, kalkhaltige Böden; zerstreut.
A: M; ⅔; ▽

5 Mai–Juni   15–50 cm
Gold-Taubnessel
Lamiástrum galeóbdolon
(Galeóbdolon lúteum,
Lámium galeóbdolon)
Lippenblütengewächse
Lamiáceae (Labiátae)
SK: Pflanze brennesselartig, ohne Brennhaare. Unterlippe mit braunen Flecken.
B: Meist sechs Blüten in blattachselständigen Scheinquirlen. Stengel aufrecht oder aufsteigend. Blätter kreuzgegenständig, eiförmig-herzförmig, gekerbt.
SV: Laubwälder, Mischwälder, Auwälder, seltener in Nadelforsten; liebt nährstoffreichen, mullhaltigen und etwas feuchten Boden; häufig.
A: V; ⅔

6 Mai–August   8–12 cm
Zweiblütiges Veilchen
Gelbes Veilchen
Viola biflóra
Veilchengewächse
Violáceae
SK: Blätter breiter als lang.
B: Meist zwei Blüten aus einer Blattachsel. Blütenblätter zitronengelb, oft bräunlich gestreift. Stengel aufsteigend bis aufrecht. Blätter wechselständig, herz-nierenförmig, gekerbt.
SV: Laubwälder, Mischwälder, Nadelwälder, alpine Weiden und Matten; Kalkzeiger; nur im Alpen- und Voralpengebiet; dort zerstreut.
A: G; ⅔

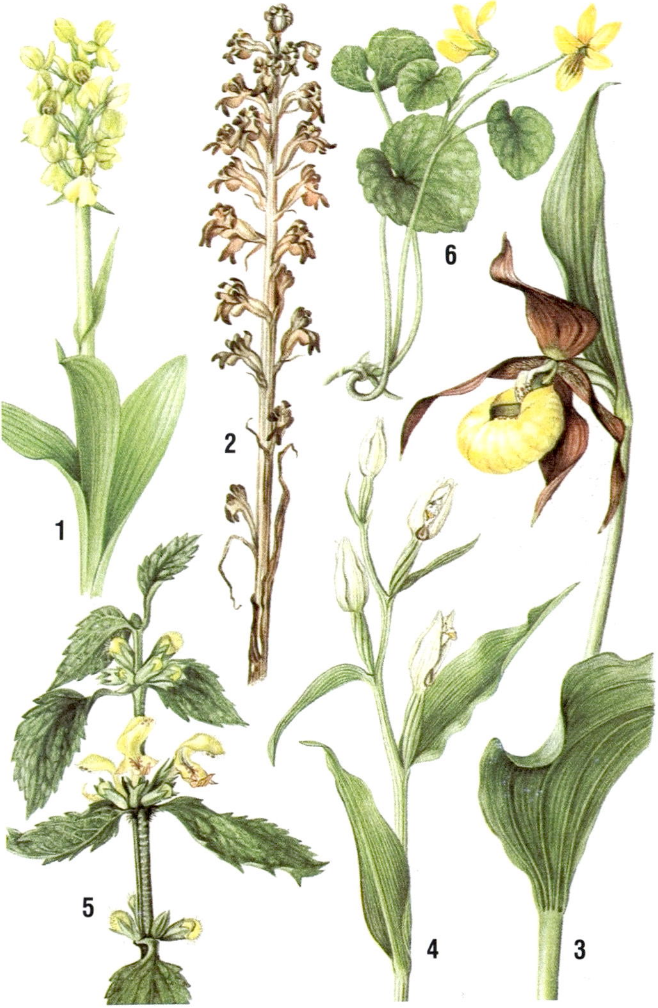

1

2

6

4

3

5

Mai–August   60–130 cm
1 Süßholz-Tragant
Süße Bärenschote,
Süßblättriger Tragant
Astrágalus glycyphýllos
Schmetterlingsblütengewächse
Fabáceae (Leguminósae)
SK: Blüten in Trauben. Stengel krie-
chend bis aufsteigend. Blätter unpaa-
rig gefiedert, mit 8–15 Teilblättchen.
B: Blüte hellgelb bis elfenbeinfarbig.
Stengel nur wenig behaart.
SV: Lichte, trockene Laub- und
Mischwälder, Lichtungen, Waldwege,
trockene Gebüsche; liebt kalkhaltigen
Lehmboden; zerstreut.
A: G; ♃
Der Süßholz-Tragant enthält in der
Wurzel und in den Blättern Zucker und
andere süßschmeckende Verbindun-
gen. Alte Heilpflanze.

Mai–Juni   15–25 cm
2 Pfeil-Kleinginster
Flügel-Ginster, Geflügelter Ginster,
Pfeil-Ginster
Chamaespártium sagittále
(Genistélla sagittális,
Genísta sagittális)
Schmetterlingsblütengewächse
Fabáceae (Leguminósae)
Siehe Seite 152

Mai–Juni   30–100 cm
3 Aufrechte Osterluzei
Gemeine Osterluzei
Aristolóchia clematítis
Osterluzeigewächse
Aristolochiáceae Siehe Seite 150

Juni–September   20–60 cm
4 Kleines Springkraut
Kleinblütiges Springkraut
Impátiens parviflóra
Balsaminengewächse
Balsamináceae Siehe Seite 152

Juli–August   30–60 cm
5 Echtes Springkraut
Rühr-mich-nicht-an
Impátiens noli-tángere
Balsaminengewächse
Balsamináceae

SK: Blüten hängend, groß, goldgelb,
innen rot punktiert. Sporn gekrümmt.
B: 2–4 Blüten in traubigen, blattachselständigen Blütenständen. Stengel
glasig, an den Gelenken angeschwollen. Blätter eiförmig, grob gesägt.
SV: Auwälder, Schluchtwälder,
feuchte Misch- und Laubwälder; liebt
lehmige Böden, kommt aber oft auch
auf Geröllhalden vor; schattenliebend;
häufig.
A: G; ☉; (✿)
Die Frucht schleudert den Samen aus,
daher der Art- und Gattungsname.
Eine zentrale Gewebesäule steht unter hoher Gewebespannung. Bei Berührung oder Erschütterung trennen
sich bei der reifen Frucht die Fruchtblätter, rollen sich ein und schleudern
die Samen aus. Diese können mehrere Meter weit fliegen. Das Kraut enthält einen schwach giftigen Bitterstoff.

Juni–August   50–150 cm
6 Wolfs-Eisenhut
Aconítum vulpária
(A. lycóctonum)
Hahnenfußgewächse
Ranunculáceae
SK: Keine Verwechslungsmöglichkeit.
B: Blüten in einfacher oder verästelter
Traube, blaßgelb. Stengel aufrecht,
unten spärlich, oben dichter behaart.
Blätter handförmig geteilt (fünf- bis
siebenteilig), die unteren langgestielt.
SV: Schluchtwälder, Bruch- und Auwälder, feuchte Laubwälder; liebt
feuchte, nährstoffreiche und humus-
haltige Böden; selten.
A: G; ♃; ✿; ▽
Die Blüten des Wolfs-Eisenhuts kön-
nen nur von langrüßligen Hummeln
bestäubt werden. Die Pflanze ist wegen des hohen Gehalts an Alkaloiden,
besonders im Wurzelstock, stark giftig.
Schon im Altertum wurde sie in Süd-
und Mitteleuropa, auch in Indien, zur
Herstellung von Pfeilgift benutzt. Außerdem benützte man Extrakte zum
Vergiften von Ködern für Raubwild,
besonders für Füchse und Wölfe
(Name).

Juni–Juli 50–100 cm

1 Gelber Fingerhut
Digitális lútea
Braunwurzgewächse
Scrophulariáceae
SK: Blüten 2–2,5 cm lang.
B: Einseitswendige Traube. Blüten innen ohne braunes Adernetz. Stengel aufrecht, kahl. Blätter länglich, gewimpert.
SV: Trockenwälder, lichte Gebüsche, Laubwälder, Mischwälder, Bergwälder, Lichtungen, Kahlschläge, Geröllhalden; liebt lockeren, steinigen, etwas feuchten Boden; sehr selten.
A: V; ♃; ⚐; ▽
Enthält giftige Digitalis-Glykoside.

Juni–Juli 50–130 cm

2 Großblütiger Fingerhut
Blasser Fingerhut
Digitális grandiflóra
(Digitális ambígua)
Braunwurzgewächse
Scrophulariáceae
SK: Blüten 3–4,5 cm lang.
B: Einseitswendige Traube. Blüten schwefelgelb, bauchig, glockig, innen braun geadert. Stengel aufrecht, behaart. Blätter länglich, gewimpert, gesägt.
SV: Bergwälder, Laubwälder, Mischwälder, Lichtungen, Gebüsche, seltener Bergwiesen und alpine Matten; liebt lockeren, steinigen, sickerfeuchten Boden; selten; an seinen Standorten meist in kleineren Rudeln.
A: V; ♃; ⚐; ▽
Enthält giftige Digitalis-Glykoside.

Juni–September 15–30 cm

3 Wiesen-Wachtelweizen
Melampýrum praténse
Braunwurzgewächse
Scrophulariáceae
SK: Blüten 1,2–1,8 cm lang.
B: Einseitswendige, lockere Ähre. Stengel meist aufrecht. Blätter lineal-lanzettlich, rauh.
Noch einige sehr ähnliche, seltenere

Arten, die schwer unterscheidbar sind.
SV: Heiden, Laubwälder, Mischwälder, Nadelwälder; liebt sauren, humushaltigen, lockeren und oft sandiglehmigen Boden; häufig.
A: V; ☉; (⚐)
Halbschmarotzer. „Nektarraub": s. Wald-Wachtelweizen, unten. Name und Giftstoffgehalt: s. Acker-Wachtelweizen, S. 240

Juni–August 15–25 cm

4 Wald-Wachtelweizen
Melampýrum sylváticum
Braunwurzgewächse
Scrophulariáceae
SK: Blüten 0,8–1 cm lang.
B: Einseitswendige Ähre. Stengel aufrecht oder aufsteigend. Blätter unterhalb der Blütenstände lanzettlich, ganzrandig, fast sitzend.
SV: Laubwälder, Mischwälder, Nadelwälder, Heiden; liebt lehmigen, oberflächlich sauren, moosigen Boden; zerstreut.
A: V; ☉; (⚐)
Halbschmarotzer. Die Blüten des Wald-Wachtelweizens werden häufig von kurzrüssligen Bienen und Hummeln angebissen, weil diese Insekten nur so an den Nektar gelangen können. Name: s. Acker-Wachtelweizen, S. 240.

Juni–Oktober 30–60 cm

5 Gemeines Leinkraut
Frauenflachs,
Kleines „Löwenmaul"
Linária vulgáris
Braunwurzgewächse
Scrophulariáceae
Siehe Seite 152

Mai–Juli 10–15 cm

6 Kleine Sommerwurz
Klee-Würger
Orobánche mínor (O. barbáta)
Sommerwurzgewächse
Orobancháceae
Siehe Seite 178

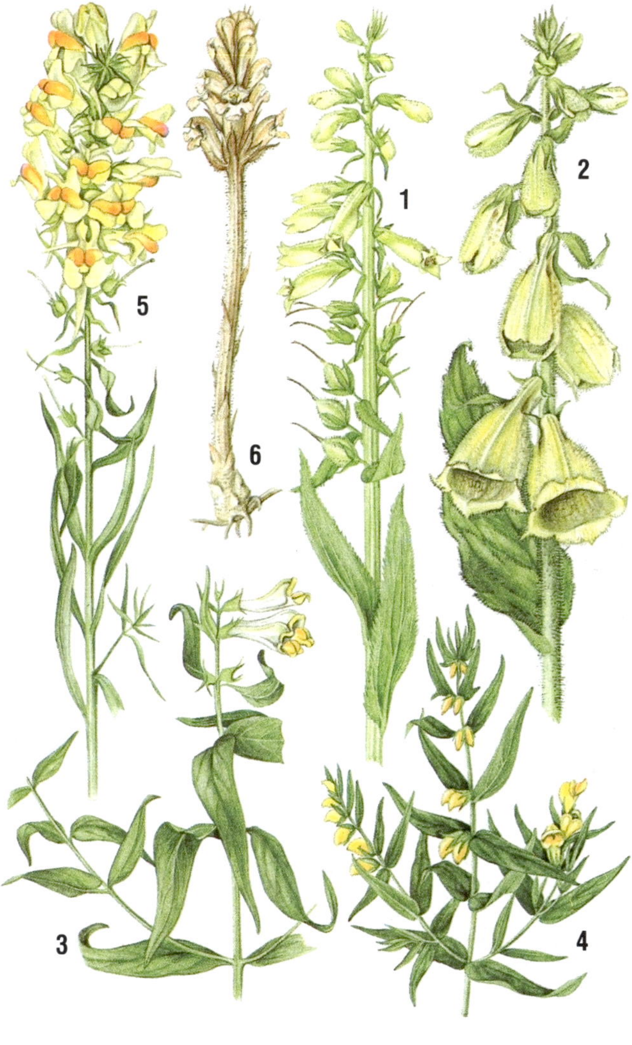

5

6

1

2

3

4

März – Juni   5 – 15 cm

1 Immergrünes Felsenblümchen
Drába aizoídes
Kreuzblütengewächse
Brassicáceae (Crucíferae)

SK: Fruchtknoten höchstens dreimal so lang wie breit. Stengel blattlos. Blätter in kugeligen Rosetten.
B: Trugdoldige Traube. Blüten auf 2 – 3 mm langen, aufrecht abstehenden Stielen, goldgelb. Stengel unverzweigt. Rosettenblätter fleischig, lineal, zugespitzt.
SV: Spalten von Kalkfelsen; wärmeliebend; sehr selten; fällt aber an seinen Standorten meist auf.
A: G; ⹓
Die Blüten bleiben bei Regenwetter halb geschlossen und können sich dann selbst befruchten. Der Fruchtstand überdauert den Winter. Die Samen werden erst im Spätwinter oder im Frühjahr ausgestreut.

Juni – August   5 – 15 cm

2 Scharfe Fetthenne
Mauerpfeffer
Sédum ácre
Dickblattgewächse
Crassuláceae

SK: Pflanze schmeckt scharf (wenig kauen; nicht schlucken!). Blütenblätter 6 – 9 mm lang. Blätter eiförmig, ohne Sporn.
B: Wenigblütige Trugdolde. Stengel kriechend oder aufsteigend. Blätter klein, dick, fleischig, sitzend.
SV: Mauern, Bahnschotter, Felsspalten, Kieswege, Sanddünen, sandige, lückige Rasen; liebt trockene, flachgründige, meist kalkhaltige und oft steinige Böden; zerstreut.
A: G; ⹓; ☘
Der deutsche Name Mauerpfeffer bezieht sich einerseits auf den scharfen Geschmack der Pflanze, andererseits auf ihren Standort an Mauern. Der Mauerpfeffer enthält ein giftiges Alkaloid. Vorsicht beim Kauen! Längeres

Kauen von mehreren Blättern kann Erbrechen auslösen! Alte Heilpflanze.

Juni – August   5 – 15 cm

3 Milde Fetthenne
Sédum sexanguláre
(S. boloniénse; S. mite)
Dickblattgewächse
Crassuláceae
Siehe Seite 164

Juni – September   20 – 50 cm

4 Große Fetthenne
Sédum teléphium
(Sédum máximum)
Dickblattgewächse
Crassuláceae Siehe Seite 188

Mai – Oktober   8 – 30 cm

5 Kleines Habichtskraut
Langhaariges Habichtskraut
Hierácium pilosélla
Korbblütengewächse
Cichoriáceae (Compósitae)

SK: Blüten in einzelnen Körbchen. Nur Zungenblüten. Fruchtknoten mit Haarkrone. Haare grauweiß, zerbrechlich (Fingerdruck). Stengel blattlos. Blätter langhaarig, unterseits grauweißfilzig. Pflanze mit langen Ausläufern.
B: Blüten unterseits oft rötlich. Blätter verkehrt-eiförmig, etwas blaugrün.
SV: Halbtrockenrasen, Trockenrasen, Heiden, Wegraine, auch in lichten Wäldern und in Felsspalten; meidet stark beschattete Standorte; auf unterschiedlichen Böden; sehr häufig.
A: V; ⹓
Formenreiche Art, die sich von mehreren ähnlichen Arten nur sehr schwer unterscheiden läßt.

Juni – Juli   50 – 100 cm

6 Gelber Fingerhut
Digitális lútea
Braunwurzgewächse
Scrophulariáceae
Siehe Seite 202

1

3

6

2

4

5

März–Juni 8–15 cm

1 Wechselblättriges Milzkraut
Chrysosplénium alternifólium
Steinbrechgewächse
Saxifragáceae

SK: Stengelblätter wechselständig.
B: Trugdolde. Stengel kantig, bricht leicht. Blätter langgestielt, rund-nierenförmig, tiefgekerbt, obere gelb überlaufen.
SV: Laubwälder, Schluchtwälder, schattige, klare Bäche, nasse Bergwiesen, Quellaustritte, Rinnen mit Hangdruckwasser; zerstreut.
A: G, ♃
Alte Heilpflanze (Name!). Jedoch sind bis jetzt im Milzkraut keinerlei Wirkstoffe aufgefunden worden.

Juni–August 50–120 cm

2 Gelbe Wiesenraute
Thalictrum flávum
Hahnenfußgewächse
Ranunculáceae
Siehe Seite 156

Mai–Juni 30–60 cm

3 Echtes Barbarakraut
Echtes Barbenkraut
Barbaréa vulgáris
Kreuzblütengewächse
Brassicáceae (Cruciferae)

SK: Blütenblätter doppelt so lang wie der Kelch, goldgelb. Fruchtknoten mehr als dreimal so lang wie breit, Früchte vierkantig, abstehend. Endlappen der Grundblätter klein, rundlich.
B: Traube. Untere Blätter leierförmig, obere fiederschnittig bis ungeteilt, verkehrt-eiförmig, gezähnt.
SV: Unkrautbestände an Wegen, auf Bahndämmen, auf feuchten, etwas steinigen Schuttplätzen, auf Kies- und schlammigen Sandbänken, an Ufern und gelegentlich auf Kahlschlägen; liebt kiesigen Boden mit größerem Feinerdegehalt; stickstoffliebend; häufig.
A: G; ♃
Das Barbarakraut hat seinen deut-

schen Namen, von dem der lateinische abgeleitet wurde, vermutlich erst im 16. Jahrhundert bekommen. Es bleibt nämlich bis in den Winter hinein grün, so daß man noch am 4. Dezember, dem Barbaratag, Blätter zu einem Wildsalat einsammeln kann.

Mai–Oktober 30–60 cm

4 Acker-Schotendotter
Schöterich,
Goldlack-Schotendotter
Erýsimum cheiranthoídes
Kreuzblütengewächse
Brassicáceae (Cruciferae)

SK: Blüten 4–8 mm im Durchmesser. Fruchtknoten mehr als dreimal so lang wie breit. Blütenstiele zwei- bis dreimal so lang wie der Kelch. Blätter ungeteilt, buchtig gesägt, mit dreizackigen Haaren (Lupe!).
B: Traube. Mittlere Blätter länglichlanzettlich.
SV: Unkrautbestände auf Äckern, an Ufern und auf Kies- oder Sandbänken; liebt lockere, etwas feuchte Böden; etwas kalkliebend; zerstreut.
A: G; ☉

Mai–September 10–100 cm

5 Kleinblütige Sumpfkresse
Roríppa islándica
(Roríppa palústris)
Kreuzblütengewächse
Brassicáceae (Cruciferae)

SK: Blütenblätter so lang wie oder kürzer als der Kelch, hellgelb. Blüte 2–4 mm im Durchmesser. Fruchtknoten und Früchte mehr als dreimal so lang wie breit.
B: Lockere Doldentraube. Stengel niederliegend, aufsteigend oder aufrecht, kantig, hohl. Untere Blätter gestielt, leierförmig-fiederspaltig, Endblättchen breiter. Obere Blätter kurz gestielt oder sitzend, fiederspaltig.
SV: Ufer, Kies- und Sandbänke; stickstoffliebend, Schlammzeiger; erträgt zeitweise Überschwemmung; zerstreut.
A: G; ☉ – ☉

3

4

2

1

5

Juni—September 30—60 cm
1 Aufrechter Igelkolben
Ästiger Igelkolben
Spargánium eréctum
(Spargánium ramósum)
Igelkolbengewächse
Sparganiáceae
SK: Stengel ästig. Auch an den Ästen oben männliche, unten weibliche Kolben. Fruchtende weibliche Kolben stachelig (Name).
B: Männliche und weibliche Blüten in kugeligen Kolben; männliche Kolben oben an den Ästen, weibliche unten. Blätter meist steif aufrecht, lang, 3—15 mm breit, unten dreikantig.
SV: Röhricht langsam fließender und stehender Gewässer; nährstoffliebend; häufig.
A: M; ♃
Ähnlich: Einfacher Igelkolben *Spargánium símplex:* Stengel unverzweigt; Blätter steif aufrecht, 3—6 mm breit, unten dreikantig. Röhricht; sehr selten. Schmalblättriger Igelkolben, *Spargánium angustifólium:* Stengel unverzweigt, Blätter im Wasser flutend, 3—8 mm breit. Röhricht und Schwimmpflanzenbestand stoffarmer, hochgelegener Seen; sehr selten; kommt an seinen Standorten meist in Rudeln vor.

Mai—August 20—100 cm
2 Wasser-Sumpfkresse
Wasserkresse
Roríppa amphibia
Kreuzblütengewächse
Brassicáceae (Cruciferae)
Siehe Seite 180

Mai—Juni 90—130 cm
3 Sumpf-Wolfsmilch
Euphórbia palústris
Wolfsmilchgewächse
Euphorbiáceae
SK: Vielstrahlige Trugdolde. Drüsen im Hüllbecher queroval, hellgelb, später bräunlich. Stengel mit nichtblühenden Ästen, hohl.
B: Stengel dick, bläulich bereift, Blätter wechselständig, lanzettlich, sitzend, fast ganzrandig, kahl. Pflanze führt weißen Milchsaft.
SV: Röhricht fließender oder stehender Gewässer, Riedgrasbestände, nasse Wiesen, Flußufer; liebt kalkhaltigen Schlick; selten.
A: G; ♃; ✿
Blüte: s. Garten-Wolfsmilch, S. 132.
Der Milchsaft enthält das giftige Euphorbon. Alte Heilpflanze.

Juni—Oktober 15—30 cm
4 Aufrechtes Fingerkraut
Blutwurz, Ruhrwurz,
Tormentillwurzel
Potentílla erécta (Potentílla tormentílla, Tormentílla erécta)
Rosengewächse
Rosáceae
SK: Blüten einzeln in den Blattachseln, etwa 1 cm im Durchmesser. Nur 4 Blütenblätter. Grundblätter dreizählig. Stengelblätter fünfzählig, handförmig geteilt.
B: Stengel niederliegend bis aufrecht. Blätter sitzend.
SV: Lichte Laubwälder, Mischwälder, Nadelforste, Heiden, trockene Wiesen, Flachmoore; liebt Böden, die wenigstens zeitweise feucht sind; kalkscheu; zeigt oberflächliche Bodenversauerung an; häufig.
A: G; ♃
Name: s. Frühlings-Fingerkraut, S.134. Die Pflanze enthält den Farbstoff Tormentillrot und vor allem im Wurzelstock Gerbstoffe. Auf ihnen beruht die Förderung der Blutgerinnung; die Extrakte des Wurzelstocks haben der Pflanze ihren deutschen Namen gegeben. Die Wurzelstöcke werden auch mit Schnaps zu einem Magenbitter angesetzt. Alte Heilpflanze.

Juni—September 15—50 cm
5 Wilde Sumpfkresse
Waldsumpfkresse, Wald-Kresse
Roríppa sylvéstris
(Nastúrtium sylvéstre)
Kreuzblütengewächse
Brassicáceae (Cruciferae)
Siehe Seite 130

1

5

2

3

4

März–Juni   15–50 cm
1 Sumpf-Dotterblume
Cáltha palústris
Hahnenfußgewächse
Ranunculáceae
Siehe Seite 182

Mai–August   15–50 cm
2 Kriechender Hahnenfuß
Ranúnculus répens
Hahnenfußgewächse
Ranunculáceae
Siehe Seite 160

Juni–August   40–150 cm
3 Zungen-Hahnenfuß
Ranúnculus lingua
Hahnenfußgewächse
Ranunculáceae
SK: Blüten 2,5–4 cm im Durchmesser, goldgelb, fettig glänzend. Blätter ungeteilt. Stengel aufrecht.
B: Meist vielblütig, seltener wenigblütig. Stengel aufrecht, kräftig, oben reich verzweigt. Blätter länglich-lanzettlich, spitz, ganzrandig oder schwach gezähnt.
SV: Röhricht stehender oder langsam fließender Gewässer, Riedgrasbestände; liebt gelegentlich überschwemmte, aber nährstoffreiche Böden; selten.
A: G; ⧜; (⚘)
Enthält etwas Protoanemonin und ist schwach giftig. Der deutsche Artname bezieht sich auf die Form der Blätter.
Name: s. Knolliger Hahnenfuß, S. 136.

Juli–Oktober   15–50 cm
4 Brennender Hahnenfuß
Ranúnculus flámmula
Hahnenfußgewächse
Ranunculáceae
SK: Blüten 0,6–2 cm im Durchmesser, goldgelb, fettig glänzend. Blätter ungeteilt. Stengel dick, aufsteigend.
B: Blüten meist zahlreich, langgestielt. Stengel niederliegend oder aufsteigend oder aufrecht. Blätter ungeteilt,

langgestielt, löffelförmig elliptisch oder lineal-lanzettlich, grasgrün.
SV: Gräben, Ufer von Bächen, Tümpeln und Seen, Moore, Riedgrasbestände, seltener im Röhricht; liebt nasse, ja gelegentlich überschwemmte Böden; zerstreut.
A: G; ⧜; ⚘

Mai–November   10–110 cm
5 Gift-Hahnenfuß
Ranúnculus scelerátus
Hahnenfußgewächse
Ranunculáceae
SK: Blüten 6–12 mm im Durchmesser, hellgelb. Blütenblätter nur etwa so lang wie der Kelch.
B: Lockere Rispe. Blütenboden walzlich. Kelchblätter gelblichgrün, bald abfallend. Stengel aufsteigend oder aufrecht, hohl, kahl oder ganz schwach behaart, reich verzweigt. Blätter fleischig, untere dreiteilig, verkehrt-eiförmig, eingeschnitten. Obere Blätter dreizählig. Teilblättchen lineal-keilförmig.
SV: Ufersäume langsam fließender Gewässer und Teiche, in Gräben und seichten Tümpeln; selten.
A: G; ⊙; ⚘

Mai–Juli   15–50 cm
6 Gänse-Fingerkraut
Anserine
Potentilla anserina
Rosengewächse *Rosáceae*
SK: Blüten einzeln, langstielig, bis 2 cm im Durchmesser. Blätter gefiedert, unterseits langhaarig.
B: Blüten goldgelb. Stengel kriechend bis aufsteigend. Blätter vielpaarig gefiedert. Teilblättchen länglich, tief gesägt.
SV: Wege, Bahndämme, Schuttplätze, Ufer, unbebaute Böden; liebt dichte, lehmige Böden; Stickstoffzeiger; häufig.
A: G; ⧜
Name: s. Frühlings-Fingerkraut, S. 134.

1

2

3

4

5

6

Juni−Aug. je nach Wassertiefe bis 2,5 m

1 Große Mummel
Gelbe Teichrose, Nixenblume
Núphar lútea
Teichrosengewächse
Nymphaeáceae

SK: Blüten 4−6 cm Durchmesser. Blattspreite 12−30 cm lang, Blattstiel 4−8 mm dick.
B: Blüten einzeln, stark duftend. Blattstiele seilartig. Blätter eiförmig, herzförmig eingeschnitten, ganzrandig, lederartig, schwimmend.
SV: Schwimmpflanzenbestand stehender oder langsam fließender Gewässer; liebt kühle, aber nährstoffreiche Gewässer, kommt aber auch in sauren Moorseen öfter vor; selten; an ihren Standorten meistens in größeren Beständen.
A: G; ⚇; (⚘); ▽

Die Früchte der Teichrose schwimmen, weil im Fruchtgewebe Luftblasen eingeschlossen sind. Diese entweichen jedoch nach einiger Zeit. Dann sinken die Früchte auf den Boden. Über kurze Strecken können die Früchte auch von Wassergeflügel verbreitet werden. Die Pflanze enthält Alkaloide.

Juni−Aug. je nach Wassertiefe bis 2,5 m

2 Zwerg-Mummel
Zwerg-Teichrose
Núphar púmila
Teichrosengewächse
Nymphaeáceae

SK: Blüte 1−3 cm Durchmesser. Blattspreite 4−12 cm lang, Blattstiel 1−2 mm dick.
B: Blüten einzeln, kaum duftend. Blätter eiförmig, herzförmig eingeschnitten, ganzrandig, lederartig, schwimmend.
SV: Schwimmpflanzenbestand stehender Gewässer; liebt kalte, verhältnismäßig nährstoffarme Gewässer über torfigem Untergrund; sehr selten.
A: G; ⚇; (⚘); ▽

Juni−Juli 5−30 cm

3 Pfennig-Gilbweiderich
Pfennigkraut, Rundblättriger Gilbweiderich
Lysimáchia nummulária
Primelgewächse *Primuláceae*
Siehe Seite 188

Juni−September 5−15 cm

4 Niederliegendes Hartheu
Niederliegendes Johanniskraut
Hyperícum humifúsum
Hartheugewächse
Hypericáceae

SK: Stengel niederliegend.
B: Rispe. Staubblätter gebüschelt. Stengel rundlich bis zweikantig. Blätter gegenständig, eiförmig-länglich, die oberen durchscheinend punktiert.
SV: Unkrautbestände auf nassen Hackfruchtäckern, auf unbebautem Boden, auf Wegen, in nassen, lichten Wäldern; liebt feuchte, sandige oder lehmige Böden; kalkscheu, zerstreut.
A: G; ⊙ −⚇

Gattungsname und Farbstoffgehalt der Blüte: s. Tüpfel-Hartheu, S. 162.

Juni−August 60−130 cm

5 Gemeiner Gilbweiderich
Gemeiner Felberich
Lysimáchia vulgáris
Primelgewächse *Primuláceae*
Siehe Seite 188

Mai−Juni 30−70 cm

6 Strauß-Gilbweiderich
Straußblütiger Gilbweiderich
Lysimáchia thyrsiflóra
Primelgewächse *Primuláceae*

SK: Blüten in blattachselständigen Trauben. Blüten 3−5 mm lang.
B: Trauben reichblütig. Stengel aufrecht. Blätter kreuzgegenständig, lanzettlich bis lineal-lanzettlich.
SV: Röhricht stehender oder langsam fließender Gewässer, Riedgrasbestände; liebt schlammigen, oftmals überschwemmten und etwas sauren Boden; selten.
A: V; ⚇

1

2

3

4

5

6

Juli–September   30–60 cm

1 Flügel-Hartheu
Geflügeltes Johanniskraut
Hypericum tetrápterum
Hartheugewächse
Hypericáceae
SK: Pflanze kahl. Stengel aufrecht, rundlich-eckig, mit 4 breiten Flügeln.
B: Doldenrispe. Staubblätter gebüschelt. Blätter gegenständig, eiförmig bis breit-elliptisch, fein durchscheinend punktiert; wenige schwarze Drüsen.
SV: Röhricht stehender und fließender Gewässer, Riedgrasbestände, Quellfluren; liebt nasse, lehmige und etwas kalkhaltige Böden; zerstreut.
A: G; ♃

Mai–September   30–100 cm

2 Gemeiner Beinwell
Schwarzwurz
Symphytum officinále
Borretschgewächse
Boragináceae Siehe Seite 190

März–April   10–30 cm

3 Gemeiner Huflattich
Tussilágo fárfara
Korbblütengewächse
Asteráceae (Compósitae)
SK: Blüten in einem Körbchen. Pflanze zur Blütezeit ohne Blätter, nur mit Blattschuppen am Stengel. Spinnwebig behaart.
B: Körbchen einzeln. Blätter erscheinen gegen Ende der Blütezeit. Sie sind langstielig, rundlich-herzförmig, unterseits weißfilzig, gezähnt.
SV: Unkrautbestände auf unbewachsenem Boden, an Wegen, Dämmen, in Ruinen und Steinbrüchen, auf Schuttplätzen und an Bächen; sehr häufig.
A: V; ♃
Die verblühten Stengel nicken deutlich. Heilpflanze. Enthält vor allem im Blatt Schleimstoffe und Gerbstoff.

Mai–Juli   60–100 cm

4 Wasser-Schwertlilie
Sumpf-Schwertlilie
Íris pseudácorus
Schwertliliengewächse
Iridáceae
SK: Äußere Blütenblätter ohne Haarkamm, innere kleiner, aufrecht. Griffeläste groß, blütenblattartig. Blätter bis 3 cm breit, etwa so lang wie der Stengel.
B: Äußere Blütenblätter innen dunkel gefleckt. Innere Blütenblätter kleiner.
SV: Röhricht stehender und fließender Gewässer, Riedgrasbestände; liebt wenigstens gelegentliche Überschwemmung des Bodens; zerstreut.
A: M; ♃; ●; ▽

Juli–August   30–60 cm

5 Weiden-Alant
Ínula salicína
Korbblütengewächse
Asteráceae (Compósitae)
SK: Blütenkörbchen etwa 2,5–3 cm im Durchmesser. Außen Zungenblüten, innen Röhrenblüten. Fruchtknoten mit einer Haarkrone. Hüllblätter dachziegelig. Stengel und Blätter meist kahl. Obere Blätter stengelumfassend.
B: 1–5 Körbchen. Zungenblüten viel länger als die Röhrenblüten. Stengel aufrecht. Blätter ganzrandig.
SV: Halbtrockenrasen, feuchte Wiesen; liebt lehmigen Boden; selten.
A: V; ♃

Juli–Oktober   10–100 cm

6 Dreiteiliger Zweizahn
Acker-Zweizahn
Bidens tripartitus
Korbblütengewächse
Asteráceae (Compósitae)
SK: Blüten in trugdoldig angeordneten Körbchen. Außen gelegentlich Zungenblüten, innen bräunlichgelbe Röhrenblüten. Frucht mit zwei (seltener mit drei oder vier) widerhakigen Grannen. Blätter gegenständig.
B: Blüten unscheinbar. Stengel aufrecht, oft braunrot überlaufen. Blätter dunkelgrün, meist drei-, seltener fünfteilig.
SV: Gräben, Ufersäume; liebt schlammigen Boden; zerstreut.
A: V; ☉

1 Juli–September 50–150 cm
Kohl-Kratzdistel, Kohl-Distel
Cirsium oleráceum
Korbblütengewächse
Asteráceae (Compósitae)
Siehe Seite 170

2 Juli–Oktober 90–150 cm
Gemeiner Beifuß, Echter Beifuß
Artemísia vulgáris
Korbblütengewächse
Asteráceae (Compósitae)
Siehe Seite 196

3 August–Oktober 50–250 cm
Kanadische Goldrute
Solidago canadénsis
Korbblütengewächse
Asteráceae (Compósitae)
Siehe Seite 144

4 Mai–Juli 15–40 cm
Gelbe Spargelerbse
Spargelbohne, Schoten-Hornklee
Tetragonólobus maritimus
(Lótus siliquósus)
Schmetterlingsblütengewächse
Fabáceae (Leguminósae)
Siehe Seite 172

5 Juni–August 15–30 cm
Großer Wasserschlauch
Utriculária vulgáris
Wasserschlauchgewächse
Lentibulariáceae
SK: Pflanze freischwimmend, grün.
Blattzipfel spärlich bewimpert.
B: Lockere Traube. Blüten 1,3–2 cm
lang, goldgelb. Blätter lang, ein- bis
zweifach fiederteilig. An den Blättern
blasenartige, 1–5 mm lange Insekten-
fallen (Schläuche; Name).
Mehrere ähnliche, schwer unterscheidbare, seltenere Arten.
SV: Schwimmpflanzenbestand stehender Gewässer; liebt nährstoffreiche, aber kalkarme, warme Gewässer;
zerstreut; an seinen Standorten oft in
größeren Beständen.

A: V; ♃
Insektenfressende Pflanze. Die Fang-
blasen des Wasserschlauches gehören zu den bemerkenswertesten Bil-
dungen im Pflanzenreich. In den Blasen, die durch eine „Klapptür" ver-
schlossen sind, herrscht ein Unter-
druck. Berührt ein kleines Wasserin-
sekt oder ein Kleinkrebs die Haare der
Klapptür, so springt diese nach innen
auf. Durch den entstehenden Sog wird
das Tier in das Innere der Blase ge-
strudelt. Durch den Gegenstrom
schließt sich die Tür. Das gefangene
Insekt wird durch eiweißspaltende
Enzyme verdaut.

6 Juli–August 30–60 cm
Echtes Springkraut
Rühr-mich-nicht-an
Impátiens noli-tángere
Balsaminengewächse
Balsamináceae
SK: Blüten hängend, groß, langge-
spornt, goldgelb, innen rot punktiert.
Sporn gekrümmt.
B: 2–4 Blüten in traubigen, blattachselständigen Blütenständen. Stengel
etwas glasig, an den Gelenken angeschwollen. Blätter wechselständig, eiförmig, grob gesägt.
SV: Auwälder, Schluchtwälder,
feuchte Misch- und Laubwälder, seltener in Nadelwäldern; liebt lehmige
Böden, kommt aber oft auch auf Geröllhalden vor; schattenliebend; häufig.
A: G; ⊙; (✿)
Die Frucht schleudert den Samen aus,
daher ihr Art- und Gattungsname. Eine
zentrale Gewebesäule steht unter hoher Gewebespannung. Bei Berührung
oder Erschütterung trennen sich bei
der reifen Frucht die Fruchtblätter, rollen sich ein und schleudern die Samen
aus. Diese können mehrere Meter weit
fliegen. Das Kraut enthält einen noch
nicht näher erforschten, schwach giftigen Bitterstoff.

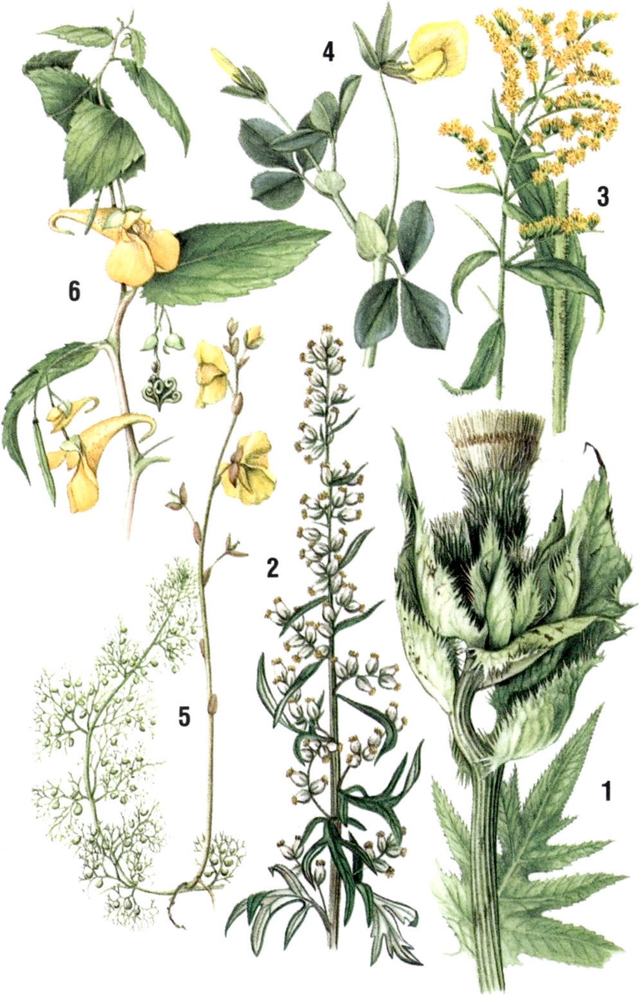

1

2

3

4

5

6

März–Mai   2,5–6 m
1 Herlitze
Dürlitze, Kornelkirsche,
Gelber Hartriegel
Córnus más
Hartriegelgewächse *Cornáceae*
SK: Blüten in kleinen, büscheligen
Dolden an den unbelaubten Zweigen.
B: Dolden einfach, seitenständig, Beeren rot, Zweige rund, kahl, grün, Blätter
gegenständig, ganzrandig, eiförmig
oder elliptisch, bogennervig.
SV: Trockenwälder, trockene Gebüsche, Auwälder, Flußufer, liebt lockeren, etwas kalkhaltigen Boden; wärmeliebend; selten; oft verwildert.
A: G
Beeren eßbar.

März–April   20–50 cm
2 Mistel
Víscum álbum
Mistelgewächse *Viscáceae*
SK: Pflanze gelbgrün. Blätter ledrig,
immergrün. Schmarotzt auf Bäumen.
B: Pflanze zweihäusig. Blüten in Büscheln, unscheinbar, klein. Frucht
weiße Beere. Äste gabelig. Blätter gegenständig.
SV: Schmarotzer auf Laub- und Nadelbäumen (Pappeln, Weiden, Birnbäumen, Apfelbäumen, Weißtannen, Kiefern); selten.
A: G; (☠)
Die Mistel enthält das giftige Viscotoxin. Im Mittelalter wurden die Beeren
zur Herstellung von Vogelleim verwendet. Die Beeren werden insbesondere von Drosseln gefressen. Die
Samen passieren den Vogeldarm unverdaut und werden durch die Kotabscheidung verbreitet. Die Mistel spielt
in alten Sagen und Märchen eine
große Rolle. Insbesondere wurde sie
von den keltischen Völkern als dämonenabwehrende Pflanze verehrt. Auf
diese Gebräuche geht auch der weihnachtliche „Mistelzweig" in England
zurück.

Mai–Juni   1–3 m
3 Purgier-Kreuzdorn
Rhámnus cathárticus

Kreuzdorngewächse
Rhamnáceae
Siehe Seite 386

April–Mai   2–4 m
4 Trauben-Holunder
Roter Holunder, Berg-Holunder,
Hirschholunder
Sambúcus racemósa
Holundergewächse
Sambucáceae
SK: Blüten in aufrechten, eiförmigen
Rispen, stark duftend.
B: Beeren kugelig, rot. Mark der Äste
gelbbraun. Blätter unpaarig gefiedert.
Meist 5 Teilblättchen, fast sitzend,
eiförmig, gesägt.
SV: Laubwälder, Mischwälder, seltener Nadelwälder, Kahlschläge, Lichtungen, Gebüsche, liebt etwas steinige, meist kalkarme Lehmböden; häufig.
A: V
Das Fruchtfleisch der Beeren enthält
25–65 mg Vitamin C pro 100 g Frischgewicht, außerdem Provitamin A. Die
Beeren können gegessen werden. Allerdings enthalten die Samen einen
noch nicht näher erforschten Giftstoff.
Deshalb müssen sie bei der Marmeladenherstellung entfernt werden. Alte
Heilpflanze.

April–Mai   20–25 m
5 Spitz-Ahorn
Ácer platanoídes
Ahorngewächse *Aceráceae*
SK: Blätter fünflappig, Lappen langgrannig gezähnt. Blätter 8–20 cm
lang.
B: Reichblütige, doldige Trauben. Blüten grüngelb, vor oder mit den Blättern
erscheinend. Baumkrone breit bis eirundlich.
SV: Berg- und Schluchtwälder, Auwälder; liebt feuchte, lockere, ja sogar
geröllige Böden; selten; recht häufig
als Park- und Alleebaum angepflanzt.
A: G
Im Frühjahr führt der Spitz-Ahorn einen
zuckerreichen Saft in seinen Gefäßen,
der nach Verletzungen der Zweige herabtropft.

5

2

1

3

4

219

Mai   3–20 m
1 Feld-Ahorn
Maßholder
Ácer campéstre
Ahorngewächse *Aceráceae*
SK: Blätter fünflappig: Lappen wiederum stumpfgelappt. Blätter 4–7 cm lang.
B: Blüten in aufrechten, doldigen Trauben, grüngelb. Rinde der jungen Zweige braun, der älteren graubraun, netzartig rissig.
SV: Laubwälder, Mischwälder, Trokkenwälder, Gebüsche; liebt kalkhaltigen, lockeren Boden; häufig.
A: G

Mai–Juni   20–25 m
2 Berg-Ahorn
Trauben-Ahorn
Ácer pseudo-plátanus
Ahorngewächse *Aceráceae*
SK: Blätter fünflappig, Lappen am Rande ungleich gesägt.
B: Blütentrauben am Ende der Zweige, hängend. Pflanze zur Blütezeit beblättert. Baumkrone rundlich.
SV: Schluchtwälder, Mischwälder; liebt lockeren, etwas steinigen und feuchten Boden; zerstreut; auch als Parkbaum angepflanzt.
A: G

Juni–Juli   bis 30 m
3 Sommer-Linde
Tilia platyphýllos
Lindengewächse *Tiliáceae*
SK: Blätter unterseits kurz behaart. In den Nervenwinkeln weißgelbe Haarbüschel.
B: Zwei- bis fünfblütige, hängende Trugdolde. Blätter schief-herzförmig.
SV: Bergwälder, Schluchtwälder; zerstreut; oft angepflanzt.
A: G
Blüten werden für einen sehr aromatischen Tee (ätherisches Öl) verwendet.

Juni–Juli   bis 25 m
4 Winter-Linde
Tilia cordáta (Tilia ulmifólia)
Lindengewächse *Tiliáceae*

SK: Blätter unterseits kahl, nur in den Nervenwinkeln mit rostgelben Haarbüscheln.
B: Fünf- bis siebenblütige, hängende Trugdolde. Blätter schief-herzförmig oder dreieckig, ungleich gesägt.
SV: Laubwälder, Bergwälder, Auwälder; liebt etwas steinige oder sandige Böden; wildwachsend selten, aber häufig als Allee- oder Parkbaum angepflanzt.
A: G
Die Winter-Linde kann möglicherweise mehr als eintausend Jahre alt werden und dann einen Stammumfang von mehr als 15 Metern erreichen. Blüten werden für einen sehr aromatischen Tee (ätherisches Öl) verwendet.

Mai–Juni   1–2,5 m
5 Sauerdorn
Berberitze
Bérberis vulgáris
Berberitzengewächse
Berberidáceae
SK: Keine Verwechslungsmöglichkeit.
B: Blüten in seitenständigen, vielblütigen Trauben. Beeren länglich-walzlich, scharlachrot. Äste rutenförmig, oft rötlich überlaufen. Rinde hellgrau, bitter schmeckend. Holz gelb, hart. Blätter an den Kurztrieben in Büscheln, kurz gestielt, eiförmig. Blätter der Langtriebe am Grunde mit dreiteiligen Dornen.
SV: Lichte Laubwälder, Mischwälder, liebt warme Kalkböden; selten.
A: G; (❀)
Die Staubblätter der Berberitze sind reizbar und führen bei Berührung durch das bestäubende Insekt eine Klappbewegung aus. Diese Bewegung kann man auslösen, wenn man die Staubblätter an der inneren Basis mit einer Grasgranne oder einem dünnen Grashalm berührt. Die Berberitze wurde an vielen ihrer Standorte ausgerottet, weil sie Zwischenwirt des gefährlichen Getreiderostpilzes ist. Der Befall zeigt sich durch rote Flecken an den Blättern.

1

2

5

4

3

April – Juni   3–10 m
1 Gemeiner Goldregen
Bohnenbaum
Labúrnum anagyroides (Cýtisus labúrnum, Labúrnum vulgárc)
Schmetterlingsblütengewächse
Fabáceae (Leguminósae)
SK: Keine Verwechslungsmöglichkeit.
B: Blütentrauben hängend. Blätter dreizählig gefingert. Zweige glattrindig. Blätter oft büschelig, langgestielt. Teilblättchen spitzelliptisch, ganzrandig, oben dunkelgrün, unterseits graugrün, angedrückt seidenhaarig.
SV: Trockenwälder, Gebüsche; liebt lockeren, etwas feuchten, kalkhaltigen Boden; wärmeliebend; selten; häufig angepflanzt und meist nur verwildert; wohl nur an einigen besonders warmen Standorten in Südwestdeutschland urwüchsig.
A: G; ☘
Enthält ein giftiges Alkaloid, vor allem in der Rinde und im Samen.

Mai – Juni   15 – 25 cm
2 Pfeil-Kleinginster
Flügel-Ginster, Geflügelter Ginster, Pfeil-Ginster
Chamaespártium sagittále (Genistélla sagittális, Genísta sagittális)
Schmetterlingsblütengewächse
Fabáceae (Leguminósae)
Siehe Seite 176

April – Juni   10 – 25 cm
3 Behaarter Ginster
Genísta pilósa
Schmetterlingsblütengewächse
Fabáceae (Leguminósae)
SK: Schiffchen so lang wie die Fahne. Stengel und Äste dornenlos. Blüten einzeln oder zu zweien, behaart.
B: Stengel liegend; Blätter länglich-lanzettlich, stumpf. Äste und Blattunterseite seidenhaarig.
SV: Heiden, Waldränder, Lichtungen,

Wegraine, Halbtrockenrasen; auf recht unterschiedlichen Böden; wärmeliebend; frostempfindlich; zerstreut.
A: G

Mai – Juli   30 – 60 cm
4 Färber-Ginster
Genísta tinctória
Schmetterlingsblütengewächse
Fabáceae (Leguminósae)
SK: Blüten in endständigen Trauben, kahl. Schiffchen so lang wie die Fahne. Stengel und Äste dornenlos.
B: Stengel niederliegend oder aufsteigend, oben stärker verzweigt. Zweige gefurcht, ungeflügelt. Blätter länglich oder elliptisch, fast sitzend, am Rande weichhaarig.
SV: Raine, trockene Rasen, Heiden, lichte Wälder; liebt lehmigen und nicht zu trockenen Boden; nicht kalkempfindlich; zerstreut.
A: G; ☘
Zweige, Blätter und Blüten enthalten gelbe Farbstoffe, die früher zum Färben von Wolle und Leinen benutzt wurden. Alle Organe enthalten außerdem giftige Alkaloide.

Mai – Juni   30 – 60 cm
5 Deutscher Ginster
Genísta germánica
Schmetterlingsblütengewächse
Fabáceae (Leguminósae)
SK: Schiffchen länger als die Fahne. Stengel unten mit dornigen Ästen. Blätter einfach, rauhhaarig.
B: Blüten in endständiger Traube. Stengel aufsteigend oder aufrecht, oben verästelt. Blätter elliptisch-länglich, 1–2 cm lang. Die beblätterten Äste sind oben dornenlos.
SV: Heiden, lichte, trockene Wälder, Wegraine; kalkscheu; wärmeliebend; zerstreut.
A: G; ☘
Die Samen enthalten Alkaloide und sind giftig.

3

1

4

2

5

Mai – Juni   60 – 200 cm
1 Gemeiner Besenginster
Cýtisus scopárius
(Sarothámnus scopárius)
Schmetterlingsblütengewächse
Fabáceae (Leguminósae)
SK: Blüten einzeln oder zu zweien.
Blätter dreizählig gefingert, oberste
ungeteilt.
B: Blüten 2 – 2,5 cm lang, blattachsel-
ständig, goldgelb. Stengel aufrecht,
wie die Äste kantig-gefurcht. Blätter
weichhaarig.
SV: Wegraine, Lichtungen, Kahlschlä-
ge, Waldränder, Bergwiesen; kalk-
scheu; häufig; oftmals angepflanzt;
reichert den Boden mit Stickstoff an.
A: G; (✿)
Äste zur Herstellung von Besen ver-
wendet. Enthält Alkaloide; Heilpflanze.

Mai – Juni   1 – 1,5 m
2 Gewöhnlicher Stechginster
Gaspeldorn, Heckensame
Ilex européus
Schmetterlingsblütengewächse
Fabáceae (Leguminósae)
SK: Blätter nadelförmig, stechend.
B: Blüten zu 1 – 3 in den Achseln der
oberen Blätter. Stengel aufrecht.
Zweige grün, gefurcht. Blätter meist in
Dornen umgewandelt, einfach oder
dreizählig, obere lineal-pfriemlich,
steif stachelspitzig, stechend.
SV: Wegraine, lichte, trockene Wälder
und Gebüsche, Heiden; kalkscheu;
wärmeliebend; erträgt Winterkälte
nicht; selten.
A: G; ✿
Der Stechginster wird oftmals als Wild-
futter angepflanzt. Er enthält besonders in den Samen ein giftiges Alkaloid.

Juni – August   bis 3 m
3 Deutsches Geißblatt
Lonícera periclýmenum
Geißblattgewächse
Caprifoliáceae
SK: Stengel windend. Obere Blätter
nicht miteinander verwachsen.
B: Blüten in endständigen, büscheli-
gen Köpfchen, elfenbeinfarben bis

blaßgelb, oft rötlich überlaufen. Stengel rechtswindend. Blätter oval oder
verkehrt-eiförmig, kurzgestielt, die
oberen sitzend.
SV: Laubwälder, Mischwälder, Auwälder, Bergwälder; liebt steinige oder
sandige Lehmböden; etwas kalkscheu; zerstreut.
A: V; (✿)
Die Beeren enthalten einen giftigen
Bitterstoff.

Mai – Juni   5 – 15 cm
4 Alpen-Zwergbuchs
Buchsblättrige Kreuzblume
Polýgala chamaebúxus
(Chamaebúxus alpéstris)
Kreuzblümchengewächse
Polygaláceae
SK: Blüten gelb-braun-rötlich. Blätter
lederig, immergrün.
B: Wenigblütige Traube. Stengel auf-
steigend. Blätter lanzettlich oder ellip-
tisch, untere kleiner als obere, ver-
kehrt-eiförmig.
SV: Trockenwälder, trockene Gebü-
sche, Waldränder, Halbtrockenrasen;
liebt krümeligen, lockeren und kalkhal-
tigen Boden; selten.
A: G
Name: s. Gemeines Kreuzblümchen,
S. 318

Juni – Juli   50 – 150 cm
5 Geißklee
Bohnenstrauch
Lembotrópis nigricans
(Cytisus nigricans)
Schmetterlingsblütengewächse
Fabáceae (Leguminósae)
SK: Blütentrauben aufrecht. Blätter
dreizählig gefingert.
B: 20 – 100 je 1 cm lange Blüten in
10 – 30 cm langen Trauben, goldgelb,
wohlriechend. Sprosse beim Trock-
nen schwarz werdend. Blätter langge-
stielt. Teilblättchen bis 2 cm lang und
1 cm breit.
SV: Wegraine, Gebüsche, Waldrän-
der, lichte Trockenwälder; liebt steini-
gen oder sandigen, flachgründigen
Boden; wärmeliebend; selten.
A: G

1

2

3

4

5

Mai–Juli   30–80 cm
1 Klatsch-Mohn
Papáver rhōēas
Mohngewächse
Papaveráceae

SK: Blütenstiele mit abstehenden Borsten, Fruchtknoten und Kapsel kahl. Pflanze mit weißem Milchsaft. Riecht schwach widerlich.
B: Blüten einzeln, langgestielt, groß. Blütenblätter scharlachrot, am Grunde schwarz gefleckt. Stengel wenig verzweigt, abstehend behaart. Blätter tief fiederspaltig, gezähnt, sitzend.
Ähnlich: Steifer Mohn, *Papáver strigósum:* Blütenstiel anliegend borstig behaart. Saat-Mohn, *Papáver dúbium:* Blätter doppelt fiederteilig, Frucht keulig. Beide Arten auf denselben Standorten und mit gleichen Ansprüchen wie der Klatsch-Mohn; selten.
SV: Unkrautbestände auf Äckern, Schuttplätzen und auf Kompostlagern; liebt nährstoffreiche, lehmige Böden, geht aber auch auf flache, warme Kalkböden; zerstreut; geht derzeit stark zurück.
A: G; ⊙ – ⊙; (✿)
Seit der Steinzeit als Ackerunkraut bekannt. Herkunft unsicher. Enthält besonders im Milchsaft ein schwach giftiges Alkaloid.

Mai–Juli   10–30 cm
2 Sand-Mohn
Papáver argemóne
Mohngewächse
Papaveráceae

SK: Fruchtknoten und Kapsel mit steifen Borsten. Fruchtknoten und Frucht keulenförmig, borstig behaart.
B: Blüten einzeln, langgestielt. Blütenblätter dunkelrot, am Grund schwarz. Blütenblätter berühren sich meist nicht. Stengel wenig verzweigt, steifhaarig, Blätter tief fiederspaltig, gezähnt, untere deutlich gestielt, obere sitzend. Blattstiele steifhaarig.
Ähnlich: Bastard-Mohn, *Papáver hýbridum:* Fruchtknoten und Frucht rundlich-eiförmig, bis doppelt so lang wie breit. Mai–Juli; 20–40 cm. Getreideäcker, auf Lehmböden; sehr selten.
SV: Unkrautbestände auf Getreideäckern, Schuttplätzen oder an Wegen, kalkscheu; selten.
A: G; ⊙; ⊙
Als Getreideunkraut seit der Steinzeit bekannt. Herkunft unsicher.

Mai–Juli   8–30 cm
3 Kleiner Ampfer
Rúmex acetosélla
Knöterichgewächse
Polygonáceae
Siehe Seite 242

Juli–September   90–140 cm
4 Rauhhaariges Weidenröschen
Zottiges Weidenröschen
Epilóbium hirsútum
Nachtkerzengewächse
Onagráceae (Oenotheráceae)

SK: Blütenblätter 1–2 cm lang, purpurrot, Stengel wenigstens unten stark behaart.
B: Lockere Traube. Untere Blätter gekreuzt-gegenständig, lanzettlich-länglich, stengelumfassend.
SV: Gräben, Röhricht fließender, seltener stehender Gewässer, Unkrautbestände an nassen Wegen, seltener auch auf feuchten Schuttplätzen; liebt lehmige, etwas kalkhaltige Böden; zerstreut.
A: G; ♃
Die Samen der Weidenröschen-Arten haben auffällig lange Samenhaare, die sich jedoch nicht verspinnen lassen. Gelegentlich wurden sie schon zu Dochten verarbeitet.

Mai–September   30–100 cm
5 Gemeiner Beinwell
Schwarzwurz
Sýmphytum officinále
Borretschgewächse
Boragináceae
Siehe Seite 190

227

April—Oktober   15—50 cm

1 Schierlings-Reiherschnabel
Eródium cicutárium
Storchschnabelgewächse
Geraniáceae

SK: Blätter unpaarig gefiedert. Teilblättchen tief fiederspaltig.
B: Blüte purpurn, oft etwas gefleckt. Frucht mit Granne. Stengel niederliegend oder aufsteigend, rauhhaarig, oft rot überlaufen.
SV: Unkrautbestände in Hackkulturen und an Wegen, auch in Halbtrockenrasen; liebt unbebauten Boden; stickstoffliebend; zerstreut.
A: G; ☉ — ⊖
Der deutsche Gattungsname bezieht sich auf die Schnabelform der Frucht. Die Samen werden, ähnlich wie beim Storchschnabel, aus der Frucht herausgeschleudert (vgl. Sumpf-Storchschnabel, S. 284). Mit ihrer langhaarigen Granne können sie sich im Haarkleid von Tieren verfangen und werden so verbreitet. Mit Hilfe der spiralig gedrehten Granne vermögen sie sich bei unterschiedlicher Luftfeuchtigkeit ins Erdreich einzubohren.

Mai—Oktober   8—30 cm

2 Weicher Storchschnabel
Weichhaariger Storchschnabel
Geránium mólle
Storchschnabelgewächse
Geraniáceae Siehe Seite 244

Mai—Oktober   10—50 cm

3 Schlitzblättriger Storchschnabel
Schlitz-Storchschnabel
Geránium disséctum
Storchschnabelgewächse
Geraniáceae

SK: Blüten meist zu zweien, 8—10 mm im Durchmesser, hellpurpurrot. Stiel des Blütenstandes kürzer als sein Tragblatt. Alle Blätter gestielt.
B: Stengel verästelt, aufsteigend bis aufrecht. Blätter bis fast zum Grund fünf- bis siebenteilig. Teilblättchen gelappt.
SV: Unkrautbestände vor allem auf Hackfruchtäckern, auf Schuttplätzen und an Wegrändern; liebt steinigen,

aber nährstoffreichen, trockenen Boden; zerstreut.
A: G; ☉ — ⊖
Name: s. Wiesen-Storchschnabel, S. 312.

Juni—Oktober   25—50 cm

4 Ruprechts-Storchschnabel
Ruprechtskraut,
Stinkender Storchschnabel
Geránium robertiánum
Storchschnabelgewächse
Geraniáceae Siehe Seite 266

Juni—September   30—50 cm

5 Weg-Malve
Käsepappel
Málva neglécta (Málvá vulgáris)
Malvengewächse *Malváceae*

SK: Blüten blaßrosa. Blütenblätter 8—15 mm lang. Fruchtstiel abwärts gebogen. Obere Blätter bis höchstens zwei Drittel handförmig eingeschnitten.
B: Blüten in Büscheln in den Blattachseln. Stengel meist niederliegend.
SV: Unkrautbestände an Wegen, an Bahndämmen, auf Schuttplätzen, an Kompostlagerstätten und an Mauern; Stickstoffzeiger; sehr häufig.
A: G; ☉—♃
Alte Heilpflanze. Enthält Schleimstoffe.

Juni—September   50—130 cm

6 Spitzblättrige Malve
Sigmarskraut, Sigmarswurz,
Rosenmalve
Málva álcea
Malvengewächse *Malváceae*

SK: Blüten hellrot. Blütenblätter 1,4—2,3 cm lang. Obere Blätter bis fast zum Grunde handförmig fünf- bis siebenteilig. Haare am Stengel verzweigt (Lupe).
B: Blüten einzeln in den Blattachseln. Stengel aufrecht. Blattzipfel dreispaltig.
SV: Unkrautbestände, an Wegrainen und auf Schuttplätzen; liebt sandige, aber etwas kalkhaltige Böden; wärmeliebend; selten.
A: G; ♃

1

2

3

4

5

6

Juli—September   20—120 cm
1 Wilde Malve, Roßpappel
Málva sylvéstris
Malvengewächse *Malváceae*
SK: Blüten rotviolett. Blütenblätter etwa 2 cm lang. Fruchtstiele nicht abwärtsgebogen. Obere Blätter bis höchstens zwei Drittel handförmig eingeschnitten.
B: Wenige Blüten in Büscheln in den Blattachseln. Stengel aufrecht oder aufsteigend. Blattlappen gekerbt.
Ähnlich: Moschus-Malve, *Málva moscháta:* Blüten meist einzeln blattselständig, gelegentlich in den obersten Blattachseln büschelig. Blütenblätter 2—2,5 cm lang, hellrosa bis fast weiß.   Teilfrüchtchen   rauhhaarig. Obere Stengelblätter bis fast zum Grunde handförmig eingeschnitten. Unkrautbestände an Wegen, auf Halbtrockenrasen und in Trockenwäldern; selten.
SV: An Wegen, auf Schuttplätzen und alten Kompostlägerstätten; liebt lockere, nährstoffreiche Böden; Stickstoffzeiger; zerstreut.
A: G; ♃
Heilpflanze. Enthält Schleimstoffe.

Juni—Oktober   30—100 cm
2 Acker-Winde
Convólvulus arvénsis
Windengewächse
Convolvuláceae
SK: Blüte mit rosafarbenen Streifen oder ganz rot, etwa 1,5—2,5 cm lang.
B: 1—3 Blüten in den Blattachseln. Blüte trichterförmig, duftend. Stengel kahl, liegend oder linkswindend. Blätter wechselständig, gestielt, am Grund pfeil-spießförmig.
SV: Unkrautbestände auf Äckern, in Gärten, in Weinbergen, auf Schuttplätzen und an Wegen; liebt lockeren Lehmboden; Stickstoffzeiger; sehr häufig.
A: V; ♃
Die Blüten der Acker-Winde öffnen sich morgens zwischen 7 und 8 Uhr und schließen sich am selben Tag wieder gegen 13—14 Uhr; dann sind sie verblüht. Die Stengelspitze führt durch unterschiedlich starkes Wachstum der Flanken Suchbewegungen aus, und zwar beschreibt sie in etwa 1½ Stunden einen Kreis dem Uhrzeigersinn entgegen, der mehrere Zentimeter im Durchmesser hat. Enthält in den Blättern Herz-Glykoside und Gerbstoffe; alte Heilpflanze.

Juli—August   10—60 cm
3 Quendel-Seide
Cúscuta epithýmum
Seidengewächse *Cuscutáceae*
Siehe Seite 248

Juni—Oktober   50—100 cm
4 Große Bibernelle
Pimpinélla májor
(Pimpinélla mágna)
Doldengewächse
Apiáceae (Umbelliferae)
Siehe Seite 46

Juni—Juli   30—100 cm
5 Korn-Rade, Rade
Agrostémma githágo
Nelkengewächse
Caryophylláceae
SK: Kelchzipfel länger als die Blütenblätter. Blüten einzeln.
B: Blätter gegenständig lineal-lanzettlich, rauhhaarig.
SV: Unkrautbestände auf Getreideäckern; liebt nährstoffreichen Lehmboden; sehr selten; ist in den letzten Jahrzehnten vielerorts verschwunden.
A: G; ☉—♃; ☠
Die Korn-Rade war früher ein häufiges und wegen ihrer giftigen Samen gefürchtetes Getreideunkraut. Durch die Saatgutreinigung ist es wirksam bekämpft worden und heute fast ganz von den Äckern verschwunden. Als Unkraut seit der Steinzeit› bekannt. Enthält giftige Saponine.

Juli—September   30—60 cm
6 Echtes Seifenkraut
Gebräuchliches Seifenkraut
Gemeines Seifenkraut
Saponária officinális
Nelkengewächse
Caryophylláceae Siehe Seite 286

6

2

3

5

1

4

1 Mauer-Gipskraut
Gypsóphila murális
Nelkengewächse
Caryophylláccac

SK: Kelch mit trockenhäutigen Streifen. Blüten nur 6−15 mm lang.

B: Rispe. Stengel steif aufrecht, gabelig, verzweigt. Blätter gegenständig, linealisch, kaum 1 mm breit.

SV: Unkrautbestände auf Äckern, auch auf Waldwegen und auf schlammigen Uferbänken; etwas kalkscheu; Nässe- und Schlammzeiger; zerstreut.

A: G; ☉

Der Name Gipskraut soll auf eine ausländische Art Bezug nehmen, die angeblich auf besonders gipshaltigen Böden wächst.

2 Roter Gauchheil
Acker-Gauchheil
Anagállis arvénsis
Primelgewächse *Primuláceae*

SK: Keine Verwechslungsmöglichkeit.

B: Blüten blattachselständig, meist ziegelrot. Stengel meist niederliegend. Blätter gegenständig oder zu drei quirlständig, sitzend, eiförmig, unterseits schwarz punktiert.

SV: Unkrautbestände auf Hackfruchtäckern, seltener auf Getreideäckern und in Gärten oder auf Schuttplätzen; liebt nährstoffreichen Lehmboden; häufig.

A: V; ☉

Der Name „Gauchheil'' (Gauch = Kuckuck, Tor) hatte im Mittelhochdeutschen die Bedeutung: heilt Geisteskranke. Die Pflanze enthält Saponine, wird aber heute in der Heilkunde nicht mehr verwendet.

3 Vogel-Knöterich
Polygonum aviculáre
Knöterichgewächse
Polygonáceae
Siehe Seite 42

4 Floh-Knöterich
Pfirsichblättriger Knöterich
Polýgonum persicária
Knöterichgewächse
Polygonáceae

SK: Blattscheiden langfransig bewimpert.

B: Ähren an Haupt- und Seitenästen. Stengel wenig ästig mit wenig verdickten Knoten. Blätter lanzettlich, glänzend, oberseits oft mit dunklen Flekken.

SV: Unkrautbestände auf Äckern, Schuttplätzen und an schlammigen Ufern; stickstoffliebend; häufig.

A: G; ☉; (☣)

Die Pflanze enthält ätherische Öle und schmeckt deswegen brennend scharf.

5 Ampfer-Knöterich
Polýgonum lapathifólium
Knöterichgewächse
Polygonáceae Siehe Seite 286

6 Wald-Brustwurz
Wald-Engelwurz
Angélica sylvéstris
Doldengewächse
Apiáceae (Umbellíferae)

SK: Blüten in Dolden. Dolde 20−40 Strahlen. Hülle fehlt oder nur aus 1−3 Blättchen. Hüllblättchen zahlreich. Stengel rund, hohl, weißlich bereift. Blätter zwei- bis dreifach fiederteilig, die unteren länger als 50 cm.

B: Dolde aus kugeligen Döldchen zusammengesetzt. Teilblättchen 1,5−3 cm breit, gesägt, Blattscheiden bauchig.

SV: Auwälder, feuchte Wiesen, Gebüsche und Unkrautbestände an Wegen, Gärten und an Ufern; liebt grundwasserfeuchten Lehmboden; häufig.

A: G; ⚕; (☣)

Enthält ätherische Öle, die aber in hoher Konzentration giftig wirken, und Furocumarine. Ruft auf der Haut im Licht bei manchen Menschen Entzündungen hervor.

1

5

2

6

4

3

Mai–Juli   30–50 cm
1 Sommer-Adonisröschen
Sommer-Teufelsauge
Kleines Teufelsauge
Adónis aestivális
Hahnenfußgewächse
Ranunculáceae
SK: Blüten scharlachrot bis gelbrot, ausgebreitet. Kelchblätter kahl.
B: Blüten einzeln, langgestielt. Blütenblätter am Grunde mit schwarzem Fleck. Blätter zwei- bis dreifach gefiedert.
SV: Unkrautbestände auf Getreideäckern; liebt trockene Kalkböden; selten; ist in den letzten Jahren vielerorts praktisch verschwunden.
A: G; ☉; (⚘)
Der lateinische Gattungsname *(Adónis)* weist zurück auf die griechische Sage: Als der schöne Adonis auf der Jagd von einem Eber getötet wurde, entsproß der Erde überall da den Adonisröschen, wo Blut auf die Erde tropfte. Der deutsche Gattungsname (Teufelsauge) bezieht sich vielleicht auf den Gegensatz zwischen lockender Schönheit und Giftigkeit. Die Pflanze enthält in geringen Mengen herzwirksame Glykoside (Cardenolide) und ist deswegen schwach giftig.

Juni–August   30–60 cm
2 Weinbergs-Lauch
Hundslauch
Állium vineále
Lauchgewächse *Alliáceae*
SK: Schnittlauchähnliche, blaugrüne Blätter. Nur ein Hüllblatt am Blütenstand, das diesen nicht oder nur wenig überragt.
B: Scheindolde, oft nur mit Brutzwiebeln an Stelle von Blüten. Blüten langgestielt. Stengel etwa bis zur Mitte hinauf beblättert. Blätter fast rund, oberseits mit einer engen, schwer erkennbaren Rinne.
SV: Unkrautbestände, auf Hackfruchtäckern, Weinbergen, Wiesenrainen und Auwäldern; nährstoffliebend, etwas kalkscheu; wärmeliebend; selten.
A: M; ♃
Häufigste Lauch-Art in Mitteleuropa.

Viele ähnliche, meist seltene und nur schwer zu unterscheidende Arten.

Juni–September   15–30 cm
3 Scharfes Berufkraut
Echtes Berufkraut
Erígeron ácris
Korbblütengewächse
Asteráceae (Compósitae)
Siehe Seite 250

Juni–Oktober   15–50 cm
4 Gemeine Schafgarbe
Achilléa millefólium
Korbblütengewächse
Asteráceae (Compósitae)
Siehe Seite 250

Juni–Oktober   60–130 cm
5 Lanzett-Kratzdistel
Gemeine Kratzdistel
Círsium vulgáre
Korbblütengewächse
Asteráceae (Compósitae)
SK: Blüten in 2–4 cm breiten, traubig angeordneten Körbchen. Nur Röhrenblüten. Fruchtknoten mit gefiederten Haaren (Lupe!). Blätter herablaufend.
B: Hülle oft etwas spinnwebig behaart. Blätter unterseits dünn graufilzig, tief fiederspaltig.
SV: Unkrautbestände an Wegen und auf Schuttplätzen; liebt kalkhaltigen, stickstoffreichen Boden; häufig.
A: V; ☉

Juli–August   30–100 cm
6 Nickende Distel
Cárduus nútans
Korbblütengewächse
Asteráceae (Compósitae)
SK: Blüten in großen, einzelnen Körbchen, diese 3,5–7 cm im Durchmesser, nickend. Nur Röhrenblüten. Haare am Fruchtknoten nicht gefiedert (Lupe!).
B: Hüllblätter zurückgekrümmt, stechend. Blätter fiederspaltig.
SV: Unkrautbestände an Wegen, Böschungen und auf steinigen Schuttplätzen; liebt steinigen oder sandigen, kalkhaltigen Boden; zerstreut.
A: V; ☉

6

2

4

1

3

5

Juli—August   50–150 cm
1 Filz-Klette
Filzige Klette
Árctium tomentósum
Korbblütengewächse
Asteráceae (Compósitae)
Siehe Seite 290

Juli—September   30–180 cm
2 Große Klette
Árctium láppa (Láppa májor)
Korbblütengewächse
Asteráceae (Compósitae)

SK: Blüten in kugeligen, trugdoldig-rispig angeordneten Körbchen. Diese 3–3,5 cm im Durchmesser. Nur Röhrenblüten, Hüllblätter der Blüten hakig (Klette).
B: Stengel beblättert. Blätter sehr groß, gestielt, am Grunde rundlich oder herzförmig.
SV: Unkrautbestände an Wegen und auf Schuttplätzen; liebt stickstoffreichen, meist lehmigen Boden; zerstreut.
A: V; ⊙; ♃
Bastarde und Inhaltsstoffe: s. Kleine Klette, unten.

Juli—September   50–130 cm
3 Kleine Klette
Árctium mínus
Korbblütengewächse
Asteráceae (Compósitae)

SK: Blüten in kugeligen, rispig angeordneten Körbchen. Diese 1–2 cm im Durchmesser. Nur Röhrenblüten. Hülblätter der Körbchen hakig (Klette). Äste aufrecht abstehend.
B: Stengel beblättert. Blätter sehr groß, gestielt, am Grund rundlich oder schwach herzförmig.
SV: Unkrautbestände an Wegen, Mauern und auf Schuttplätzen; liebt lehmige, stickstoffreiche Böden; zerstreut.
A: V; ⊙
Neben den reinen Arten gibt es häufig Bastarde, die sich nur schwer erkennen lassen. Die Kleine Klette enthält in

der Wurzel ätherisches Öl, Gerbstoff und Schleimstoffe. Alte Heilpflanze.

März—April   30–60 cm
4 Rote Pestwurz
Gemeine Pestwurz
Gebräuchliche Pestwurz
Petasítes hýbridus
(Petasítes officinális)
Korbblütengewächse
Asteráceae (Compósitae)
Siehe Seite 288

Juni—Oktober   30–100 cm
5 Wiesen-Flockenblume
Gemeine Flockenblume
Centáurea jacéa
Korbblütengewächse
Asteráceae (Compósitae)
Siehe Seite 252

März—Mai   15–30 cm
6 Hohler Lerchensporn
Corýdalis cáva
Erdrauchgewächse
Fumariáceae

SK: 10–20 Blüten. Hochblätter ganzrandig. Knolle hohl.
B: Endständige Traube. Blüten meist trübrot, seltener violett oder weiß, schwach wohlriechend. Stengel zweiblättrig, unverzweigt. Blätter doppelt dreizählig, eingeschnitten, zart, kahl. Ähnlich: Mittlerer Lerchensporn, *Corýdalis fabácea*: nur 1–5, oft nickende, hellrote Blüten. Stengel meist verzweigt. Hochblätter ganzrandig. Knolle nicht hohl. Laubwälder, Mischwälder; liebt lockeren, nährstoffreichen, mullhaltigen Lehmboden; sehr selten.
SV: Auwälder, Laubwälder, warme Gebüsche, Unkrautbestände in Weinbergen; liebt feuchte, mullreiche, aber warme Böden; selten.
A: G; ♃; ☠
Die Samen des Hohlen Lerchensporns werden durch Ameisen verbreitet. Der Hohle Lerchensporn enthält besonders in der Knolle Alkaloide und ist dadurch giftig. Alte Heilpflanze.

3

5

4

6

1

2

Mai–Oktober 15–30 cm
1 Echter Erdrauch
Fumária officinális
Erdrauchgewächse
Fumariáceae
SK: Blüten mindestens 8 mm lang, Kelchblätter 2–5 mm lang.
B: Traube. Blüten hellpurpurn, an der Spitze schwarz-rot. Stengel aufsteigend oder aufrecht. Blätter graugrün, doppelt fiederteilig. Blattzipfel lanzettlich.
SV: Unkrautbestände auf Hackfruchtäckern und in Gärten, seltener auf Getreideäckern; liebt Lehmböden; häufig.
A: G; ⊙; (✿)

März–Oktober 15–30 cm
2 Stengelumfassende Taubnessel
Lámium amplexicaúle
Lippenblütengewächse
Lamiáceae (Labiátae)
SK: Pflanze brennesselartig, ohne Brennhaare. Obere Blätter stengelumfassend.
B: Auf Hackfruchtäckern, in Gärten und Weinbergen; liebt nährstoffreichen Lehmboden; kalkscheu; wärmeliebend; zerstreut.
A: V; ⊙

März–Oktober 10–25 cm
3 Purpurrote Taubnessel
Lámium purpúreum
Lippenblütengewächse
Lamiáceae (Labiátae)
SK: Pflanze brennesselartig, ohne Brennhaare. Unterlippe mit einem großen, zweiteiligen Mittellappen und zwei kleinen Seitenlappen. Blüte 1–2 cm lang.
B: 3–5 Blüten in blattachselständigen Scheinquirlen. Stengelspitze und obere Blätter rot überlaufen. Alle Blätter gestielt, kreuzgegenständig, eiförmig-herzförmig, runzelig, gekerbt-gesägt. Pflanze riecht schwach widerlich.
SV: Unkrautbestände in Hackkulturen, seltener auf Getreideäckern, Schutt-

plätzen und an Wegen; liebt nährstoffreiche Lehmböden; sehr häufig.
A: V; ⊙

Juni–September 30–130 cm
4 Bunte Kronwicke
Coronílla vária
Schmetterlingsblütengewächse
Fabáceae (Leguminósae)
Siehe Seite 278

Juni–September 30–120 cm
5 Erdnuß-Platterbse
Láthyrus tuberósus
Schmetterlingsblütengewächse
Fabáceae (Leguminósae)
SK: Blüten rot; Stengel kantig, nicht geflügelt; Blätter mit einem Fiederpaar und Ranken.
B: Unterirdischer Stengel mit Knollen.
SV: Unkrautbestände in Getreideäckern, seltener auf Schutt; liebt nährstoffreichen, kalkhaltigen Lehmboden; zerstreut.
A: G; ♃
Tritt seit einigen Jahren häufiger auf, da ihre spät auflaufenden Keimlinge von Unkrautbekämpfungsmitteln meist nicht erfaßt werden.

Juni–August 60–130 cm
6 Schwarzer Gottvergeß
Schwarznessel, Stink-Andorn
Ballóta nígra
Lippenblütengewächse
Lamiáceae (Labiátae)
SK: Gestielte Blüten in Scheinquirlen in den Blattachseln. Lappen der Unterlippe breit und stumpf. Kelch trichterförmig, mit 10 hervortretenden Rippen.
B: Stengel ästig, kantig. Blätter kreuzgegenständig, herz-eiförmig, gekerbt, weichhaarig, nach dem Verblühen oft schwärzlich. Pflanze riecht widerlich.
SV: Unkrautbestände auf Schuttplätzen, an Wegen und Mauern; liebt lockeren, etwas feuchten, stickstoffhaltigen Boden; zerstreut.
A: V; ♃

1

4

2

3

6

5

Juni—August   10—60 cm
1 Sumpf-Ziest
Schweins-Rübe
Stáchys palústris
Lippenblütengewächse
Lamiáceae (Labiátae)
Siehe Seite 292

Juli—Oktober   10—80 cm
2 Stechender Hohlzahn
Gemeiner Hohlzahn
Galeópsis tétrahit
Lippenblütengewächse
Lamiáceae (Labiátae)
SK: Oberlippe helmförmig. Unterlippe auf jeder Seite mit einem hohlen Zahn. Stengel unter den Gelenken angeschwollen.
B: Meist mehrere, fast kugelige, reichblütige Scheinquirle. Stengel einfach oder ästig, an den Gelenken behaart. Blätter langgestielt, eiförmig-lanzettlich. Mehrere ähnliche, schwer unterscheidbare Arten.
SV: Unkrautbestände auf Äckern, an Wegen, auf Schuttplätzen und Bahndämmen, auch an Waldrändern und auf Kahlschlägen; sehr häufig.
A: G; ⊙ — ⊖
Der Gemeine Hohlzahn ist aus zwei Hohlzahnarten durch Bastardierung entstanden, wobei die Chromosomenzahl verdoppelt wurde. Das konnte von dem schwedischen Botaniker A. Müntzing experimentell nachgewiesen werden, der durch entsprechende Kreuzungen ,,synthetische" Individuen erhielt.

Juni—Juli   10—30 cm
3 Acker-Wachtelweizen
Melampýrum arvénse
Braunwurzgewächse
Scrophulariáceae
SK: Hochblätter purpurn. Blüten in dichten, allseitswendigen Ähren.
B: Blüten purpurn mit gelblichem oder weißlichem Fleck, 2—2,5 cm lang. Stengel aufrecht, verästelt. Blätter lanzettlich, spitz, ganzrandig oder gezähnt.
SV: Unkrautbestände auf Getreideäckern; liebt kalkhaltige Böden; selten.

A: V; ⊙; (🐝)
Halbschmarotzer. Den deutschen Gattungsnamen ,,Wachtelweizen" verdanken wir der irrtümlich im Volke verbreiteten Meinung, daß Wachteln den Samen besonders gern fressen. In Wahrheit enthalten die Samen des Wachtelweizens große Mengen giftiges Aucubin (s. Wald-Läusekraut, S. 290).

Juni—September   30—120 cm
4 Blauer Natternkopf
Échium vulgáre
Borretschgewächse
Boragináceae
SK: Keine Verwechslungsmöglichkeit.
B: Blüten locker, beblättert. Blüte erst rötlich, dann blau, trichterförmig. Stengel mit stechenden Haaren besetzt, die auf weißlichen oder bräunlichen Knöpfchen sitzen. Blätter borstig-steifhaarig.
SV: An Wegrainen, an Bahndämmen und auf Schuttplätzen, seltener in Halbtrockenrasen; liebt lockeren, steinigen Boden; häufig.
A: V; ⊙
Der Name ,,Natternkopf" bezieht sich auf die Blütenform. Insbesondere sollen die herausragenden Staubgefäße an die Schlangenzunge erinnern. Farbwechsel: s. Berg-Platterbse, S. 316. Der Natternkopf enthält ein für Warmblüter nicht giftiges Alkaloid und Gerbstoffe. Alte Heilpflanze.

Juli—Oktober   5—30 cm
5 Sand-Thymian
Feld-Thymian
Thýmus serpýllum
Lippenblütengewächse
Lamiáceae (Labiátae)
Siehe Seite 260

Juli—Oktober   30—60 cm
6 Wilder Dost, Echter Dost
Wilder Majoran
Oríganum vulgáre
Lippenblütengewächse
Lamiáceae (Labiátae)
Siehe Seite 260

1

2

3

4

5

6

Mai—Juni 30—80 cm

1 Sauer-Ampfer
Großer Ampfer
Rúmex acetósa
Knöterichgewächse
Polygonáceae

SK: Pflanze über 30 cm hoch. Blätter schmecken säuerlich. Obere Blätter sitzend.
B: Blütenrispe schlank. Pflanze zweihäusig. Blätter dicklich, derb, am Grunde pfeilförmig.
SV: Wiesen; liebt nährstoff- und stickstoffreiche und meist lehmige Böden; sehr häufig; tritt an seinen Standorten oft so stark auf, daß er Ende Mai—Anfang Juni mit seinen Blütenständen die Farben der Wiesen bestimmt.
A: G; ♃; (♨)
Der Sauer-Ampfer wird gelegentlich wegen seines hohen Gehaltes an Vitamin C zu Wildgemüse gekocht oder roh gegessen. Indessen ist der sauer schmeckende Stoff (Kleesalz und Oxalsäure) für den Menschen gesundheitsschädlich, wenn größere Mengen genossen werden. Bei massenhaftem Auftreten auf Weiden sind auch schon Vergiftungen von Vieh beschrieben worden. Der Sauer-Ampfer erzeugt, wie alle Windblütler, viele Pollen. Mit etwa 400 Millionen Pollenkörnern pro Pflanze gehört er zu den Pflanzen unserer Flora, die am meisten Pollenkörner erzeugen.
Der Name „Sauer-Ampfer" ist im Grunde eine Doppelbezeichnung. „Ampfer" entstammt nämlich einer alten germanischen Wortwurzel, die scharf bedeutete.

Mai—Juli 8—30 cm

2 Kleiner Ampfer
Rúmex acetosélla
Knöterichgewächse
Polygonáceae

SK: Pflanze kleiner als 30 cm. Blätter schmecken bitterlich. Alle Blätter gestielt, oberste mit undeutlich abgesetztem Stiel.

B: Blütenrispe schlank. Pflanze zweihäusig. Blätter spießförmig, lanzettlich oder linealisch.
SV: Trockene Wiesen, wenig bewachsene Sandböden, seltener in Unkrautbeständen auf sandigen Äckern; zeigt sandigen Boden und Bodenversauerung an; häufig.
A: G; ♃; (♨)
Inhaltsstoffe: s. Sauer-Ampfer, oben.

Juni—August 60—150 cm

3 Großer Wiesenknopf
Sanguisórba officinális
Rosengewächse
Rosáceae
Siehe Seite 392

Juli—August 15—100 cm

4 Rosarotes Weidenröschen
Epilóbium róseum
Nachtkerzengewächse
Onagráceae (Oenotheráceae)
Siehe Seite 282

April—Juli 30—70 cm

5 Kuckucks-Lichtnelke
Kranzrade
Lýchnis flos-cúculi
Nelkengewächse
Caryophylláceae

SK: Blütenblätter tief vierspaltig.
B: Lockere Trugdolde. Stengel nicht klebrig. Untere Blätter spatelig, obere lanzettlich.
SV: Feuchte Wiesen; liebt humushaltige, tiefgründige, lehmige Böden; zeigt hohen Grundwasserstand an; auf den Wiesen an den feuchtesten Stellen; häufig.
A: G; ♃
An der Kuckucks-Lichtnelke findet man häufig speichelartige Schaumklümpchen, in denen sich eine Schaumzirpe verbirgt. Diese Schaumklümpchen heißen im Volksmund „Kuckucks-Speichel". Auf sie bezieht sich der Artname (vgl. Wiesen-Schaumkraut, S. 54). Die Pflanze enthält Saponine.

1

3

5

2

4

1 April–August 30–100 cm
Rotes Leimkraut
Rote Nachtnelke, Rote Lichtnelke
Siléne dióica
(Meléndrium rúbrum,
M. diúrnum)
Nelkengewächse
Caryophylláceae Siehe Seite 264

2 Mai–Juni 15–50 cm
Gemeine Pechnelke
Gemeine Lichtnelke
Lýchnis viscária
(Viscária vulgáris)
Nelkengewächse
Caryophylláceae Siehe Seite 264

3 Mai–Juni 10–25 cm
Pfingst-Nelke
Felsen-Nelke
Diánthus gratianopolitánus
(Diánthus caesius)
Nelkengewächse
Caryophylláceae
SK: Blütenblätter nur schwach gezähnt. Kelch am Grund mit schuppenartigen, kurzen Hochblättern (ein Viertel so lang wie der Kelch). Kelch ohne trockenhäutige Streifen.
B: Blüten einzeln, langgestielt, innen bärtig behaart, hellrot. Stengel aufsteigend oder aufrecht, reich verzweigt (Pflanze bildet oft kleine Polster). Blätter etwas blaugrün, lineal, gegenständig.
SV: Felsige Trockenrasen, Felsbänder; wärmeliebend; sehr selten.
A: G; ♃; ▽

4 Mai–September 30–100 cm
Gemeiner Beinwell
Schwarzwurz
Sýmphytum officinále
Borretschgewächse
Boragináceae Siehe Seite 286

5 Mai–Oktober 8–30 cm
Weicher Storchschnabel
Weichhaariger Storchschnabel
Geránium mólle
Storchschnabelgewächse
Geraniáceae
SK: Blüten meist zu zweit, hellpur-

purn, 8–12 mm im Durchmesser, beim Aufblühen nickend. Stengel unten dicht behaart. Obere Blätter sitzend.
B: Stengel reich verastelt, aufsteigend. Blätter nierenförmig, fünf- bis neunspaltig, untere länglich, vorn eingeschnitten.
Ähnlich: Kleiner Storchschnabel, *Geránium pusillum:* Blüten 5–7 mm im Durchmesser, rotviolett. Stengel unten nur wenig behaart. Obere Blätter sitzend. Mai–Oktober; 10–50 cm. ☉, ☻. Schuttplätze, Wegränder; stickstoffliebend; häufig. Pyrenäen-Storchschnabel, *Geránium pyrenáicum:* Blüten 1,4–2 cm im Durchmesser, rotviolett. Ganzer Stengel dicht behaart. Obere Blätter sitzend. Mai–September; 20–50 cm. Schuttplätze, Wegränder, Mauern, Gärten; wärme- und stickstoffliebend; häufig. Erst im 18. Jahrhundert aus Spanien eingeschleppt.
SV: Unkrautbestände auf Äckern (besonders Hackfruchtäckern); in Gärten und Weinbergen, aber auch an Wegrainen, auf Schuttplätzen und in Halbtrockenrasen; liebt lockeren, oft sandigen Boden; zerstreut.
A: G; ☉
Name: s. Wiesen-Storchschnabel, S. 312. Schleudermechanismus der Frucht: siehe Sumpf-Storchschnabel, S. 284.

6 Mai–August 30–120 cm
Schlangen-Knöterich
Wiesen-Knöterich
Schlangenwurz, Natterwurz
Polýgonum bistórta
Knöterichgewächse
Polygonáceae
SK: Dichtwalzliche Blütenähre.
B: Stengel aufrecht, Blätter länglich-eiförmig, unterseits graugrün. Wurzel dick, schlangenförmig gekrümmt.
SV: Feuchte Wiesen, Alpenmatten, Auwälder und feuchte Stellen in Laub- und Laubmischwäldern; nährstoffliebend; Nässezeiger; häufig.
A: G; ♃

1

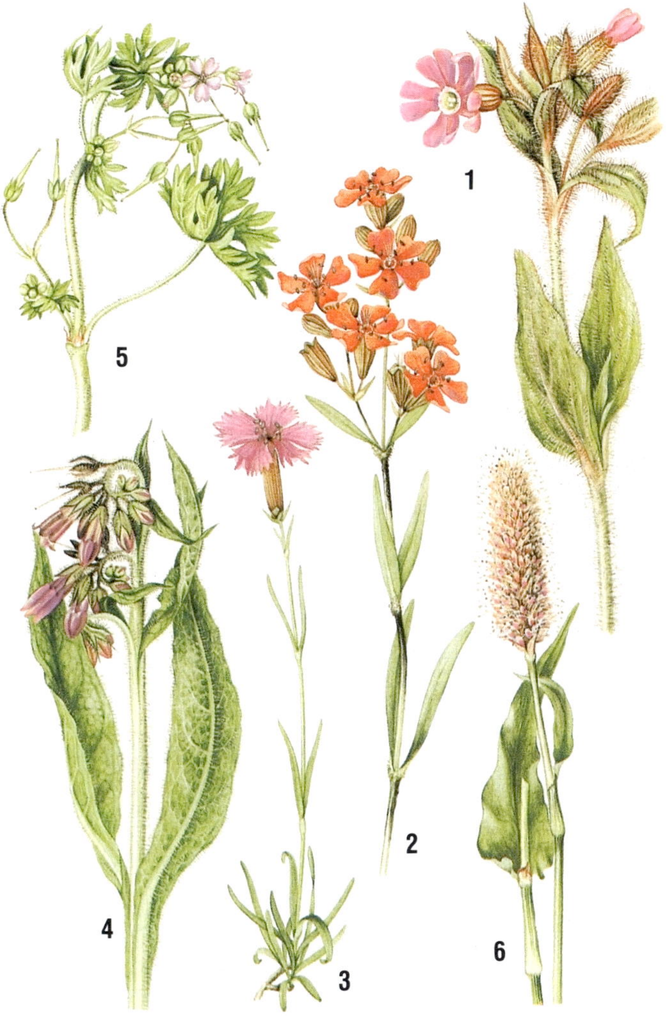

5

4

2

3

6

Mai—September   20—40 cm
1 Gemeine Grasnelke
Arméria marítima
(Arméria vulgáris)
Strandnelkengewächse
Plumbagináceae
Siehe Seite 342

Juni—September   30—100 cm
2 Pracht-Nelke
Diánthus supérbus
Nelkengewächse
Caryophylláceae
SK: Blütenblätter bis weit über die
Mitte unregelmäßig fiederig zer-
schlitzt. Kelch am Grunde mit schup-
penartigen Hochblättern, ohne trok-
kenhäutige Streifen.
B: Blüten duftend, meist zu mehreren
endständig. Stengel aufrecht, kahl,
stielrund. Blätter lineal-lanzettlich, oft
blaugrün.
SV: Laubwälder, Mischwälder, feuchte
Wiesen; liebt dichten, feuchten und
ziemlich kalkfreien Boden; zerstreut.
A: G; ♃

Juni—August   15—30 cm
3 Heide-Nelke
Diánthus deltoídes
Nelkengewächse
Caryophylláceae
SK: Blüten 1—1,5 cm breit. Blütenblät-
ter gezähnt. Kelch am Grund mit
schuppenartigen, kurzen Hochblät-
tern, ohne trockenhäutige Streifen.
Stengel flaumig behaart.
B: Blüten langgestielt, meist einzeln.
Blüte heller punktiert. Stengel ver-
zweigt (jeder Zweig mit einer Blüte).
Blätter lineal-lanzettlich, am Rande
rauh.
SV: Magere Rasen und Heiden; liebt
lockeren und etwas sandigen Boden;
kalkscheu; sehr selten.
A: G; ♃

Juni—August   20—50 cm
4 Busch-Nelke
Diánthus seguiéri
(Diánthus silváticus)

Nelkengewächse
Caryophylláceae
SK: Blütenblätter lang ausgefranst.
Kelch am Grunde mit schuppenartigen
Hochblättern, ohne trockenhäutige
Streifen. Hochblätter krautig, höch-
stens mit trockenhäutigem Rand.
B: Blüten meist einzeln, selten mehre-
re. Hochblattschuppen kürzer als der
halbe Kelch. Stengel aufrecht,
manchmal verzweigt.
SV: Magere Wiesen, Bergwiesen;
liebt wechselfeuchten, im Sommer
meist trockenen, dichten Boden; auch
auf Sandböden; zeigt oberflächliche
Versauerung an; selten.
A: G; ♃; ▽

Juni—September   15—50 cm
5 Karthäuser-Nelke
Echte Stein-Nelke
Diánthus carthusianórum
Nelkengewächse
Caryophylláceae
SK: Blütenblätter gezähnt. Kelch am
Grund mit schuppenartigen, trockenhäutigen Hochblättern, ohne trockenhäutige Streifen.
B: Blüten zu mehreren dicht gedrängt,
endständig, seltener nur eine Blüte.
Kelch und Hochblätter lederartig,
braun. Stengel kahl. Blätter schmal,
derb, am Rand rauh, am Grund zu einer Röhre verwachsen, gegenständig.
SV: Trockenrasen und Halbtrockenrasen; wärmeliebend; zerstreut.
A: G; ♃
Die Art hat ihren deutschen Namen
angeblich deshalb bekommen, weil
die Karthäuser-Mönche diese Nelke
früher oft in ihren Klostergärten angepflanzt haben. Die Karthäuser-Nelke
enthält Saponine. Sie wird von
Schmetterlingen bestäubt.

Juni—Oktober   50—100 cm
6 Große Bibernelle
Pimpinélla májor (P. mágna)
Doldengewächse
Apiáceae (Umbelliferae)
Siehe Seite 46

5

2

3

1

4

6

1 Juli–September 30–170 cm
Echter Baldrian
Großer Baldrian
Gebräuchlicher Baldrian
Valeriána officinális
Baldriangewächse
Valerianáceae
Siehe Seite 268

2 Mai–Juli 10–30 cm
Kleiner Baldrian
Valeriána dióica
Baldriangewächse
Valerianáceae
SK: Untere Blätter ungeteilt, obere fiederteilig.
B: Trugdolde. Blüten oft zweihäusig, rosa- bis fleischrot. Stengel aufrecht, einfach, gefurcht, kahl.
SV: Flachmoore, nasse Wiesen, Gräben, Ufer, nasse Laub-, Misch- und Nadelwälder, Auwälder; liebt grundwasserfeuchten, nährstoffreichen Boden; zerstreut.
A: V; ♃

3 Juli–September 20–60 cm
Moschus-Malve
Málva moscháta
Malvengewächse *Malváceae*
SK: Blüten hellrot, rosa bis fast weiß, Blütenblätter 2–2,5 cm lang. Obere Blätter bis fast zum Grund handförmig, fünf- bis siebenteilig. Haare am Stengel unverzweigt (Lupe!).
B: Blüten zu 1–3 in den Blattachseln, nach Moschus duftend. Blätter mit einfach oder doppelt fiederspaltigen Zipfeln.
SV: Halbtrockenrasen, trockene Wiesen und Weiden; etwas kalkscheu; wärmeliebend; selten.
A: G; ♃
Alte Heilpflanze. Enthält Schleimstoffe.

4 Juli–Oktober 8–50 cm
Echtes Tausendgüldenkraut
Centaúrium erythraéa
(C. mínus, C. umbellátum,
Erythraéa centaúrium)
Enziangewächse
Gentianáceae

SK: Blütenstand trugdoldig. Grundblätter rosettig.
B: Trugdolde flach. Stengel erst im Blütenstand verzweigt, vierkantig. Grundblätter rosettig. Stengelblätter länglich-oval, fünfnervig, kahl.
SV: Kahlschläge, lichte Wälder, Waldränder, Halbtrockenrasen; liebt sandige trockene Böden; etwas wärmeliebend; zerstreut.
A: V; ☉; ▽
Der wissenschaftliche und der deutsche Gattungsname verweisen auf die griechische Sage: Der verwundete Zentaur Chiron soll durch das Kraut geheilt worden sein, daher „Centaúrium" und „Centauréa". „Centaúrium" übersetzte man dann fälschlich mit Hundertgüldenkraut (lateinisch centum = hundert; lateinisch aureus = golden). Daraus wurde im Volksmund das Tausendgüldenkraut. Alte Heilpflanze; enthält Bitterstoffe.

5 Juli–August 10–60 cm
Quendel-Seide
Cúscuta epithýmum
Seidengewächse
Cuscutáceae
SK: Keine Verwechslungsmöglichkeit mit anderen Gattungen.
B: Blüten knäuelartig sitzend, unscheinbar. Stengel ästig, fadenförmig, blattlos, grünlichgelb, windend. Mehrere ähnliche, auch nach den Wirtspflanzen unterschiedene, seltene Arten.
SV: Heiden, trockene Wiesen, lichte Wälder, Wegraine; schmarotzt auf Pfeilginster, Thymian, Heidekraut und Besenginster; selten.
A: V; ☉
Die Quendel-Seide entzieht ihrer Wirtspflanze mit Saugwurzeln Nährstoffe.

6 Juni–September 20–50 cm
Große Fetthenne
Sédum teléphium
(Sédum máximum)
Dickblattgewächse
Crassuláceae
Siehe Seite 188

5

6

1

2

4

3

Mai–Juni   8–25 cm
1 Zweihäusiges Katzenpfötchen
Himmelfahrtsblümchen
Antennária dióica
(Gnaphálium dióicum)
Korbblütengewächse
Asteráceae (Compósitae)
Siehe Seite 270

Juni–August   30–60 cm
2 Weinbergs-Lauch
Hundslauch
Állium vineále
Lauchgewächse *Alliáceae*
Siehe Seite 234

Juni–September   15–30 cm
3 Scharfes Berufkraut
Echtes Berufkraut
Erígeron ácris
Korbblütengewächse
Asteráceae (Compósitae)
SK: Blüten in Körbchen. Außen mehrere Reihen Zungenblüten, innen gelbe Röhrenblüten. Stengel verzweigt, beblättert. Blätter ungeteilt, wechselständig.
B: Körbchen traubig angeordnet, 5–7 mm lang. Äste mit 1–3 Körbchen. Zungenblüten fädig, kaum länger als die Röhrenblüten, aufrecht. Stengel meist rötlich, rauhhaarig. Blätter lanzettlich, ganzrandig, rauhhaarig.
SV: Trockenrasen, Halbtrockenrasen, Wegraine, seltener auch auf Hackfruchtäckern und auf unbebautem Land; liebt lockeren, etwas sandigen, flachgründigen, kalkhaltigen Boden; etwas stickstoffliebend; selten.
A: V; ☉
Der wissenschaftliche Gattungsname kommt von den griechischen Wörtern eri = früh und geron = Greis und bezieht sich auf die bald nach der Blüte erscheinenden weißen Haare der Früchte.
„Berufkraut" heißt die Pflanze, weil man im Mittelalter glaubte, sie schütze gegen zauberisches „Berufen".

Juni–Oktober   15–50 cm
4 Gemeine Schafgarbe
Achilléa millefólium
Korbblütengewächse
Asteráceae (Compósitae)
SK: Blüten in trugdoldig angeordneten kleinen Körbchen. Außen weiße oder rosarote Zungenblüten; innen gelbweiße Röhrenblüten; Blätter doppelt fiederteilig. Pflanze riecht aromatisch.
B: Meist nur 4–5 Zungenblüten. Stengel aufrecht. Teilblättchen zwei- bis fünfspaltig.
SV: Halbtrockenrasen, Wiesen, Wege, Raine; auf unterschiedlichen, aber meist stickstoffhaltigen Böden; sehr häufig.
A: V; ♃
Der wissenschaftliche Gattungsname *Achilléa* leitet sich von dem griechischen Helden Achilles ab; der deutsche Gattungsname weist darauf hin, daß die Schafgarbe gern von Schafen gefressen wird und häufig auf Schafweiden wächst. Heilpflanze; enthält ätherische Öle und geringe Mengen Furocumarine. Schafgarbensaft kann bei dafür empfindlichen Menschen auf der Haut Entzündungen hervorrufen, wenn die benetzte Stelle dem Licht ausgesetzt wird.

Juli–September   5–20 cm
5 Stengellose Kratzdistel
Erd-Kratzdistel
Círsium acuäüle
Korbblütengewächse
Asteráceae (Compósitae)
SK: Blüten in 3–6 cm breiten Körbchen. Nur Röhrenblüten. Haare am Fruchtknoten gefiedert (Lupe!). Stengel höchstens 20 cm hoch. Blätter rosettig, stachelig.
B: Blätter buchtig, fiederspaltig, Zipfel eiförmig, fast dreispaltig.
SV: Halbtrockenrasen, Weiden; liebt kalkhaltigen, lehmigen Boden; wärmeliebend; selten.
A: V; ♃

2

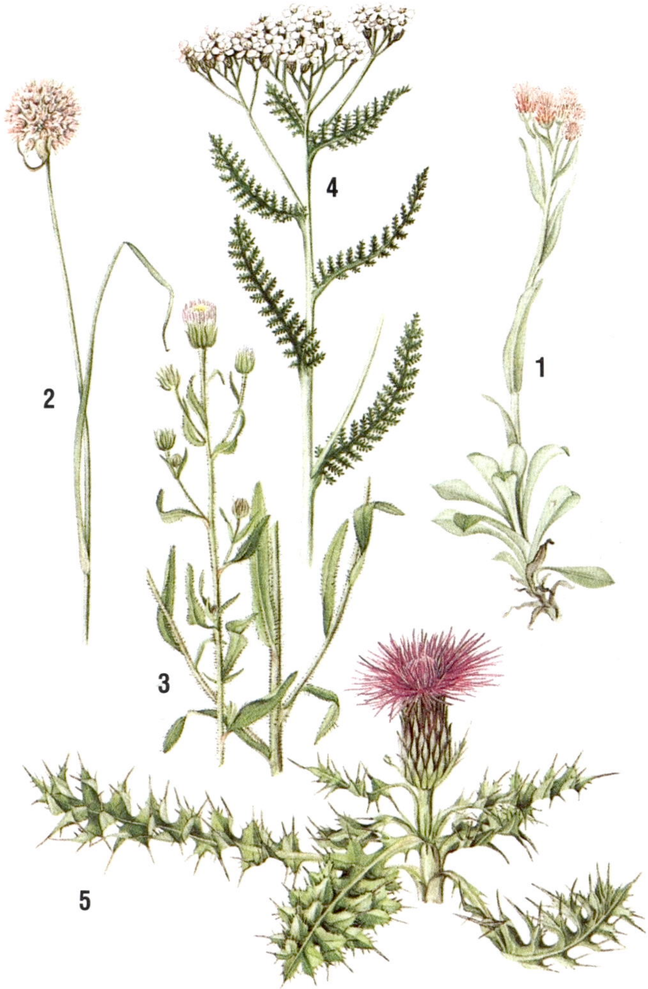

4

1

3

5

Juni–Oktober   30–100 cm
1 Wiesen-Flockenblume
Gemeine Flockenblume
Centaúrea jacéa
Korbblütengewächse
Asteráceae (Compósitae)

SK: Blüten in großen Körbchen. Nur Röhrenblüten. Randblüten größer als die inneren. Stengel aufsteigend oder niederliegend. Mittlere und obere Blätter meist ungeteilt, wechselständig. Untere Blätter buchtig-fiederspaltig.
B: Stengel kantig, nur oben verzweigt.
SV: Halbtrockenrasen, Wiesen, Wegraine; liebt lehmigen Boden; sehr häufig.
A: V; ♃
Staubfäden reizbar. Enthält Gerbstoffe.

Juli–August   60–130 cm
2 Skabiosen-Flockenblume
Grind-Flockenblume
Centaúrea scabiósa
Korbblütengewächse
Asteráceae (Compósitae)

SK: Blüten in großen Körbchen (mindestens 2 cm lang). Nur Röhrenblüten. Hüllblätter mit dunklem Rand und trockenhäutiger Spitze. Blätter fiederteilig.
B: Körbchen kugelig, Randblüten vergrößert. Stengel aufrecht.
SV: Trockenrasen, Halbtrockenrasen, Wiesen, liebt lockeren Boden; häufig.
A: V; ♃
Die Skabiosen-Flockenblume enthält Flavone.

Juli–August   60–160 cm
3 Roter Hasenlattich
Prenánthes purpúrea
Korbblütengewächse
Cichoriáceae (Compósitae)
Siehe Seite 356

Juli–September   50–160 cm
4 Blut-Weiderich
Ähren-Weiderich
Lýthrum salicária
Weiderichgewächse *Lythráceae*
SK: Keine Verwechslung möglich.
B: Dichte, quirlige Traube. Stengel

aufrecht, vierkantig. Blätter gekreuzt gegenständig, lanzettlich, spitz, am Grund abgerundet oder herzförmig.
SV: Röhricht stehender und fließender Gewässer, Graben, Ufer, nasse Wiesen, Flachmoore, Riedgrasbestände, Bruchwälder; liebt nassen, schweren und etwas stickstoffhaltigen Boden; häufig.
A: G; ♃
Die Selbstbestäubung ist unmöglich, da sich beim Blut-Weiderich drei Blütentypen entwickelt haben, die sich in der Griffel- und Staubblattlänge sowie in der Pollengröße und Pollenfarbe unterscheiden. Die langgriffligen Formen überwiegen meist. Der Blut-Weiderich hat seinen Namen nicht nur wegen seiner Blütenfarbe bekommen, sondern auch weil er früher als blutstillende Heilpflanze verwendet wurde (Wirkung der Gerbstoffe).

August–Oktober   5–20 cm
5 Herbst-Zeitlose
Zeitlose
Cólchicum autumnále
Zeitlosengewächse
Colchicáceae
SK: Blüte auf weißlichem „Stiel". Ohne Blätter.
B: Blüten einzeln. 6 Staubblätter, 3 Griffel, Blätter erscheinen erst im nächsten Frühjahr; sie sind fleischig, tulpenartig und umhüllen die große Kapselfrucht.
SV: Feuchte Wiesen und Auwälder; nährstoff-, besonders etwas stickstoffliebend; bevorzugt tiefgründige Ton- und Lehmböden; häufig.
A: M; ♃; ☠
Der Fruchtknoten der Herbst-Zeitlose befindet sich tief in der langen Blütenröhre unter der Erde. Dort bleibt er bis zum nächsten Frühjahr. Die Herbst-Zeitlose enthält den Giftstoff Colchicin, besonders in der Blüte. Colchicin ist ein Zellgift, das u. a. die Teilung der Zellen, nicht jedoch der Chromosomen verhindern kann. Es wird in der Zellforschung dazu benutzt, Pflanzen mit höherer Chromosomenzahl zu erzeugen.

3

5

1

2

4

Mai–Juni 8–40 cm
1 Kleines Knabenkraut
Salep-Knabenkraut
Órchis mório
Orchideengewächse *Orchidáceae*
Siehe Seite 348

Mai–Juni 25–50 cm
2 Helm-Knabenkraut
Órchis militáris
Orchideengewächse *Orchidáceae*
SK: Lippe mit einem walzlichen, abwärts gerichteten Sporn. Alle Blütenblätter außer der Lippe neigen helmförmig zusammen. Lippe länger als breit.
B: Lockere, reichblütige Ähre. Blüten purpurn bis rosarot, fein rot punktiert. Blätter länglich.
SV: Halbtrockenrasen, lichte, trockene Wälder, auch auf wechselfeuchten Standorten; Kalkzeiger; etwas wärmeliebend; zerstreut.
A: M; ♃; ▽
Sowohl der lateinische wie auch der deutsche Artname bezieht sich auf die Helmform (Sturmhaube), die durch das Zusammenneigen der drei oberen Blütenblätter entsteht. Die Knolle des Helm-Knabenkrauts enthält Schleimstoffe, die medizinisch verwendet werden können.

Mai–Juni 20–50 cm
3 Stattliches Knabenkraut
Manns-Knabenkraut, Männliches Knabenkraut
Órchis máscula (Órchis másculus)
Orchideengewächse *Orchidáceae*
Siehe Seite 276

Mai–Juli 15–30 cm
4 Spinnen-Ragwurz
Spinnenstendel, Spinnen-Orchis
Óphrys sphecódes
(Óphrys aranífera)
Orchideengewächse *Orchidáceae*
Siehe Seite 262

Juni 15–30 cm
5 Hummel-Ragwurz
Hummel-Orchis
Óphrys holosericea (Ó. fuciflóra)

Orchideengewächse
Orchidáceae
SK: Lippe ohne Sporn, groß, samtig behaart, ähnelt dem Hinterleib einer Hummel.
B: Wenigblütige Ähre. Äußere Blütenblätter ausgebreitet, weiß oder rötlich. Lippe so breit wie lang, an der Spitze mit einem aufwärts gebogenen Anhängsel, purpurnbraunrot, gelblich gezeichnet.
SV: Halbtrockenrasen; liebt tiefgründige, kalk- oder lößhaltige, humusreiche Böden; wärmeliebend; selten.
A: M; ▽
Die Hummel-Ragwurz verdankt ihren Namen der Form ihrer Lippe. Über die Befruchtung s. Fliegen-Ragwurz, S. 276. Von den Ragwurzarten sind nicht nur viele in der Blütenform, in der Farbe und in der Zeichnung abweichende Individuen bekannt geworden, sondern auch viele Bastarde, so insbesondere zwischen *Óphrys insectífera* und *Óphrys holosericea*; *Óphrys holosericea* und *Óphrys apífera* sowie *Óphrys sphecódes* und *Óphrys insectífera*. Solche Bastarde können auftreten, wenn die Elternarten den Standort teilen, da in der Regel alle *Óphrys*-Arten dieselben Blütenbesucher haben.

Juni–Juli 15–30 cm
6 Bienen-Ragwurz
Bienen-Orchis
Óphrys apífera
Orchideengewächse
Orchidáceae
SK: Lippe ohne Sporn, groß, samtig behaart, länger als breit.
B: Wenigblütige Ähre. Äußere Blütenblätter ausgebreitet, weiß oder rötlich. Lippe mit zurückgeschlagenem Anhängsel, braunrot, gelblich gezeichnet.
SV: Halbtrockenrasen und lichte Trockenwälder; Gebüsche; liebt tiefgründige, lockere, kalkhaltige Böden; wärmeliebend; sehr selten.
A: M; ♃; ▽
Befruchtung: s. Fliegen-Ragwurz, S. 276. Bastarde: s. Hummel-Ragwurz, oben.

4

6

3

2

5

1

Mai–Juli 10–30 cm
1 Fliegen-Ragwurz
Fliegenstendel, Fliegen-Orchis
*Óphrys insectífera
(Óphrys muscífera)*
Orchideengewächse
Orchidáceae
Siehe Seite 276

Mai–August 10–60 cm
2 Große Händelwurz
Mücken-Händelwurz, Nacktdrüse
*Gymnadénia conopséa
(Gymnadénia conopéa)*
Orchideengewächse
Orchidáceae
SK: Blütensporn fast doppelt so lang
wie der Fruchtknoten (scheinbarer
Blütenstiel). Blüte schwach duftend.
B: Lange, vielblütige Ähre. Blüten verhältnismäßig klein. Lippe breiter als
lang, dreilappig, Blätter lineal-lanzettlich bis breit-lanzettlich.
SV: Halbtrockenrasen, Riedgrasbestände, Flachmoore, gelegentlich
auch lichte Gebüsche und Wälder;
kalkliebend; zerstreut.
A: M; ♃; ▽
Die Händelwurz-Arten verdanken ihren Namen ihren handförmig gelappten Knollen. Ähnlich wie bei der Kuckucksblume befindet sich bei der Händelwurz der Nektar in der Spitze des
langen Blütensporns. Jedoch sind es
bei den Händelwurz-Arten vorwiegend Tagschmetterlinge, die die Blüten besuchen und befruchten.

Juni–Juli 20–60 cm
3 Geflecktes Kuckucksblume
Geflecktes Knabenkraut
Dactylórhiza maculáta (Dactylórchis maculáta, Órchis maculáta, Órchis maculátus)
Orchideengewächse
Orchidáceae
Siehe Seite 348

Mai–Juni 5–15 cm
4 Bitteres Kreuzblümchen
Polýgala amára
Kreuzblümchengewächse
Polygaláceae

SK: Blätter schmecken beim Kauen
bitter.
B: Reichblütige Traube. Blüten meist
blau bis blaßblau, seltener rötlich.
Stengel aufsteigend bis aufrecht. Untere Blätter rosettig, verkehrt-eiförmig,
größer als die länglich-keilförmigen
Stengelblätter.
SV: Halbtrockenrasen und feuchte
Wiesen; liebt winterfeuchte, aber
sommertrockene, kalkhaltige Böden;
zerstreut.
A: G; ♃
Name: s. Gemeines Kreuzblümchen,
S. 318.
Das Bittere Kreuzblümchen enthält
reichlich Saponine und Polygalasäure.
Alte Heilpflanze. Früher oftmals verfüttert, um die Milchleistung der Kühe zu
steigern (vgl. Gemeines Kreuzblümchen, S. 318).

Mai–Juni 5–25 cm
5 Schopfiges Kreuzblümchen
Polýgala comósa
Kreuzblümchengewächse
Polygaláceae
SK: Tragblätter etwa so lang wie die
eben geöffneten Blüten; sie bilden an
der Spitze des dichten Blütenstandes
kurz vor dem Öffnen der Blüten einen
Schopf.
B: Vielblütige Traube. Blüten meist rot,
seltener blau. Stengel aufsteigend bis
aufrecht. Blätter meist wechselständig, schmal-spatelig bis verkehrt-eiförmig.
SV: Trockenrasen und Halbtrockenrasen; liebt krümeligen Lehmboden;
zerstreut.
A: G; ♃
Name: s. Gemeines Kreuzblümchen,
S. 318.
Die Schopfige Kreuzblume wird vorwiegend von Tagschmetterlingen bestäubt.

Mai–August 15–25 cm
6 Gemeines Kreuzblümchen
Wiesen-Kreuzblümchen
Polýgala vulgáris
Kreuzblümchengewächse
Polygaláceae Siehe Seite 318

6

1

2

4

5

3

April–Juni   15–40 cm
1 Berg-Platterbse
Láthyrus linifólius (L. montánus)
Schmetterlingsblütengewächse
Fabáceae (Leguminosae)
Siehe Seite 316

Mai–Juli   30–60 cm
2 Saat-Esparsette
Futter-Esparsette, Esper
Onobrýchis viciifólia
Schmetterlingsblütengewächse
Fabáceae (Leguminósae)
SK: Traube. Blüten rosenrot mit gelblichen Streifen. Blätter gefiedert.
B: Reichblütige Traube. Stengel aufsteigend bis aufrecht. Blätter mit 19–25 Teilblättchen. Teilblättchen lineal-länglich.
SV: Halbtrockenrasen, Wiesen, Wegböschungen; zerstreut.
A: G; ♃
Der Name Esparsette ist französischen Ursprungs. Der Gattungsname *Onobrýchis* stammt aus dem Griechischen und bedeutet: Eselsfraß. Die Esparsette wird gelegentlich als eiweißreiches Futter angebaut.

Juni–September   30–130 cm
3 Bunte Kronwicke
Coronilla vária
Schmetterlingsblütengewächse
Fabáceae (Leguminósae)
Siehe Seite 278

Juni–August   30–50 cm
4 Zickzack-Klee
Mittlerer Klee
Trifólium médium
Schmetterlingsblütengewächse
Fabáceae (Leguminósae)
SK: Blüten in einem kugelig-eiförmigen, 2–3 cm langen Köpfchen, sitzend oder kurz gestielt. Kelch kahl, nur an den Zähnen bewimpert, zehnnervig. Stengel behaart.
B: Stengel zickzackförmig geknickt. Teilblättchen elliptisch. Ähnlich: Pur-

pur-Klee, *Trifólium rúbens:* Köpfchen walzlich, 3–7 cm lang. Kelch zwanzignervig. Stengel kahl. Standorte wie bei Zickzack-Klee; selten.
SV: Halbtrockenrasen, trockene Wiesen, Gebüsche, Waldränder, lichte Trockenwälder; liebt lockeren, lehmigen Boden; häufig.
A: G; ♃
Die Früchte des Zickzack-Klees werden gelegentlich durch Ameisen verschleppt.

Juni–Oktober   15–30 cm
5 Rot-Klee
Wiesen-Klee
Trifólium praténse
Schmetterlingsblütengewächse
Fabáceae (Leguminósae)
SK: Meist zwei Blütenköpfe an einem Stengel, 2–3,5 cm lang. Kelch behaart, zehnnervig, halb so lang wie die Blütenblätter. Stengel meist behaart.
B: Blüten wohlriechend. Stengel aufsteigend oder aufrecht. Ähnlich: Wald-Klee, *Trifólium alpéstre, (Trifólium alpéster):* Kelch zwanzignervig; Trockenrasen, Gebüsche, sandliebend; selten. Inkarnat-Klee, *Trifólium incarnátum:* Köpfchen zylindrisch, Blüten dunkelrot. Angebaut und gelegentlich in Halbtrockenrasen verwildert; selten.
SV: Trockene bis mäßig feuchte Wiesen; liebt nährstoffreichen, tiefgründigen Boden; sehr häufig; wird häufig mit der Wiesensaat angepflanzt; auch auf Äckern als Futterpflanze angebaut.
A: G; ♃
Wichtige, eiweißreiche Futterpflanze. In Deutschland seit dem 11. Jahrhundert angebaut.

Juni–August   10–60 cm
6 Sumpf-Ziest
Stáchys palústris
Lippenblütengewächse
Lamiáceae (Labiátae)
Siehe Seite 292

6

5

4

3

2

1

Juni—August   30—60 cm
1 Heil-Batunge
Heil-Ziest, Rote Betonie
Betónica officinális (Stáchys officinális; Stáchys betónica)
Lippenblütengewächse
Lamiáceae (Labiátae)
SK: Blüten in endständiger, dichter kopfiger Ähre. Grundblätter rosettig.
B: Dichte Scheinähre mit einigen entfernt stehenden Quirlen. Stengel vierkantig, wie die Blätter rauhhaarig. Blätter gestielt, kreuzgegenständig, eiförmig-lanzettlich, gekerbt.
SV: Trockene Wiesen, feuchte Wiesen, lichte Laub- und Mischwälder; liebt sommertrockene, aber zeitweise feuchte, sandige oder lehmige Böden; zerstreut.
A: V; ♃
Seit dem Altertum als Heilpflanze benützt. Enthält Gerbstoffe.

Juni—September   30—120 cm
2 Blauer Natternkopf
Échium vulgáre
Borretschgewächse
Boragináceae Siehe Seite 240

Juni—August   15—40 cm
3 Gottes-Gnadenkraut
Gnadenkraut
Gratíola officinális
Braunwurzgewächse
Scrophulariáceae
Siehe Seite 292

Juli—September   15—30 cm
4 Edel-Gamander
Echter Gamander
Teucrium chamaēdrys
Lippenblütengewächse
Lamiáceae (Labiátae)
Siehe Seite 280

Juli—Oktober   5—30 cm
5 Sand-Thymian
Feld-Thymian, Quendel
Thýmus serpýllum

Lippenblütengewächse
Lamiáceae (Labiátae)
SK: 3—6 Blüten in den Blattachseln und an den Stengelenden in kopfigen, kleinen Scheinähren.
B: Stengel niederliegend oder aufsteigend, am Grunde holzig, rund oder etwas kantig, ringsum behaart. Blätter klein, drei- bis viermal länger als breit, kreuz-gegenständig, etwas ledrig, elliptisch oder länglich. Zerriebene Blätter riechen intensiv.
SV: Wegränder, Wegraine, Böschungen, Trockenrasen, Halbtrockenrasen; liebt lockere, oft sandige oder steinige Böden, aber auch auf Lehmböden; sehr häufig.
A: V; ♃
Die Art ist außerordentlich vielgestaltig. Manche Formen werden gelegentlich auch als Arten abgetrennt. Alte Heilpflanze. Enthält ätherische Öle (Geruch), Gerbstoffe und einen Bitterstoff.

Juli—Oktober   30—60 cm
6 Wilder Dost
Echter Dost, Dosten,
Wilder Majoran
Oríganum vulgáre
Lippenblütengewächse
Lamiáceae (Labiátae)
SK: Blütenstände rispig-trugdoldig. Hochblätter rot überlaufen. Blätter fast kahl.
B: Blüten purpurrot. Stengel aufrecht, rundlich, behaart. Blätter kreuzgegenständig, eiförmig, spitz.
SV: Bergwälder, Trockenwälder, trockene Gebüsche, Waldränder, Halbtrockenrasen, Wegraine; liebt nährstoffreichen, kalkhaltigen Boden; wärmeliebend; häufig.
A: V; ♃
Der Name Dost ist wahrscheinlich von dem mittelhochdeutschen Wort Doste = Strauß abgeleitet. Alte Heilpflanze. Enthält ätherisches Öl (Geruch) und Gerbstoffe.

2

6

1

5

4

3

1 Juli–August 60–140 cm
Stauden-Feuerkraut
Schmalblättriges Weidenröschen,
Wald-Weidenröschen
Epilóbium angustifólium
(Chamaenérion angustifólium)
Nachtkerzengewächse
Onagráceae (Oenotheráceae)
SK: Blütenblätter 1,2–1,5 cm lang.
Stengel meist kahl oder nur schwach
behaart. Blätter lanzettlich, 1–2,5 cm
breit, unterseits mit deutlichen Adern.
B: Lockere Traube. Blüten schwach
zweiseitig-symmetrisch.
SV: Laubwälder, Mischwälder, Nadel-
forste, auf Lichtungen, Kahlschlägen
und an Waldrändern; liebt lockeren,
stickstoffhaltigen Boden; häufig.
A: G; ♃
An dieser Art entdeckte der Botaniker
Sprengel 1790 die Fremdbestäubung.
Die Pflanze enthält vor allem in der
Wurzel Gerbstoffe und Schleimstoffe.
Samenhaare: s. Rauhhaariges Wei-
denröschen, S. 226.

2 Juni–September 30–100 cm
Berg-Weidenröschen
Epilóbium montánum
Nachtkerzengewächse
Onagráceae (Oenotheráceae)
SK: Blütenblätter 8–12 mm lang, aus-
gerandet, Stengel kahl, oft wechsel-
ständig.
B: Lockere Traube. Blätter lanzettlich,
gesägt-gezähnt.
SV: Laubwälder, Nadelforste,
Schluchtwälder, auf Lichtungen, an
Waldwegen und Waldrändern; liebt
feuchte, etwas steinige Böden; häufig.
A: G; ♃
Samenhaare: s. Rauhhaariges Wei-
denröschen, S. 226.

3 Juli–August 15–100 cm
Rosarotes Weidenröschen
Epilóbium roséum
Nachtkerzengewächse
Onagráceae (Oenotheráceae)
Siehe Seite 282

4 Juli–August 20–60 cm
Großes Hexenkraut
Gemeines Hexenkraut
Circāéa lutetiána
Nachtkerzengewächse
Onagráceae (Oenotheráceae)
SK: Blütenstiele ohne Tragblätter.
Blätter behaart, matt.
B: Endständige Traube. Blüten weiß
oder schwach rosa. Stengel aufrecht
oder aufsteigend, behaart. Blätter ei-
förmig-lanzettlich.
SV: Auwälder, feuchte Laubwälder,
Mischwälder und Nadelforste, auch
auf Kahlschlägen; liebt feuchten. leh-
migen, stickstoffhaltigen Boden; häu-
fig.
A: G; ♃
Die Herkunft der Gattungsnamen ist
unklar. Beide beziehen sich auf Zauberkräfte (Circe = Zauberin in der
griechischen Mythologie).

5 Juni–August 8–25 cm
Gebirgs-Hexenkraut
Alpen-Hexenkraut,
Kleines Hexenkraut
Circāéa alpina
Nachtkerzengewächse
Onagráceae (Oenotheráceae)
SK: Blütenstiele mit borstenförmigen
Tragblättern. Blätter kahl; glänzend.
B: Endständige Traube. Blüten weiß
oder schwach rosa. Stengel aufstei-
gend, kahl. Blätter gegenständig,
rundlich-eiförmig.
SV: Schluchtwälder, Bergwälder,
Laubwälder, Mischwälder, Nadelfor-
ste; liebt mullreiche, steinige, grund-
wasserdurchzogene Böden; selten.
A: G; ♃
Name: s. Großes Hexenkraut, oben.

6 März–April 15–30 cm
Echtes Lungenkraut
Gebräuchliches Lungenkraut
Pulmonária officinális
Borretschgewächse
Boragináceae
Siehe Seite 352

1 April—Juni 10—50 cm
Rotblauer Steinsame
Buglossoides purpúrocaerúlea (Li-thospérmum purpúreo-coerúleum)
Borretschgewächse
Boragináceae
SK: Blüten erst rot, dann blau, 1—1,5 cm im Durchmesser.
B: Stengel aufrecht. Blätter lanzettlich, spitz, rauhhaarig.
SV: Laubwälder, Trockenwälder, trockene Gebüsche; liebt lockeren, humusreichen, kalkhaltigen Boden; wärmeliebend; selten, kommt an seinen Standorten meist in größeren Rudeln vor.
A: V; ♃
Farbwechsel: s. Berg-Platterbse, S. 316.

2 Mai—September 30—100 cm
Gemeiner Beinwell
Schwarzwurz
Sýmphytum officinále
Borretschgewächse *Boragináceae*
Siehe Seite 286

3 Mai—August 30—120 cm
Schlangen-Knöterich
Wiesen-Knöterich,
Schlangenwurz, Natterwurz
Polýgonum bistórta
Knöterichgewächse
Polygonáceae
Siehe Seite 244

4 April—Juni 30—50 cm
Bach-Nelkenwurz
Géum rivále
Rosengewächse *Rosáceae*
SK: keine Verwechslungsmöglichkeit.
B: Stengel mehrblütig, nickend, zum Teil 6 Blütenblätter. Kelch rotbraun, Blütenblätter rötlichgelb. Blätter gefiedert. Endblättchen groß, Teilblättchen gelappt-gesägt bis fiederspaltig.
SV: Nasse Wiesen, Flachmoore, lichte Auwälder, feuchte Bergwiesen; liebt Böden, die grundwasserdurchzogen sind; häufig.
A: G; ♃; (☀)
Der Wurzelstock der Bach-Nelkenwurz duftet nach Nelkenöl (Name). Die Blüte wird vorwiegend von Hummeln bestäubt. Dabei beißen die kurzrüsseligen Erdhummeln die Blüten oftmals von oben an, um an den reichlich vorhandenen Nektar zu kommen. Der Wurzelstock enthält das schwach giftige Eugenol. Alte Heilpflanze.

5 April—August 30—100 cm
Rotes Leimkraut
Rote Nachtnelke, Rote Lichtnelke
Siléne dióica (Melándrium rúbrum, M. diúrnum)
Nelkengewächse
Caryophylláceae
SK: Blütenblätter tief zweispaltig. Kelch bauchig, stark behaart, zehnnervig.
B: Lockere Trugdolde. Blüten eingeschlechtig. Stengel schlaff, oben ästig. Blätter gegenständig, obere eiförmig, Pflanze zweihäusig.
SV: Auwälder, feuchte Stellen in Laubwäldern, Mischwäldern und lichten Nadelforsten, feuchte Wiesen; liebt nährstoffreiche, stickstoffhaltige und grundwasserdurchzogene Böden; Nässezeiger; häufig.
A: G; ☉ —♃
Die Rote Nachtnelke wird von Schmetterlingen und Hummeln bestäubt. Tagblüher im Gegensatz zu den beiden übrigen Arten der Gattung. Die Blüten werden gelegentlich von einem Brandpilz befallen.

6 Mai—Juni 15—50 cm
Gemeine Pechnelke,
Gemeine Lichtnelke
Lýchnis viscária (Viscária vulgáris)
Nelkengewächse
Caryophylláceae
SK: Stengel unter den oberen Knoten durch schwarze Leimringe klebrig.
B: Blüten in Rispen. Blätter gegenständig, lanzettlich, kahl.
SV: Halbtrockenrasen, Heiden, trockene Wiesen, Trockenwälder und trockene Gebüsche; zeigt Versauerung und sandhaltigen Boden; selten.
A: G; ♃
Enthält Saponine. Wird von Bienen und Schmetterlingen bestäubt.

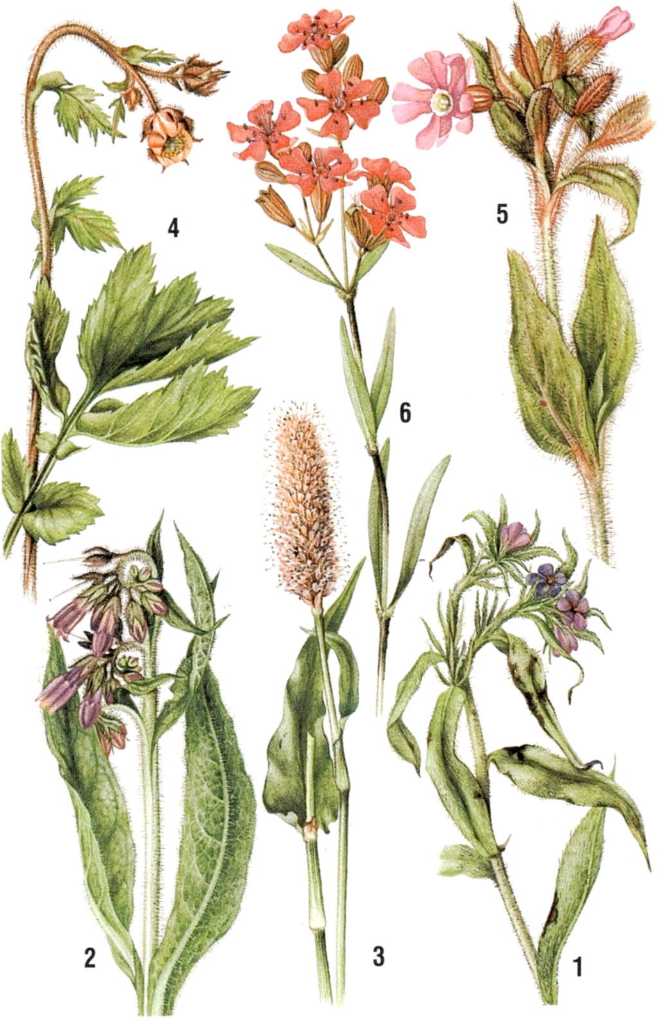

4

5

6

2

3

1

Juni–September   30–100 cm
1 Pracht-Nelke
Diánthus supérbus
Nelkengewächse *Caryophylláceae*
Siehe Seite 246

Juli–Oktober   5–15 cm
2 Mauer-Gipskraut
Gypsóphila murális
Nelkengewächse
Caryophylláceae
Siehe Seite 232

Juni–Oktober   25–50 cm
3 Ruprechts-Storchschnabel
Ruprechtskraut,
Stinkender Storchschnabel
Geránium robertiánum
Storchschnabelgewächse
Geraniáceae
SK: Stengel rot überlaufen. Blatt aus drei völlig getrennten Teilblättchen, diese fiederschnittig-gelappt. Pflanze riecht beim Zerreiben leicht widerlich.
B: Blüten zu zweien, rosenrot. Blütenblätter mit drei weißlichen Längsstreifen. Stengel kriechend bis aufsteigend, behaart.
SV: Laub-, Misch-, Nadel- und Bergwälder, Geröllhalden, Mauern; stickstoffliebend; gedeiht bei hoher Luftfeuchtigkeit besonders gut; häufig.
A: G; ⊙
Gattungsname: s. Wiesen-Storchschnabel, S.312. Für den Artnamen stand der heilige Ruprecht Pate. Schleudermechanismus der Frucht; s. S.284. Das Ruprechtskraut enthält ätherisches Öl (Geruch), Gerbstoffe und einen nicht näher bekannten Bitterstoff, Heilpflanze.

Juni–August   8–15 cm
4 Dolden-Winterlieb
Chimáphila umbelláta
Wintergrüngewächse
Pyroláceae
SK: 2–7 Blüten in einer Dolde. Blütenblätter 5–6 mm lang.
B: Stengel aufrecht oder aufsteigend, vierkantig. Blätter gestielt, kreuzgegenständig, gekerbt, am Grunde herzförmig.

SV: Mischwälder und Nadelforste, besonders Kiefernwälder; liebt moosbewachsenen, sandigen, mullhaltigen und etwas kalkhaltigen Boden; sehr selten.
A: V; ♃; ▽
Heilpflanze. Enthält in den Blättern Glykoside (Arbutin und Urson).

Juni–August   10–50 cm
5 Blutroter Storchschnabel
Blut-Storchschnabel
Geránium sanguineum
Storchschnabelgewächse
Geraniáceae
SK: Blüten 2,5–3,5 cm im Durchmesser, karminrot, einzeln.
B: Blütenblätter ausgerandet. Stengel und Blütenstiele abstehend behaart. Blätter fünf- bis siebenteilig, handförmig. Lappen lineal.
SV: Lichte Trockenwälder, Waldränder, Halbtrockenrasen; wärmeliebend; selten. Kommt an seinen Standorten meist in größeren Beständen vor.
A: G; ♃
Der Blut-Storchschnabel enthält besonders im Wurzelstock Gerbstoffe, die blutstillend wirken. Früher wurde er deshalb als Heilpflanze zur Blutstillung verwendet. Darauf (und wohl nicht auf die Blütenfarbe) bezieht sich der deutsche Artname. (Gattungsname: s. Wiesen-Storchschnabel, S.312.) Neben Gerbstoffen enthält der Blut-Storchschnabel auch noch einen Bitterstoff.

Mai–Juni   5–50 cm
6 Wald-Sanikel, Sanikel
Sanicula europāēa
Doldengewächse
Apiáceae (Umbelliferae)
Siehe Seite 86

Juli–September   50–200 cm
7 Wald-Brustwurz
Wald-Engelwurz
Angélica sylvéstris
Doldengewächse
Apiáceae (Umbelliferae)
Siehe Seite 88

7

6

1

2

4

3

5

Juni—Juli   10—20 cm
1 Kleines Wintergrün
Pýrola mínor (Pirola minor)
Wintergrüngewächse
Pyroláceae
Siehe Seite 80

Juni—Juli   15—30 cm
2 Rundblättriges Wintergrün
Großes Wintergrün
Pýrola rotundifólia
(Pirola rotundifólia)
Wintergrüngewächse
Pyroláceae
SK: 10—30 Blüten in einer allseitswendigen Traube. Griffel aus der weit-
glockigen Blüte hervorragend.
B: Blüten nicken. Stengel stumpfkantig. Blätter fast rund, rosettig, lederig,
immergrün, feingekerbt.
SV: Mischwälder und Nadelwälder;
liebt etwas feuchten, schwach sauren,
lehmigen Boden; selten.
A: V; ♃
Name: s. Mittleres Wintergrün, S. 80.
Obwohl die Blüten duften, ist der In-
sektenbesuch gering. Die Samenbildung erfolgt meist durch Selbstbestäubung. Alte Heilpflanze; enthält in
den Blättern Arbutin.

Juli—Oktober   8—50 cm
3 Echtes Tausendgüldenkraut
*Centáurium erythrā́ea (C. minus, C.
umbellátum, Erythrā́ea centā́urium)*
Enziangewächse *Gentianáceae*
Siehe Seite 248

Juli—August   10—60 cm
4 Quendel-Seide
Cúscuta epithýmum
Seidengewächse
Cuscutáceae
Siehe Seite 248

Juni—September   20—50 cm
5 Große Fetthenne
Sédum teléphium

(Sédum máximum)
Dickblattgewächse
Crassuláceae
Siehe Seite 188

Mai—Juli   10—30 cm
6 Kleiner Baldrian
Valeriána dióica
Baldriangewächse
Valerianáceae
SK: Untere Blätter ungeteilt, obere
fiederteilig.
B: Trugdolde, Blüten oft zweihäusig,
rosa- bis fleischrot. Stengel aufrecht,
einfach, gefurcht, kahl.
SV: Flachmoore, nasse Wiesen, Grä-
ben, Ufer, nasse Laub-, Misch- und
Nadelwälder, Auwälder; liebt grund-
wasserfeuchten, nährstoffreichen Bo-
den; zerstreut.
A: V; ♃

Juli—September   30—170 cm
7 Echter Baldrian
Großer Baldrian,
Gebräuchlicher Baldrian
Valeriána officinális
Baldriangewächse
Valerianáceae
SK: Alle Blätter unpaarig gefiedert.
B: Endständige Doldenrispe. Blüten
fleischrot bis sehr hell weißrötlich.
Stengel einfach, gefurcht, hohl. Blätter
gegenständig, 15—21 Teilblättchen,
eingeschnitten-gezähnt, oberste ganz-
randig. Die Blüten duften; doch wird ihr
Geruch nicht von jedermann gleich
stark empfunden.
SV: Feuchte Laub-, Misch- und Na-
delwälder, Kahlschläge, Lichtungen,
Waldwege, nasse Wiesen, Flachmoo-
re, Gräben; liebt nährstoffreiche,
grundwasserfeuchte, lehmige Böden;
sehr häufig.
A: V; ♃; (✿)
Heilpflanze. Enthält vor allem in der
Wurzel ätherische Öle und Alkaloide.
Der Duft der Blüten lockt Katzen an.

3

2

4

7

6

1

5

Juni–August   30–120 cm

1 Türkenbund-Lilie
Lílium mártagon
Liliengewächse
Liliáceae

SK: Blätter stehen in Quirlen. Blüten nickend, turbanartig, gefleckt.
B: Lockere Traube. Große, goldgelbe Zwiebel.
SV: Laubwälder, Mischwälder und Schluchtwälder; bevorzugt nährstoff- und kalkreichen, humosen und lockeren Boden mit guter Wasserführung; selten, in Süddeutschland zerstreut.
A: M; ♃; ▽
Die Zwiebel des Türkenbundes reguliert sich mit Hilfe von Zugwurzeln auf eine bestimmte Tiefe im Boden ein. Die Fleckung der Blütenblätter ist erblich, nicht aber das Muster, das die Flecken bilden. Kein Blütenblatt gleicht deshalb haargenau dem anderen. Die Farbflecken entstehen vielmehr durch Bildung schwerlöslicher Farbstoffverbindungen in beieinanderliegenden Zellen nach einem ähnlichen Prinzip, wie sich Eisblumen am Fenster bilden. Deshalb sind die Farbstoffflecken oft mit einem helleren Hof umgeben.

Juni–August   30–60 cm

2 Weinbergs-Lauch
Hundslauch
Állium vineále
Lauchgewächse
Alliáceae
Siehe Seite 234

Juli–August   60–160 cm

3 Roter Hasenlattich
Prenánthes purpúrea
Korbblütengewächse
Cichoriáceae (Compósitae)
Siehe Seite 346

Juli–September   70–150 cm

4 Gemeiner Wasserdost
Wasserhanf, Kunigundenkraut
Eupatórium cannábinum
Korbblütengewächse
Asteráceae (Compósitae)
Siehe Seite 290

Juli–September   90–200 cm

5 Sumpf-Kratzdistel
Círsium palústre
Korbblütengewächse
Asteráceae (Compósitae)
Siehe Seite 288

Juli–September   30–100 cm

6 Färber-Scharte
Serrátula tinctória
Korbblütengewächse
Asteráceae (Compósitae)

SK: Blüten in doldentraubig angeordneten Körbchen. Nur Röhrenblüten. Randblüten nicht größer als die übrigen Hüllblätter ohne trockenhäutige Spitze.
B: Körbchen klein, 0,6–1,2 cm im Durchmesser. Stengel aufrecht, oben verästelt, beblättert. Blätter ungeteilt bis fiederteilig, scharf gesägt (Name!).
SV: Lichte Laub- und Mischwälder, nasse Wiesen, Gräben; liebt lehmigen Boden; selten; kommt an ihren Standorten meist häufig vor.
A: A; ♃
Enthält in den Blättern die Vorstufe eines gelben Farbstoffes, die unter Einwirkung von Laugen in den Farbstoff umgewandelt werden kann.

Mai–Juni   8–25 cm

7 Zweihäusiges Katzenpfötchen
Gemeines Katzenpfötchen,
Himmelfahrtsblümchen
Antennária dióica
Korbblütengewächse
Asteráceae (Compósitae)

SK: 3–12 kleine Körbchen in endständiger, trugdoldiger Traube. Nur Röhrenblüten, Hüllblätter trockenhäutig kahl. Blätter ungeteilt.
B: Blüten meist purpurrot, fädlich. Stengel unverzweigt, aufsteigend oder aufrecht. Grundblätter rosettig, verkehrt-eiförmig bis spatelig. Stengelblätter lineal-lanzettlich, Blätter oberseits kahl, unterseits weiß-filzig.
SV: Halbtrockenrasen, trockene Gebüsche, lichte, trockene Wälder; liebt lockere, etwas sandige Böden; zeigt oberflächliche Versauerung an; selten.
A: V; ♃

3

6

2

1

5

4

7

Juli–September   50–160 cm
1 Blut-Weiderich
Ähren-Weiderich
Lýthrum salicária
Weiderichgewächse
Lythráceae
Siehe Seite 252

März–Oktober   30–80 cm
2 Gefleckte Taubnessel
Lámium maculátum
Lippenblütengewächse
Lamiáceae (Labiátae)

SK: Pflanze brennesselartig, ohne Brennhaare. Unterlippe mit einem großen, zweiteiligen Mittellappen und zwei kleinen Seitenlappen. Blüte 2–3 cm lang, Blätter 3–5 cm lang.
B: 3–5 Blüten in blattachselständigen Scheinquirlen. Unterlippe der Blüten weiß gefleckt. Stengel aufrecht oder aufsteigend. Blätter kreuzgegenständig, gestielt, eiförmig-herzförmig, oft gefleckt.
SV: Laubwälder, Mischwälder, Waldränder, Gebüsche, Ufer; liebt feuchte, nährstoffreiche und meist kalkhaltige Böden; sehr häufig.
A: V; ♃
Die Blüten werden vorwiegend von langrüsseligen Hummeln und Tagschmetterlingen bestäubt. Die Samen werden durch Ameisen verbreitet.

August–Oktober   5–20 cm
3 Herbst-Zeitlose
Zeitlose
Cólchicum autumnále
Zeitlosengewächse
Colchicáceae
Siehe Seite 252

März–Mai   10–25 cm
4 Rötliche Schuppenwurz
Lathrā́ēa squamária
Braunwurzgewächse
Scrophulariáceae
SK: Pflanze rosarot, ohne grüne Blätter.
B: Dichte, einseitswendige Traube, anfangs nickend. Blüten rosenrot.

Stengel aufrecht, fleischig, mit bleichen Schuppen.
SV: Schluchtwälder, Bergwälder, Auwälder, feuchte Wald- und Mischwälder, liebt mullhaltigen, lockeren, grundwasserfeuchten Boden; selten.
A: V; ♃
Blattgrünfreier Schmarotzer. Hauptteil der Pflanze (Wurzelstock) unterirdisch. Kann bis 5 kg schwer werden. Die Wurzeln der Wirtspflanze (vor allem Laubhölzer) werden durch Saugwurzeln angezapft. Die Schuppenwurz erreicht erst in einem Alter von etwa 10 Jahren die Blühreife.

März–Mai   15–30 cm
5 Hohler Lerchensporn
Corýdalis cáva
Erdrauchgewächse *Fumariáceae*
Siehe Seite 236

April–Mai   15–30 cm
6 Gefingerter Lerchensporn
Corýdalis sólida
Erdrauchgewächse
Fumariáceae
SK: Hochblätter fingerförmig eingeschnitten. Knolle nicht hohl.
B: Endständige Traube. Blüten meist trübrot, seltener violett oder weiß. Sporn waagrecht oder leicht nach oben gestellt. Stengel zweiblättrig. Blätter doppelt dreizählig, eingeschnitten, zart, kahl.
SV: Laubwälder und Gebüsche, Waldränder; liebt kalkarmen Lehmboden; selten.
A: G; ♃; ☠
Die Samen des Gefingerten Lerchensporns werden durch Ameisen verbreitet. Die Pflanze enthält besonders in der Knolle Alkaloide und ist deswegen giftig.

April–Juni   15–40 cm
7 Berg-Platterbse
Láthyrus linifólius (L. montánus)
Schmetterlingsblütengewächse
Fabáceae (Leguminósae)
Siehe Seite 316

2

7

5

6

3

4

1

273

April–Juni 20–60 cm
1 Frühlings-Platterbse
Láthyrus vérnus
Schmetterlingsblütengewächse
Fabáceae (Leguminósae)
Siehe Seite 328

Mai–Juni 15–80 cm
2 Rotbrauner Frauenschuh
Cypripédium calcéolus
Orchideengewächse
Orchidáceae
SK: Keine Verwechslungsmöglichkeit.
B: Große, schuhartig aufgeblasene, gelbe Lippe. Äußere Blütenblätter lanzettlich, meist braunpurpurn, seltener zitronengelb. Stengel ein- bis zwei-(selten mehr)blütig. Blätter groß, elliptisch.
SV: Laub-Mischwälder, Buchenwälder und Nadelwälder, auch im Legföhrengebüsch; liebt kalkreiche Lehmböden; wärmeliebend; sehr selten.
A: M; ♃; ▽
Die Frauenschuhblüte fällt nicht nur wegen ihrer eigenartigen Form auf, sondern auch wegen ihrer Größe. Mit einem Durchmesser bis zu 8 cm gehört sie zu den größten Blüten, die Pflanzen unserer Flora besitzen. Die Lippe ist zudem eine Fliegenkesselfalle. Sie gelangt erst durch die Krümmung des Blütenstiels in die richtige Lage, in der die Öffnung des Schuhes nach oben steht. Durch ihren Glanz werden Insekten angelockt; sie fliegen in die Lippe ein. Indessen können sie die Lippen nur kriechend und wegen der Steilheit der Wände nur über einen einzigen Weg verlassen. Dieser führt über die Narbenfläche und anschließend über die Staubbeutel (Vermeidung von Selbstbefruchtung). Futter für die befruchtenden Insekten enthält die Lippe nicht.

Mai–Juli 20–80 cm
3 Rotes Waldvögelein
Cephalanthéra rúbra
Orchideengewächse
Orchidáceae
SK: Blüte ohne Sporn. Lippe spitz.

B: Wenigblütige Ähre (der „Blütenstiel" ist der gedrehte Fruchtknoten). Blütenblätter 15–20 mm lang, abstehend. Blätter lanzettlich.
SV: Trockenwälder, Laubwälder, auch in lichten Nadelforsten; liebt nährstoffreichen, lockeren und kalkhaltigen Boden, wärmeliebend; sehr selten.
A: M; ♃; ▽

Mai–August 10–60 cm
4 Große Händelwurz
Mücken-Händelwurz, Nacktdrüse
Gymnadénia conopséa
(Gymnadénia conopéa)
Orchideengewächse
Orchidáceae
Siehe Seite 256

Mai–Juli 15–30 cm
5 Spinnen-Ragwurz
Spinnenstendel, Spinnen-Orchis
Óphrys sphecódes
(Óphrys aranífera)
Orchideengewächse
Orchidáceae
SK: Lippe ohne Sporn, groß, samtig behaart, ähnelt dem Hinterleib einer Kreuzspinne. Äußere Blütenblätter ausgebreitet, grünlich oder gelbgrün.
B: Wenigblütige Ähre. Lippe breit, sackartig, gewölbt, ungeteilt, in der Mitte mit 2–4 kahlen Längslinien, purpurrot, gegen den Rand gelblich. Stengel meist nur unten beblättert.
SV: Halbtrockenrasen und lichte Trockenwälder; liebt humose, lockere, kalkhaltige Böden; wärmeliebend; sehr selten.
A: M; ♃; ▽
Die Spinnen-Ragwurz verdankt ihren Namen der Form ihrer Lippe. Über die Befruchtung siehe Fliegen-Ragwurz, über Bastarde siehe Hummel-Ragwurz.

Juni–Juli 15–30 cm
6 Bienen-Ragwurz
Bienen-Orchis
Óphrys apífera
Orchideengewächse
Orchidáceae
Siehe Seite 254

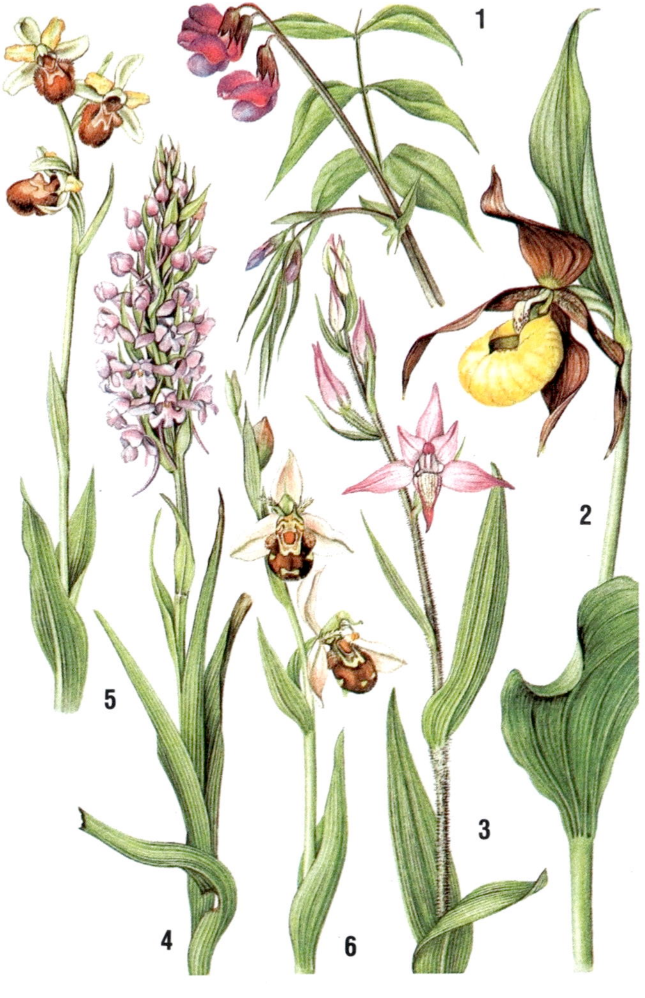

Mai–Juli 10–40 cm
1 Fliegen-Ragwurz
Fliegenstendel, Fliegen-Orchis
Óphrys insectífera
(Óphrys muscífera)
Orchideengewächse *Orchidáceae*
SK: Lippe ohne Sporn, groß, samtig, behaart. Ganze Blüte fliegenähnlich.
B: Wenigblütige Ähre. Äußere Blütenblätter ausgebreitet, grünlich bis gelblichgrün. Lippe tief dreispaltig, purpurrot, in der Mitte mit einem fast kahlen, viereckigen, bläulichen Fleck. Stengel meist nur unten beblättert.
SV: Halbtrockenrasen und lichte Trockenwälder; wärmeliebend; selten.
A: M; ♃; ▽
Die Blüte erscheint nicht nur dem menschlichen Auge insektenähnlich, sondern auch den Männchen bestimmter Hautflügler. Sie fliegen die Blüte an und versuchen, die Unterlippe zu begatten. Hierbei wirken auch die Behaarung der Blüte und ihr Geruch auslösend. Gleichzeitig übertragen die Fliegen die Pollenpakete von Blüte zu Blüte und sichern so die Befruchtung. Die Blütenbesuche hören auf, sobald genügend Weibchen der Hautflügler ausgeschlüpft sind.

Juni–Juli 20–60 cm
2 Gefleckte Kuckucksblume
Geflecktes Knabenkraut
Dactylorhíza maculáta
Orchideengewächse *Orchidáceae*
Siehe Seite 348

Mai–Juni 20–50 cm
3 Stattliches Knabenkraut
Manns-Knabenkraut,
Männliches Knabenkraut
Órchis máscula (Órchis másculus)
Orchideengewächse *Orchidáceae*
SK: Lippen mit einem walzlichen, nach rückwärts gerichteten Sporn. Hochblätter häutig. Blätter in der Mitte am breitesten.
B: Lange, lockere, reichblütige Ähre. Blüten purpurrosa, dunkler gefleckt. Lippe dreilappig. Blätter länglich-lanzettlich, meist nicht gefleckt. Knolle ungeteilt.

SV: Halbtrockenrasen, Wiesen, Laubwälder; liebt lockere Lehmböden; zerstreut.
A: M; ♃
Die Hodenform der ungeteilten Knollen des Manns-Knabenkrautes, die ähnlich auch für andere Arten der Gattung charakteristisch ist, hat dieser Art und der ganzen Gattung den Namen gegeben. Die ungeteilten Knollen enthalten Schleimstoffe, die medizinisch verwendet werden können.

Mai–Juni 25–50 cm
4 Helm-Knabenkraut
Órchis militáris
Orchideengewächse *Orchidáceae*
Siehe Seite 254

Mai–Juni 50–100 cm
5 Weißer Diptam
Eschenblättriger Diptam,
Brennender Busch
Dictámnus álbus
Rautengewächse *Rutáceae*
SK: Pflanze duftet nach Zitrone. Blütenblätter ungleich, rosa, dunkel geadert.
B: Blätter unpaarig gefiedert. Teilblättchen fein gesägt, durchscheinend punktiert.
SV: Trockene Gebüsche, Waldränder, Lichtungen in Trockenwäldern; liebt etwas steinigen, lockeren Kalkboden; wärmeliebend; sehr selten.
A: G; ♃; ♣; ▽
Diptam ist eine Eindeutung von *Dictámnus,* das von dem kretischen Berg Dicte abgeleitet ist. Der Diptam wurde im Mittelalter als Heilpflanze verwendet und vielfach in Gärten gezogen. Er enthält Alkaloide, Saponine und ätherisches Öl. Dieses verdunstet an heißen Tagen so reichlich, daß es bei Windstille über der Pflanze angezündet werden kann.

Juni–August 30–50 cm
6 Zickzack-Klee, Mittlerer Klee
Trifólium médium
Schmetterlingsblütengewächse
Fabáceae (Leguminósae)
Siehe Seite 258

2

6

5

4

1

3

Juni–September   30–130 cm
1 Bunte Kronwicke
Coronílla vária
Schmetterlingsblütengewächse
Fabáceae (Leguminósae)
SK: 10–20 Blüten (1–1,5 cm lang) in
einer Dolde, hellrosa. Stengel flach,
kantig, liegend oder aufsteigend.
B: Blätter meist langgestielt. 11–25
Teilblättchen, kurzgestielt, verkehrt-
eiförmig bis lineal.
SV: Halbtrockenrasen, Wegraine,
trockene Gebüsche; liebt nährstoffreiche, dichte Böden; wärmeliebend;
zerstreut.
A: G; ♃; ☙
Die Bunte Kronwicke enthält im Kraut
giftige Glykoside, die ähnlich wirken
wie das Gift des Fingerhutes.

Juni–August   30–150 cm
2 Roter Fingerhut
Digitális purpúrea
Braunwurzgewächse
Scrophulariáceae
SK: Keine Verwechslung möglich.
B: Einseitswendige Traube. Blüten im
Schlund gefleckt. Stengel aufrecht.
Grundblätter rosettig, eiförmig-lan-
zettlich, gekerbt, unterseits grau-filzig.
SV: Kahlschläge, lichte Laub-, Misch-
und Nadelwälder, Waldränder; liebt
sandige, lehmige, stickstoffhaltige Bö-
den; kalkscheu; zerstreut; kommt an
seinen Standorten meist in größeren
Rudeln vor.
A: V; ☉; ☙
Fleckung der Blüten: s. Türkenbund-
Lilie, S. 270.
Wichtige Heilpflanze. Enthält zahlrei-
che giftige Glykoside (Digitalis-Glyko-
side).

Juli–Oktober   30–60 cm
3 Gemeine Kölme
Wirbeldost, Borsten-Bergminze
*Clinopódium vulgáre (Calamíntha
clinopódium, C. vulgáris, Satúreja
vulgáris, Satúreja clinopódium)*
Lippenblütengewächse
Lamiáceae (Labiátae)

SK: 10–20 Blüten in dichten Quirlen.
Bis zu 4 Quirle übereinander. Stengel
rauhhaarig. Blätter eiförmig bis länglich.
B: Kelch stechend begrannt. Stengel
aufrecht. Blätter gestielt, eiförmig, gekerbt-gesägt, zottig behaart.
SV: Trockenwälder, trockene Gebüsche, Wegraine; liebt lockeren, nährstoffreichen und etwas kalkhaltigen
Boden; zerstreut.
A: V; ♃

Juli–Oktober   30–60 cm
4 Wilder Dost
Echter Dost, Dosten,
Wilder Majoran
Oríganum vulgáre
Lippenblütengewächse
Lamiáceae (Labiátae)
Siehe Seite 260

Juni–August   30–60 cm
5 Heil-Batunge
Heil-Ziest, Gemeiner Ziest,
Rote Betonie
*Betónica officinális (Stáchys offici-
nális, Stáchys betónica)*
Lippenblütengewächse
Lamiáceae (Labiátae)
Siehe Seite 260

Juni–August   60–120 cm
6 Wald-Ziest
Waldnessel
Stáchys sylvática
Lippenblütengewächse
Lamiáceae (Labiátae)
SK: Je sechs Blüten in Scheinquirlen
in den Blattachseln und in einer endständigen Scheinähre.
B: Blüten doppelt so lang wie der
Kelch. Stengel aufrecht, oben verästelt, rauhhaarig. Blätter kreuzgegenständig, herzförmig, gesägt, rauhhaarig.
SV: Laubwälder, Mischwälder, Bergwälder, Auwälder, Schluchtwälder;
liebt lockere, stickstoffreiche, grundwasserfeuchte Böden; häufig.
A: V; ♃

1

2

4

5

3

6

Juli–Oktober 10–80 cm

1 Stechender Hohlzahn
Gemeiner Hohlzahn
Galeópsis tétrahit
Lippenblütengewächse
Lamiáceae (Labiátae)

SK: Oberlippe helmförmig. Unterlippe auf jeder Seite mit einem hohlen Zahn. Stengel unter den Gelenken angeschwollen.
B: Meist mehrere, fast kugelige, reichblütige Scheinquirle. Stengel einfach oder ästig, an den Gelenken behaart. Blätter langgestielt, eiförmig-lanzettlich. Mehrere ähnliche, schwer unterscheidbare Unterarten.
SV: Unkrautbestände auf Äckern, an Wegen, auf Schuttplätzen und Bahndämmen, auch an Waldrändern und auf Kahlschlägen; liebt nährstoffreichen, stickstoffreichen, etwas steinigen Boden; sehr häufig.
A: G; ⊙ – ⊝
Der Gemeine Hohlzahn ist aus zwei Hohlzahnarten durch Bastardierung entstanden, wobei die Chromosomenzahl verdoppelt wurde. Das konnte von dem schwedischen Botaniker A. Müntzing experimentell nachgewiesen werden, der durch Kreuzungen „synthetische" Individuen des Gemeinen Hohlzahns erhielt.

Juli–August 90–210 cm

2 Wald-Platterbse
Láthyrus sylvéstris
Schmetterlingsblütengewächse
Fabáceae (Leguminósae)

SK: 3–10 Blüten in einer Traube, Blütenstiele geflügelt. Staubblätter röhrig verwachsen. Röhre mit geradem Rand. Blätter mit 2–6 Teilblättchen.
B: Stengel sehr kräftig, niederliegend, aufsteigend oder kletternd, vierkantig, mit zwei Flügeln, Blätter mit einer gefiederten Ranke.
SV: Laubwälder, Trockenwälder, Mischwälder, Lichtungen und Waldränder; liebt nährstoffreiche, etwas kalkhaltige Böden; zerstreut.
A: G; ♃
Name: s. Berg-Platterbse, S. 316.
Innerhalb der Arten lassen sich mehrere Kleinrassen unterscheiden.

Juli–September 15–30 cm

3 Edel-Gamander
Echter Gamander
Teúcrium chamáedrys
Lippenblütengewächse
Lamiáceae (Labiátae)

SK: Blüten ohne Oberlippe. Unterlippe mit 5 Lappen. Blüten so lang wie die Hochblätter.
B: Blüten blattachselständig oder endständig, rotbraun. Stengel aufsteigend oder aufrecht. Blätter länglich-keilförmig, eingeschnitten gekerbt.
SV: Trockenrasen, Halbtrockenrasen, trockene Gebüsche, lichte Trockenwälder, seltener an Rasenbändern auf Kalkfelsen; liebt humusreiche Kalkböden; zerstreut.
A: V; ♃
Der Wurzelstock des Echten Gamanders treibt alljährlich zwei Generationen beblätterter Stengel, von denen nur die zweite zur Blüte gelangt.

Mai–Juni 10–25 cm

4 Pfingst-Nelke, Felsen-Nelke
Diánthus gratianopolitánus
(Diánthus cáesius)
Nelkengewächse
Caryophylláceae Siehe Seite 244

Juni–September 20–50 cm

5 Große Fetthenne
Sédum teléphium (S. máximum)
Dickblattgewächse
Crassuláceae
Siehe Seite 188

Juni–September 10–300 cm
1 Ähren-Tausendblatt
Ähriges Tausendblatt
Myriophýllum spicátum
Seebeerengewächse
Haloragáceae
SK: Obere Tragblätter ungeteilt.
B: Vielblütige, aufrechte Ähre. Stengel meist rötlich und verzweigt. Blätter reich kammförmig geteilt, meist zu vier quirlständig. Ähnlich: Quirlblättriges Tausendblatt, *Myriophýllum verticillátum:* Obere Tragblätter geteilt, Blätter meist zu 5–6 quirlständig. Juni–September. 10–200 cm. Standorte wie Ähren-Tausendblatt, aber in kalkarmen Gewässern; selten.
SV: Schwimmpflanzenbestand stehender Gewässer; untergetaucht; liebt warme, nährstoffreiche, kalkreiche Gewässer; zerstreut.
A: G; ♃

Juni–Oktober 10–100 cm
2 Gemeiner Froschlöffel
Alisma plantágo-aquática
Froschlöffelgewächse
Alismatáceae
SK: 6 Griffel, länger als der Fruchtknoten.
B: Quirlige Rispe. Blüten gestielt. Blütenblätter rasch abfallend, weiß oder rötlich, am Grunde gelblich. Stengel aufrecht. Blätter langgestielt, rosettig. Untergetauchte Blätter schmäler.
SV: Röhricht langsam fließender oder stehender Gewässer, auch in Riedgrasbeständen oder auf flachen, gelegentlich überschwemmten Ufersäumen; häufig.
A: M; ♃
Der brennend scharfe Saft soll für das Vieh stark giftig sein, besonders für Rinder. Hingegen fressen Ziegen die Pflanze erwiesenermaßen recht gern. Der Wirkstoff des Froschlöffels ist noch nicht näher bekannt („Bitterstoff").

Juni–September 15–80 cm
3 Kleinblütiges Weidenröschen
Bach-Weidenröschen

Epilóbium parviflórum
Nachtkerzengewächse
Onagráceae (Oenotheráceae)
SK: Blütenblätter 5 10 mm lang, hellrosa. Stengel wenigstens unten stark behaart.
B: Lockere Traube. Stengel aufrecht oder aufsteigend. Blätter länglich-lanzettlich, die unteren und die mittleren gegenständig, die oberen wechselständig.
SV: Röhricht fließender, seltener stehender Gewässer, Gräben, Riedgrasbestände; auch in Wäldern, vor allem auf Kahlschlägen; liebt lehmigen, nährstoffreichen, grundwasserdurchzogenen Boden; häufig.
A: G; ♃
Samenhaare: s. Rauhhaariges Weidenröschen, S. 226.

Juli–September 90–140 cm
4 Rauhhaariges Weidenröschen
Zottiges Weidenröschen
Epilóbium hirsútum
Nachtkerzengewächse
Onagráceae (Oenotheráceae)
Siehe Seite 226

Juli–August 15–100 cm
5 Rosarotes Weidenröschen
Epilóbium roséum
Nachtkerzengewächse
Onagráceae (Oenotheráceae)
SK: Blütenblätter 5–6 mm lang, an der Spitze stark ausgerandet. Stengel unten kahl, oben schwach behaart. Blätter länglich-lanzettlich, ziemlich lang gestielt, dicht gezähnelt.
B: Lockere Traube. Aufblühende Blütenstände nicken. Stengel meist verästelt.
SV: Ufer von Bächen und Flüssen. Gräben. Liebt kalkhaltigen, sickernassen, lockeren und humushaltigen, nährstoffreichen Boden; zerstreut.
A: G; ♃
Samenhaare: s. Rauhhaariges Weidenröschen, S. 226.
Die Pflanze enthält vor allem in der Wurzel Gerbstoffe und Schleimstoffe.

1

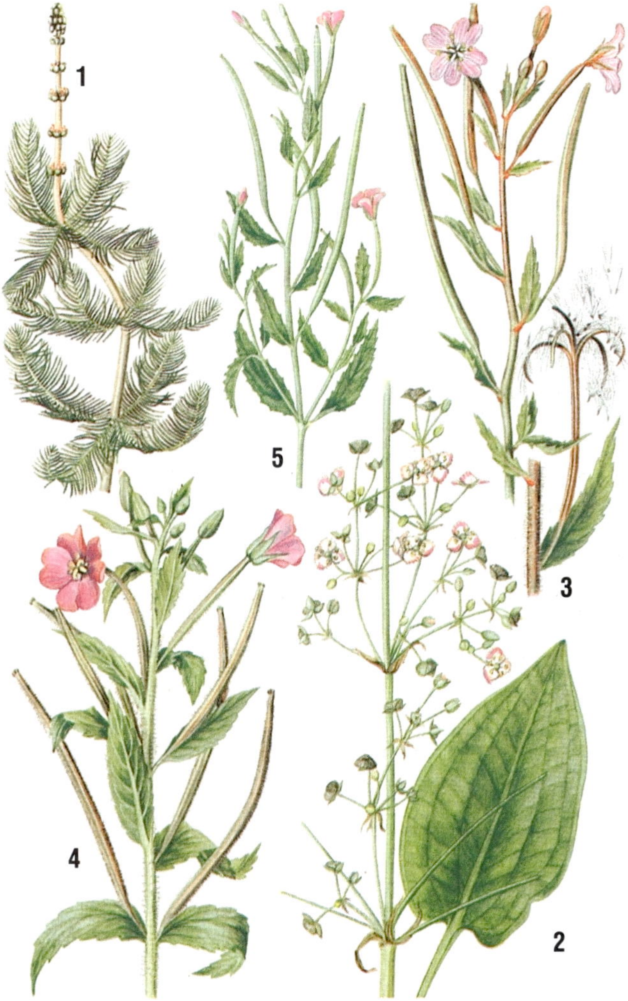

5

3

4

2

Mai–Juli   5–30 cm
1 Mehl-Primel
Mehl-Schlüsselblume
Prímula farinósa
Primelgewächse
Primuláceae
SK: Blätter auf der Unterseite mehlig
weiß.
B: Aufrechte Dolde. Blüte purpur-
violett bis rosa. Blätter rosettig, läng-
lich bis verkehrt-eiförmig, gekerbt,
schwach runzelig.
SV: Flachmoore, Quellfluren, feuchte
alpine Matten; selten.
A: ♃; ▽
Name: s. Wald-Primel, S. 182. Die
Pflanze enthält in ihrem Wurzelstock
Saponine.

Mai–Juni   15–30 cm
2 Dreiblättriger Fieberklee
Bitterklee, Biberklee
Menyánthes trifoliáta
Fieberkleegewächse
Menyantháceae
SK: Blätter kleeartig, aber viel größer.
B: Blüten in dichten Trauben, am
Rande weißbärtig. Blätter grundstän-
dig.
SV: Hochmoore, Zwischenmoore,
Riedgrasbestände, Ufer mooriger
Gräben; liebt schwach saure, meist
torfige Böden, seltener auf Schlamm;
selten, kommt an seinen Standorten
meist in größeren Beständen vor.
A: V; ♃
Alte Heilpflanze; enthält in der Wurzel
und im Blatt Bitterstoffe, die heute arz-
neilich kaum mehr verwendet werden.

Juli–September   30–170 cm
3 Echter Baldrian
Großer Baldrian, Gebräuchlicher
Baldrian
Valeriána officinális
Baldriangewächse
Valerianáceae
Siehe Seite 268

Mai–Juli   10–30 cm
4 Kleiner Baldrian
Valeriána dióica

Baldriangewächse
Valerianáceae
Siehe Seite 248

Juni–Juli   10–50 cm
5 Sumpf-Blutauge
Blutauge
Potentílla plalústris
(*Cómarum palústre*)
Rosengewächse
Rosáceae
SK: Keine Verwechslungsmöglich-
keit.
B: Trugdolde. Stengel liegend, auf-
steigend bis aufrecht. Grundachse
verholzend. Blätter handförmig, sie-
benspaltig oder siebenteilig.
SV: Flachmoore und Zwischenmoore;
liebt sauren und wenigstens zeitweilig
überschwemmten Moorboden; selten.
A: G; ♃

Juni–September   20–100 cm
6 Sumpf-Storchschnabel
Geránium palústre
Storchschnabelgewächse
Geraniáceae
SK: Blüten stets zu zweien.
B: Blüten 2,5–3 cm im Durchmesser.
Blütenblätter nur leicht ausgerandet.
Stengel ästig, aufsteigend, rauhhaarig.
Blätter handförmig, siebenteilig.
SV: Bachufer, Gräben, feuchte Wie-
sen; liebt grundwasserdurchzogenen,
lehmigen oder kiesigen Boden; sel-
ten; kommt an seinen Standorten meist
in kleineren Rudeln vor.
A: G; ♃
Name: s. Wiesen-Storchschnabel,
S. 312.
Der Sumpf-Storchschnabel enthält im
Wurzelstock Gerbstoffe. Besonders
bemerkenswert ist bei den Storch-
schnabelarten die Samenverbreitung:
Die Granne der Samen ist eingerollt
und in dieser Lage gespannt. In einem
bestimmten Reifestadium löst sich
diese Spannung schlagartig, und die
Samen werden herausgeschleudert.
Die Samen des Sumpf-Storchschna-
bels (5 mg schwer) können bis zu
2,5 m weit geschleudert werden.

5

2

3

1

4

6

1 Juli–Oktober 20–80 cm
Ampfer-Knöterich
Polýgonum lapathifólium
Knöterichgewächse
Polygonáceae

SK: Blattscheiden nicht oder nur kurz bewimpert.
B: Ähren an Haupt- und Seitenästen. Stengel aufrecht, reichästig, mit verdickten Knoten, beblättert. Blätter meist im unteren Drittel am breitesten, oft mit dunklen Flecken.
SV: Unkrautbestände vor allem auf Hackfruchtäckern, seltener an Wegen, auch an Ufern und sogar im Wasser; liebt nährstoffreiche Böden; zerstreut.
A: G; ⊙ – ⊖
Vom Ampfer-Knöterich gibt es neben rotblühenden Exemplaren auch solche, die gelblich oder grünlich blühen.

2 Juli–September 10–80 cm
Floh-Knöterich
Pfirsichblättriger Knöterich
Polýgonum persicária
Knöterichgewächse *Polygonáceae*
Siehe Seite 232

3 Juli–September 30–60 cm
Echtes Seifenkraut
Gebräuchliches Seifenkraut,
Gemeines Seifenkraut
Saponária officinális
Nelkengewächse
Caryophylláceae

SK: Blütenblätter nur ausgerandet, am Schlund mit zwei Zähnchen.
B: Blüten meist in dichten, endständigen Büscheln am Stengel und an seinen Ästen. Stengel aufrecht, feinflaumig, oft rot bis violett angelaufen. Blätter gegenständig, länglich-lanzettlich, dreinervig, spitz.
SV: Unkrautbestände an Mauern und auf Kiesbänken in Flußtälern; liebt grundwasserdurchzogenen, lockeren Boden; zerstreut.
A: G; ♃
Die Pflanze enthält reichlich Saponine. Diese erzeugen Schaum, wenn man das Kraut im Wasser zerreibt. Darauf bezieht sich der deutsche Gattungsname. Alte Heilpflanze.

4 Juli–Oktober 5–15 cm
Mauer-Gipskraut
Gypsóphila murális
Nelkengewächse
Caryophylláceae

SK: Kelch mit trockenhäutigem Streifen. Blüten nur 6–15 mm lang.
B: Rispe. Stengel steif aufrecht, gabelig, verzweigt. Blätter gegenständig, linealisch, kaum 1 mm breit.
SV: Unkrautbestände auf Äckern, auch auf Waldwegen und auf schlammigen Uferbänken; etwas kalkscheu; Nässe- und Schlammzeiger; zerstreut.
A: G; ⊙
Der Name Gipskraut soll auf eine ausländische Art Bezug nehmen, die angeblich auf besonders gipshaltigen Böden wächst.

5 Mai–September 30–100 cm
Gemeiner Beinwell
Schwarzwurz
Sýmphytum officinále
Borretschgewächse
Boragináceae

SK: Blätter deutlich am Stengel herablaufend. Pflanze rauhhaarig.
B: Blütenstand nickend, trugdoldig. Blüte schmutzig purpurn, rosaviolett oder gelbweiß. Stengel unten reich ästig. Stengelblätter rinnig.
SV: Ufer, Gräben, Auwälder, nasse Wiesen, auch auf feuchten Schuttplätzen und an Wegen; liebt nassen, stickstoffhaltigen Boden; zerstreut.
A: V; ♃; (✿)
Die Pflanze wurde im Mittelalter als Heilmittel bei Knochenbrüchen verwendet. Deshalb der Name Beinwell. Schwarzwurz heißt die Pflanze nach ihrer schwarzen Wurzel. Sie darf jedoch nicht mit der Gemüsepflanze Schwarzwurzel verwechselt werden. Enthält Alkaloide und Gerbstoffe.

6 Juli–August 5–25 cm
Wasser-Nabelkraut
Hydrocótyle vulgáris
Doldengewächse
Apiáceae (Umbelliferae)
Siehe Seite 108

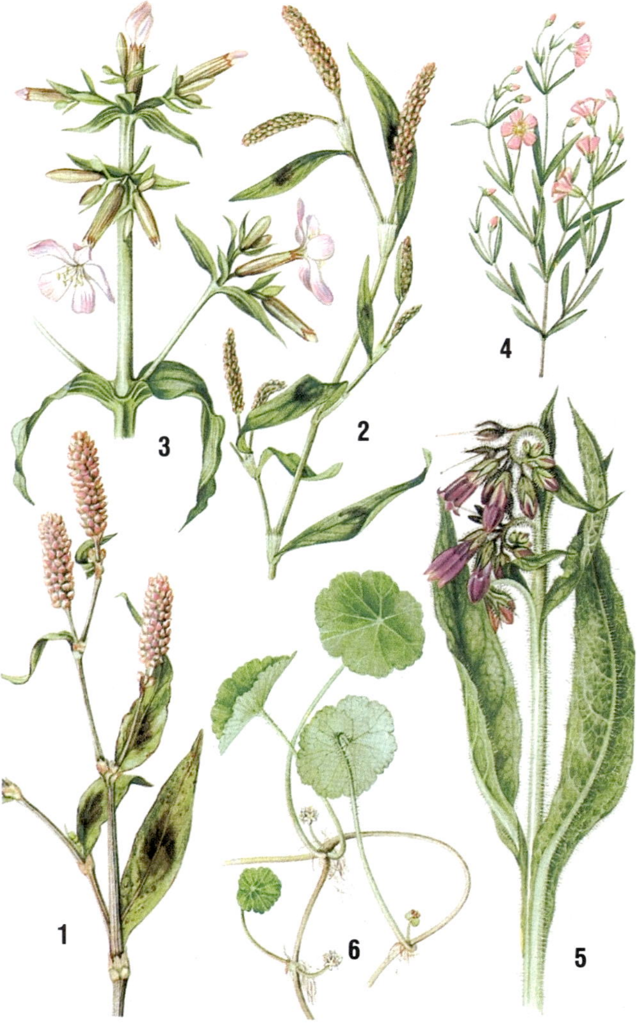

3

2

4

1

6

5

1 Wald-Brustwurz
Wald-Engelwurz
Angélica sylvéstris
Doldengewächse
Apiáceae (Umbellíferae)
Siehe Seite 232

2 Rote Pestwurz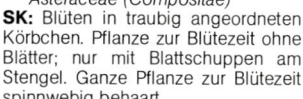
Gemeine Pestwurz
Gebräuchliche Pestwurz
Petasítes hýbridus
(Petasítes officinális)
Korbblütengewächse
Asteráceae (Compósitae)
SK: Blüten in traubig angeordneten
Körbchen. Pflanze zur Blütezeit ohne
Blätter; nur mit Blattschuppen am
Stengel. Ganze Pflanze zur Blütezeit
spinnwebig behaart.
B: Zungen- und Röhrenblüten
schmutzig purpurn bis blaßrosa, wohl-
riechend. Blätter erscheinen gegen
Ende der Blütezeit. Sie werden sehr
groß (rhabarberartig) und sind unter-
seits dünnwollig behaart.
SV: Ufer, Gräben, Flußauen, Waldrän-
der; liebt steinigen, kalkhaltigen,
feuchten Boden; häufig.
A: V; ♃
Der Name Pestwurz erinnert an die
frühere Verwendung der Pflanze als
Pestheilmittel. Enthält im Wurzelstock
ätherische Öle, Bitterstoff und Gerbstoffe. Alte Heilpflanze.

3 Doldige Schwanenblume
Wasserliesch, Blumenbinse
Bútomus umbellátus
Wasserlieschgewächse
Butomáceae
SK: Doldenartiger Blütenstand. Blüte
mit sechs Blütenblättern.
B: Endständige Scheindolde. Blüten-
blätter rosa, dunkler geädert. Blätter
grundständig, steif aufrecht, schilfar-
tig, dreikantig, rinnig.
SV: Röhricht stehender oder langsam
fließender Gewässer; wärmeliebend;

nährstoffliebend; Schlammzeiger; selten.
A: M; ♃

4 Kantiger Lauch
Kanten-Lauch
Állium angulósum
Lauchgewächse
Alliáceae
SK: Stengel blattlos, oben scharfkan-
tig. Blätter flach, unterseits scharf ge-
kielt.
B: Scheindolde mit Blüten, ohne Brut-
zwiebel, Blätter grundständig.
SV: Nasse Wiesen und Binsenbe-
stände, besonders an See- und Fluß-
ufern; liebt humushaltige und stick-
stoffarme Lehmböden; erträgt zeitwei-
lige Austrocknung in den Sommermo-
naten und zeigt daher wechselnden
Grundwasserstand an; selten.
A: M; ♃
Fehlt im nördlichen Deutschland fast
durchweg.

5 Blut-Weiderich
Ähren-Weiderich
Lýthrum salicária
Weiderichgewächse *Lytháceae*
Siehe Seite 252

6 Sumpf-Kratzdistel
Círsium palústre
Korbblütengewächse
Asteráceae (Compósitae)
SK: Blüten in trugdoldig angeordne-
ten, kleinen Körbchen. Nur Röhren-
blüten. Fruchtknoten mit gefiederten
Haaren (Lupe!) Stengel stachelig ge-
flügelt. Blätter stachelig.
B: Stengel bis oben beblättert, spinn-
webig behaart.
SV: Flachmoore, nasse Wiesen,
Bruchwälder, nasse Kahlschläge; liebt
nassen, etwas schlammigen bis tor-
figen Boden; meidet ausgesprochen
kalkreichen Boden; häufig.
A: V; ☉

1

2

3

4

5

6

Juli–August 50–150 cm

1 Filz-Klette
Filzige Klette
Árctium tomentósum
Korbblütengewächse
Asteráceae (Compósitae)

SK: Blüten in kugeligen, stark spinnwebig behaarten, rispig angeordneten Körbchen, diese 2–3 cm im Durchmesser. Nur Röhrenblüten. Hüllblätter der Blüten hakig (Klette).

B: Stengel beblättert. Blätter sehr groß, gestielt, am Grunde rundlich oder herzförmig.

SV: Unkrautbestände an Wegen, auch auf Schuttplätzen und an Bächen; liebt stickstoffreichen, kalkhaltigen Lehmboden; zerstreut.

A: V; ☉
Bastarde und Inhaltsstoffe: s. Kleine Klette, S. 236

Juli–September 70–150 cm

2 Gemeiner Wasserdost
Wasserhanf, Kunigundenkraut
Eupatórium cannábinum
Korbblütengewächse
Asteráceae (Compósitae)

SK: Blüten in Körbchen, diese trugdoldig angeordnet. Alle Blüten röhrenförmig. Stengel beblättert. Blätter zum Teil gegenständig, meist dreiteilig. Teilblättchen lanzettlich, grob gesägt.

B: Körbchen klein. Blüten unscheinbar, dunkel- bis hellrot. Stengel aufrecht.

SV: Lichte Laubwälder, Mischwälder, Auwälder, Kahlschläge, Waldränder, Ufer; liebt feuchten, nährstoffreichen, kalkhaltigen Boden; Feuchtigkeitszeiger; häufig.

A: V; ☉–♃; (✿)
Wissenschaftlicher Gattungsname: s. Kleiner Odermennig, S. 140.
Die Namen ,,Wasserhanf" und ,,Wasserdost" beziehen sich auf die Ähnlichkeit der Blätter mit Hanfblättern und der Blütenstände mit denen des Wilden Dostes (S. 260). Alte Heilpflanze. Enthält einen chemisch noch unerforschten Bitterstoff.

März–Oktober 30–80 cm

3 Gefleckte Taubnessel
Lámium maculátum
Lippenblütengewächse
Lamiáceae (Labiatae)
Siehe Seite 272

Mai–Juni 5–15 cm

4 Wald-Läusekraut
Pediculáris sylvática
Braunwurzgewächse
Scrophulariaceae

SK: Unterlippe deutlich kürzer als die Oberlippe.

B: Ähre. Blüten hellrosenrot. Stengel niederliegend oder aufsteigend. Blätter fiederteilig. Teilblättchen fiederspaltig.

SV: Flachmoore, Riedgrasbestände, feuchte Bergwiesen, Waldwege; liebt grundwasserfeuchten, sauren, torfigen oder sandigen Boden; zerstreut.

A: V; ☉–♃; (✿)
Halbschmarotzer. Von Läusekräutern wurde früher ein Absud gegen Tierläuse verwendet, daher der Name. Enthält das für Insekten giftige Aucubin.

Juni–Oktober 50–200 cm

5 Indisches Springkraut
Impátiens glandulífera
Balsaminengewächse
Balsamináceae

SK: Blüten mit kurzem, abwärts gekrümmtem Sporn.

B: 5–20 Blüten stehen in aufrechten, blattachselständigen Trauben. Sie werden 2,5–4 cm lang. Stengel aufrecht und in der Regel nicht verzweigt. Blätter 10–25 cm lang, scharf gesägt.

SV: Ufer, nasse Wälder. Gedeiht nur bei hoher Luftfeuchtigkeit auf lehmigen oder tonigen Böden. Zerstreut. Tritt örtlich in größeren Beständen auf.

A: G; ☉
Ursprünglich Gartenpflanze aus Indien. Seit etwa 1930 beständig verwildert. Breitet sich nach wie vor entlang von Flußufern aus und besiedelt von dort andere Standorte.

1

4

2

5

3

Mai—Juni   25—30 cm
1 Breitblättrige Kuckucksblume
Breitblättriges Knabenkraut
Dactylorhíza majális (Dactylórchis latifólia, Órchis impúdica, Ó. latifólia, Ó. majális)
Orchideengewächse
Orchidáceae

SK: Lippe mit einem walzlichen, nach rückwärts gerichteten Sporn. Blütenblätter stehen seitlich ab. Hochblätter krautig, länger als die dunkelroten Blüten. Blätter in der Mitte am breitesten, meist gefleckt.
B: Dichte, reichblütige Ähre. Lippe deutlich geteilt. Stengel weitröhrig. 4—6 lanzettliche bis breit-lanzettliche Blätter. Knolle handförmig geteilt.
SV: Flachmoore, nasse Wiesen; liebt nährstoffreichen, schwach sauren Boden; weniger als andere Arten der Gattung gegen Stickstoff empfindlich; zerstreut.
A: M; ♃; ▽

Juni—Juli   20—60 cm
2 Gefleckte Kuckucksblume
Geflecktes Knabenkraut
Dactylorhíza maculáta (Dactylórchis maculáta, Órchis maculáta, Ó. maculátus)
Orchideengewächse Orchidáceae
Siehe Seite 348

Juni—Juli   20—40 cm
3 Steifblättrige Kuckucksblume
Fleischfarbenes Knabenkraut
Dactylorhíza incarnáta (Orchis strictifólia, Órchis strictifólius, Órchis incarnátus, Órchis incarnáta)
Orchideengewächse
Orchidáceae

SK: Lippe mit einem walzlichen, nach rückwärts gerichteten Sporn. Seitliche Blütenblätter stehen ab. Hochblätter krautig, länger als die fleischfarbenen Blüten, Blätter unten am breitesten, an der Spitze kapuzenförmig zusammengezogen, ungefleckt.
B: Walzliche, reichblütige Ähre. Sporn der Lippe kürzer als der Fruchtknoten. Lippe fast ungeteilt. Stengel meist hohl, mit 3—6 Blättern, lanzettlich.

SV: Flachmoore, nasse Wiesen; kommt sowohl auf kalkhaltigen wie auch auf versauerten, tonigen Böden vor, zerstreut.
A: M; ♃; ▽

Mai—August   10—60 cm
4 Große Händelwurz
Mücken-Händelwurz, Nacktdrüse
Gymnadénia conopséa (Gymnadénia conopéa)
Orchideengewächse *Orchidáceae*
Siehe Seite 256

Juni—August   10—60 cm
5 Sumpf-Ziest
Schweins-Rübe
Stáchys palústris
Lippenblütengewächse
Lamiáceae (Labiátae)

SK: Blüten in Scheinquirlen in den oberen Blattachseln und endständig. Blüten doppelt so lang wie der Kelch. Blätter sitzend, höchstens die unteren kurzgestielt, länglich.
B: Scheinquirle sechs- bis zwölfblütig. Unterlippe gefleckt. Stengel steifhaarig. Blätter kreuzgegenständig, gesägt, steifhaarig.
SV: Nasse Wiesen, feuchte Äcker, Bergwiesen, Wegränder, liebt schweren lehmigen und feuchten Boden; zerstreut.
A: V; ♃

Juni—August   15—40 cm
6 Gottes-Gnadenkraut
Gratíola officinális
Braunwurzgewächse
Scrophulariáceae

SK: Keine Verwechslung möglich.
B: Blüten einzeln, blattachselständig. Blätter weißlich oder rötlich, Blütenröhre gelblich. Stengel aufrecht oder aufsteigend. Blätter kreuzgegenständig, sitzend, lanzettlich, gesägt, kahl.
SV: Röhricht stehender oder langsam fließender Gewässer, Ufersäume, feuchte Wiesen; liebt schlammigen, etwas kalkhaltigen, dichten Boden; erträgt sommerliche Trockenheit; sehr selten.
A: V; ♃; ☠

1

2

3

5

6

4

März—Mai   50—150 cm

1 Gemeiner Seidelbast, Kellerhals
Dáphne mezéreum
Seidelbastgewächse
Thymelaeáceae

SK: Blüten entspringen dem holzigen Stamm. Pflanze zur Blütezeit ohne Blätter oder nur mit einem Blattbüschel an den Zweigenden.
B: Blüten rosenrot bis rotviolett, stark duftend. Frucht eine Beere. Stengel verzweigt, mit runzeliger Rinde.
SV: Laubwälder, Mischwälder, seltener lichte Nadelforste; liebt nährstoffreichen, humusreichen und etwas kalkhaltigen Boden; zerstreut.
A: G; ♣; ▽
Alle Organe der Pflanze enthalten das scharf schmeckende Gift Mezerin.

Mai—Juli   5—35 cm

2 Gestreifter Seidelbast
Steinröschen, Alpenflieder
Dáphne striáta
Seidelbastgewächse
Thymelaeáceae

SK: Blüten rosa, außen kahl, nach Flieder duftend.
B: Blüten zu 8—10 in endständigen Büscheln. Zweige kahl. Blätter ledrig, an den Zweigenden büschelig.
SV: Bergwiesen und Felsspalten im Alpen- und Voralpengebiet; selten.
A: G; ♣; ▽
Gift s. Gemeiner Seidelbast (oben).

Mai—Juni   10—30 cm

3 Rosmarin-Seidelbast
Heideröschen, Flaumiges Steinröslein, Wohlriechender Seidelbast
Dáphne cneórum
Seidelbastgewächse
Thymelaeáceae

SK: Blüten purpurrot, außen behaart, nach Nelken duftend.
B: Blüten zu 6—10 in endständigen Büscheln. Zweige flaumig. Blätter ganzrandig, etwa 1,5 cm lang, immergrün, gleichmäßig verteilt.
SV: Lichte Trockenwälder, Halbtrokkenrasen, felsige Abstürze in den Mittelgebirgen und im Voralpengebiet; liebt flachgründigen, kalkreichen Bo-

den; wärmeliebend; sehr selten. An den Standorten oft in größeren Kissen.
A: G; ♣; ▽
Alle Organe enthalten das scharf schmeckende Gift Mezerin.

März—April   bis 30 m

4 Flatter-Ulme
Úlmus laēvis (Úlmus diffúsa)
Ulmengewächse *Ulmáceae*

SK: Blüten in kleinen, hängenden Büscheln, langgestielt. Flügelfrucht bewimpert.
B: Blätter wechselständig, schief, doppelt gezähnt, 5—8 cm lang. Knospen kahl.
SV: Auwälder, liebt tiefgründigen, grundwasserfeuchten Boden; selten.
A: G

März—April   10—30 m

5 Feld-Ulme
Úlmus minor (Úlmus carpinifólia)
Ulmengewächse *Ulmáceae*

SK: Blüten in kleinen Büscheln, fast ungestielt, weiß bewimpert. Same dicht unter dem Ausschnitt des Flügels. Knospen kahl.
B: Blätter wechselständig, schief, doppelt gezähnt, 5—8 cm lang.
SV: Laub- und Auwälder, liebt kalkhaltigen, grundwasserfeuchten, lehmigen Boden, kommt aber auch in Trockenwäldern auf Kalkboden vor; zerstreut.
A: G

März—April   10—30 m

6 Berg-Ulme
Úlmus glábra (U. scábra, U. montána)
Ulmengewächse *Ulmáceae*

SK: Blüten in kleinen Büscheln, fast ungestielt, rostfarben bewimpert. Samen in der Mitte der Flügelfrucht. Knospen rostrot behaart.
B: Blätter wechselständig, schief, doppelt gezähnt, 8—10 cm lang.
SV: Schluchtwälder und Auwälder; liebt kalkhaltigen Steinschuttboden; an Hängen oft an Stellen mit reichlichem Hangdruckwasser; zerstreut.
A: G

4

1

6

5

3

2

Mai–Juli   30–50 cm

1 Schwarze Krähenbeere
Émpetrum nigrum
Krähenbeergewächse
Empetráceae
SK: Blüten unauffällig, Blätter nadelförmig, unterseits weiß, gekielt, am Rand eingerollt.
B: Pflanze zweihäusig. Männliche Blüten rosa, weibliche Blüten purpurn, klein. Zweige aufsteigend bis aufrecht. Blätter wechselständig oder fast quirlständig, sehr kurz gestielt, glänzend.
SV: Heiden, Dünen, Gestrüppe auf alpinen Matten; liebt sauren, lockeren Boden; selten; tritt an ihren Standorten meist häufig auf.
A: G; (🐝)
Die Krähenbeere enthält das giftige Andrometoxin.

Juni–August   bis 80 cm lang

2 Moosbeere
Oxycóccus palústris
(Vaccínium oxycóccus)
Heidekrautgewächse *Ericáceae*
SK: Stengel kriechend. Blätter klein, zugespitzt, am Rand umgerollt.
B: Blüten klein, nickend, dünn und langgestielt. Blätter dunkelgrün, glänzend.
SV: Hochmoore und moorige, lichte Wälder, liebt sauren, nassen, moosigen Torfboden; selten; kommt an ihren Standorten meist in Beständen vor.
A: V
Die Frucht der Moosbeere enthält reichlich Vitamin C. Die Früchte schmecken jedoch erst dann gut, wenn sie wenigstens einmal durchgefroren waren.

Juli–August   10–50 cm

3 Gemeine Glockenheide
Sumpf-Heide
Erica tetrálix
Heidekrautgewächse
Ericáceae
SK: Blätter nadelförmig, 4–7 mm lang, zu 3–4 quirlständig, steifhaarig gewimpert.
B: Blüten in endständigen, doldigen Köpfchen, krugförmig, fleischrot. Äste aufrecht, rauhhaarig. Pflanze immergrün.
SV: Heiden und Moore; liebt feuchten oder nassen, sandigen oder torfigen, stets sauren Boden; zerstreut; an ihren Standorten meist in ausgedehnten und auffallenden Beständen.
A: V
Die Glocken-Heide – nicht das viel häufigere Heidekraut – ist die von Dichtern viel besungene „Heide". Die Glocken-Heide ist, wo sie in Massen auftritt, eine vorzügliche Bienenweide. Der Rüssel der bestäubenden Insekten muß mindestens 7 mm lang sein, wenn sie an den Nektar gelangen wollen.

April–Mai   60–150 cm

4 Echte Zwergmispel
Gemeine Zwergmispel
Cotoneáster integérrima
Rosengewächse
Rosáceae
SK: Blüten zu 2–10 blattachselständig. Blütenblätter 2–3 mm lang. Blätter ganzrandig, höchstens an der Spitze fein gesägt, unterseits dicht behaart, oben kahl.
B: Doldentraube. Blüten klein, glockig, blaßrot. Junge Zweige manchmal filzig behaart. Blätter rundlich-eiförmig, spitz oder ausgerandet.
SV: Trockene Gebüsche, trockene Wälder, meist an steilen, felsigen Südhängen; liebt kalkhaltige und steinige Böden, kommt aber gelegentlich auch auf Sandböden vor; wärmeliebend; sehr selten.
A: G
Die Echte Zwergmispel wird vor allem von der Felswespe bestäubt. Sie enthält im Samen eine organische Blausäureverbindung.

April–Mai   bis 10 m

5 Wilder Apfel
Wildapfel, Holzapfel
Málus sylvéstris (Málus commúnis, ssp. acérba)
Rosengewächse *Rosáceae*
Siehe Seite 116

5

4

3

2

1

1 Juni–Juli 1–2 m
Apfel-Rose
Rósa villósa (Rósa pomifera)
Rosengewächse
Rosáceae

SK: Blüten kräftig rot. Kelchblätter fest mit der Frucht verbunden. Stengel mit geraden, dünnen Stacheln. Blätter gefiedert.
B: Blüten einzeln, etwa 7 cm im Durchmesser. 5–7 Teilblättchen, unterseits dicht behaart, 1–4 cm lang.
SV: Felsbänder, Gebüsche und trockene Wälder, an Südhängen oder stark besonnten Stellen; wärmeliebend; sehr selten.
A: G
Die Früchte enthalten nur wenig Vitamine (s. Hunds-Rose, unten).

2 Juni 1,3–2,8 m
Hunds-Rose
Heckenrose
Rósa canina
Rosengewächse
Rosáceae

SK: Blüten blaßrot bis hellrosa. Kelchzipfel nach dem Verblühen zurückgeschlagen. Stengel stachelig, Blätter gefiedert.
B: Blüten zu 1–3, schwach duftend. Blütenblätter 2–2,5 cm lang. Stachel meist hakig. Blätter unpaarig gefiedert, wechselständig. 5–7 Teilblättchen, eiförmig oder elliptisch, scharf gesägt, kahl. Die Gattung besteht aus zahlreichen, äußerst schwer unterscheidbaren und oft formenreichen Arten.
SV: Laubwälder, Waldränder, Gebüsche; liebt lockeren Boden; häufig.
A: G
Die Früchte der Hecken-Rose (Hagebutten) sind außerordentlich reich an Vitamin C (bis 1700 mg auf 100 g frische Früchte). Daneben enthalten sie Provitamin A, und zwar bis zu 5 mg auf 100 g frische Früchte, Vitamine der B-Gruppe, Vitamin K und Vitamin P. Die Vitamine werden am besten genutzt, wenn man aus den Früchten Marmelade herstellt. Hingegen werden sie beim Trocknen zum großen Teil zerstört.

3 Mai–August 10–30 cm
Preiselbeere
Kronsbeere, Grante
Vaccinium vitis-idáēa
Heidekrautgewächse *Ericáceae*
Siehe Seite 118

4 Mai–Juli 30–90 cm
Rauschbeere
Trunkelbeere, Moorbeere
Vaccínium uliginósum
Heidekrautgewächse *Ericáceae*

SK: Zweige rund, graubraun. Blätter ganzrandig, unterseits blaugrün, blau bereift.
B: Mehrere endständige Blüten. Stengel aufsteigend oder aufrecht. Blätter bis 4 cm lang und bis 2 cm breit, stumpf, fast sitzend, am Rande umgerollt.
SV: Moore, moorige Wälder, alpine Matten; liebt feuchte bis nasse, saure Böden; zerstreut; an ihren Standorten meist in größeren Beständen.
A: V; (☣)
Die Beeren enthalten einen chemisch noch nicht bekannten Wirkstoff, der rauschartige Zustände hervorrufen kann, wenn man eine größere Menge Beeren gegessen hat (Name!). Möglicherweise wird dieser Giftstoff aber nicht von der Rauschbeere selbst gebildet, sondern von einem Pilz, der gelegentlich in der Beere schmarotzt. Die Blätter enthalten Arbutin und können zu Tee verwendet werden.

5 Mai–Juli 50–130 cm
Sumpf-Porst
Porst, Wilder Rosmarin
Lédum palústre
Heidekrautgewächse *Ericáceae*

SK: Blüten weiß glockig. Blätter unterseits rostrot behaart.
B: Endständige, reichblütige Dolde. Stengel quirlig verzweigt. Blätter nur etwa 3 mm breit, oberseits glänzend .
Strauch riecht unangenehm.
SV: Hochmoore, moorige Wälder, liebt nassen Torfboden; sehr selten.
A: V; ☣; ▽
Die Blätter enthalten ätherische Öle (Geruch) und das Gift Ledol.

1

2

3

4

5

Mai–Oktober   15–30 cm

1 Polei-Gränke
Gränke, Wilder Rosmarin
Andrómeda polifólia
Heidekrautgewächse *Ericáceae*
SK: Blätter lanzettlich, unterseits bläulich weiß, stark eingerollt, 1–3 mm breit.
B: 1–4 endständige Blüten. Stengel aufrecht oder aufsteigend.
SV: Hochmoore; liebt nassen, moosigen und sauren Torfboden; sehr selten; kommt an ihren Standorten meist in Rudeln vor.
A: V; ♨
Der wissenschaftliche Gattungsname bezieht sich auf Andromeda, die Tochter des Königs Kepheus und der Kassiopeia, die in der griechischen Sage eine Rolle spielt. In den Blättern ist der Giftstoff Andrometoxin enthalten.

Mai–August   40–120 cm

2 Rauhblättriger Almrausch
Behaarte Alpenrose, Rauhhaarige Alpenrose, Almenrausch
Rhododéndron hirsútum
Heidekrautgewächse *Ericáceae*
SK: Blätter beiderseits grün (höchstens mit wenigen rostgelben Punkten), am Rande bewimpert.
B: Mehrblütige Dolden. Äste dicht verzweigt, dicht beblättert. Blätter elliptisch oder länglich, verkehrt-eiförmig, nicht umgerollt.
SV: Wälder im Alpengebiet, seltener Bergwälder im Voralpengebiet, alpine Gebüsche; liebt kalkhaltigen, lockeren, steinigen und etwas feuchten Boden; zerstreut; kommt an seinen Standorten meist in größeren Beständen vor.
A: V; ▽

Mai–August   40–120 cm

3 Rostroter Almrausch
Rostrote Alpenrose
Rhododéndron ferrugíneum
Heidekrautgewächse *Ericáceae*
SK: Blätter unterseits rostgelb bis rostrot, nicht bewimpert, am Rande umgerollt.
B: Mehrblütige Dolden. Äste unten

wenig beblättert. Blätter länglich-lanzettlich.
SV: Wälder im Alpengebiet, seltener im Voralpengebiet, alpine Gebüsche; liebt kalkfreien, lockeren, humushaltigen, steinigen und etwas feuchten Boden; im deutschen Alpengebiet sehr selten; bildet in den Zentralalpen an ihren Standorten meist ausgedehnte Bestände.
A: V; ▽

Juni–September   10–50 cm

4 Gemeines Heidekraut
Besenheide
Callúna vulgáris
Heidekrautgewächse *Ericáceae*
SK: Blätter nadelförmig, 1–3 mm lang, in 4 Zeilen angeordnet, aber gegenständig.
B: Nahezu einseitswendige Traube. Blüten klein, kurzgestielt.
SV: Heiden, Laubwälder, Mischwälder, Nadelforste, Wegraine, Bergwiesen; liebt sandigen, sauren Boden; sehr häufig.
A: V
Gute Bienenweide. Heilpflanze. Enthält Flavone, Gerbstoffe und Arbutin.

Juni–September   30–60 cm

5 Dornige Hauhechel
Onónis spinósa
Schmetterlingsblütengewächse
Fabáceae (Leguminósae)
SK: Haare am Stengel in einer oder in zwei Reihen.
B: Blüten zu 1–3 in den Blattachseln, oft zu traubigen, dicht beblätterten Blütenständen vereint. Stengel aufsteigend bis aufrecht, meist mit Dornen. Blätter dreizählig, kurzgestielt oder sitzend. Ähnlich: Kriechende Hauhechel, *Onónis répens:* Haare rings am Stengel. Stengel meist niederliegend. Juni–September; 15–50 cm. Standorte und Häufigkeit wie bei der Dornigen Hauhechel.
SV: Halbtrockenrasen, Wegraine, Weiden; liebt lehmigen, oftmals steinigen, kalkhaltigen Boden; wärmeliebend; zerstreut.
A: G

2

3

1

4

5

März–Dezember   10–40 cm
1 Persischer Ehrenpreis
Großer Ehrenpreis
Acker-Ehrenpreis
Verónica pérsica
(Verónica tournefórtii)
Braunwurzgewächse
Scrophulariáceae

SK: Blüten einzeln blattachselständig,
8–12 mm im Durchmesser. Blätter
herzeiförmig, gekerbt. Kapsel 8–10
mm breit.
B: Blüten langgestielt, himmelblau mit
gelblichweißem Schlund. Stengel liegend oder aufsteigend, einfach oder
ästig, kraushaarig.
SV: Unkrautbestände auf Hackfruchtäckern, in Gärten und Weinbergen,
seltener an Wegen und auf Schuttplätzen; liebt nährstoffreichen und etwas lehmigen Boden; sehr häufig.
A: V; ☉ – ⊕
Ursprünglich war der Persische Ehrenpreis in Kleinasien beheimatet und
wurde in Europa nur in botanischen
Gärten gehalten. Im Jahre 1805 ver-
wilderte er aus dem Botanischen Gar-
ten Karlsruhe. 1815 war er bis Basel,
1839 bis Zürich, 1866 bis Magdeburg
vorgedrungen. Heute ist er eines der
häufigsten Gartenunkräuter.

März–Mai   5–30 cm
2 Efeu-Ehrenpreis
Efeublättriger Ehrenpreis
Verónica hederifólia
Braunwurzgewächse
Scrophulariáceae
Siehe Seite 320

März–Mai   5–15 cm
3 Dreiteiliger Ehrenpreis
Finger-Ehrenpreis
Dreiblättriger Ehrenpreis
Verónica triphýllos
Braunwurzgewächse
Scrophulariáceae

SK: Endständige, lockere Traube. Blütenstiele länger als der Kelch. Hoch-

blätter nicht deutlich von den Stengelblättern unterschieden. Mittlere und
obere Blätter drei- bis fünfteilig.
B: Blütenstiel mindestens so lang wie
der Kelch. Blüten dunkelblau. Stengel
aufrecht, unten ästig. Untere Blätter eiförmig, mittlere fingerförmig, drei- bis
fünfteilig, obere lanzettlich.
SV: Unkrautbestände auf Getreideä-
kern, aber auch auf Hackfruchtäckern,
in Gärten, Weinbergen und an Wegen;
liebt lockeren, sandigen Boden; etwas
kalkscheu; zerstreut.
A: V; ☉

April–September   10–25 cm
4 Feld-Ehrenpreis
Verónica arvénsis
Braunwurzgewächse
Scrophulariáceae   Siehe Seite 320

April–Juni   15–30 cm
5 Gamander-Ehrenpreis
Verónica chamaedrys
Braunwurzgewächse
Scrophulariáceae

SK: Haare am Stengel nur in zwei Reihen.
B: Lockere, blattachselständige Trauben (meist nur zwei). Blütenblätter
leicht abfallend, blau mit dunkleren
Adern. Stengel niederliegend oder
aufsteigend. Blätter gegenständig,
kurzgestielt, gekerbt, behaart.
SV: Wiesen, Laubwälder, Mischwälder, trockene Gebüsche, Wegränder;
liebt lockeren, stickstoffhaltigen Boden; sehr häufig.
A: V; ♃; (🌸)
Der Gamander-Ehrenpreis enthält das
Glykosid Aucubin (s. Sumpf-Läusekraut, S. 290).

Mai–August   15–50 cm
6 Großer Ehrenpreis
Verónica austriaca (V. teúcrium)
Braunwurzgewächse
Scrophulariáceae
Siehe Seite 308

1

2

3

5

4

6

April—Mai   5—20 cm
1 Salat-Rapünzchen
Gekielter Feldsalat
Valerianélla locústa
(Valerianélla olitória)
Baldriangewächse
Valerianáceae

SK: Keine Verwechslungsmöglichkeit mit anderen Gattungen.
B: Trugdolden. Blüten unscheinbar, blaßblau. Stengel aufrecht, gegabelt. Untere Blätter spatelig, obere lanzettlich. Mehrere sehr ähnliche und schwer unterscheidbare Arten.
SV: Unkrautbestände auf Hackfruchtäckern, an Wegen, in Gärten und Weinbergen, auch in Wiesen und Halbtrockenrasen; zerstreut.
A: V; ☉
Wird — vermutlich erst seit dem Spätmittelalter — als Salatpflanze angebaut.

Mai—August   20—40 cm
2 Acker-Vergißmeinnicht
Myosótis arvénsis
(Myosótis intermédia)
Borretschgewächse
Boragináceae

SK: Blüten 4—6 mm im Durchmesser. Blütenstiele aufrecht abstehend, zur Blütezeit 1—2 mm lang. Stiel der Frucht zwei- bis dreimal so lang wie der Kelch. Fruchtstand etwa so lang wie der übrige Teil des Stengels.
B: Blütenstand traubig, vielblütig. Stengel rund, aufrecht, ästig. Grundblätter verkehrt-eiförmig, gestielt, rosettig, graugrün. Stengelblätter länglich-lanzettlich, sitzend.
SV: Unkrautbestände auf Äckern und auf Feldwegen; liebt lehmigen Boden; etwas kalkscheu; zeigt beginnende oder leichte Versauerung an; häufig.
A: V; ☉; ☉

Juli—Oktober   8—15 cm
3 Roter Gauchheil
Acker-Gauchheil
Anagállis arvénsis
Primelgewächse *Primuláceae*
Siehe Seite 232

Mai—Oktober   15—45 cm
4 Acker-Ochsenzunge
Acker-Krummhals, Wolfsauge
Anchúsa arvénsis
(Lycópsis arvénsis)
Borretschgewächse
Boragináceae

SK: Röhre der Blüte in der Mitte gebogen-geknickt.
B: Blütenstand locker, beblättert. Blüten kurz gestielt. Stengel kantig, aufrecht. Blätter lanzettlich, wellig, steifhaarig.
SV: Unkrautbestände auf Äckern und an Wegen; liebt lockeren, sandigen Boden; etwas kalkscheu; wärmeliebend; selten.
A: V; ☉

April—Oktober   30—100 cm
5 Gebräuchliche Ochsenzunge
Gemeine Ochsenzunge
Anchúsa officinális
Borretschgewächse
Boragináceae
Siehe Seite 334

April—Mai   10—30 cm
6 Weinbergs-Traubenhyazinthe
Múscari racemósum
Liliengewächse
Liliáceae
Siehe Seite 314

Juli—Oktober   30—90 cm
7 Kornblume
Centáurea cýanus
Korbblütengewächse
Asteráceae (Compósitae)

SK: Blüten in großen, einzelnen Körbchen. Nur Röhrenblüten. Blätter höchstens 5 mm breit, wechselständig.
B: Stengel aufrecht, Blätter nicht herablaufend.
SV: Unkrautbestände auf Getreideäckern, seltener auch auf alten Kompostlagerstätten und auf Schuttplätzen oder an Wegen; liebt lockeren, nährstoffreichen Boden; selten; geht stark zurück.
A: V; ☉

1 Juli–August 30–130 cm
Gemeine Wegwarte
Wilde Zichorie
Cichórium íntybus
Korbblütengewächse
Cichoriáceae (Compósitae)

SK: Blüten in großen Körbchen. Nur Zungenblüten. Fruchtknoten meist ohne deutlich sichtbare Haarkrone. Stengel stark ästig.
B: Stengel geknickt, sparrig. Untere Blätter schrotsägeförmig, obere länglich, ungeteilt, stengelumfassend.
SV: Unkrautbestände an Wegen, auf Schuttplätzen, auf Bahnschotter, an Wegrainen, seltener auf oder an Äckern; auf Böden unterschiedlicher Art; stickstoffliebend; sehr häufig.
A: V; ♃
Die Blüten der Gemeinen Wegwarte öffnen sich etwa um 6 Uhr und schließen sich gegen 12 Uhr. Aus der Wurzel wird seit dem 17. Jahrhundert Zichorie hergestellt. Alte Heilpflanze.

2 Mai–September 10–50 cm
Feld-Rittersporn
Acker-Rittersporn
Consólida regális
(Delphínium consólida)
Hahnenfußgewächse
Ranunculáceae

SK: Keine Verwechslungsmöglichkeit.
B: Wenigblütige Traube. Blüte langgespornt, langgestielt. Stengel stark ästig. Blätter in Zipfel gespalten.
SV: Unkrautbestände vor allem auf Getreideäckern, seltener auf Kompostlagerstätten; liebt lehmigen Kalkboden; selten; geht stark zurück.
A: G; ☉; (❀)
Die Blüte des Feld-Rittersporns wird von Schmetterlingen und Hummeln bestäubt. Der lateinische Gattungsname verweist auf die frühere Verwendung des Rittersporns als Heilpflanze (consolidare = festmachen) und bedeutet wohl: Heile zusammen.

Enthält in geringer Menge Alkaloide und ist deshalb schwach giftig.

3 Juni–September 30–120 cm
Blauer Natternkopf
Échium vulgáre
Borretschgewächse
Boragináceae
Siehe Seite 240

4 Mai–Juli 20–60 cm
Wiesen-Salbei
Sálvia praténsis
Lippenblütengewächse
Lamiáceae (Labiátae)
Siehe Seite 338

5 April–Juni 5–30 cm
Heide-Günsel
Genfer Günsel
Ajúga genevénsis
Lippenblütengewächse
Lamiáceae (Labiátae)

SK: Blüten ohne Oberlippe. Unterlippe dreilappig. Hochblätter tief in 3 Lappen gekerbt. Pflanze ohne Ausläufer.
B: 6–12 Blüten in Scheinquirlen in den Blattachseln und endständig. Stengel und Blätter zottig behaart. Nur wenige Grundblätter, die rasch vertrocknen. Stengelblätter stark gekerbt.
SV: Lichte Trockenwälder, Trockenrasen, Halbtrockenrasen, Wegraine; liebt kalkhaltigen lockeren Boden; wärmeliebend, zerstreut.
A: V; ♃
Der Genfer Günsel vermehrt sich außer durch Samen auch durch Wurzelknospen.

6 Juli–August 30–70 cm
Acker-Witwenblume
Acker-Skabiose
Knáutia arvénsis
Kardengewächse
Dipsacáceae
Siehe Seite 336

5

2

1

6

4

3

April–Juni   15–30 cm
1 Gamander-Ehrenpreis
Verónica chamáedrys
Braunwurzgewächse
Scrophulariáceae
SK: Haare am Stengel nur in zwei Reihen.
B: Lockere, blattachselständige Trauben (meist nur zwei). Blütenblätter leicht abfallend, blau mit dunkleren Adern. Stengel niederliegend oder aufsteigend. Blätter gegenständig, kurzgestielt, gekerbt, behaart.
SV: Wiesen, Laubwälder, Mischwälder, trockene Gebüsche. Wegränder; liebt lockeren, stickstoffhaltigen Boden; sehr häufig.
A: V; ♃; (♨)
Der Gamander-Ehrenpreis enthält das Glykosid Aucubin (s. Sumpf-Läusekraut, S. 290).

Mai–August   15–50 cm
2 Großer Ehrenpreis
Verónica austríaca (V. tēūcrium)
Braunwurzgewächse
Scrophulariáceae
SK: Traube. Stengel aufsteigend oder aufrecht. Blätter eiförmig bis lanzettlich, sitzend, höchstens die untersten etwas gestielt.
B: Blüten 1–1,3 cm im Durchmesser, azurblau. Blütenstiele behaart.
SV: Trockenrasen, Halbtrockenrasen, trockene Gebüsche, lichte Trockenwälder, Wegraine; liebt kalkhaltigen, oft steinigen, aber tiefgründigen Boden; häufig.
A: V; ♃

Juni–August   15–30 cm
3 Wald-Ehrenpreis
Echter Ehrenpreis
Verónica officinális
Braunwurzgewächse
Scrophulariáceae
SK: Trauben. Blüten blaßblau, dunkler geadert. Kelch mit 4 Zipfeln. Blätter verkehrt-eiförmig.
B: Trauben aufrecht, blattachselständig. Stengel kriechend, an der Spitze aufsteigend. Blätter kurzgestielt, derb, gesägt.

SV: Heiden, magere Wiesen, Laubwälder, Mischwälder, Nadelwälder; liebt sandigen, sauren Lehmboden; zeigt oberflächliche Versauerung an; sehr häufig.
A: V; ♃; (♨)
Alte Heilpflanze. Enthält Aucubin (s. Sumpf-Läusekraut, S. 290), Gerbstoffe und einen Bitterstoff.

Juli–September   30–110 cm
4 Gemeiner Teufelsabbiß
Succísa praténsis
Kardengewächse
Dipsacáceae
SK: Randblüten nicht größer als die inneren Blüten. Stengel unter den Blütenköpfchen anliegend behaart. Blätter ungeteilt.
B: Blüten in endständigen, halbkugeligen Köpfchen, meist dunkelblau, seltener dunkelblauviolett. Blätter gegenständig, eiförmig-lanzettlich.
SV: Nasse Wiesen, Flachmoore, Bergwiesen, lichte, feuchte Wälder; liebt schwach sauren, wenigstens zeitweise feuchten Boden; zerstreut.
A: V; ♃
Der Name Teufelsabbiß bezieht sich auf den Wurzelstock, der im Herbst wie abgebissen aussieht. Alte Heilpflanze. Enthält im Wurzelstock Saponine, Gerbstoffe und das Glykosid Scabiosid.

August–Oktober   10–25 cm
5 Fransen-Kleinenzian
Fransen-Enzian, Gefranster Enzian
Gentianélla ciliáta (Gentiána ciliáta)
Enziangewächse
Gentianáceae
SK: Zipfel der Blüte eingeschnitten gefranst.
B: Blüten meist einzeln, seltener mit blühenden Seitenästen. Blätter lineal, seltener länglich-lanzettlich, einnervig.
SV: Halbtrockenrasen, Wegraine, lichte Wälder, Gebüsche; liebt steinigen, lockeren Boden; etwas wärmeliebend; selten.
A: V; ☉–♃; ▽
Geht in letzter Zeit zurück.

5

4

2

1

3

1 März—Juni (Juli—Aug.) 3—15 cm
Frühlings-Enzian
Gentiána vérna
Enziangewächse
Gentianáceae
SK: Stengel einblütig. Zipfel der Blüte tellerartig flach ausgebreitet. Pflanze mit nichtblühenden Trieben.
B: Blüten endständig, 1,8—3 cm im Durchmesser. Stengel aufrecht, mit 1—3 Paaren kleiner, gegenständiger Blätter. Grundblätter rosettig, ungleich groß, elliptisch bis lanzettlich.
SV: Halbtrockenrasen, trockene Wiesen, Bergwiesen; liebt kalkhaltigen, humusreichen, steinigen Lehmboden; selten; kommt an seinen Standorten meist in größeren Rudeln vor.
A: V; ♃; ▽
Der Frühlings-Enzian blüht in besonders warmen Jahren gelegentlich im Herbst zum zweitenmal.

2 Juli—September 15—40 cm
Lungen-Enzian
Gentiána pneumonánthe
Enziangewächse
Gentianáceae
Siehe Seite 330

3 Juli—September 30—70 cm
Schwalbenwurz-Enzian
Würger-Enzian
Gentiána asclepiadéa
Enziangewächse
Gentianáceae
SK: Blüten in den Blattachseln. Blütenzipfel nicht flach ausgebreitet. Blätter eiförmig-lanzettlich, fünfnervig.
B: 1—3 Blüten in den Blattachseln. Stengel aufrecht oder überhängend. Stengel dicht beblättert. Blätter gekreuzt-gegenständig.
SV: Feuchte Wälder im Alpen- und Voralpengebiet, feuchte Bergwiesen, alpine Matten; liebt kalkhaltigen, hu-

musreichen und feuchten, lehmigen Boden; selten.
A: V; ♃; ▽
Der Name Schwalbenwurz-Enzian verweist auf die Ähnlichkeit der Blätter mit denen vieler Schwalbenwurzgewächse. Die Blüten des Schwalbenwurz-Enzians öffnen sich morgens zwischen 8 und 9 Uhr und schließen sich abends zwischen 5 und 6 Uhr. Die Pflanze enthält im Kraut und in der Wurzel Bitterstoffe.

4 Mai—Juli 30—60 cm
Wiesen-Glockenblume
Campánula pátula
Glockenblumengewächse
Campanuláceae Siehe Seite 342

5 Mai—September 15—70 cm
Büschel-Glockenblume
Geknäuelte Glockenblume,
Knäuel-Glockenblume
Campánula glomeráta
Glockenblumengewächse
Campanuláceae
SK: Blüten sitzen in einem knäueligen Köpfchen; untere Stengelblätter am Grund abgerundet oder herzförmig. Pflanze weichhaarig.
B: Blüten 1,5—3 cm lang. Stengel einfach, aufrecht. Ähnlich: Borstige Glockenblume *(Campánula cervicária):* Untere Stengelblätter nicht abgerundet. Pflanze stechend steifhaarig. Gebüsche, Wiesen; selten.
SV: Halbtrockenrasen, Wiesen; liebt lockeren, manchmal etwas steinigen Lehmboden; kalkliebend; häufig.
A: V; ♃

6 Juni—September 15—50 cm
Rundblättrige Glockenblume
Campánula rotundifólia
Glockenblumengewächse
Campanuláceae Siehe Seite 324

Mai–Juli   15–50 cm

1 Wald-Vergißmeinnicht
Myosótis sylvática
Borretschgewächse *Boragináceae*
SK: Blüten 6–10 mm im Durchmesser. Kelch abstehend behaart.
B: Blütenstand traubig. Blätter lanzettlich, ganzrandig, rauhhaarig.
SV: Laubwälder, Mischwälder, Nadelforste, Auwälder, Bergwiesen, alpine Matten; liebt lockeren, mullhaltigen, feuchten Lehmboden; zerstreut.
A: V; ♃
Blütenknospen oft zartrosa. Der während der Blütenentwicklung zu beobachtende Farbwechsel von rosa bis blau hängt mit einem Wechsel des Säuregrads in den Blütenblattzellen zusammen (s. Berg-Platterbse, S. 316).

Juni–September   30–60 cm

2 Wiesen-Storchschnabel
Gera̓nium prate̓nse
Storchschnabelgewächse
Geraniáceae
SK: Blüte 2,5–4 cm im Durchmesser. Blütenstiele nach dem Verblühen herabgebogen.
B: Blüten zu zweien. Stengel aufrecht. Blätter groß, handförmig, siebenspaltig oder siebenteilig.
SV: Wiesen aller Art; liebt tiefgründigen, kalkhaltigen Lehmboden; blüht oft nach der Mahd zum zweiten Male; häufig.
A: G; ♃
Der deutsche Gattungsname bezieht sich auf die Storchschnabelform der Früchte. Die Blütenstiele des Wiesen-Storchschnabels führen beim Aufblühen langsame Bewegungen durch, die durch unterschiedlich starkes Wachsen der Stielflanken hervorgerufen werden. Erst sind die Knospen aufrecht, dann nicken sie; bei der Entfaltung steht die Blüte wieder aufrecht, aber dann stellt sich alsbald die Blütenachse waagerecht. Bei Regen und nachts nickt die Blüte. Nach der Bestäubung krümmen sich die Blütenstiele abwärts. Oft kann man an ein und derselben Pflanze Blüten in ver-

schiedenen Entwicklungsphasen und den dazugehörigen Stellungen beobachten. Schleudermechanismus der Frucht: s. Sumpf-Storchschnabel, S. 284

Juni–Oktober   10–40 cm

3 Meer-Mannstreu
Stranddistel
Eryngium maritimum
Doldengewächse
Apiáceae (Umbelliferae)
SK: Blüten in fast kugeligen Dolden. Hülle der Dolde dornig. Blätter mit stechenden Dornen.
B: Stengel kräftig, stark ästig, so daß oft ein fast halbkugeliger „Busch" entsteht. Grundblätter lang-, Stengelblätter kurzgestielt; Hochblätter sitzend. Ganze Pflanze bläulich bereift.
SV: Dünen; liebt salzhaltigen Sandboden; sehr selten; kommt an ihren Standorten aber meist noch in kleineren Rudeln vor.
A: G; ☉–♃; ▽
Name und Wirkstoffgehalt: s. Feld-Mannstreu, S. 44.

Mai–Oktober   15–40 cm

4 Sumpf-Vergißmeinnicht
Myosótis palústris
(Myosótis scorpioídes)
Borretschgewächse
Boragináceae
Siehe Seite 322

Juni–Juli   30–60 cm

5 Wald-Akelei
Gemeine Akelei
Aquilégia vulgáris
Hahnenfußgewächse
Ranunculáceae
Siehe Seite 322

April–Mai   5–20 cm

6 Salat-Rapünzchen
Gekielter Feldsalat
Valerianélla locústa
(Valerianélla olitória)
Baldriangewächse
Valerianáceae
Siehe Seite 304

6

2

4

5

3

1

Mai – August   30 – 100 cm

1 Ährige Teufelskralle
Ährige Rapunzel
Phyteúma spicátum
Glockenblumengewächse
Campanuláceae
Siehe Seite 60

Mai – September   15 – 50 cm

2 Kopfige Teufelskralle
Kugelige Teufelskralle,
Kugelköpfige Rapunzel
Phyteúma orbiculáre
Glockenblumengewächse
Campanuláceae
SK: Köpfchen kugelig, tiefblau.
B: Blütenknospen krallenartig gebogen. Stengel aufrecht, zerstreut beblättert. Blätter gekerbt-gesägt, untere langgestielt, herz-eiförmig oder eiförmig-länglich, obere lineal.
SV: Halbtrockenrasen, Bergwiesen; liebt lockeren, etwas steinigen, kalkhaltigen Boden; etwas wärmeliebend; kommt aber gelegentlich auch auf Moorböden vor, wenn diese eine gute Luftführung haben; selten.
A: V; ♃
Name: s. Ährige Teufelskralle, S. 60

Juni – September   15 – 50 cm

3 Berg-Sandknöpfchen
Berg-Sandglöckchen,
Schafs-Skabiose, Jasione
Jasióne montána
Glockenblumengewächse
Campanuláceae
SK: Blüten in einem flachen, endständigen Köpfchen. Blüten und Knospen gerade, himmelblau. Blätter ganzrandig, klein, am Rande wellig kraus, rauhhaarig.
B: Stengel aufsteigend oder aufrecht. Blätter wechselständig, lineal, untere länglich bis verkehrt-eiförmig.
SV: Dünen, schüttere und steinige Rasen; liebt sandigen, trockenen Boden; kalkscheu; selten.
A: V; ☉

April – Mai   10 – 30 cm

4 Kleines Träubel
Kleine Traubenhyazinthe,
Bisam-Hyazinthe
Múscari botryoides
Liliengewächse *Liliáceae*
Siehe Seite 326

April – Mai   10 – 30 cm

5 Weinbergs-Traubenhyazinthe
Múscari racemósum
Liliengewächse *Liliáceae*
SK: 4 – 6 Blätter, nur 2 – 3 mm breit, schlaff. Blätter erscheinen erst im Herbst.
B: Blüten in dichter Traube, fast kugelig, duftend. Stengel zur Blütezeit ohne Blätter.
SV: Unkrautbestände auf Hackfruchtäckern, in Weinbergen und in Halbtrockenrasen; liebt kalkreichen Lehm- und Lößboden; selten; kommt an ihren Standorten gerne in Rudeln vor.
A: M; ♃; ▽
Die Weinbergs-Traubenhyazinthe wurde früher viel in Bauerngärten als Zierpflanze gezogen; aus diesen Gärten ist sie dann oft verwildert. Sie kommt vorwiegend in Weinbaugebieten vor.

Mai – Oktober   30 – 60 cm

6 Berg-Flockenblume
Centaúrea montána
Korbblütengewächse
Asteráceae (Compósitae)
SK: Blüten in großen, einzelnen Körbchen. Nur Röhrenblüten. Blätter mindestens 1 cm breit, am Stengel herablaufend.
B: Hüllblätter schwarzrandig, gefranst. Innere Röhrenblüten violett.
SV: Schluchtwälder, Bergwälder, Laubwälder, Mischwälder (besonders an lichten Stellen, an Waldwegen und auch auf Kahlschlägen), Bergwiesen; liebt humusreichen, kalkhaltigen Boden; selten, tritt meist häufig auf.
A: V; ♃

1
2
3
4
5
6

Mai–Juni   5–15 cm

1 Hunds-Veilchen
Viola canina
Veilchengewächse
Violáceae

SK: Blütenstiel beblättert, keine grundständigen Blätter. Blütensporn 5–6 mm lang.

B: Blüten einzeln, blattachselständig. Sporn meist gelblich. Stengel aufsteigend bis aufrecht. Blätter eiförmig-herzförmig.

SV: Heiden, trockene Rasen, lichte Laub- und Mischwälder; liebt kalkarmen oder kalkfreien, sandigen Lehmboden; häufig.

A: G; ♃

April–Juni   15–40 cm

2 Berg-Platterbse
Láthyrus linifólius (L. montánus)
Schmetterlingsblütengewächse
Fabáceae (Leguminósae)

SK: Lockere Traube. 2–5 Blüten. Blüte 11–22 mm lang, zuerst rot, dann schmutzig blau. Staubblätter röhrig verwachsen. Röhre mit geradem Rand. Stengel geflügelt. Blätter gefiedert mit 4–6 Teilblättchen, unterseits blaugrün.

B: Teilblättchen länglich-lanzettlich, kahl.

SV: Laubwälder und Mischwälder, seltener Nadelforste oder Heiden und magere Bergwiesen; liebt sandigen oder lehmigen Boden; kalkscheu; häufig.

A: G; ♃

Der Name Platterbse bezieht sich auf die abgeplatteten Samen. Die Verfärbung der Blüten wird durch einen Wechsel im Säuregrad des Zellsaftes hervorgerufen. In jungen Blüten ist der Zellsaft sauer, der Farbstoff ist dann rot. In älteren Blüten ist der Zellsaft neutral bis alkalisch, der Farbstoff blau. Man kann in einem einfachen ,,Experiment'' zeigen, daß roter und blauer Farbstoff oft identisch ist und seine Farbe nur vom Säuregrad des Zellsaftes abhängt. Man braucht nur eine blaue Blüte, etwa die einer Glockenblume, in einen Ameisenhaufen zu

werfen. Die Ameisen spritzen Ameisensäure auf die Blüte. Wo diese in die Zellen eindringt (Bißstellen), färbt sich die Blüte rot.

Juni–August   50–180 cm

3 Blauer Eisenhut
Echter Sturmhut, Venuswagen
Aconítum napéllus
Hahnenfußgewächse
Ranunculáceae
Siehe Seite 328

April–Juni   5–30 cm

4 Heide-Günsel
Genfer Günsel
Ajúga genevénsis
Lippenblütengewächse
Lamiáceae (Labiátae)
Siehe Seite 306

Mai–Juni   15–30 cm

5 Kriech-Günsel
Kriechender Günsel
Ajúga réptans
Lippenblütengewächse
Lamiáceae (Labiátae)

SK: Blüten ohne Oberlippe. Unterlippe dreilappig. Hochblätter ungeteilt. Pflanze mit Ausläufern. Grundblätter rosettig, spatelförmig, schwach gekerbt.

B: 6–12 Blüten in Scheinquirlen in den Blattachseln. Stengel vierkantig, zweireihig behaart oder fast kahl. Obere Stengelblätter gekreuzt-gegenständig.

SV: Laubwälder, Mischwälder, Nadelwälder, Wiesen; liebt etwas feuchten, nährstoffreichen, lehmigen Boden; sehr häufig.

A: V; ♃

Beim Kriechenden Günsel treten rosa oder weiß blühende Mutanten auf. Samen durch Ameisen verbreitet. Alte Heilpflanze. Enthält Gerbstoffe.

Mai–Juli   20–60 cm

6 Wiesen-Salbei
Sálvia praténsis
Lippenblütengewächse
Lamiáceae (Labiátae)
Siehe Seite 338

1

2

3

4

5

6

Juni–September 30–120 cm

1 Blauer Natternkopf
Échium vulgáre
Borretschgewächse
Boragináceae
Siehe Seite 240

Mai–Juni 5–25 cm

2 Schopfiges Kreuzblümchen
Polýgala comósa
Kreuzblümchengewächse
Polygaláceae
Siehe Seite 256

Mai–Juni 5–15 cm

3 Bitteres Kreuzblümchen
Polýgala amára
Kreuzblümchengewächse
Polygaláceae
Siehe Seite 256

Mai–August 15–25 cm

4 Gemeines Kreuzblümchen
Wiesen-Kreuzblume
Polýgala vulgáris
Kreuzblümchengewächse
Polygaláceae

SK: Tragblätter kürzer als die Blüten. Die Tragblätter überragen den Blütenstand kurz vor dem Öffnen der Blüten nicht.
B: Lockere, vielblütige Traube, Blüten meist blau, seltener rot. Stengel aufrecht oder aufsteigend. Blätter wechselständig, obere schmallanzettlich, untere kleiner, elliptisch.
SV: Wiesen, Bergwiesen; liebt humusreichen, aber etwas sandigen Boden; kalkscheu; zeigt, wenn sie in Kalkgebieten vorkommt, dort Oberflächenversauerung an; zerstreut.
A: G; ♃

Der wissenschaftliche Gattungsname *Polýgala* kommt aus dem Griechischen und bedeutet „viel Milch". Im Altertum glaubte man, daß Rinder, die die Kreuzblume fressen, mehr Milch gäben. Der deutsche Name „Kreuzblume" ist in seiner Bedeutung unklar. Die Pflanze enthält Saponine.

Mai–Juli 5–30 cm

5 Gewöhnliche Kugelblume
Globulária punctáta (G. elongáta, G. aphyllánthes, G. willkórnmii, G. vulgáris)
Kugelblumengewächse
Globulariáceae

SK: Keine Verwechslungsmöglichkeit mit anderen Gattungen.
B: Blüten in einzelnen, kugeligen, endständigen, 1–1,5 cm breiten Köpfchen, violettblau. Stengel aufrecht, unverzweigt. Grundblätter rosettig, spatelförmig. Stengelblätter eiförmig bis lanzettlich. Einige ähnliche, nicht leicht unterscheidbare, seltene Arten.
SV: Trockenrasen, Halbtrockenrasen; liebt flachgründigen, steinigen oder felsigen Boden; kalkliebend; selten.
A: V; ♃; ✿

Der wissenschaftliche und der deutsche Gattungsname beziehen sich auf die Kugelform des Blütenstandes (lateinisch globus = Kugel). Die Gewöhnliche Kugelblume enthält das Glykosid Globularin. Heilpflanze.

Juli–August 30–70 cm

6 Acker-Witwenblume
Acker-Skabiose
Knáutia arvénsis
Kardengewächse
Dipsacáceae

SK: Stengel unter dem Blütenköpfchen abstehend behaart. Wenigstens die oberen Blätter fiederteilig.
B: Blüten in endständigen Köpfchen. Randblüten meist größer als innere Blüten, meist blauviolett. Blätter gegenständig, graugrün.
SV: Wiesen, Halbtrockenrasen, Wegraine, gelegentlich auch in Unkrautbeständen auf Äckern; liebt lockere, etwas kalkhaltige Lehmböden; sehr häufig.
A: V; ♃

Alte Heilpflanze. Enthält Gerbstoffe und einen Bitterstoff.

1

6

3

2

5

4

Juni–August   15–30 cm
1 Wald-Ehrenpreis
Echter Ehrenpreis,
Gebräuchlicher Ehrenpreis
Verónica officinális
Braunwurzgewächse
Scrophulariáceae
Siehe Seite 308

März–Mai   5–30 cm
2 Efeu-Ehrenpreis
Efeublättriger Ehrenpreis
Verónica hederifólia
Braunwurzgewächse
Scrophulariáceae
SK: Blüten einzeln, blattachselständig. Blätter drei- bis siebenlappig.
B: Blüten 2–5 mm im Durchmesser,
blau oder blauviolett, seltener weißlich. Stengel liegend oder aufsteigend,
ästig. Blätter behaart.
SV: Unkrautbestände auf Äckern und
in Gärten, an Wegen, auf Schuttplätzen, auf Kahlschlägen und in Wäldern;
liebt lockeren Lehmboden; etwas
feuchtigkeitsliebend; sehr häufig.
A: V; ⊙
Die Samen des Efeu-Ehrenpreises
werden durch Ameisen verbreitet.
Wegen eines ölhaltigen Gewebes, das
sich an der Anwachsstelle des Sa-
menkorns befindet, verschleppen sie
die Samen in ihre Baue.

Mai–August   15–50 cm
3 Großer Ehrenpreis
Verónica austríaca (V. teūcrium)
Braunwurzgewächse
Scrophulariáceae
Siehe Seite 308

April–Juni   15–30 cm
4 Gamander-Ehrenpreis
Verónica chamaēdrys
Braunwurzgewächse
Scrophulariaceae
Siehe Seite 302

August–Oktober   10–25 cm
5 Fransen-Kleinenzian
Fransen-Enzian, Gefranster Enzian
Gentianélla ciliáta (Gentiána ciliáta)
Enziangewächse
Gentianáceae
Siehe Seite 308

Juli–September   30–110 cm
6 Gemeiner Teufelsabbiß
Succisa praténsis
Kardengewächse *Dipsacáceae*
SK: Randblüten viel größer als die
inneren Blüten. Stengel unter den Blütenköpfchen anliegend behaart. Blätter ungeteilt.
B: Blüten in endständigen, halbkugeligen Köpfchen, meist dunkelblau, seltener dunkelblauviolett. Blätter gegenständig, eiförmig-lanzettlich.
SV: Nasse Wiesen, Flachmoore,
Bergwiesen, lichte, feuchte Wälder;
liebt schwach sauren, wenigstens
zeitweise feuchten Boden; zerstreut.
A: V; 2↓
Der Name Teufelsabbiß bezieht sich
auf den Wurzelstock, der im Herbst
wie abgebissen aussieht. Alte Heilpflanze. Enthält im Wurzelstock Saponine, Gerbstoffe und das Glykosid
Scabiosid.

April–September   10–25 cm
7 Feld-Ehrenpreis
Verónica arvénsis
Braunwurzgewächse
Scrophulariáceae
SK: Traube. Blütenstiele kürzer als der
Kelch. Hochblätter nicht deutlich von
den Stengelblättern unterschieden.
Blätter herz-eiförmig, gekerbt, be-
haart.
B: Armblütige Traube. Blüten klein,
himmelblau. Blütenstiele kürzer als
der Kelch. Stengel aufrecht oder auf-
steigend, reich verästelt. Blätter ge-
kerbt, untere herz-eiförmig, obere lan-
zettlich und meist ganzrandig.
SV: Unkrautbestände auf Äckern, in
Gärten und Weinbergen, auch auf
Schuttplätzen und Kahlschlägen; liebt
lockeren Boden; sehr häufig.
A: V; ⊙
Die Samen des Feld-Ehrenpreises
werden von Ameisen verbreitet (s.
oben Efeu-Ehrenpreis).

6

4

5

7

1

3

2

April–Juni   10–50 cm
1 Rotblauer Steinsame
Buglossoídes purpúrocaerúlea (Li-
thospérmum purpúreo-coerúleum
Borretschgewächse
Boragináceae
Siehe Seite 264

Mai–Juli   15–50 cm
2 Wald-Vergißmeinnicht
Myosótis sylvática
Borretschgewächse
Boragináceae
Siehe Seite 312

Mai–Oktober   15–40 cm
3 Sumpf-Vergißmeinnicht
Myosótis palústris
Borretschgewächse
Boragináceae
SK: Blüten 4–10 mm im Durchmesser. Kelch angedrückt behaart.
B: Blütenstand traubig, blattlos. Stengel kantig. Blätter länglich-lanzettlich, sitzend, behaart.
SV: Nasse Wiesen, Ufer, Gräben, Röhricht, nasse Wälder; liebt stickstoffhaltigen, grundwasserfeuchten Lehmböden; auch auf Schlammböden; Nässezeiger; häufig.
A: V; ♃
Blütenknospen oft zart rosa. Farbwechsel: s. Berg-Platterbse, S. 316.

April–Mai   bis 60 cm
4 Kleines Immergrün
Wintergrün, Singrün
Vinca minor
Hundsgiftgewächse
Apocynáceae
SK: Blüten einzeln, blattachselständig, Krone flach. Blütenzipfel schief gestutzt. Stengel kriechend, blühende Stengel aufsteigend. Stengel am Grunde verholzt.
B: Blütenzipfel tellerförmig, flach, schief gestutzt. Blätter gegenständig, elliptisch, lederig, immergrün.

SV: Laubwälder, Mischwälder, seltener in lichten Nadelforsten; liebt lockeren, etwas kalkhaltigen, lehmigen Boden; frostempfindlich; zerstreut.
A: V; ♃
Häufig in Gärten und auf Friedhöfen angebaut. Die Pflanze vermehrt sich vor allem durch Ausläufer.

Juni–Juli   30–60 cm
5 Wald-Akelei
Aquilégia vulgáris
Hahnenfußgewächse
Ranunculáceae
SK: Keine Verwechslungsmöglichkeit mit anderen Gattungen.
B: Blüten langgestielt. Sporn verläuft gebogen in das hakige Ende. Blätter langgestielt, doppelt dreizählig, oberste Blätter sitzend. Teilblättchen dreilappig, gekerbt.
SV: Trockenwälder, Bergwälder, Laubwälder, Mischwälder, Bergwiesen; liebt kalkhaltigen, mullreichen Boden; selten.
A: G; ♃; (♠); ▽
Die Blüten der Akelei werden vorwiegend von Hummeln bestäubt. Kurzrüßlige Hummeln und Bienen beißen oft den nektarführenden Sporn von außen an, um an den Honig zu kommen. In dem Namen ,,Akelei'' steckt die indogermanische Sprachwurzel ,,ak'', die ,,spitz'', ,,scharf'' bedeutet. Der Name bezieht sich also auf den Blütensporn. Der lateinische Name wurde von der deutschen Bezeichnung aus gebildet. Alte Heilpflanze. Die Gemeine Akelei ist durch ein Blausäure-Glykosid und einen noch nicht näher bekannten Stoff schwach giftig.

Mai–Juli   30–60 cm
6 Wiesen-Glockenblume
Campánula pátula
Glockenblumengewächse
Campanuláceae
Siehe Seite 342

1

3

6

5

4

2

Juni–September 15–50 cm

1 Rundblättrige Glockenblume
Campánula rotundifólia
Glockenblumengewächse
Campanuláceae

SK: Blüten in armblütigen Rispen, glockig. Stengelblätter schmallanzettlich, ganzrandig.

B: Blüten meist nickend, 1,5–2 cm lang, nur bis auf ein Drittel der Länge in Zipfel zerteilt. Stengel am Grund feinflaumig. Grundblätter langgestielt, nierenförmig, rundlich oder herz-eiförmig.

SV: Wiesen, Heiden, Halbtrockenrasen, lichte Wälder; liebt etwas sandigen Boden; etwas kalkscheu; sehr häufig.

A: V; ♃

Juni–Juli 70–120 cm

2 Pfirsichblättrige Glockenblume
Campánula persicifólia
Glockenblumengewächse
Campanuláceae

SK: Einseitswendige, armblütige Traube. Blüten 2,5–4 cm im Durchmesser. Stengelblätter lineal, höchstens 1 cm breit.

B: Blüten halbkugelig, himmelblau. Untere Blätter klein gesägt, länglich-eiförmig.

SV: Trockenwälder, trockene Gebüsche, Laubwälder, Mischwälder, Waldränder; liebt lockeren, nährstoffreichen, mullreichen Boden; kalkliebend; wärmeliebend; zerstreut.

A: V; ♃

Juli–August 50–100 cm

3 Nesselblättrige Glockenblume
Campánula trachélium
Glockenblumengewächse
Campanuláceae

SK: Allseitswendige Traube. Stengel scharfkantig, behaart. Untere Stengelblätter tief herzförmig, langgestielt.

B: Traube beblättert, Blüten 3,5–4,5 cm lang, an den Zipfeln bewimpert. Blätter grob doppelt gesägt, steifhaarig. Obere Blätter sitzend.

SV: Laubwälder, Mischwälder, seltener Nadelwälder, Schluchtwälder, Auwälder; liebt lockeren, oft etwas steinigen, aber mullhaltigen und meist etwas feuchten Lehmboden; häufig.

A: V; ♃

Mai–August 30–100 cm

4 Ährige Teufelskralle
Ährige Rapunzel
Phytēūma spicátum
Glockenblumengewächse
Campanuláceae
Siehe Seite 60

Juli–September 30–70 cm

5 Schwalbenwurz-Enzian
Würger-Enzian
Gentiána asclepiadéa
Enziangewächse
Gentianáceae

SK: Blüten in den Blattachseln. Blütenzipfel nicht flach ausgebreitet. Blätter eiförmig-lanzettlich, fünfnervig.

B: 1–3 Blüten in den Blattachseln. Stengel aufrecht oder überhängend. Stengel dicht beblättert. Blätter gekreuzt-gegenständig.

SV: Feuchte Wälder im Alpen- und Voralpengebiet, feuchte Bergwiesen, alpine Matten; liebt kalkhaltigen, humusreichen und feuchten, lehmigen Boden; selten.

A: V; ♃; ▽

Der Name Schwalbenwurz-Enzian verweist auf die Ähnlichkeit der Blätter mit denen vieler Schwalbenwurzgewächse. Die Blüten des Schwalbenwurz-Enzians öffnen sich morgens zwischen 8 und 9 Uhr und schließen sich abends zwischen 5 und 6 Uhr. Die Pflanze enthält im Kraut und in der Wurzel Bitterstoffe.

2

1

3

5

4

1 März–April 10–20 cm
Zweiblättriger Blaustern
Meerzwiebel, Sternhyazinthe
Scilla bifólia
Liliengewächse
Liliáceae
SK: Keine Verwechslungsmöglichkeit.
B: Blütentraube zwei- bis achtblütig. Stengel rund. Meist nur 2 Blätter. Zwiebel.
SV: Buchenwälder, Laubmischwälder und Auwälder; gelegentlich auch am Waldrand auf feuchten Wiesen; liebt nährstoff-, besonders kalkreichen, feuchten und humosen Boden; wärmeliebend; selten; kommt an ihren Standorten meistens in Rudeln vor.
A: M; ♃; ▽
Die Samen des Blausterns werden durch Ameisen verschleppt.

2 April–Mai 10–30 cm
Kleines Träubel
Kleine Traubenhyazinthe,
Bisam-Hyazinthe
Múscari botryoídes
Liliengewächse
Liliáceae
SK: 2–3 Blätter.
B: Blüten in dichter Traube, kugelig, mit weißem Saum, geruchlos. Stengel aufrecht. Blätter steif aufrecht, 5–10 mm breit, nach oben breiter werdend.
SV: Bergwiesen, Gebüsche und lichte Wälder; liebt kalkhaltigen Lehmboden; zerstreut; kommt an ihren Standorten in Süddeutschland, besonders auf der Schwäbischen Alb, oft in ausgedehnten Beständen vor.
A: M; ♃; ▽

3 März–Mai 8–25 cm
Dreilappiges Leberblümchen
Märzblümchen
Hepática nóbilis (Anemóne hepática, Hepática tríloba)
Hahnenfußgewächse
Ranunculáceae
SK: Keine Verwechslungsmöglichkeit.
B: Blüten bis 4 cm im Durchmesser. 6–10 leicht abfallende Blütenblätter.

Blätter grundständig, langgestielt, dreilappig. Teilblättchen ganzrandig.
SV: Laubwälder; liebt etwas feuchte, kalkreiche, lehmige, aber mullreiche Böden; selten; kommt an ihren Standorten meist in größeren Beständen vor.
A: G; ♃; (✿); ▽
Die Blüten des Leberblümchens nikken gegen Abend und bei Regenwetter und schließen sich dann. Während der achttägigen Blütezeit wachsen die Blütenblätter auf das Doppelte ihrer ursprünglichen Länge. Die Samen des Leberblümchens werden von Ameisen verbreitet. Der deutsche Name verweist auf die Ähnlichkeit der Blattlappen mit den Lappen einer Leber. Früher wurde das Kraut in der Volksmedizin gegen Leberleiden verordnet. Das Leberblümchen enthält etwas Protoanemonin und ist deshalb schwach giftig.

4 Mai–Juli 30–90 cm
Sibirische Schwerlilie
Íris sibírica
Schwertliliengewächse
Iridáceae
SK: Äußere Blütenblätter ohne Haarkamm.
B: Äußere Blütenblätter plötzlich in den dünnen Blütengrund (Nagel) verschmälert. Stengel rund, länger als die 2–6 mm breiten Blätter.
SV: Feuchte, lichte Wälder, besonders in Pfeifengrasbeständen; liebt kalkreiche, dichte und feinkörnige, wechselfeuchte Böden; selten.
A: M; ♃; ▽

5 Mai–Oktober 30–60 cm
Berg-Flockenblume
Centáurea montána
Korbblütengewächse
Asteráceae (Compósitae)
Siehe Seite 314

6 Mai–Juni 5–15 cm
Hunds-Veilchen
Viola canina
Veilchengewächse *Violáceae*
Siehe Seite 316

4

1

3

2

6

5

1 Frühlings-Platterbse
April–Juni   20–60 cm
Láthyrus vérnus
Schmetterlingsblütengewächse
Fabáceae (Leguminósae)
SK: 2–5 Blüten in einer Traube. Blüten zuerst rot, dann schmutzigblau. Staubblätter röhrig verwachsen. Röhre mit geradem Rand. Stengel kantig. Blätter gefiedert, mit 4–6 Teilblättchen, unterseits grasgrün.
B: Stengel vierkantig. Blätter ohne Ranke, nur mit kurzem Spitzchen.
SV: Laubwälder und Mischwälder; liebt nährstoffreichen Boden; häufig.
A: G; ♃
Name und Farbwechsel: s. Berg-Platterbse, S. 316.

2 Berg-Platterbse
April–Juni   15–40 cm
Láthyrus linifólius (L. montánus)
Schmetterlingsblütengewächse
Fabáceae (Leguminósae)
Siehe Seite 316

3 Blauer Eisenhut
Juni–August   50–180 cm
Echter Sturmhut, Venuswagen
Aconitum napéllus
Hahnenfußgewächse
Ranunculáceae
SK: Helm nicht höher als breit, außen behaart.

B: Dichte, endständige Blütentraube. Blüte besteht aus den gefärbten Kelchblättern. Blütenblätter in Honigblätter umgewandelt, die sich im Innern des Helms befinden. Stengel aufrecht. Blätter gestielt, fünf- bis siebenteilig, Zipfel schmal-lineal, oberseits dunkelgrün, unterseits hellgrün, glänzend.
SV: Höher gelegene Bruchwälder, Bachufer und Quellfluren, feuchte alpine Viehweiden (Lägerflur); liebt lockeren, humusreichen und gut durchfeuchteten Boden; kalkliebend; Stickstoffzeiger; selten; nur in den höheren Mittelgebirgen und in den Alpen.
A: G; ♃; ☠, ▽
Enthält in größeren Mengen Alkaloide. Heilpflanze.

4 Heide-Günsel, Genfer-Günsel
April–Juni   5–30 cm
Ajúga genevénsis
Lippenblütengewächse
Lamiáceae (Labiátae)
Siehe Seite 306

5 Kriech-Günsel
Mai–Juni   15–30 cm
Kriechender Günsel
Ajúga réptans
Lippenblütengewächse
Lamiáceae (Labiátae)
Siehe Seite 316

6 Bach-Ehrenpreis
Mai–August   20–60 cm
Quell-Ehrenpreis, Bachbunge
Verónica beccabúnga
Braunwurzgewächse
Scrophulariáceae
SK: Blätter kurz gestielt, an der Spitze abgerundet. Stengel rund.
B: Lockere, blattachselständige Trauben. Blüten 4–9 mm im Durchmesser, tiefblau. Stengel aufsteigend bis aufrecht. Blätter kahl, glänzend.
SV: Röhricht fließender, seltener stehender Gewässer, Ufersäume, Bachbette. Quellen; liebt nicht zu langsam fließendes, aber nährstoffreiches Wasser und etwas schlammigen Boden; häufig.
A: V; ♃; (☘)
Der Name Bachbunge enthält das althochdeutsche Wort „bungo" = Knolle. Er bezieht sich auf den knotigen Stengel und verweist auf den Standort der Pflanze. Alte Heilpflanze. Enthält Aucubin (s. Wald-Läusekraut, S. 290), Bitterstoff und Gerbstoffe.

Juni–Oktober   15–50 cm
1 Gauchheil-Ehrenpreis
Wasser-Ehrenpreis
Verónica anagállis-aquática
Braunwurzgewächse
Scrophulariáceae
SK: Blätter spitz, halbstengelumfassend. Stengel vierkantig.
B: Gegenständige, blattachselständige Traube. Blüten dunkelblau, dunkler geadert. Stengel hohl oder markig. Blätter schwach gesägt.
SV: Röhricht fließender, seltener stehender Gewässer, Ufersäume; liebt schlammigen Boden; stickstoffliebend, daher oft in Dorfbächen; zerstreut.
A: V; ♃

Juli–September   30–110 cm
2 Gemeiner Teufelsabbiß
Succisa praténsis
Kardengewächse *Dipsacáceae*
Siehe Seite 320

Mai–Oktober   15–40 cm
3 Sumpf-Vergißmeinnicht
Myosótis palústris
Borretschgewächse
Boragináceae Siehe Seite 322

Juli–September   15–40 cm
4 Lungen-Enzian
Gentiána pneumonánthe
Enziangewächse *Gentianáceae*
SK: Blüten meist endständig, aufrecht, außen mit 5 grünen Streifen.

B: 1–10 Blüten am Stengelende, seltener in den Achseln der oberen Blätter. Blätter gegenständig, lineal-lanzettlich, stumpf, am Rande umgerollt.
SV: Riedgrasbestände, Flachmoore; liebt torfigen, im Sommer oftmals trockenen und etwas kalkhaltigen Boden; sehr selten.
A: V; ♃; ▽
Alte Heilpflanze. Enthält im Kraut und in der Wurzel Bitterstoffe.

Juni–August   10–40 cm
5 Kappen-Helmkraut
Sumpf-Helmkraut
Scutellária galericuláta
Lippenblütengewächse
Lamiáceae (Labiátae)
SK: Blüten 1–1,8 cm lang, Kelch oberseits mit einer Schuppe.
B: 1–8 blattachselständige, einseitswendige, blauviolette Blüten. Blätter gekerbt.
SV: Ufer, Röhricht stehender und fließender Gewässer, Riedgrasbestände; liebt sandigen oder torfigen Boden; erträgt zeitweise Überschwemmungen; selten.
A: V; ♃
Name: s. Kleines Helmkraut, S. 364.

Juni–August   50–180 cm
6 Blauer Eisenhut
Echter Sturmhut, Venuswagen
Aconítum napéllus
Hahnenfußgewächse
Ranunculáceae Siehe Seite 328

Mai–Juli   2–4 m
7 Alpen-Waldrebe
Clématis alpina
Hahnenfußgewächse
Ranunculáceae
SK: Keine Verwechslung möglich.
B: Blüten einzeln, hängend, langgestielt, in den Blattachseln. Blüte besteht nur aus den Kelchblättern (4–5). Blütenblätter in weißliche Honigblätter

umgewandelt. Blätter gegenständig, einfach bis doppelt gefiedert.
Teilblättchen ei-lanzettlich, gesägt, unterseits behaart. Blattstiele ranken.
SV: Gebüsche und Bergwälder der Alpen; liebt nährstoffreiche, humose und etwas steinige Kalkböden; selten.
A: G; ▽
Die Alpen-Waldrebe ist eine der wenigen mitteleuropäischen Lianen.

Mai–Juni   15–30 cm
1 Weide-Wegerich
Mittlerer Wegerich
Plantágo média
Wegerichgewächse
Plantagináceae
SK: Stengel zwei- bis fünfmal so lang
wie die Blütenähre. Blattfläche mindestens viermal so lang wie der Blattstiel.
B: Kurze, dichte Ähre, Blüten unscheinbar. Staubfäden rötlichviolett,
lang. Blätter rosettig, ganzrandig.
SV: Halbtrockenrasen, Wiesen, Weiden, Wege, Wegraine, Sportplätze;
liebt nährstoffreichen, etwas kalkhaltigen Lehmboden; sehr häufig.
A: V; ♃
Alte Heilpflanze. Enthält Schleimstoffe.

Juni–Oktober   15–30 cm
2 Breit-Wegerich
Großer Wegerich
Plantágo májor
Wegerichgewächse
Plantagináceae
Siehe Seite 390

Juli–Oktober   15–50 cm
3 Acker-Minze
Méntha arvénsis
Lippenblütengewächse
Lamiáceae (Labiátae)
SK: Pflanze ohne endständige Blüten.
Blüten in Quirlen blattachselständig.
Blätter rundlich oder länglich.
B: Stengel vierkantig. Blätter kreuzgegenständig, gestielt. Pflanze riecht
aromatisch.
SV: Ufer, Röhricht stehender und fließender Gewässer, Gräben, nasse
Wiesen, nasse Äcker; liebt feuchten,
stickstoffhaltigen Boden; häufig.
A: V; ♃
Die Pflanze enthält ätherische Öle
(Geruch).

Juli–August   30–75 cm
4 Roß-Minze
Wald-Minze
Méntha spicáta (M. longifólia)

Lippenblütengewächse
Lamiáceae (Labiátae)
Siehe Seite 340

Juli–Oktober   30–100 cm
5 Wasser-Minze
Méntha aquática
Lippenblütengewächse
Lamiáceae (Labiátae)
SK: Pflanze mit endständigen Blüten
in einem rundlichen Köpfchen. Blätter
eiförmig bis elliptisch.
B: Unter dem endständigen Blütenstand befinden sich meist noch ein
oder zwei blattachselständige Scheinquirle. Stengel kantig. Blätter kreuzgegenständig, gesägt.
SV: Röhricht stehender und fließender
Gewässer, Ufer, Gräben, nasse Wiesen und nasse Äcker; liebt etwas sauren, schlammigen Boden; kalkscheu;
auf Äckern Nässezeiger; zerstreut.
A: V; ♃
Enthält ätherische Öle (Geruch) und
Gerbstoff.

Juli–August   90–200 cm
6 Wilde Karde
Wald-Karde
Dipsacus fullónum (D. sylvéstris)
Kardengewächse
Dipsacáceae
SK: Blätter gekerbt, am Rand kahl, seltener stachelig.
B: Blüten in einem eiförmigen Köpfchen. Stengel stachelig, kahl. Blätter
sitzend, am Grund paarweise verwachsen, am Rande kahl oder stachelig.
SV: Unkrautbestände an Wegen, Böschungen und auf Schuttplätzen; auch
an Waldrändern und in Gebüschen;
liebt etwas steinigen, kalkhaltigen,
stickstoffhaltigen Boden; häufig.
A: V; ⊖
Enthält das noch nicht näher erforschte Glykosid Scabiosid. Da die
spitzen Hochblättchen im Blütenköpfchen biegsam sind, konnte die Wilde
Karde nicht als Weber-Karde zum Aufkratzen der Stoffe verwendet werden.

1 Gemeine Ackerröte
Sherárdia arvénsis
Rötegewächse
Rubiáceae

SK: Blüten in endständiger, armblütiger Trugdolde.

B: Blüten 4 – 5 mm lang. Stengel niederliegend bis aufsteigend, vierkantig. Blätter einnervig, am Rande rauh. Untere Blätter verkehrt-eiförmig, zu 4 quirlständig; obere lanzettlich, zu 5 – 6 quirlständig.

SV: Unkrautbestände, vor allem in Getreideäckern, seltener in Gärten, Weinbergen, an Wegrainen oder auf Hackfruchtäckern; liebt etwas sandigen, lockeren und kalkhaltigen Boden; wärmeliebend; selten.

A: V; ⊙

Der wissenschaftliche Gattungsname wurde zu Ehren des englischen Botanikers W. Sherard (1659–1728) gegeben.

2 Gebräuchliche Ochsenzunge
Gemeine Ochsenzunge
Anchúsa officinális
Borretschgewächse
Boragináceae

SK: Alle Blüten in der Achsel eines Tragblattes. Röhre der Blüte nicht geknickt.

B: Blütenstand locker, gegen die Spitze dicht beblättert. Stengel kantig, steifhaarig. Blätter steifhaarig, lanzettlich-zungenförmig, obere sitzend.

SV: Unkrautbestände an Wegen und auf Schuttplätzen; liebt trockenen, sandigen Boden; kalkscheu; selten.

A: V; ♃

Alte Heilpflanze. Enthält ein für Warmblüter nicht giftiges Alkaloid und Gerbstoffe.

3 Acker-Glockenblume
Rapunzelartige Glockenblume

Campánula rapunculoides
Glockenblumengewächse
Campanuláceae

SK: Einseitswendige, reichblütige Traube. Stengel rund oder schwach stumpfkantig. Stengelblätter herz-eiförmig bis eilänglich, kurzgestielt, oft etwas nach unten gebogen.

B: Blüten 2 – 3,5 cm lang, an den Zipfeln bewimpert, hellviolett. Grundblätter zur Blütezeit meist verwelkt.

SV: Unkrautbestände auf Äckern, an Wegen, in Gebüschen und an Waldrändern; liebt kalkhaltigen, tiefgründigen Lehmboden; etwas stickstoffliebend; zerstreut.

A: V; ♃

4 Gemeiner Beinwell
Schwarzwurz
Sýmphytum officinále
Borretschgewächse
Boragináceae

SK: Blätter deutlich am Stengel herablaufend. Pflanze rauhhaarig.

B: Blütenstand nickend, trugdoldig. Blüte schmutzig purpurn, rosaviolett oder gelbweiß. Stengel unten reichästig. Stengelblätter rinnig.

SV: Ufer, Gräben, Auwälder, nasse Wiesen, auch auf feuchten Schuttplätzen und an Wegen; liebt nassen, stickstoffhaltigen Boden; zerstreut.

A: V; ♃; (✿)

Name und Inhaltsstoffe s. S. 354

5 Echtes Eisenkraut
Verbéna officinális
Eisenkrautgewächse
Verbenáceae

SK: Ähre. Blüten blaßlila. Blütenstand sparrig verzweigt.

B: Stengelblätter dreispaltig, gekerbt.

SV: Unkrautbestände, vor allem an Wegen; stickstoffliebend; zerstreut.

A: V; ⊙ – ♃

Alte Heilpflanze; enthält Glykoside.

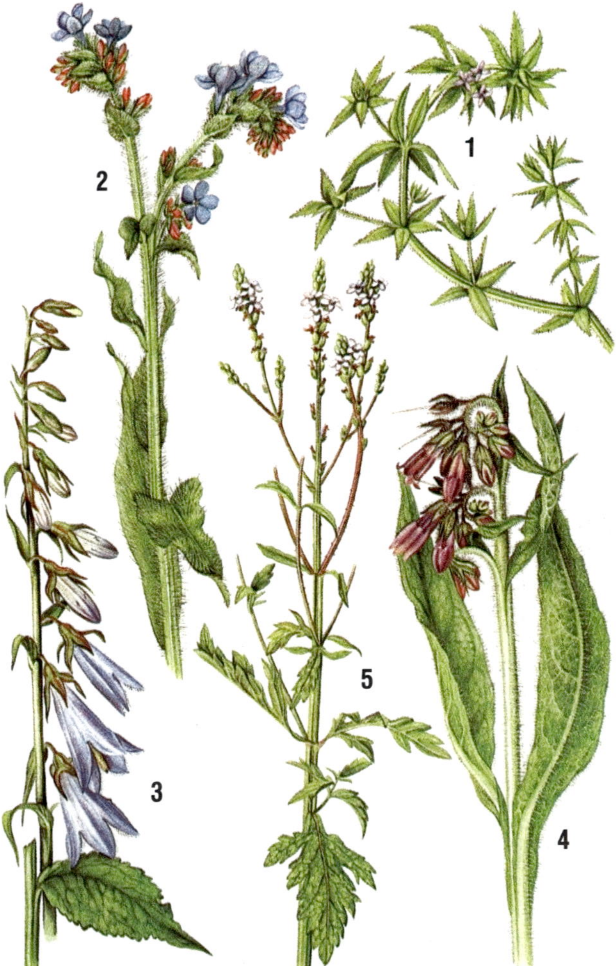

1

2

3

5

4

Juli—September   60—130 cm

1 Acker-Kratzdistel
Cirsium arvénse
Korbblütengewächse
Asteráceae (Compósitae)

SK: Blüten in 1–1,5 cm breiten, rispig angeordneten Körbchen. Nur Röhrenblüten. Fruchtknoten mit langen, gefiederten Haaren (Lupe!). Stengel stark verästelt, mit nichtblühenden Zweigen, Blätter stachelig.
B: Blätter etwas herablaufend, länglich-lanzettlich, ungeteilt oder buchtig-fiederspaltig, am Rande meist gewellt.
SV: Unkrautbestände auf Äckern, in Gärten und Weinbergen, auch an Wegen und auf Schuttplätzen; liebt lehmigen, tiefgründigen Boden; sehr häufig.
A: V; ♃

Juni—September   15—30 cm

2 Scharfes Berufkraut
Echtes Berufkraut
Erigeron ácris
Korbblütengewächse
Asteráceae (Compósitae)
Siehe Seite 250

Juni—Oktober   30—60 cm

3 Tauben-Skabiose
Tauben-Grindkraut
Scabiósa colúmbária
Kardengewächse
Dipsacáceae

SK: Randblüten größer als die inneren Blüten. Im Blütenköpfchen schwarzbraune Borsten (Kelche). Stengel unter dem Blütenköpfchen anliegend behaart. Blätter fiederteilig.
B: Blüten in endständigen Köpfchen, blauviolett. Untere Stengelblätter leierförmig, obere schwach fiederteilig mit fiederspaltigen Abschnitten.
SV: Trockenrasen und Halbtrockenrasen, auch an Wegrainen; liebt kalkhaltigen, trockenen Lehmboden; häufig.
A: V; ☉—♃
Der wissenschaftliche und der deutsche Gattungsname verweisen auf die frühere Verwendung der Pflanze als Heilmittel gegen Krätze (Lateinisch scabies = Grind.) Die Tauben-Scabiose enthält das Glykosid Scabiosid.

Juli—August   30—70 cm

4 Acker-Witwenblume
Acker-Skabiose
Knaútia arvénsis
Kardengewächse *Dipsacáceae*

SK: Stengel unter dem Blütenköpfchen abstehend behaart. Wenigstens die oberen Blätter fiederteilig.
B: Blüten in endständigen Köpfchen. Randblüten meist größer als innere Blüten, meist blauviolett. Blätter gegenständig, graugrün.
SV: Wiesen, Halbtrockenrasen, Wegraine, gelegentlich auch in Unkrautbeständen auf Äckern; liebt lockere, etwas kalkhaltige Lehmböden; sehr häufig.
A: V; ♃
Alte Heilpflanze. Enthält Gerbstoffe und einen Bitterstoff.

April—September   10—30 cm

5 Persischer Klee
Trifólium resupinátum
Schmetterlingsblütengewächse
Fabaceae (Leguminósae)

SK: Schmetterlingsblüte steht „auf dem Kopf". Fahne nach unten und Schiffchen nach oben gerichtet.
B: Blütenfarbe weiß-violett, rosa-violett oder purpur-violett. Blüten duften auffallend nach Honig. Stengel niederliegend oder aufsteigend, nie wurzelnd. Fiederblätter fein gezähnt.
SV: Wegränder, Raine, Schuttplätze. Liebt nährstoffreichen, lockeren Boden, geht aber auch auf Ton; braucht Wärme; zerstreut.
A: G; ☉
Der Persische Klee wurde in den letzten Jahren in einer Rasse gezüchtet, die im mitteleuropäischen Klima gedeiht und landwirtschaftlich allmählich die Rolle der Luzerne übernimmt. Von Kulturstandorten verwildert die Pflanze häufig.

5

1

2

3

4

1 Mai–August 30–60 cm
Zaun-Wicke
Vicia sépium
Schmetterlingsblütengewächse
Fabáceae (Leguminósae)
Siehe Seite 360

2 Juni–Juli 20–60 cm
Viersamige Wicke
Linsen-Wicke, Faden-Wicke
Vicia tetraspérma
Schmetterlingsblütengewächse
Fabáceae (Leguminósae)
SK: 1–3 Blüten in langgestielter Traube, blaßviolett. Staubblätter röhrig verwachsen. Röhre mit schiefem Rand. Hülse viersamig, seltener fünfsamig (Name). Blätter gefiedert, mit 6–8 Teilblättchen, an der Spitze mit einer Ranke.
B: Oft nur einblütige Zweige. Stengel sehr dünn, schwach kantig, niederliegend oder sich mit Hilfe der Blattranke stützend.
SV: Unkrautbestände auf Getreideäckern; liebt sandigen Boden; kalkscheu; zerstreut.
A: G; ⊙
Der Name „Wicke'' wurde von dem Lateinischen „vicia'' abgeleitet.

3 Juni–August 30–150 cm
Vogel-Wicke
Vicia crácca
Schmetterlingsblütengewächse
Fabáceae (Leguminósae)
Siehe Seite 360

4 Mai–Oktober 10–20 cm
Acker-Stiefmütterchen
Acker-Veilchen
Viola tricolor
Veilchengewächse
Violáceae
Siehe Seite 172

5 März–April 1–10 cm
März-Veilchen
Wohlriechendes Veilchen
Viola odoráta
Veilchengewächse
Violáceae
SK: Blüten duften, dunkelviolett. Alle Blätter grundständig, mindestens schwach behaart. Nebenblätter breit eiförmig, bis 4 mm breit, ganzrandig oder nur kurz gefranst.
B: Blütenstiele entspringen der Blattrosette. Sporn der Blüte lang. Blätter breit eiförmig bis nierenförmig, gekerbt. Pflanze mit Ausläufern.
SV: Trockene Gebüsche, Trockenwälder, Wegraine; liebt nährstoffreichen, etwas stickstoffhaltigen Boden; zerstreut; besonders an Wegen in Ortsnähe oft verwildert.
A: G; ♃
Die Samen des Wohlriechenden Veilchens werden durch Ameisen verschleppt. Dem Veilchen wurde besonders im Altertum eine kultische Bedeutung beigemessen. Bei den Griechen galt es als Totenblume. Alte Heilpflanze. Enthält in der Wurzel Saponine.

6 Mai–Juli 20–60 cm
Wiesen-Salbei
Sálvia praténsis
Lippenblütengewächse
Lamiáceae (Labiátae)
SK: Keine Verwechslung möglich.
B: Blüten in sechsblütigen Scheinquirlen. Stengel vierkantig, oben etwas klebrig. Blätter meist grundständig, eiförmig, doppelt gekerbt, ungeteilt oder dreilappig, runzelig.
SV: Halbtrockenrasen, Bergwiesen, Wegraine, liebt lockeren, nährstoffreichen und etwas kalkhaltigen Boden; erträgt zeitweilige Trockenheit, da seine Wurzeln oft bis etwa 1 m in die Tiefe reichen; wärmeliebend; sehr häufig.
A: V; ♃
Die Staubblätter und Griffel des Wiesen-Salbei sind gelenkig, so daß sie sich beim Einführen des Rüssels herabkrümmen und den Hinterleib der bestäubenden Insekten berühren.

April—Mai   30—60 cm

1 Wiesen-Schaumkraut
Cardámine praténsis
Kreuzblütengewächse
Brassicáceae (Crucíferae)
Siehe Seite 54

Mai—Juni   50—150 cm

2 Akelei-Wiesenraute
Akeleiblättrige Wiesenraute
Thalictrum aquilegifólium
Hahnenfußgewächse
Ranunculáceae
SK: Keine Verwechslung möglich.
B: Doldenrispe. Blüten dicht gedrängt.
Blütenblätter rasch abfallend. Staubfäden violett, nach oben verdickt. Blätter wechselständig, zwei- bis dreifach gefiedert. Verästelungen des Blattstiels am Grunde mit häutigen, muschelförmigen Nebenblättchen.
SV: Auwälder, Laubwälder, Flachmoore; liebt feuchten Lehmboden; selten.
A: G; 2
Der Name der Gattung bezieht sich auf die Rautenform der Teilblättchen. In den Blättern ist ein gelber Farbstoff enthalten, der früher zum Färben von Wolle verwendet wurde.

Mai—Juni   15—30 cm

3 Weide-Wegerich
Mittlerer Wegerich
Plantágo média
Wegerichgewächse
Plantagináceae
Siehe Seite 332

Juni—Oktober   15—30 cm

4 Breit-Wegerich
Großer Wegerich
Plantágo májor
Wegerichgewächse
Plantagináceae
SK: Stengel etwa so lang wie die Blütenähre. Blattfläche höchstens doppelt so lang wie der Blattstiel.
B: Lange, dichte Ähre. Blüten unscheinbar. Staubblätter gelblichweiß,

Pollensäcke hellviolett. Blätter rosettig, ganzrandig.
SV: Unkrautbestände an Wegen, Wegrainen, auf Schuttplätzen, Sportplätzen und in Wiesen und Weiden; liebt etwas feuchten, sandigen oder lehmigen Boden; stickstoffliebend; trittunempfindlich; sehr häufig.
A: V; 2
Die Samen des Großen Wegerichs bleiben an den Schuhen haften und werden so verschleppt. Alte Heilpflanze. Enthält Schleimstoffe.

Juli—August   30—75 cm

5 Roß-Minze
Méntha spicáta (M. longifólia)
Lippenblütengewächse
Lamiáceae (Labiátae)
SK: Stengel trägt eine kopfige Blütenähre. Pflanze dicht grauhaarig. Blätter 5—10 cm lang und 1,5—3 cm breit.
B: Blüten blaß rötlichviolett. Blätter gekreuzt-gegenständig, fast sitzend, länglich-lanzettlich, etwas runzelig.
SV: Ufer, Gräben, feuchte Wiesen, Bergwiesen, nasse Feldwege; liebt nassen, kalkhaltigen Boden; stickstoffliebend; deswegen oft an Dorfbächen; häufig.
A: V; 2
Die Roß-Minze bildet mit verwandten Arten häufig Bastarde, die sich nur sehr schwer bestimmen lassen. Enthält ätherisches Öl und Gerbstoffe.

Juli—Oktober   15—50 cm

6 Acker-Minze
Méntha arvénsis
Lippenblütengewächse
Lamiáceae (Labiátae)
Siehe Seite 332

Juli—Oktober   30—100 cm

7 Wasser-Minze
Méntha aquática
Lippenblütengewächse
Lamiáceae (Labiátae)
Siehe Seite 332

4

7

1

2

6

3

5

Mai–September 15–70 cm
1 Büschel-Glockenblume
Geknäuelte Glockenblume
Campánula glomeráta
Glockenblumengewächse
Campanuláceae
Siehe Seite 310

Mai–Juli 30–60 cm
2 Wiesen-Glockenblume
Campánula pátula
Glockenblumengewächse
Campanuláceae
SK: Blüten in armblütigen Rispen, 1,2–2,5 cm lang. Zipfel ausgebreitet, blauviolett. Stengelblätter länglich.
B: Blüten bis zur Mitte gespalten. Stengel unten kurzhaarig. Grundblätter länglich-eiförmig, gekerbt.
SV: Feuchte Wiesen, Waldlichtungen; liebt feuchten, sandigen oder lehmigen Boden; häufig.
A: ⊙; ⊙

Juni–September 30–60 cm
3 Wiesen-Storchschnabel
Geránium praténse
Storchschnabelgewächse
Geraniáceae
Siehe Seite 312

Juni–Juli 30–60 cm
4 Wald-Storchschnabel
Geránium sylváticum
Storchschnabelgewächse
Geraniáceae
SK: Blüten 3–3,5 cm im Durchmesser. Blütenstiele auch nach dem Verblühen aufrecht.
B: Blüten zu zweien. Stengel aufrecht. Blätter groß, handförmig, siebenteilig oder siebenspaltig. Blattzipfel eingeschnitten gesägt.
SV: Auwälder, feuchte Laub- und Mischwälder, feuchte Bergwiesen und alpine Weiden (Lägerflur); liebt feuchten, lehmigen, humushaltigen Boden; zerstreut.
A: G; ♃
Schleudermechanismus der Frucht: s. Sumpf-Storchschnabel, S. 284. Name: s. Wiesen-Storchschnabel, S. 312.
Der Wald-Storchschnabel enthält vor allem im Wurzelstock Gerbstoffe.

Mai–September 30–100 cm
5 Gemeiner Beinwell
Schwarzwurz
Sýmphytum officinále
Borretschgewächse
Boragináceae
SK: Blätter deutlich am Stengel herablaufend. Pflanze rauhhaarig.
B: Blütenstand nickend, trugdoldig. Blüte schmutzig purpurn, rosaviolett oder gelbweiß. Stengel unten reichästig. Stengelblätter rinnig.
SV: Ufer, Gräben, Auwälder, nasse Wiesen, auch auf feuchten Schuttplätzen und an Wegen; liebt nassen, stickstoffhaltigen Boden; zerstreut.
A: V; ♃; (☠)
Die Pflanze wurde im Mittelalter als Heilmittel bei Knochenbrüchen verwendet. Deshalb der Name Beinwell. Schwarzwurz heißt die Pflanze nach ihrer schwarzen Wurzel. Sie darf jedoch nicht mit der Gemüsepflanze Schwarzwurzel verwechselt werden. Die Pflanze enthält Alkaloide und Gerbstoffe.

Mai–September 20–40 cm
6 Gemeine Grasnelke
Arméria marítima (Arméria vulgáris)
Strandnelkengewächse
Plumbagináceae
SK: Blätter rosettig, grasartig.
B: Dichte, kopfige Dolde. Stengel aufrecht. Blätter höchstens 3 mm breit, am Rand gewimpert.
SV: Sandige Rasen, Dünen; liebt sandigen, schwach sauren, trockenen Boden; selten; kommt an ihren Standorten meist in Rudeln vor.
A: V; ♃

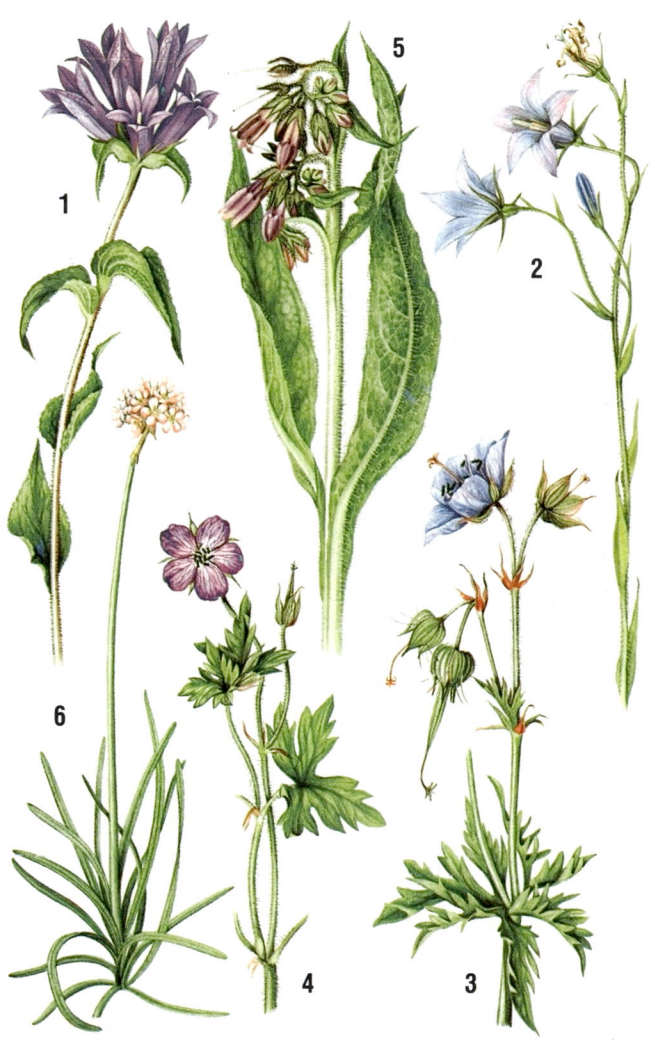

1 März–April 8–15 cm
Violetter Safran
Violetter Krokus
Crócus neapolitánus (Crócus albiflórus ssp. *ncapolitánus)*
Schwertliliengewächse
Iridáceae

SK: Blütenblätter nur zwei- bis dreimal länger als breit.
B: Blüten im Schlund dicht behaart, vor den Blättern erscheinend. Narben überragen die Spitzen der Staubbeutel. Blätter erscheinen nach der Blüte. Sproßknolle.
SV: Bergwiesen; meist ursprünglich angepflanzt und aus den Kulturstandorten verwildert; bekanntes Beispiel: Burg Zavelstein im Schwarzwald, die alljährlich zur Krokusblüte von Zehntausenden von Besuchern aufgesucht wird.
A: M; ♃; ▽
Wie der nahverwandte Weiße Krokus besitzt auch der Violette Krokus Knollen, die durch Zugwurzeln in die richtige Tiefe im Boden gezogen werden. Die Verschiebung kann bis zu 1 cm im Jahr betragen.

2 März–April 8–15 cm
Frühlings-Krokus
Weißer Safran, Weißer Krokus
Crócus albiflórus
Schwertliliengewächse
Iridáceae

SK: Blütenblätter vier- bis fünfmal länger als breit.
B: Blüten im Schlund leicht behaart, vor den Blättern erscheinend. Narben kürzer als die Staubblätter. Sproßknolle (häufig als „Zwiebel" angeboten).
SV: Bergwiesen; liebt nährstoffreichen, kalkhaltigen und im Frühjahr gut durchfeuchteten, lehmigen Boden; in Deutschland selten (Alpen, Voralpengebiet und Südschwarzwald); kommt an seinen Standorten in Rudeln vor.
A: M; ♃; ▽
Die violett blühenden Formen sind sehr viel seltener als die weißblühenden (ca. 97% aller Blüten sind weiß); jedoch kann der Anteil an violettblü-

henden Pflanzen an demselben Standort von Jahr zu Jahr schwanken.

3 März–Juni 5–35 cm
Frühlings-Küchenschelle
Pelzanemone
Pulsatilla vernális (Anemóne vernális)
Hahnenfußgewächse
Ranunculáceae
Siehe Seite 356

4 April–Mai 10–50 cm
Wiesen-Küchenschelle
Nickende Küchenschelle
Pulsatilla praténsis (Anemóne praténsis)
Hahnenfußgewächse
Ranunculáceae

SK: Blüten nickend, glockig. Blütenblätter an der Spitze mehr oder weniger zusammenneigend, Spitze oft etwas zurückgeschlagen.
B: Blüten einzeln, dunkelviolett bis hellrotviolett (dann innen gelblich). Fruchtknoten mit langen Griffeln. Am Blütenstiel scheidig verwachsener, vielzipfliger Hochblattquirl. Blätter zur Blütezeit erst in der Entwicklung, zwei- bis dreifach gefiedert.
SV: Halbtrockenrasen; liebt gut durchlüfteten, sommerwarmen und etwas sandigen Boden; sehr selten; kommt an ihren Standorten oft in kleineren Rudeln vor; fehlt in Süddeutschland.
A: G; ♃; ✿; ▽
Die Wiesen-Küchenschelle enthält Protoanemonin und Anemonin und ist dadurch giftig. Alte Heilpflanze. Wie bei den anderen Küchenschellen-Arten beginnt der Blütenstiel oberhalb des Hochblattquirls nach dem Verblühen kräftig zu wachsen.

5 März–Mai 5–40 cm
Echte Küchenschelle
Aufrechte Küchenschelle,
Gewöhnliche Küchenschelle,
Gewöhnliche Kuhschelle
Pulsatilla vulgáris (Anemóne pulsatilla)
Hahnenfußgewächse
Ranunculáceae Siehe Seite 356

4

1

5

3

2

März–Mai   5–40 cm
1 Finger-Küchenschelle
Ausgebreitete Küchenschelle,
Ausgebreitete Kuhschelle
Pulsatílla pátens (Ancmóne pátens)
Hahnenfußgewächse
Ranunculáceae
SK: Blüten mehr oder weniger auf-
recht. Blütenblätter glockig geöffnet.
Blätter handförmig geteilt, zur Blüte-
zeit erst in der Entwicklung.
B: Blüten blauviolett. Am Blütenstiel
scheidig verwachsener, vielzipfliger
Hochblattquirl.
SV: Trocken- und Halbtrockenrasen,
seltener lichte Gebüsche und Trok-
kenwälder; kalk- und wärmeliebend;
sehr selten; kommt in der Bundesre-
publik nur in der Garchinger Heide vor,
dort zerstreut.
A: G; ♃; ♣; ▽
Die Art kommt, abgesehen von dem
isolierten Vorkommen in der Garchinger Heide, nur in Osteuropa vor.

August–Oktober   5–20 cm
2 Herbst-Zeitlose
Zeitlose
Cólchicum autumnále
Zeitlosengewächse
Colchicáceae
SK: Blüte auf weißlichem „Stiel".
Ohne Blätter.
B: Blüten einzeln. 6 Staubblätter, 3
Griffel. Blätter erscheinen erst im
nächsten Frühjahr; sie sind fleischig,
tulpenartig und umhüllen die große
Kapselfrucht.
SV: Feuchte Wiesen und Auwälder;
nährstoff-, besonders etwas stickstoff-
liebend; bevorzugt tiefgründige Ton-
und Lehmböden; häufig.
A: M; ♃; ♣
Der Fruchtknoten der Herbst-Zeitlose
befindet sich tief in der langen Blüten-
röhre unter der Erde.

Juli–September   20–60 cm
3 Berg-Aster
Kalk-Aster
Áster améllus

Korbblütengewächse
Asteráceae (Compósitae)
SK: Blüten in Körbchen. Außen eine
Reihe violetter Zungenblüten, innen
gelbe Röhrenblüten. Äste mit einem
Körbchen. Blätter gezähnt (unten)
oder ganzrandig, behaart.
B: Körbchen trugdoldig angeordnet,
3–5 cm im Durchmesser. Stengel aufrecht, oben ästig. Blätter dreinervig.
Blüten duften schwach nach Vanille.
SV: Trockenrasen, Halbtrockenrasen,
lichte, trockene Gebüsche, Trockenwälder; liebt flachgründigen, lockeren
oft etwas steinigen, kalkhaltigen Boden; selten; kommt an ihren Standorten meist in Rudeln vor.
A: V; ♃
Der wissenschaftliche Gattungsname
ist von dem lateinischen Wort astrum
= Gestirn, Stern, abgeleitet und bezieht sich auf die sternstrahlige Anord-
nung der Zungenblüten im Körbchen.

Juli–August   60–160 cm
4 Roter Hasenlattich
Prenánthes purpúrea
Korbblütengewächse
Cichoriáceae (Compósitae)
SK: Nur drei bis fünf Zungenblütchen
in einem Körbchen. Körbchen rispig
angeordnet.
B: Stengel oberwärts ästig. Blätter
kahl, mit herzförmigem Grund stengelumfassend, unterseits blaugrün.
Untere Blätter länglich-lanzettlich,
buchtig. Obere Blätter lanzettlich,
meist ganzrandig.
SV: Laubwälder, Mischwälder, Nadelwälder, Bergwälder, alpine Matten,
liebt humusreiche Böden; etwas kalkscheu; zerstreut.
A: V; ☉

Juni–September   15–30 cm
5 Scharfes Berufkraut
Echtes Berufkraut
Erígeron acris
Korbblütengewächse
Asteráceae (Compósitae)
Siehe Seite 250

4

1

2

3

5

Mai–Juni   8–40 cm
1 Kleines Knabenkraut
Salep-Knabenkraut
Órchis mório
Orchideengewächse
Orchidáceae

SK: Lippe mit waagrecht abstehendem Sporn. Alle Blütenblätter, außer der Lippe, neigen helmförmig zusammen. Lippe breiter als lang, dreilappig.
B: Lockere Ähre mit 4–12 Blüten. Blüten purpurviolett. Blätter länglich-lanzettlich. Stengel kantig.
SV: Halbtrockenrasen und Wiesen; liebt nährstoffreiche Böden; selten.
A: M; ♃; ▽
Die Knolle des Kleinen Knabenkrauts enthält Schleimstoffe, die bei der Herstellung von Arzneien verwendet werden können.

Juni–Juli   20–60 cm
2 Gefleckte Kuckucksblume
Geflecktes Knabenkraut
Dactylorhíza maculáta
(*Dactylórchis maculáta,
Orchis maculáta, Ó. maculátus*)
Orchideengewächse
Orchidáceae

SK: Lippe mit einem walzlichen, nach rückwärts gerichteten Sporn. Seitliche Blütenblätter abstehend. Hochblätter krautig, etwa so lang wie der gedrehte Fruchtknoten (scheinbarer Blütenstiel). Blätter meist gefleckt.
B: Ähre anfänglich pyramidenförmig. Blüten hellpurpurn, rosa bis fast weiß, hellviolett. Lippe dreilappig, Mittellappen am schmalsten. Stengel engröhrig oder markig. Knollen handförmig geteilt.
SV: Magerrasen, Heiden, Flachmoore, lichte Trockenwälder; kommt sowohl auf sauren als auch auf kalkhaltigen Böden vor; zerstreut; bildet an ihren Standorten meist größere Bestände.
A: M; ♃; ▽
Die Arten der Gattungen *Órchis* und *Dactylórchis* werden zwar von nektarsuchenden Insekten (Hummeln, Bie-

nen) bestäubt; sie sondern aber keinen Nektar ab. Die bestäubenden Insekten suchen mit ihren Rüsseln in dem langen Sporn vergeblich nach Nektar.

Mai–Juni   5–15 cm
3 Hunds-Veilchen
Viola canina
Veilchengewächse
Violáceae
Siehe Seite 316

Mai–Oktober   10–20 cm
4 Acker-Stiefmütterchen
Viola tricolor
Veilchengewächse
Violáceae Siehe Seite 172

Juni–August   30–150 cm
5 Vogel-Wicke
Vícia crácca
Schmetterlingsblütengewächse
Fabáceae (Leguminósae)

SK: 5–30 Blüten (8–11 mm lang) in langgestielter Traube, blauviolett. Traube so lang wie ihr Tragblatt oder länger. Staubblätter röhrig verwachsen. Röhre mit schiefem Rand. Blätter gefiedert, mit 16–20 Teilblättchen.
B: Stengel klimmt mit Hilfe der Blattranken, dünn, angedrückt weichhaarig. Teilblättchen länglich-lanzettlich. Ranke gefiedert.
SV: Wiesen, Gebüsche, Waldränder, Unkrautbestände auf Getreideäckern; liebt tiefgründigen, stickstoffhaltigen Lehmboden; häufig.
A: G; ♃
Der Name ist herabsetzend gemeint. Die Vogel-Wicke ist die für Menschen nicht genießbare, den Vögeln überlassene Wicke.

Mai–August   30–60 cm
6 Zaun-Wicke
Vícia sépium
Schmetterlingsblütengewächse
Fabáceae (Leguminósae)
Siehe Seite 360

1

2

3

4

5

6

Juni—August   10—30 cm

1 Stein-Kölme
Stein-Quendel
Ácinos arvénsis
(Calamíntha ácinos,
Saturéja ácinos)
Lippenblütengewächse
Lamiáceae (Labiátae)

SK: Wenigblütige (2—7) Quirle. Blüten 7—10 mm lang. Oberlippe flach, länger als die Staubblätter. Blätter 3—10 mm breit.
B: 2—5 Blüten in Scheinquirlen in den Blattachseln. Stengel niederliegend, aufsteigend oder aufrecht. Blätter fast sitzend, ganzrandig oder spärlich gezähnt, am Rande etwas eingerollt.
SV: Trockenrasen, Halbtrockenrasen; liebt lockeren, oft etwas sandigen oder steinigen Boden; wärmeliebend; zerstreut.
A: V; ☉ –24

Mai—Juli   20—60 cm

2 Wiesen-Salbei
Sálvia praténsis
Lippenblütengewächse
Lamiáceae (Labiátae)

SK: Keine Verwechslungsmöglichkeit.
B: Blüten in sechsblütigen Scheinquirlen. Stengel vierkantig, oben etwas klebrig. Blätter eiförmig, doppelt gekerbt, ungeteilt oder dreilappig, runzelig.
SV: Halbtrockenrasen, Bergwiesen, Wegraine; liebt lockeren, nährstoffreichen und etwas kalkhaltigen Boden; wärmeliebend; sehr häufig.
A: V; 24
Bestäubung s. Seite 338.

Mai—Oktober   10—20 cm

3 Kleine Braunelle
Gemeine Braunelle
Prunélla vulgáris
(Brunélla vulgáris)
Lippenblütengewächse
Lamiáceae (Labiátae)

SK: Blüten 8—15 mm lang. Oberlippe helmförmig. Kelch zweilippig, etwa halb so lang wie die Blüte.
B: Blütenstand unmittelbar an die Blätter anschließend. Stengel vierkantig. Blätter gekreuzt-gegenständig, länglich-eiförmig, schwach gekerbt oder ganzrandig.
SV: Halbtrockenrasen, Wiesen, Waldlichtungen; liebt etwas feuchten, stickstoffhaltigen Lehmboden; häufig.
A: V; 24
Alte Heilpflanze. Enthält Gerbstoffe, Bitterstoff und ätherisches Öl. Früher Gurgelmittel gegen ,,Halsbräune''. Möglicherweise verweist hierauf der deutsche Gattungsname.

Juni—August   5—25 cm

4 Großblütige Braunelle
Prunélla grandiflóra
Lippenblütengewächse
Lamiáceae (Labiátae)

SK: Blüten 20—25 mm lang. Oberlippe helmförmig. Kelch zweilippig, etwa 1/3 so lang wie die Blüte.
B: Blütenstand deutlich über den Blättern. Stengel aufrecht, behaart. Blätter ganzrandig oder schwach gekerbt.
SV: Trockenrasen und Halbtrockenrasen; liebt lockeren, humushaltigen und etwas steinigen Boden; zerstreut.
A: V; 24
Name: s. Gemeine Braunelle, oben.

Juli—August   30—70 cm

5 Acker-Witwenblume
Acker-Skabiose
Knāūtia arvénsis
Kardengewächse
Dipsacáceae
Siehe Seite 336

Juni—Oktober   30—60 cm

6 Tauben-Skabiose
Tauben-Grindkraut
Scabiósa columbária
Kardengewächse *Dipsacáceae*
Siehe Seite 336

1

3

2

4

5

6

1 April–Mai 30–60 cm
Wiesen-Schaumkraut
Cardámine praténsis
Kreuzblütengewächse
Brassicáceae (Cruciferae)
SK: Fruchtknoten mehr als dreimal so lang wie breit. Blätter gefiedert.
B: Traube. Stengel hohl, fast rund. Grundblätter rosettig, unpaarig gefiedert. Teilblättchen rundlich, Endblättchen oft stark vergrößert. Stengelblätter fiederschnittig.
SV: Feuchte Wiesen und feuchte Stellen in Laubwäldern, Mischwäldern, Nadelforsten, Auwäldern, Bergwiesen; liebt lehmigen, grundwasserdurchzogenen Boden; sehr häufig; bestimmt Ende April das Bild der feuchten Wiesen.
A: G; ♃
Der Name „Schaumkraut" bezieht sich auf das häufige Vorkommen von Schaumhäufchen, die einer Schaumzirpe als Lebensraum dienen. Die Schaumzirpe saugt Saft aus dem Stengel, der zusammen mit einem ausgeschiedenen, verseiften Wachs durch die Atemluft schaumig aufgetrieben wird. Die Pflanze enthält reichlich Senföle und Vitamin C.

2 Mai–Juli 30–150 cm
Ausdauerndes Silberblatt
Mondviole
Lunária rediviva
Kreuzblütengewächse
Brassicáceae (Cruciferae)
SK: Frucht 3–5 cm lang, höchstens dreimal so lang wie breit.
B: Trugdoldige Traube. Blüten wohlriechend. Stengel aufrecht. Blätter gestielt, tief herzförmig, gezähnt.
SV: Schluchtwälder; bevorzugt steinigen, aber mullreichen Boden; braucht hohe Luftfeuchtigkeit, deswegen oft nahe der Sohle enger Klammen oder in der Nähe von Wasserfällen oder von Gebirgsbächen; sehr selten.
A: G; ♃
Die Mondviole wurde besonders früher vielfach in Bauerngärten gezogen, und zwar wegen ihrer silberglänzenden Fruchtscheidewände (Name).

3 Mai–Juni 50–150 cm
Akelei-Wiesenraute
Akeleiblättrige Wiesenraute
Thalíctrum aquilegifólium
Hahnenfußgewächse
Ranunculáceae
Siehe Seite 340

4 Juli–August 90–200 cm
Wilde Karde
Wald-Karde
Dípsacus fullónum
(D. *sylvéstris*)
Kardengewächse
Dipsacáceae
SK: Blätter gekerbt, am Rand kahl, seltener stachelig.
B: Blüten in einem eiförmigen Köpfchen. Stengel stachelig, kahl. Blätter sitzend, am Grund paarweise verwachsen, am Rande kahl oder stachelig.
SV: Unkrautbestände an Wegen, Böschungen und auf Schuttplätzen; auch an Waldrändern und in Gebüschen; liebt etwas steinigen, kalkhaltigen, stickstoffhaltigen Boden; häufig.
A: V; ☉
Inhaltsstoffe und Verwendung s. Seite 332.

5 März–April 15–30 cm
Echtes Lungenkraut
Gebräuchliches Lungenkraut
Pulmonária officinális
Borretschgewächse
Boragináceae
SK: Blätter am Grunde herzförmig oder abgerundet, gestielt, oft gefleckt.
B: Trugdolde. Schlüsselblumenähnliche Blüten. Stengel oben rauh. Mehrere ähnliche, schwer unterscheidbare, seltenere Arten.
SV: Laubwälder, Mischwälder, trokkene Gebüsche; liebt mullreichen, kalkhaltigen, lockeren Boden; selten; kommt an seinen Standorten meist häufig vor.
A: V; ♃
Die Blüten des Echten Lungenkrauts wechseln die Farbe von rot nach blauviolett (Farbwechsel: s. Berg-Platterbse, S. 316).

1

3

4

5

2

Mai–September 30–100 cm
1 Gemeiner Beinwell
Schwarzwurz
Sýmphytum officinále
Borretschgewächse
Boragináceae

SK: Blätter deutlich am Stengel herablaufend. Pflanze rauhhaarig.
B: Blütenstand nickend, trugdoldig. Blüte schmutzig purpurn, rosaviolett oder gelbweiß. Stengel unten reichästig. Stengelblätter rinnig.
SV: Ufer, Gräben, Auwälder, nasse Wiesen, auch auf feuchten Schuttplätzen und an Wegen; liebt nassen, stickstoffhaltigen Boden; zerstreut.
A: V; ♃; (✿)
Die Pflanze wurde im Mittelalter als Heilmittel bei Knochenbrüchen verwendet. Deshalb der Name Beinwell. Schwarzwurz heißt die Pflanze nach ihrer schwarzen Wurzel. Sie darf jedoch nicht mit der Gemüsepflanze Schwarzwurzel verwechselt werden. Die Pflanze enthält Alkaloide und Gerbstoffe.

Juli 30–70 cm
2 Schwarzviolette Akelei
Dunkle Akelei
Aquilégia atráta
Hahnenfußgewächse
Ranunculáceae

SK: Keine Verwechslungsmöglichkeit mit anderen Gattungen.
B: Blüten langgestielt, braunviolett. Sporn verläuft mehr oder weniger gerade in das hakige Ende. Blätter langgestielt, doppelt dreizählig, oberste Blätter sitzend. Teilblättchen dreilappig, gekerbt.
SV: Mischwälder, trockene Kiefernwälder, Latschenbestände; liebt Schotterboden, kalkliebend; sehr selten.
A: G; ♃; (✿); ▽
Über die Herkunft des Namens und den Giftstoffgehalt: s. Wald-Akelei, S. 322.

Mai–Juli 30–60 cm
3 Wiesen-Glockenblume
Campánula pátula
Glockenblumengewächse
Campanuláceae
Siehe Seite 342

Juni–August 30–60 cm
4 Acker-Glockenblume
Rapunzelartige Glockenblume, Kriechende Glockenblume
Campánula rapunculoides
Glockenblumengewächse
Campanuláceae
Siehe Seite 334

Juni–Juli 30–60 cm
5 Wald-Storchschnabel
Geránium sylváticum
Storchschnabelgewächse
Geraniáceae
Siehe Seite 342

Juni–Juli 50–150 cm
6 Schwarze Tollkirsche
Átropa belladónna
Nachtschattengewächse
Solanáceae

SK: Keine Verwechslungsmöglichkeit.
B: Blüten einzeln in den Blattachseln, nickend. Beere ähnelt einer Kirsche. Stengel reichästig. Blätter eiförmig, in den Stiel herablaufend.
SV: Kahlschläge, lichte Stellen in Laub-, Misch- und Nadelwäldern, Waldränder; liebt lockeren, etwas kalkhaltigen und humusreichen Boden; lichtbedürftig; häufig.
A: V; ♃; ☠
Das Epitheton „belladonna" (lateinisch = schöne Frau) des wissenschaftlichen Artnamens bezieht sich auf die pupillenvergrößernde Wirkung des Alkaloids Atropin. Heilpflanze. Enthält stark giftige Alkaloide.

März–April 8–25 cm
7 Dreilappiges Leberblümchen
Märzblümchen
Hepática nóbilis
(Anemóne hepática,
Hepática triloba)
Hahnenfußgewächse
Ranunculáceae
Siehe Seite 326

1 März–Mai   5–40 cm
Echte Küchenschelle
Aufrechte Küchenschelle
Gewöhnliche Küchenschelle
Gewöhnliche Kuhschelle
Pulsatílla vulgáris
(Anemóne pulsatílla)
Hahnenfußgewächse
Ranunculáceae

SK: Blüten mehr oder weniger aufrecht, glockig geöffnet. Blätter zwei- bis dreifach gefiedert, zur Blütezeit erst in der Entwicklung.
B: Blüten einzeln, blau- oder rotviolett. Am Blütenstiel scheidig verwachsener, vielzipfliger Hochblattquirl.
SV: Trocken- und Halbtrockenrasen, seltener trockene, lichte Gebüsche und Trockenwälder, an Südhängen; kalk- und wärmeliebend; selten; kommt an ihren Standorten meist in kleineren Rudeln vor.
A: G; ♃; ☿; ▽

Der deutsche Name war wohl ursprünglich Kuhschelle. Aus ihm ist erst die Verkleinerungsform „Küchenschelle" entstanden. Die Blüte der Aufrechten Küchenschelle nickt oft bei trübem Wetter. Bei den in Deutschland wachsenden Formen nimmt die Breite der Blattzipfel von Ost nach West kontinuierlich ab (ca. 6–8 mm bei Regensburg, ca. 1–2 mm am Kaiserstuhl). Die Aufrechte Küchenschelle enthält Protoanemonin und Anemonin und ist dadurch giftig. Alte Heilpflanze.

2 März–Juni   5–35 cm
Frühlings-Küchenschelle
Pelzanemone
Pulsatílla vernális
(Anemóne vernális)
Hahnenfußgewächse
Ranunculáceae

SK: Blüten mehr oder weniger aufrecht, außen violett, innen weiß. Blütenblätter glockig geöffnet. Blätter einfach gefiedert, zur Blütezeit voll ausgebildet, ledrig, wintergrün.
B: Blüten einzeln, dicht gelblich, seltener weißlich behaart, außen blau- oder rotviolett, innen gelblichweiß

oder weiß. Am Blütenstiel scheidig verwachsener, vielzipfliger Hochblattquirl.
SV: Halbtrockenrasen und trockene, lichte Kiefernwälder; alpine Matten; liebt humusreichen, lockeren, etwas sauren Boden; sehr selten.
A: G; ♃; ▽

3 März–Mai   5–40 cm
Finger-Küchenschelle
Ausgebreitete Küchenschelle
Ausgebreitete Kuhschelle
Pulsatílla pátens (Anemóne pátens)
Hahnenfußgewächse
Ranunculáceae
Siehe Seite 346

4 Juli–August   60–160 cm
Roter Hasenlattich
Prenánthes purpúrea
Korbblütengewächse
Cichoriáceae (Compósitae)

SK: Nur 3–5 Zungenblüten in einem Körbchen. Körbchen rispig angeordnet.
B: Stengel oberwärts ästig. Blätter kahl, mit herzförmigem Grund, stengelumfassend, unterseits blaugrün. Untere Blätter länglich-lanzettlich, buchtig. Obere Blätter lanzettlich, meist ganzrandig.
SV: Laubwälder, Mischwälder, Nadelwälder, Bergwälder, alpine Matten; liebt humusreiche Böden; etwas kalkscheu; zerstreut.
A: V; ☉

5 Juli–September   20–60 cm
Berg-Aster
Kalk-Aster
Áster améllus
Korbblütengewächse
Asteráceae (Compósitae)
Siehe Seite 346

6 August–Oktober   5–20 cm
Herbst-Zeitlose
Zeitlose
Cólchicum autumnále
Zeitlosengewächse *Colchicáceae*
Siehe Seite 346

4

5

3

1

2

6

Juni–Juli   20–60 cm
1 Gefleckte Kuckucksblume
Geflecktes Knabenkraut
Dactylorhíza maculáta
(Dactylórchis maculáta
Órchis maculáta, O. maculátus)
Orchideengewächse
Orchidáceae
Siehe Seite 348

März–Mai   15–30 cm
2 Hohler Lerchensporn
Corýdalis cáva
Erdrauchgewächse
Fumariáceae
Siehe Seite 236

April–Mai   15–30 cm
3 Gefingerter Lerchensporn
Corýdalis sólida
Erdrauchgewächse
Fumariáceae
Siehe Seite 272

März–April   1–10 cm
4 März-Veilchen
Wohlriechendes Veilchen
Víola odoráta
Veilchengewächse
Violáceae
SK: Blüten duften, dunkelviolett. Alle Blätter grundständig, mindestens schwach behaart. Nebenblätter breiteiförmig, bis 4 mm breit, ganzrandig oder nur kurz gefranst.
B: Blütenstiele entspringen der Blattrosette, Sporn der Blüte lang. Blätter breit eiförmig bis nierenförmig, gekerbt, Pflanze mit Ausläufern.
SV: Trockene Gebüsche, Trockenwälder, Wegraine; liebt nährstoffreichen, etwas stickstoffhaltigen Boden; zerstreut; besonders an Wegen in Ortsnähe oft verwildert.
A: G; ♃
Die Samen des Wohlriechenden Veilchens werden durch Ameisen verschleppt. Dem Veilchen wurde besonders im Altertum eine kultische Bedeutung beigemessen. Bei den Grie-

chen galt es als Totenblume. Alte Heilpflanze. Enthält in der Wurzel Saponine.

April–Mai   3–20 cm
5 Wald-Veilchen
Víola reichenbachiána
(Víola silvéstris)
Veilchengewächse
Violáceae
SK: Blütenstiel beblättert. Grundständige Blätter vorhanden. Blätter herzförmig. Nebenblätter lang gefranst. Pflanze kahl.
B: Blüten einzeln in den Achseln der Stengelblätter. Stengel liegend oder aufsteigend. Blätter gekerbt. Vorwiegend nach Länge und Farbe des Sporns werden zwei Unterarten unterschieden, die oft auch als eigene Arten angesehen werden: *ssp. silvéstris:* Sporn violett, 5–6 mm lang, *ssp riviniána:* Sporn weißlich, 3–4 mm lang.
SV: Laubwälder, Mischwälder, Nadelforste, Auwälder; liebt lockeren, humushaltigen Boden; häufig.
A: G; ♃
Die Samen des Wald-Veilchens werden durch Ameisen verschleppt.

April–Mai   bis 10 cm
6 Rauhes Veilchen
Víola hírta
Veilchengewächse
Violáceae
SK: Blüten geruchlos, blaßviolett. Alle Blätter grundständig, mindestens schwach behaart. Nebenblätter ganzrandig oder nur kurz gefranst, aber nicht bewimpert.
B: Blütenstiele entspringen aus den Achseln der grundständigen Blätter. Sporn dünn. Blätter länglich-eiförmig, am Grunde herzförmig, gekerbt.
SV: Trockene Gebüsche, Trockenwälder; liebt sehr lockeren, kalkhaltigen Boden; wärmeliebend; häufig.
A: G; ♃
Die Samen des Rauhen Veilchens werden durch Ameisen verschleppt.

1 Mai–Juni 5–15 cm
Hunds-Veilchen
Viola canina
Veilchengewächse *Violáceae*
Siehe Seite 316

2 März–Mai 15–60 cm
Efeu-Gundermann
Gundelrebe
Glechóma hederácea
Lippenblütengewächse
Lamiáceae (Labiátae)
SK: Oberlippe flach. Stengel kriechend oder aufsteigend.
B: Wenigblütige, blattachselständige Scheinquirle. Blätter kahl, gestielt, nierenförmig oder fast herzförmig, gekerbt.
SV: Auwälder, feuchte Laubwälder, Mischwälder und Nadelforste, feuchte Wiesen; liebt feuchten, stickstoffhaltigen Boden; sehr häufig.
A: V; ♃
In dem deutschen Gattungsnamen Gundermann steckt möglicherweise das gotische Wort „gund" = Eiter, Geschwür. Die Pflanze wurde früher als Wundheilmittel gebraucht. Sie enthält Gerbstoffe und einen Bitterstoff. Für Tiere ist sie giftig (Farbmutanten: s. Kriech-Günsel, S. 316).

3 Mai–August 30–60 cm
Zaun-Wicke
Vícia sépium
Schmetterlingsblütengewächse
Fabáceae (Leguminósae)
SK: Blüten zu 2–5 in den Blattachseln. Staubblätter röhrig verwachsen. Röhre mit schiefem Rand. Blätter gefiedert, mit 8–16 Teilblättchen.
B: Stengel mit Hilfe der Blattranken klimmend. Ranke gefiedert.
SV: Wiesen, Wegraine, Unkrautbestände auf Äckern, Laub- und Mischwälder, Gebüsche; meist auf Lehmboden; etwas stickstoffliebend; sehr häufig.
A: G; ♃
Die Zaun-Wicke scheidet auf der Unterseite ihrer Nebenblätter Nektar ab. Ameisen lecken ihn auf. Wegen des hohen Eiweißgehaltes wertvolles Futterkraut.

4 Juni–August 30–150 cm
Vogel-Wicke
Vícia crácca
Schmetterlingsblütengewächse
Fabáceae (Leguminósae)
SK: 5–30 Blüten (8–11 mm lang) in langgestielter Traube, blauviolett. Traube so lang wie ihr Tragblatt oder länger. Staubblätter röhrig verwachsen. Röhre mit schiefem Rand. Blätter gefiedert, mit 16–20 Teilblättchen.
B: Stengel klimmt mit Hilfe der Blattranken, dünn, angedrückt weichhaarig. Teilblättchen länglich-lanzettlich. Ranke gefiedert.
SV: Wiesen, Gebüsche, Waldränder, Unkrautbestände auf Getreideäckern; liebt tiefgründigen, stickstoffhaltigen Lehmboden; häufig.
A: G; ♃
Name s. Seite 348

5 Mai–Oktober 10–20 cm
Kleine Braunelle
Gemeine Braunelle
Prunélla vulgáris
(Brunélla vulgáris)
Lippenblütengewächse
Lamiáceae (Labiátae)
Siehe Seite 350

6 Juni–September 30–130 cm
Wald-Witwenblume
Wald-Skabiose, Knautie
Knáutia sylvática
Kardengewächse
Dipsacáceae
SK: Stengel unter dem Blütenköpfchen abstehend behaart. Blätter ungeteilt.
B: Blüten in endständigen Köpfchen. Randblüten wenig größer als die inneren Blüten, rotviolett. Blätter elliptisch-lanzettlich oder breit-eiförmig.
SV: Bergwälder, Schluchtwälder, Auwälder, Laubwälder, Mischwälder; liebt nährstoffreichen, feuchten Lehmboden; zerstreut.
A: V; ♃

2

3

4

5

6

1

Mai–Juni   5–15 cm
1 Echtes Fettkraut
Blaues Fettkraut
Gemeines Fettkraut
Pinguícula vulgáris
Wasserschlauchgewächse
Lentibulariáceae

SK: Keine Verwechslung möglich.
B: Blüten einzeln, blauviolett, 1–1,3 cm lang, gespornt, oft weißfleckig. Blätter grundständig, rosettig, gelblich, länglich oder elliptisch, ganzrandig, am Rande aufgebogen, klebrig.

SV: Flachmoore, nasse Felsen; liebt sickernassen, torfigen Boden oder nasse Felsspalten (hier oft auf Kalk); selten; an seinen Standorten zerstreut.
A: V; ♃
Insektenfressende Pflanze. Kleine Insekten, die über die Blätter laufen, bleiben kleben und werden an der Blattfläche verdaut. Das klebrige Sekret der Blätter enthält eiweißspaltende Enzyme und Labferment (vgl. Echtes Labkraut, S. 132).

Sümpfe, Moore, Ufer, Wasser

Juli–August   30–75 cm
2 Roß-Minze
Méntha spicáta (M. longifólia)
Lippenblütengewächse
Lamiáceae (Labiátae)
Siehe Seite 340

Juli–Oktober   30–100 cm
3 Wasser-Minze
Méntha aquática
Lippenblütengewächse
Lamiáceae (Labiátae)
Siehe Seite 332

Juli–Oktober   15–50 cm
4 Acker-Minze
Méntha arvénsis
Lippenblütengewächse
Lamiáceae (Labiátae)
Siehe Seite 332

Mai–September   30–100 cm
5 Gemeiner Beinwell
Schwarzwurz
Sýmphytum officinále
Borretschgewächse
Boragináceae

SK: Blätter deutlich am Stengel herablaufend. Pflanze rauhhaarig.
B: Blütenstand nickend, trugdoldig. Blüte schmutzig purpurn, rosaviolett oder gelbweiß. Stengel unten reichästig. Stengelblätter rinnig.
SV: Ufer, Gräben, Auwälder, nasse Wiesen, auch auf feuchten Schuttplätzen und an Wegen; liebt nassen, stickstoffhaltigen Boden; zerstreut.
A: V; ♃; (♠)
Die Pflanze wurde im Mittelalter als Heilmittel bei Knochenbrüchen verwendet. Deshalb der Name Beinwell. Schwarzwurz heißt die Pflanze nach ihrer schwarzen Wurzel. Sie darf jedoch nicht mit der Gemüsepflanze Schwarzwurzel verwechselt werden. Enthält Alkaloide und Gerbstoffe.

Juni–August   bis 3 m
6 Bittersüßer Nachtschatten
Bittersüß
Solánum dulcamára
Nachtschattengewächse
Solanáceae

SK: Blüte ähnlich der einer Kartoffel.
B: Blüten in Doldentrauben. Stengel nur unten holzig, aufrecht, aufsteigend, auch liegend oder windend. Blätter länglich-eiförmig, kahl, oft eingeschnitten gelappt. Blütenblätter riechen etwas nach Mäusen.
SV: Au- und Bruchwälder, Unkrautbestände an Ufern und auf feuchten Schuttplätzen. Liebt feuchten, nährstoff- und stickstoffhaltigen Boden; zerstreut.
A: V; ♠
Der Bittersüße Nachtschatten enthält giftige Alkaloide. Heilpflanze.

Mai–Juni 30–100 cm

1 Sibirische Schwertlilie
Iris sibirica
Schwertliliengewächse
Iridaceae

SK: Äußere Blütenblätter stehen ab und tragen keine Haare. Alle Blütenblätter blauviolett, die inneren meist dunkler als die äußeren; Stengel rund, länger als die Blätter, Blätter 2–6 mm breit, grasartig.
B: Stengel hohl. Oberste Blätter häutig.
SV: Moorige Wiesen und Flachmoore, oft an Stellen, die wenigstens im Frühjahr kurzzeitig überschwemmt, später im Jahr aber nur noch mäßig feucht sind; liebt schlammige und tonige Böden, die kalkhaltig und nährstoffreich sein sollten, aber nicht ausgesprochen basisch reagieren dürfen. Verträgt weder hohe Nährsalzkonzentrationen noch Mahd. Kommt daher nur auf unkultiviertem Gelände vor; selten, aber an ihren Standorten gelegentlich in kleineren Beständen.
A: M; 24; ▽
Die Sibirische Schwertlilie ist bis etwa 1960 immer seltener geworden, weil immer mehr ihrer Standorte bebaut worden sind. Neuerdings ist der Rückgang zum Stillstand gekommen: Die Böden, die sie braucht, lassen sich nicht mehr rentabel bewirtschaften. Da angrenzend an ihre Wuchsorte deswegen sogar Brachen entstehen, könnte sich die Art sogar wieder ausbreiten.

Juni–Juli 20–60 cm

2 Gefleckte Kuckucksblume
Geflecktes Knabenkraut
Dactylorhiza maculáta
Orchideengewächse
Orchidáceae Siehe Seite 348

Mai–Juli 8–15 cm

3 Sumpf-Veilchen
Viola palústris

Veilchengewächse
Violáceae

SK: Blüten blaßviolett. Alle Blätter grundständig, kahl.
B: Blütenstiele entspringen einzeln aus dem Wurzelstock, Sporn der Blüte kurz. Blätter rund bis nierenförmig. Nebenblätter mit Fransen.
SV: Riedgrasbestände, Flachmoore; liebt nassen, etwas moorigen Boden; häufig.
A: G; 24
Beim Sumpf-Veilchen werden die Samen aus der Kapsel ausgeschleudert. Sie werden nicht – wie andere Veilchensamen – durch Ameisen verschleppt.

Mai–Juni 5–15 cm

4 Echtes Fettkraut
Blaues Fettkraut
Gemeines Fettkraut
Pinguícula vulgáris
Wasserschlauchgewächse
Lentibulariáceae
Siehe Seite 362

Juli–August 5–25 cm

5 Kleines Helmkraut
Scutellária mínor
Lippenblütengewächse
Lamiáceae (Labiátae)

SK: Blüten 6–8 mm lang. Kelch oberseits mit einer Schuppe.
B: Blüten rotviolett, etwa dreimal so lang wie der Kelch. Stengel reich verästelt, aufsteigend oder aufrecht. Blätter 5–20 mm lang, ganzrandig oder auf jeder Seite mit 1–2 Zähnen.
SV: Gräben, Ufer, Riedgrasbestände; liebt torfigen Boden oder sandigen Boden; selten.
A: V; 24
Der deutsche Name und der wissenschaftliche Gattungsname (lateinisch scutellum = Schild) beziehen sich auf die Helmform, die den Kelch mit seiner Schuppe besonders während der Fruchtzeit auszeichnen.

1

4

2

3

5

Mai–Oktober 5–10 cm

1 Acker-Sinau
Frauenmantel
Áphanes arvénsis
(Alchemílla arvénsis)
Rosengewächse
Rosáceae

SK: Blüten in blattachselständigen Knäueln. Sie messen 1,5–2 mm im Durchmesser und bestehen nur aus dem Kelch. Blätter mit 3–5 Lappen.
B: Stengel dünn. Blätter am Grunde keilförmig, gezähnt, bewimpert.
SV: Unkrautbestände vor allem auf Getreideäckern; kalkscheu; selten.
A: G; ⊙
Name: s. Gemeiner Frauenmantel, S. 372.

Juni–Oktober 25–50 cm

2 Schutt-Bingelkraut
Einjähriges Bingelkraut
Mercuriális ánnua
Wolfsmilchgewächse
Euphorbiáceae

SK: Stengel vierkantig, verzweigt. Blätter gegenständig, kerbig gesägt.
B: Pflanze zweihäusig, bis zu 10 Blüten in ährigen Knäueln. Stengel aufrecht. Blätter gestielt, eilanzettlich. Pflanze riecht beim Zerreiben widerlich.
SV: Unkrautbestände auf Hackfruchtäckern, in Weinbergen und Gärten, auch auf Schuttplätzen; liebt trockenen, lockeren Boden; wärmeliebend; häufig.
A: G; ⊙; ⚘
Name und Giftstoffgehalt: s. Wald-Bingelkraut, S. 374.
Das Schutt-Bingelkraut ist ein Windblütler. Viele männliche Blüten werden im selben Augenblick, in dem sich die Staubbeutel öffnen, durch einen Turgor-Mechanismus (Zellen, die sich mit Wasser vollsaugen, bis sie platzen) vom Blütenstand abgeschleudert. Dabei können sie mehr als 20 cm weit geschossen werden. Das Abschießen der Blüten kann man beobachten, wenn man junge männliche Pflanzen in eine Vase stellt. Meist werden die

Blüten morgens abgeschossen. Andere männliche Blüten verbleiben an der Pflanze.

Juni–September 10–80 cm

3 Zurückgekrümmter Fuchsschwanz
Krummer Fuchsschwanz
Amaránthus retrofléxus
Amarantgewächse
Amarantháceae

SK: Blütenrispe dicht, kegelförmig.
B: Fuchsschwanzähnliche, dichte, kegelförmige, am Grund verzweigte Rispe. Blüten in Knäueln, unscheinbar. Blätter langgestielt, rundlich-rautenförmig, bläulich-grün, wechselständig. Mehrere ähnliche, sehr seltene Arten.
SV: Unkrautbestände auf Hackfruchtäckern und auf Schuttplätzen; liebt sandigen, aber humushaltigen Boden; wärme- und stickstoffliebend; selten.
A: G; ⊙
Der Zurückgekrümmte Fuchsschwanz ist keine ursprünglich europäische Pflanze. Er wurde aus Amerika eingeschleppt und hat zunächst wohl auf warmen Schuttplätzen Fuß gefaßt.

Juni–September 15–60 cm

4 Kleine Brennessel
Úrtica úrens
Nesselgewächse
Urticáceae

SK: Untere Blätter kürzer als ihr Stiel. Pflanze mit Brennhaaren.
B: Blütenrispen kurz, waagrecht oder hängend, Pflanze einhäusig. Blätter gekreuzt-gegenständig, eiförmig-elliptisch.
SV: Schuttplätze, Wegränder, Steinmauern, Komposthaufen; Stickstoffzeiger; etwas kalkliebend; zerstreut.
A: G; ⊙; (⚘)
Brennhaare: s. Große Brennessel, S. 376.

Juni–Oktober 60–150 cm

5 Große Brennessel
Úrtica dióica
Nesselgewächse *Urticáceae*
Siehe Seite 376

2

4

1

5

3

1 Mai–Juni   20–70 cm
Kleiner Wiesenknopf
Sanguísórba minor
(Potérium sanguisórba)
Rosengewächse
Rosáceae
Siehe Seite 372

2 Mai–August   10–60 cm
Dorf-Gänsefuß
Guter Heinrich
Chenopódium bónus-henrícus
Gänsefußgewächse
Chenopodiáceae
SK: Blätter spießförmig-dreieckig.
B: Endständige Ähren in Haupt- und Seitenzweigen. Stengel ohne Knoten. Blätter grasgrün, langgestielt, ganzrandig, am Rand leicht wellig. Pflanze locker mehlig bestäubt und leicht klebrig.
SV: Unkrautbestände an Mauern, Gräben, auch auf gut gedüngten Äckern, oft auf Komposthaufen oder Miststapeln; liebt humusreichen Boden; ausgesprochener Stickstoffzeiger; zerstreut.
A: G; ⚁
Alte Arzneipflanze (Name). Enthält Saponine. Wird gelegentlich als Wildgemüse gegessen.

3 Juli–September   20–150 cm
Weißer Gänsefuß
Chenopódium álbum
Gänsefußgewächse
Chenopodiáceae
SK: Blütenstand mehlig bestäubt. Blätter hellblaugrün, eirautenförmig bis lanzettlich, gezähnt.
B: Scheinähre aus Blütenknäueln, Stengel ohne Knoten. Mehrere ähnliche, schwer unterscheidbare, aber seltene Arten.
SV: Unkrautbestände auf Äckern und Schuttplätzen; tritt oftmals als eine der ersten Pflanzen auf bloßgelegten Böden (Baustellen) auf; stickstoffliebend; häufig.
A: G; ⊙

4 Juli–Oktober   30–100 cm
Spreizende Melde
Gemeine Melde,
Ausgebreitete Melde
Átriplex pátula
Gänsefußgewächse
Chenopodiáceae
SK: Blüten mit zwei eirautenförmigen Vorblättern. Untere Blätter lanzettlich oder lineal-lanzettlich.
B: Blüten in Knäueln, eingeschlechtig. Äste stark abstehend. Untere Blätter beiderseits mit je einem Zahn, oberste ohne Zähne, lanzettlich. Mehrere ähnliche, schwer unterscheidbare, seltenere Arten.
SV: Unkrautbestände auf Hackfruchtäckern und Schuttplätzen; liebt lockeren, humushaltigen, feuchten, lehmigen Boden; Stickstoffzeiger; häufig.
A: G; ⊙
Formenreiches, seit der Steinzeit bekanntes Unkraut.

5 Juli–Oktober   30–100 cm
Spieß-Melde
Spießblättrige Melde
Átriplex hastáta
Gänsefußgewächse
Chenopodiáceae
SK: Blüten mit zwei dreieckigen Vorblättern. Untere Blätter dreieckig oder dreieckig-spießförmig.
B: Blüten in Knäueln, eingeschlechtig. Untere Blätter gezähnt, oberste zum Teil ohne Zähne, lanzettlich. Pflanze mehlig bestäubt oder kahl. Mehrere Rassen; vor allem die Blattform ändert mehr oder weniger ab.
SV: Unkrautbestände auf Äckern und an Wegrändern, auch auf Schuttplätzen; seltener an Ufern, auf salzigen Schlickböden, an den Meeresküsten häufiger; salzliebend; zerstreut.
A: G; ⊙
Formenreiches, seit der Steinzeit bekanntes Unkraut. Der Name „Melde" kommt vom Althochdeutschen „melta" oder „malta" und bedeutet: mit Mehl bestäubt.

1

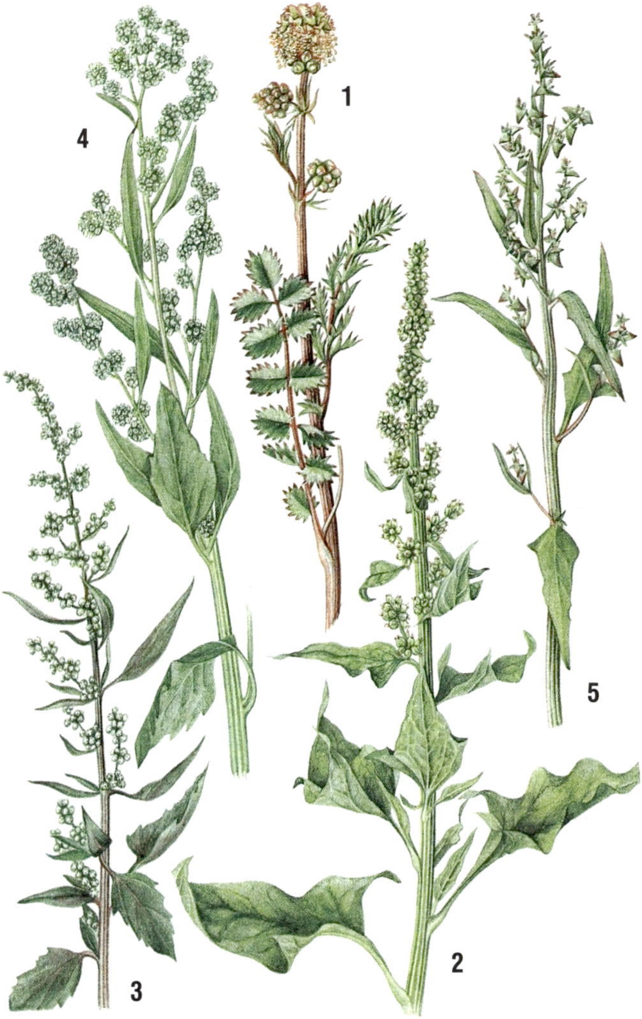

4

5

3

2

Juni—August   50—120 cm
1 Stumpfblättriger Ampfer
Grind-Ampfer
Rúmex obtusifólius
Knöterichgewächse
Polygonáceae

SK: Grundständige Blätter groß, mit herzförmigem Grund, vorn stumpf. Blütenstand nur bis zur Mitte mit Hochblättern.
B: Scheintrauben aus dichten Blütenquirlen. Stengel oft rötlich überlaufen.
SV: Unkrautbestände an Wegrändern, auf Kompostlagerplätzen, an Ortsrändern, gelegentlich auch auf Schuttplätzen, auf Kahlschlägen und an lichten Waldstellen; häufig.
A: G; ♃
Alte Heilpflanze. Enthält im Wurzelstock abführende, in der Frucht verstopfende Stoffe.

Juni—September   30—70 cm
2 Knäuel-Ampfer
Knäuelblütiger Ampfer
Rúmex conglomerátus
Knöterichgewächse
Polygonáceae
Siehe Seite 384

Juli—August   30—100 cm
3 Krauser Ampfer
Rúmex crispus
Knöterichgewächse
Polygonáceae

SK: Blätter am Rand wellig kraus.
B: Scheintrauben aus dichten Blütenquirlen. Blätter derb, lang und schmal, am Rand wellig.
SV: Unkrautbestände auf Äckern, an Wegrändern, auch auf Kompostlagern und auf Wiesen; liebt schweren, nährstoffreichen Lehmboden; Stickstoffzeiger; häufig.
A: G; ♃
Alte Heilpflanze. Enthält im Wurzelstock abführende, in der Frucht verstopfende Stoffe.

Mai—Oktober   8—20 cm
4 Einjähriger Knäuel
Grüner Knäuel
Scleránthus ánnuus
Nelkengewächse
Caryophylláceae

SK: Blüten in Knäueln in den Blattachseln oder an den Zweigenden. Blätter ohne Nebenblätter. Blüte besteht nur aus dem Kelch. Kelchzipfel eiförmig, spitz, grün, mit trockenhäutigem weißem Rand.
B: Stengel aufrecht. Blätter gegenständig oder gebüschelt, linealpfriemlich.
SV: Unkrautbestände auf Äckern und in Gärten; liebt lockeren Sandboden; zeigt Bodenversauerung an; zerstreut.
A: G; ☉

Juni—Oktober   5—15 cm
5 Kahles Bruchkraut
Glattes Tausendkorn
Herniária glábra
Nelkengewächse *Caryophylláceae*

SK: Blüten in Knäueln in den Blattachseln. Blätter mit häutigen Nelkenblättern. Blütenblätter nur etwa 1 mm lang.
B: Stengel niederliegend oder aufsteigend. Blätter klein, kahl, gegenständig, elliptisch oder eilänglich, am Grunde verschmälert.
SV: Unkrautbestände, vor allem auf Schuttplätzen und an Wegrainen; stickstoffliebend; kalkscheu; zeigt sandigen Boden an; selten.
A: G; ☉
Das Kahle Bruchkraut wurde in der mittelalterlichen Heilkunde gegen Bruchleiden verordnet (Name!). Es enthält Saponine und ätherisches Öl, die den Körper „entwässern".

Juni—Oktober   10—50 cm
6 Vogel-Knöterich
Polýgonum aviculáre
Knöterichgewächse
Polygonáceae Siehe Seite 42

5

1

2

3

4

6

1 Juli–Oktober   30–50 cm
Pfeffer-Knöterich
Wasserpfeffer

Polýgonum hydrópiper
Knöterichgewächse
Polygonáceae Siehe Seite 378

Wiesen, Weiden, Triften

2 Mai–Juni   20–70 cm
Kleiner Wiesenknopf
Sanguisórba minor
(Potérium sanguisórba)
Rosengewächse *Rosáceae*
SK: Keine Verwechslungsmöglichkeit.
B: Blütenköpfchen kugelig-eiförmig. Blüten meist eingeschlechtig, die unteren männlich, die mittleren zwittrig, die oberen weiblich. Blütenblätter fehlen. Blätter 10 bis 20 cm lang, mit 5–17 rundlichen, gezähnten Teilblättchen.
SV: Trockenrasen, Halbtrockenrasen, Wegraine, trockene Gebüsche und lichte Trockenwälder; liebt lockeren Boden; kalkliebend; wärmeliebend; zerstreut.
A: G; ♃
Name: s. Großer Wiesenknopf, S. 392. Der Kleine Wiesenknopf enthält vor allem im Wurzelstock Gerbstoffe. Alte Heilpflanze.

3 Mai–Oktober   15–50 cm
Gemeiner Frauenmantel
Wiesen-Frauenmantel
Alchemilla vulgáris
Rosengewächse *Rosáceae*
SK: Blüten in endständiger, oben kahler Rispe, klein, bestehen nur aus den Kelchblättern. Blätter sieben- bis elflappig, gezähnt.
B: Blätter im Umriß rundlich-nierenförmig. Die Art wird neuerdings in zahlreiche, äußerst schwer unterscheidbare Kleinarten aufgeteilt.
SV: Wiesen, seltener in feuchten, grasigen Wäldern und auf Waldwegen; liebt lehmigen, tiefgründigen und etwas feuchten Boden; etwas kalkscheu; häufig.
A: G; ♃
Der Name „Frauenmantel" bezieht sich auf die Blattform, die an einen überwurfartigen Mantel erinnert, wie er auf alten Marienbildern oft dargestellt ist. An den Blattzähnen befinden sich Wasserspalten, aus denen in feuchten Nächten Wasser in Tropfen ausgeschieden wird, und zwar oft so reichlich, daß es sich in der trichterartigen Vertiefung des Blattes sammelt. Dem Frauenmantel wurden im Mittelalter Zauberkräfte zugeschrieben. So war er Requisit der „Goldmacher". Enthält in den Blättern Gerbstoffe (Tannin).

4 Juni–August   50–180 cm
Alpen-Ampfer
Alpen-Sauerampfer
Rúmex alpínus
Knöterichgewächse
Polygonáceae
SK: Unterste Blätter bis zu 50 cm lang und 20 cm breit. Stengelblätter lanzettlich.
B: Blütenstand rispig. Blattstiele oberseits rinnig.
SV: Viehweiden (Lägerflur) der Alpen, seltener auch des Südschwarzwaldes; liebt feuchten, humusreichen und tiefgründigen Boden; Stickstoffzeiger; tritt an seinen Standorten in größeren Rudeln auf.
A: G; ♃

5 Juli–August   30–100 cm
Krauser Ampfer
Rúmex críspus
Knöterichgewächse
Polygonáceae Siehe Seite 370

6 Juni–Juli   15–30 cm
Pyrenäen-Vermeinkraut
Thésium pyrenáicum (T. praténse)
Sandelgewächse *Santaláceae*
Siehe Seite 60

6

3

1

2

5

4

Mai—Juni   15—30 cm

1 Spinnen-Ragwurz
Spinnenstendel, Spinnen-Orchis
Óphrys sphecódes (O. aranífera)
Orchideengewächse
Orchidáceae Siehe Seite 274

Mai—Juni   10—30 cm

2 Fliegen-Ragwurz
Fliegenstendel, Fliegen-Orchis

Óphrys insectífera
(Óphrys muscífera)
Orchideengewächse
Orchidáceae Siehe Seite 276

Mai—Juli   20—65 cm

3 Großes Zweiblatt
Lístera ováta
Orchideengewächse
Orchidáceae Siehe Seite 380

April—Mai   15—30 cm

4 Wald-Bingelkraut
Mercuriális perénnis
Wolfsmilchgewächse
Euphorbiáceae

SK: Entweder nur weibliche oder nur männliche Blüten. Stengel rund, unverzweigt. Blätter gegenständig, kerbig gesägt.

B: Pflanze zweihäusig. Blüten in ährigen, blattachselständigen Knäueln. Stengel meist aufrecht. Blätter gestielt, eiförmig-lanzettlich, dunkelgrün. Pflanze riecht beim Zerreiben leicht widerlich.

SV: Laubwälder, Mischwälder, Bergwälder, Gebüsche, Auwälder; liebt mull- und nährstoffreichen, etwas steinigen Boden; sehr häufig.

A: G; ♃; ☙

Der wissenschaftliche Gattungsname verweist auf die griechische Sage. Nach ihr soll der Gott Merkur die Heilkräfte des Bingelkrauts entdeckt haben. Der deutsche Name kommt von althochdeutsch „bungo" = Knolle. Heilpflanze. Enthält Saponine, ätherisches Öl, Bitterstoffe und Trimethylamin.

Mai—Oktober   15—50 cm

5 Gemeiner Frauenmantel
Wiesen-Frauenmantel
Alchemílla vulgáris
Rosengewächse *Rosáceae*
Siehe Seite 372

April—Juni   15—50 cm

6 Gefleckter Aronstab, Zehrwurz
Árum maculátum
Aronstabgewächse *Aráceae*

SK: Keine Verwechslung möglich.

B: Blüten stehen unten an einem keulenförmigen Kolben, der von einem grünlichweißen Hüllblatt umgeben wird. Die männlichen Blüten sitzen über den weiblichen Blüten. Blätter pfeilförmig, oft ganz schwach dunkelgrün bis braun gefleckt.

SV: Feuchte Laubmischwälder und Auwälder, Gebüsche; zeigt nährstoffreichen, lockeren, humosen und oft lehmigen Boden an; wärmeliebend; zerstreut.

A: M; ♃; ☙

Der Blütenstand des Aronstabs ist eine Fliegenkesselfalle. Durch Aasgeruch, der der Keule entströmt, werden Fliegen und andere Insekten angelockt. Von dem glatten Hüllblatt rutschen sie ins Innere des Kessels. Eine Reuse aus sperrigen Haaren behindert sie am Herauskriechen. Am Grunde der „Tüte" finden die Insekten nektarhaltiges Wasser. Wenn die Blüten bestäubt sind, welkt das Hüllblatt, und die Insekten können wieder ins Freie gelangen. Die ganze Pflanze gilt als giftig. Ein Alkaloid „Aroin" konnte in neueren Untersuchungen nicht nachgewiesen werden. Möglicherweise beruht die Giftwirkung auf der Wirkung von Salzen der Oxalsäure.

Mai–Juni 20–70 cm
1 Kleiner Wiesenknopf
Sanguisórba mínor
(Potérium sanguisórba)
Rosengewächse
Rosáceae
Siehe Seite 372

Mai–Juni 10–50 cm
2 Süße Wolfsmilch
Euphórbia dúlcis
Wolfsmilchgewächse
Euphorbiáceae
SK: Trugdolde drei- bis fünfstrahlig. Drüsen im Hüllbecher in jungen Blüten gelb, grün, dann rotgelb bis purpurrot.
B: Stengel aufrecht. Blätter 2,5–6 cm lang und 1–2 cm breit, verkehrt-eiförmig oder länglich-lanzettlich, sitzend oder kurzgestielt. Pflanze führt weißen Milchsaft.
SV: Laubwälder, Mischwälder, Trockenwälder, Auwälder; liebt mullreichen, lockeren und etwas kalkhaltigen Boden; zerstreut.
A: G; ♃; ☸.
Blüte: s. Garten-Wolfsmilch, S. 132.
Die Süße Wolfsmilch enthält in dem Milchsaft giftige Diterpene.

Juni–Oktober 60–150 cm
3 Große Brennessel
Úrtica dióica
Nesselgewächse
Urticáceae
SK: Blätter länger als ihr Stiel. Pflanze mit Brennhaaren.
B: Blütenrispen lang, hängend, Pflanze zweihäusig. Blätter gekreuztgegenständig.
SV: Schuttplätze, Wegränder, feuchte Stellen in Laub- und Nadelwäldern; Stickstoffzeiger, in Wäldern auch Nässezeiger; sehr häufig.
A: G; ♃; (☸)
In den Brennhaaren befindet sich ein noch nicht näher erforschtes Nesselgift und der Eiweißstoff Histamin. Beide zusammen rufen – auf oder unter die Haut gebracht – Nesselquaddeln hervor. Dazu genügt schon ein zehnmillionstel Gramm. Der Giftstoff wird durch langes Kochen zerstört.

„Brennesselspinat" aus jungen, wenig nesselnden Trieben hergestellt, ist nicht gesundheitsschädlich, sofern er genügend lang gekocht wird. Er ist sogar wegen seines hohen Vitamin-C-Gehaltes und des hohen Eisengehaltes als Nahrung bekömmlich und wertvoll. Die Pflanze wird gelegentlich von den Raupen des Schmetterlings „Kleiner Fuchs" *(Vanéssa úrticae)* befallen.

Juli–August bis 7 m
4 Gemeiner Hopfen
Húmulus lúpulus
Hanfgewächse
Cannabáceae
SK: Schlingpflanze.
B: Blüten in gelbgrünen Kätzchen. Pflanze zweihäusig. Stengel rechtswindend, steifhaarig. Blätter gegenständig, langstielig, handförmig drei- bis fünflappig, grob gesägt, rauhhaarig.
SV: Auwälder, feuchte Gebüsche, Erlenbrüche; liebt grundwasserdurchzogenen Lehmboden; stickstoff- und wärmeliebend; zerstreut. Vielfach auf Äckern in Stangenkulturen angepflanzt.
A: G; ♃
Der Hopfen enthält Hopfenbittersäuren, die wesentliche Bestandteile der Bierwürze sind. Angebaut wird immer nur die weibliche Pflanze. Hopfenanbau kennt man in Deutschland mindestens seit dem 8. Jahrhundert.

Juni–August 50–120 cm
5 Stumpfblättriger Ampfer
Grind-Ampfer
Rúmex obtusifólius
Knöterichgewächse
Polygonáceae
Siehe Seite 370

Juni–September 30–70 cm
6 Knäuel-Ampfer
Knäuelblütiger Ampfer
Rúmex conglomerátus
Knöterichgewächse
Polygonáceae
Siehe Seite 384

2

1

4

6

5

3

März–April 8–10 cm

1 Gemeines Moschuskraut
Gemeines Bisamkraut
Adóxa moschatellína
Moschuskrautgewächse
Adoxáceae

SK: Keine Verwechslung möglich.
B: Blüten in einem gestielten, endständigen Köpfchen, unscheinbar, grüngelb. Stengel aufrecht. Grundblätter langgestielt, doppelt dreiteilig. Blüten riechen schwach faulig, Blätter moschus- oder bisamartig (Name).
SV: Auwälder, Schluchtwälder, feuchte Laubwälder und Gebüsche; liebt lockeren, aber etwas feuchten, stickstoffhaltigen Lehmboden; etwas kalkliebend; selten; tritt an seinen Standorten meist in größeren Rudeln auf.
A: V; ♃

Juli–Oktober 30–50 cm

2 Pfeffer-Knöterich, Wasserpfeffer
Polýgonum hydropíper
Knöterichgewächse
Polygonáceae

SK: Stengel ästig, Äste mit lockeren Scheinähren. Pflanze schmeckt scharf.
B: Stengel meist aufrecht. Blätter länglich-lanzettlich, gegen Grund und Spitze verschmälert.
SV: Gräben, Ufer, Quellfluren, aber auch auf feuchten Waldwegen und auf nassen Feldwegen; etwas kalkscheu; Stickstoffzeiger; häufig.
A: G; ☉; (✿)

Juni–Juli 50–250 cm

3 Engelwurz
Angélica archangélica
Doldengewächse
Apiáceae (Umbelliferae)

SK: Blüten in Dolden; Stengel am Grunde armdick.
B: Dolde zusammengesetzt, mit 20–30 Strahlen. Doldenteile oben mehlig. Stengel rund, hohl, oben ästig. Blätter zwei- bis dreifach, obere meist nur einfach fiederteilig. Blattscheiden bauchig aufgetrieben.

SV: Unkrautbestände an Ufern, Röhricht, feuchte Wälder; liebt stickstoffhaltigen Schlammboden; selten; wohl aus alten Anpflanzungen verwildert und bei uns jetzt eingebürgert.
A: G; ♃; (✿)
Name: s. Wald-Brustwurz, S. 88. Die Engelwurz enthält neben ätherischen Ölen Furocumarine, die die menschliche Haut gegen Licht überempfindlich machen und bei Sonnenbestrahlung Hautausschläge hervorrufen.

März–April 30–50 cm

4 Stinkende Nieswurz
Helléborus fóetidus
Hahnenfußgewächse
Ranunculáceae

SK: Blüten glockig zusammenneigend. Blätter handförmig geteilt. Stengel von unten an beblättert.
B: Blütenblätter zu Honigblättern umgebildet. Blüte besteht nur aus den Kelchblättern. Stengel vielblütig. Grundblätter fehlen. Untere Blätter gestielt, handförmig geteilt (siebenbis neunteilig). Obere Blätter sitzend, einfach bis dreispaltig.
SV: Trockenwälder, trockene Gebüsche, besonders an lichten Stellen; liebt kalkhaltigen, lockeren Boden; zerstreut.
A: G; ♃; ✿

März–Mai 30–50 cm

5 Grüne Nieswurz
Helléborus víridis
Hahnenfußgewächse
Ranunculáceae

SK: Blüten ausgebreitet. Blätter handförmig geteilt.
B: Blütenblätter zu Honigblättern umgebildet. Blüte besteht aus den Kelchblättern, Stengel ein- bis dreiblütig. Blätter handförmig geteilt, Teilblättchen gesägt. Untere Blätter zurückgekrümmt.
SV: Laubwälder und Laubmischwälder; liebt mull- und nährstoffreichen, etwas feuchten, kalkhaltigen Boden; selten; meist wohl nur verwildert.
A: G; ♃; ✿

1

2

3

4

5

Mai—Juni 15—30 cm

1 Vierblättrige Einbeere
Páris quadrifólia
Liliengewächse
Liliáceae
SK: Keine Verwechslungsmöglichkeit.
B: Blüte über einem Quirl aus 4, seltener aus 3 oder 5 Blättern. Frucht etwa kirschgroße, blauschwarze Beere.
SV: Laubwälder, Laubmischwälder, Weißtannenbestände; liebt nährstoffreichen, humosen, grundwasserdurchzogenen Lehmboden; zerstreut.
A: M; ♃; ☘
Die Vierblättrige Einbeere enthält giftige Saponine, auch in der Beere, die dadurch unangenehm bitter schmeckt. Der lateinische Gattungsname verweist auf die griechische Mythologie. Die Beere symbolisiert den Eris-Apfel, um den sich Paris, Athene, Hera und Aphrodite versammelten. Die Blüten der Einbeere sind geruchlos. Dennoch werden sie nicht selten von kleinen Aasfliegen angeflogen. Wahrscheinlich halten sie die glänzenden Fruchtknoten für Flüssigkeit (Fliegen-Täuschblume).

Mai—Juni 15—30 cm

2 Spinnen-Ragwurz
Spinnenstendel, Spinnen-Orchis
Óphrys sphecódes
(Óphrys aranífera)
Orchideengewächse
Orchidáceae Siehe Seite 274

Mai—Juli 10—40 cm

3 Fliegen-Ragwurz
Fliegenstendel, Fliegen-Orchis
Óphrys insectífera
(Óphrys muscífera)
Orchideengewächse
Orchidáceae Siehe Seite 276

Mai—Juni 20—65 cm

4 Großes Zweiblatt
Lístera ováta
Orchideengewächse *Orchidáceae*
SK: Stengel trägt nur 2 gegenständige, eiförmige Blätter. Lippe ohne Sporn.

B: Vielblütige Traube. Lippe ohne Sporn, lang, tief zweispaltig. Ähnlich: Herzblättriges Zweiblatt, *Lístera cordáta:* Traube nur fünf- bis fünfzehnblütig. Lippe ohne Sporn, tief zweispaltig, rotviolett. Übrige Blütenblätter grün. Stengel nur 4—20 cm. Mai—Juni. Nadel- und Mischwälder, vorzugsweise in Moospolstern; sehr selten.
SV: Laubwälder, Laubmischwälder, Nadelforste und Nadelwälder der Gebirge, seltener auf feuchten Wiesen; liebt etwas kalkhaltige, durchfeuchtete Böden; zerstreut.
A: M; ♃; ▽
Die Zweiblatt-Arten werden vorzugsweise von Schlupfwespen und Käfern befruchtet.

Juni—August 20—70 cm

5 Breitblättrige Sitter
Breitblättrige Sumpfwurz
Epipáctis helleboríne
(Epipáctis latifólia)
Orchideengewächse
Orchidáceae
SK: Lippe ohne Sporn. Blüten leicht hängend. Blütenblätter abstehend.
B: Einseitswendige Traube. Lippe spitz. Fruchtknoten allmählich in den Stiel verschmälert, beide gedreht. Stengel nur schwach behaart. Blätter wechselständig, breit-eiförmig, stengelumfassend, auf den Nerven behaart. Pflanze grün, seltener an schattigen Standorten violett überlaufen.
SV: Laubmischwälder, Laubwälder, Nadelforste und Trockenwälder; liebt lockeren, nährstoffreichen, kalkhaltigen, mullreichen Lehmboden; zerstreut.
A: M; ♃; ▽
Bei der Breitblättrigen Sitter ist die Lippe in 2 Abschnitte gegliedert. Im hinteren, eingewölbten Teil wird Nektar abgeschieden. Wenn die besuchenden Insekten (Faltenwespen und Hummeln) den Nektar aufnehmen, heften sie sich die verklebten Pollenpakete an den Staubbeutelhälfte an den Kopf. Bei dem Besuch einer weiteren Blüte können sie diese an der Narbe abstreifen.

1

4   2   3   5

Mai—Juni

1 Dreifurchige Wasserlinse
Lémna trisúlca
Wasserlinsengewächse
Lemnáceae

SK: Laubglieder spitz, 4—10 mm breit, kreuzweise gestellt, meist untergetaucht, nur zur Blütezeit schwimmend.
SV: Schwimmpflanzengürtel stehender Gewässer; zerstreut.
A: M; ♃

In neuerer Zeit wurde festgestellt, daß die Wasserlinsenarten bis zu 650mal mehr Radium speichern können, als das Wasser enthält, in dem sie leben. Dabei ist der Radiumgehalt nicht immer gleich: Im Frühjahr ist er am höchsten, im Herbst am niedrigsten.

Mai—Juli

2 Kleine Wasserlinse
Entengrütze, Entengrün, Entenflott
Lémna mínor
Wasserlinsengewächse
Lemnáceae

SK: Laubglieder unterseits flach, 2—3 mm breit.
B: entfällt.
SV: Schwimmpflanzengürtel stehender Gewässer; tritt oft massenhaft auf und bildet eine grüne „Wasserblüte"; in Tümpeln und Gräben; sehr häufig.
A: M; ♃

Die „Entengrütze" wird vielfach an Entenküken verfüttert, weil sie das Wachstum steigern soll.

April—Juli

3 Buckelige Wasserlinse
Lémna gibba
Wasserlinsengewächse
Lemnáceae

SK: Laubglieder unterseits weiß, bauchig aufgetrieben, 2—3 mm breit.
B: entfällt.
SV: Schwimmpflanzengürtel stehender Gewässer; nährstoffliebend; etwas wärmeliebend; sehr selten.
A: M; ♃

Mai—Juni

4 Vielwurzelige Teichlinse
Spirodéla polyrhiza
Wasserlinsengewächse
Lemnáceae

SK: Jedes Laubglied mit einem Wurzelbüschel, unterseits meist rot, 3—4 mm breit.
B: entfällt.
SV: Schwimmpflanzengürtel stehender Gewässer; nährstoffliebend; selten.
A: M; ♃

Mai—August   50—150 cm

5 Schwimmendes Laichkraut
Potamogéton nátans
Laichkrautgewächse
Potamogetonáceae

SK: Blätter eiförmig, auf dem Wasser schwimmend, langgestielt.
B: Blüten in endständiger Ähre, unscheinbar. Ährenstiel nicht dicker als der Stengel. Schwimmblätter bis 12 cm lang, am Grund schwach herzförmig. Untergetauchte Blätter schmäler, verfaulen rasch. Zahlreiche schwer unterscheidbare Arten.
SV: Schwimmpflanzengürtel stehender oder langsam fließender Gewässer; zeigt leichte Nährstoffarmut an; häufig.
A: M; ♃

Mai—August   30—200 cm

6 Krauses Laichkraut
Potamogéton crispus
Laichkrautgewächse
Potamogetonáceae

SK: Blätter am Rande stark wellig, kraus.
B: Blüten in endständiger Ähre, unscheinbar. Stengel vierkantig. Blätter alle untergetaucht.
SV: Schwimmpflanzengürtel stehender oder langsam fließender Gewässer; untergetaucht; nährstoffliebend; Schlammzeiger; häufig.
A: M; ♃

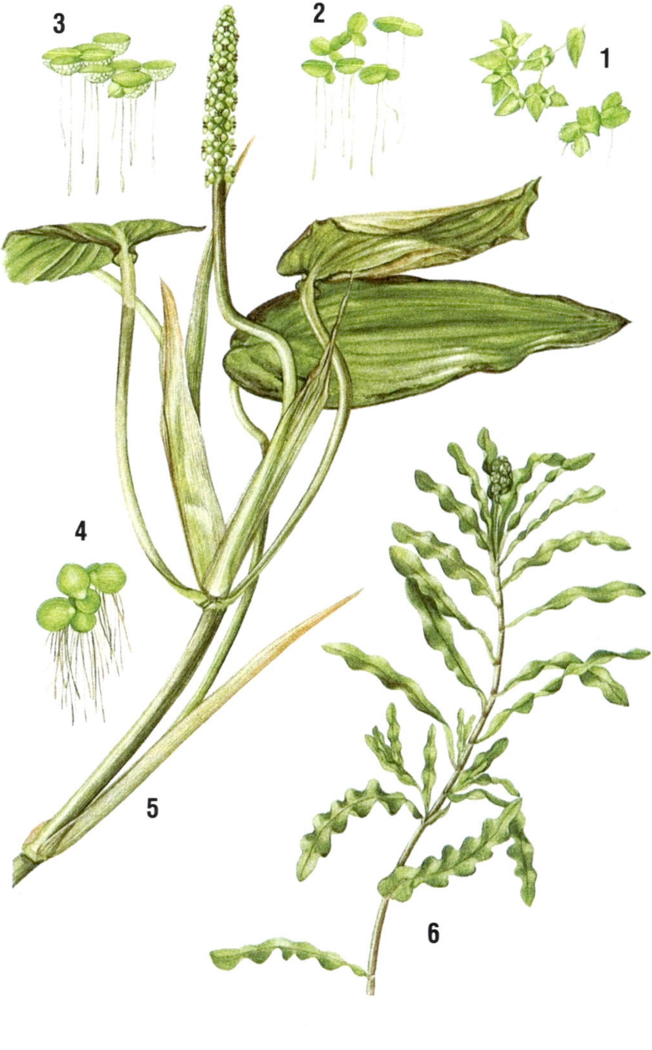

3

2

1

4

5

6

Juni—Juli   90—160 cm

1 Echter Kalmus
Magenwurz, Deutscher Ingwer
Ácorus cálamus
Aronstabgewächse *Aráceae*

SK: Blütenkolben scheinbar seitenständig.

B: Blüten unscheinbar, Stengel flachgedrückt, rinnig. Blätter lineal, schilfartig, ganzrandig. Wurzelstock kriechend.

SV: Röhricht stehender oder fließender Gewässer; auch in Riedgrasbeständen oder auf flachen, überschwemmten und beschatteten Schlammböden; selten.

A: M; ♃

Der Kalmus gehört nicht zur bodenständigen Flora. Er wurde früher — 1574 brachte man ihn aus Konstantinopel nach Wien — als Heilpflanze angebaut und ist aus der Kultur ausgebrochen und verwildert. Der Wurzelextrakt enthält ätherische Öle, Bitterstoff und Cholin, durch die er verdauungsanregend wirkt. Gelegentlich verwendet man ihn auch als Likör- und Parfümzusatz und zu Zahnpulvern und Mundwässern. Der Kalmus reift in West- und Mitteleuropa seine Samen nicht aus. Er vermehrt sich hier vegetativ.

Mai—August   10—200 cm

2 Gemeiner Tannenwedel
Hippúris vulgáris
Tannenwedelgewächse
Hippuridáceae

SK: Keine Verwechslung möglich.

B: Blüten bestehen nur aus einem Staubblatt und dem Fruchtknoten, blattachselständig. Gipfel des Stengels ragt meist aus dem Wasser, röhrig. Blätter ganzrandig, in sechs- bis zwölfzähligen Quirlen.

SV: Schwimmpflanzenbestand (untergetaucht) und Röhricht stehender oder langsam fließender Gewässer; liebt klares, etwas kalkhaltiges Wasser; kommt nur an wenigen Stellen vor, dort aber meist in größeren Beständen.

A: M; ♃

Juli—August   bis 7 m

3 Gemeiner Hopfen
Húmulus lúpulus
Hanfgewächse *Cannabáceae*
Siehe Seite 376

Juni—September   30—70 cm

4 Knäuel-Ampfer
Knäuelblütiger Ampfer
Rúmex conglomerátus
Knöterichgewächse
Polygonáceae

SK: Blüten in Quirlen, Blütenstand fast bis zur Spitze beblättert.

B: Stengelblätter herz-lanzettlich. Unterste Blätter herz- oder eiförmig.

SV: Unkrautbestände an Wegen, an lichten Waldstellen, an Ufern, gelegentlich im Röhricht stehender oder langsam fließender Gewässer; zerstreut.

A: G; ♃

Juli—Oktober   30—100 cm

5 Spieß-Melde
Spießblättrige Melde
Átriplex hastáta
Gänsefußgewächse
Chenopodiáceae Siehe Seite 368

August—November   5—45 cm

6 Gemeiner Queller
Glasschmalz
Salicórnia europāēa
(Salicórnia herbácea)
Gänsefußgewächse
Chenopodiáceae

SK: Keine Verwechslung möglich.

B: Blüten unscheinbar, meist zu 3 in den Achseln von scheidenförmigen Tragblättern. Stengel knotig gegliedert, an den Knoten eingeschnürt, glasig-fleischig, grün bis schmutzigrot, armleuchterartig verzweigt. Ohne Blätter.

SV: Schlickwatt; erträgt Überflutung und ziemlich hohen Salzgehalt; an schlickreichen, flachen Küsten häufig; angepflanzt, um den Schlickabsatz zu fördern.

A: G; ☉—☉

Ausgesprochene Salzpflanze, die mehrere Prozent Salzgehalt erträgt.

6

2

3

4

1

5

Juli–Oktober 30–50 cm
1 Pfeffer-Knöterich
Wasserpfeffer
Polýgonum hydrópiper
Knöterichgewächse
Polygonáceae Siehe Seite 378

Juni–Juli 50–250 cm
2 Engelwurz
Angélica archangélica
Doldenblütengewächse
Apiáceae (Umbelliferae)
Siehe Seite 378

Mai–Juli 10–30 cm
3 Sumpf-Blasenbinse
Blumenbinse, Blumensimse
Scheuchzéria palústris
Blasenbinsengewächse
Scheuchzeriáceae
SK: Keine Verwechslungsmöglichkeit.
B: Blüten zu 3–8 in lockerer Traube. Untere Blüten länger gestielt als obere. Stengel aufrecht. Blätter binsenartig, rinnig. Wurzelstock waagrecht.

SV: Schlammige, überschwemmte Torfböden; wärmeliebend; selten.
A: M; ♃

Juni–September 10–120 cm
4 Rauhes Hornblatt
Ceratophýllum demérsum
Hornblattgewächse
Ceratophylláceae
SK: Blätter ein- bis zweimal gegabelt.
B: Blüten unscheinbar, eingeschlechtig. Stengel verzweigt. Blätter stark, ein- bis zweimal gegabelt und daher höchstens mit 4 Zipfeln. Ähnlich: Zartes Hornblatt, *Ceratophýllum submérsum:* Blätter drei- bis viermal gegabelt, also mit mindestens 8 Zipfeln, weicher. Untergetaucht im Schwimmpflanzenbestand stehender, flacher Gewässer; sehr selten.
SV: Untergetaucht im Schwimmpflanzenbestand stehender oder langsam fließender Gewässer; liebt nährstoffreiche, schlammige, trübe Gewässer; häufig.
A: G; ♃

Mai 2–3 m
5 Europäisches Pfaffenhütchen
Spindelstrauch, Spindelbaum
Euónymus europáéa
(Evónymus europáéa)
Spindelbaumgewächse
Celastráceae
SK: Junge Zweige deutlich vierkantig.
B: Blüten in blattachselständigen, armblütigen Rispen, weißlichgrün. Samen mit auffälligem hellrot-orangegelbem Samenmantel. Blätter gekreuzt gegenständig, eiförmig-lanzettlich, klein gekerbt.
SV: Auwälder, Laubwälder, Mischwälder, Waldränder, Gebüsche; liebt etwas feuchten, tiefgründigen, lehmigen Boden; zerstreut.
A: G; ♣
Enthält im Samen einen sehr giftigen Bitterstoff. Die Form des Samenman-

tels erinnert an das Barett eines katholischen Priesters.

Mai–Juni 1–3 m
6 Purgier-Kreuzdorn
Rhámnus cathárticus
Kreuzdorngewächse
Rhamnáceae
SK: Zweige und Blätter gegenständig. Blätter langgestielt. Stiel 1–2,5 cm, Blatt 3–6 cm.
B: Pflanze oft zweihäusig. Blüten in wenigblütigen Trugdolden, blattachselständig. Zweige sparrig, mit end- und gabelständigen Dornen.
SV: Trockenwälder, trockene Gebüsche, Waldränder, Auwälder; selten.
A: G; (♣)
Die Früchte enthalten zahlreiche Glykoside, die stark abführend wirken (Name). Alte Heilpflanze.

1

2

3

4

5

6

April–Mai 90–180 cm
1 Felsen-Johannisbeere
Ribes petraēum
Stachelbeergewächse
Grossulariáceae
SK: Hängende Blütentraube. Blütenblätter rot punktiert. Kelchblätter fein behaart.
B: Blattstiel länger als die Blattspreite. Blätter fünflappig. Blattlappen spitz.
SV: Schluchtwälder, Bergwälder, Mischwälder; liebt mullreichen Boden; selten.
A: G

April–Mai 120–150 cm
2 Schwarze Johannisbeere
Ribes nígrum
Stachelbeergewächse
Grossulariáceae
SK: Hängende Blütentraube. Kelchblätter dicht behaart.
B: Blüten in wenigblütigen, hängenden Trauben. Blüten innen etwas rötlich. Beeren schwarz. Blätter rundlich, am Grunde oft herzförmig, langgestielt, fünflappig, unterseits mit gelblichen Haardrüsen.
SV: Bruchwälder, Auwälder; etwas kalkscheu; selten.
A: G

April–Mai 60–150 cm
3 Stachelbeere
Ribes úva-críspa (Ríbes grossulária)
Stachelbeergewächse
Grossulariáceae
SK: Äste mit Stacheln.
B: Blüten meist einzeln, seltener zu 2–3. Stachelbeere. Stacheln an den Zweigen meist dreiteilig. Blätter büschelständig, rundlich, drei- bis fünflappig.
SV: Schluchtwälder, Laubwälder, Mischwälder, feuchte Gebüsche, Waldränder, Hecken auf Geröllhalden; kalkliebend, etwas stickstoffliebend; zerstreut.
A: G

Mai–Juni 90–160 cm
4 Alpen-Johannisbeere
Ribes alpinum

Stachelbeergewächse
Grossulariáceae
SK: Blütentrauben aufrecht. Blüten grünlichgelb. Beeren rot, kugelig, fade, schleimig. Zweige anfangs behaart, stachellos.
B: Blätter klein, rundlich, am Grunde herz- bis breit-keilförmig, dreilappig.
SV: Schluchtwälder, Bergwälder, Nadelwälder; liebt schotterige, aber feinerdereiche, kalkhaltige Böden; selten; gelegentlich verwildert.
A: G

Mai–Juni 15–30 cm
5 Heidelbeere
Blaubeere, Bickbeere
Vaccínium myrtíllus
Heidekrautgewächse
Ericáceae
SK: Zweige kantig, grün. Blätter schwach gekerbt, beiderseits grün.
B: Blüten einzeln in den Blattachseln. Stengel aufrecht oder aufsteigend, stark verzweigt. Blätter länglich-eiförmig, spitz, sommergrün.
SV: Laubwälder, Mischwälder, Nadelforste, Moore, alpine Matten; liebt saure, lockere Böden; sehr häufig.
A: V

August–Oktober bis 15 m
6 Gemeiner Efeu
Hédera hélix
Araliengewächse
Araliáceae
SK: Pflanze klettert mit Haftwurzeln.
B: Blüten in halbkugeligen Doldentrauben. Blätter junger Pflanzen drei- bis fünflappig, die der blühenden an den oberen Ästen den Blättern eines Birnbaums ähnlich.
SV: Laubwälder, Mischwälder, seltener Nadelwälder, Auwälder, auch an Mauern, Felsen und in Parks; frostempfindlich; häufig.
A: G; ✿
Der Efeu kann erst vom 8.–10. Lebensjahr an blühen. Er kann sicher 400–500 Jahre, möglicherweise sogar 1000 Jahre alt werden. Die Pflanze enthält, besonders in den Bergen, giftige Saponine. Alte Heilpflanze.

1

2

3

4

5

6

Juni–Oktober 15–30 cm

1 Breit-Wegerich, Großer Wegerich
Plantágo májor
Wegerichgewächse
Plantagináceae
SK: Stengel etwa so lang wie die Blütenähre. Blattfläche höchstens doppelt so lang wie der Blattstiel.
B: Lange, dichte Ähre. Blüten unscheinbar. Staubblätter gelblichweiß, Pollensäcke hellviolett. Blätter rosettig, ganzrandig.
SV: Unkrautbestände an Wegen, Wegrainen, auf Schuttplätzen, Sportplätzen und in Wiesen und Weiden; liebt etwas feuchten, sandigen oder lehmigen Boden; stickstoffliebend; trittunempfindlich; sehr häufig.
A: V; ⚁
Die Samen des Großen Wegerichs bleiben an den Schuhen haften und werden so verschleppt. Alte Heilpflanze. Enthält Schleimstoffe.

Mai–Oktober 5–60 cm

2 Spitz-Wegerich
Plantágo lanceoláta
Wegerichgewächse
Plantagináceae
SK: Ähre kurz. Blüten unscheinbar. Staubfäden weißlich, später braun.
B: Stengel gefurcht. Blätter rosettig, lanzettlich.
SV: Wiesen, Weiden, Wegränder, Wegraine, Schuttplätze; liebt nährstoffreichen, sandigen oder lehmigen Boden; stickstoffliebend; sehr häufig.
A: V; ⚁
Inhaltsstoff: s. Seite 38.

April–Mai 5–10 cm

3 Braune Haselwurz
Ásarum europáeum
Osterluzeigewächse
Aristolochiáceae
SK: Keine Verwechslung möglich.
B: Blüten dicht über dem Boden oder im Mull; außen grünlichbraun, innen purpurbraun, kurz gestielt. Blütenstiele entspringen dem Wurzelstock. Blätter nierenförmig, glänzend. Pflanze riecht beim Zerreiben scharf.
SV: Laubwälder und Laubmischwälder, seltener in Nadelforsten und Auwäldern; liebt kalkhaltigen, humushaltigen und etwas feuchten Boden; zerstreut.
A: G; ⚁; ☠
Das Gift ist ein stark reizendes ätherisches Öl, das auf der Zunge pfefferartig scharf schmeckt.

Juni–Juli 50–150 cm

4 Schwarze Tollkirsche
Átropa belladónna
Nachtschattengewächse
Solanáceae
SK: Keine Verwechslung möglich.
B: Blüten einzeln in den Blattachseln, nickend. Beere ähnelt einer Kirsche. Stengel reichästig. Blätter eiförmig, in den Stiel herablaufend.
SV: Kahlschläge, lichte Stellen in Laub-, Misch- und Nadelwäldern, Waldränder; liebt lockeren, etwas kalkhaltigen und humusreichen Boden; häufig.
A: V; ⚁; ☠
Name und Inhaltsstoff: s. Seite 354.

Feuchte Standorte

Juni–August 90–220 cm

5 Schmalblättriger Rohrkolben
Týpha angustifólia
Rohrkolbengewächse
Typháceae
SK: Männliche Kolben 1–15 cm über dem weiblichen Kolben.
B: Männliche und weibliche Blüten in langzylindrischen Kolben, sehr klein. Weibliche Kolben rostbraun. Blätter 5–10 mm breit, grasgrün.
SV: Röhricht stehender oder langsam fließender Gewässer; selten.
A: M; ⚁
Mit den Blättern der Rohrkolben dichten die Küfer Faßfugen ab.

4

1

2

5

3

1 Juni–August 90–250 cm
Breitblättriger Rohrkolben
Týpha latifólia
Rohrkolbengewächse *Typháceae*
SK: Der männliche Kolben sitzt dem etwa gleich langen weiblichen Kolben fast unmittelbar auf.
B: Männliche und weibliche Blüten in langzylindrischen, etwa gleich langen Kolben, sehr klein. Weiblicher Kolben schwarzbraun. Blätter 10–20 mm breit, blaugrün. Ähnlich: Shuttleworth's Rohrkolben, *Týpha shuttlewórthii*; männliche Kolben viel kürzer als der weibliche Kolben. Blätter 5–10 mm breit. Juni–August; 50–100 cm. Röhricht stehender Gewässer; sehr selten.
SV: Röhricht, vor allem stehender Gewässer; nährstoffliebend; Verlandungspionier; häufig.
A: M; ♃

2 Juni–August 60–150 cm
Großer Wiesenknopf
Sanguisórba officinális
Rosengewächse *Rosáceae*
SK: Keine Verwechslungsmöglichkeit.
B: Blütenköpfchen braun oder schwarzpurpurn. Stengel aufrecht. Blätter unpaarig gefiedert. Teilblättchen herzförmig-länglich.
SV: Flachmoore, feuchte Wiesen; liebt feuchte, torfige oder lehmige Böden; sehr häufig; kommt an seinen Standorten oft massenhaft vor.
A: G; ♃
Der Gattungsname *Sanguisórba* (= Blutkugel) bezieht sich auf Form und Farbe des Blütenstandes. Die Pflanze enthält vor allem im Wurzelstock Gerbstoffe (Tannin) und Saponine. Alte Heilpflanze.

3 April–Juni 30–50 cm
Bach-Nelkenwurz
Géum rivále
Rosengewächse *Rosáceae*
Siehe Seite 264

4 Juni–September 60–140 cm
Knotige Braunwurz
Scrophulária nodósa
Braunwurzgewächse
Scrophulariáceae
SK: Stengel vierkantig, aber nicht geflügelt.
B: Endständige Rispe. Blüten braunpurpurn. Blätter kreuz-gegenständig, ungeteilt, eiförmig-länglich oder herzförmig, doppelt gesägt, kahl.
SV: Laubwälder, Mischwälder, Nadelwälder, Auwälder, Bruchwälder, Kahlschläge, seltener an Gräben und Ufern; liebt grundwasserfeuchten, lockeren, nährstoffreichen, lehmigen Boden; häufig.
A: V; ♃; (♠)
Der wissenschaftliche und der deutsche Gattungsname beziehen sich sowohl auf die braune Blütenfarbe als auch auf die Verwendung der Braunwurz gegen Halserkrankungen („Bräune"; lateinisch scrophula = Halsgeschwür"). Die Knotige Braunwurz enthält Saponine, Flavone und in geringen Mengen Digitalis-Glykoside. Alte Heilpflanze.

5 Juni–August 40–140 cm
Geflügelte Braunwurz
Scrophulária umbrósa (S. aláta)
Braunwurzgewächse
Scrophulariáceae
SK: Stengel breit geflügelt.
B: Trugdoldige Rispe. Blüten braunrot, am Grund grünlich. Stengel aufrecht oder aufsteigend. Blätter gegenständig, kahl. Blattstiele geflügelt.
SV: Röhricht stehender und fließender Gewässer, Gräben; liebt schlammigen, wenigstens zeitweise überfluteten, etwas kalkhaltigen Boden; zerstreut.
A: V; ♃; (♠)
Die Geflügelte Braunwurz enthält Saponine, Flavone und in geringen Mengen Digitalis-Glykoside. Alte Heilpflanze.
Name: s. Knotige Braunwurz, oben.

3

2

1

4

5

Bertsch, K.: Flora von Südwest-Deutschland, Wissenschaftliche Verlagsgesellschaft, Stuttgart, 1962

Hegi, G.: Illustrierte Flora von Mitteleuropa, C. Hanser Verlag, München. Erscheinungsjahr nach Bänden verschieden

Hermann, F.: Flora von Nord- und Mitteleuropa, G. Fischer, Stuttgart, 1956

Oberdorfer, E.: Pflanzensoziologische Exkursionsflora für Südwestdeutschland, Eugen Ulmer Verlag, Stuttgart, 1983

Rothmaler, W.: Exkursionsflora, II. Gefäßpflanzen, VEB Volk und Wissen, Berlin, 1981

Schmeil/Fitschen: Flora von Deutschland, Quelle & Meyer, Heidelberg, 1982

Weitere Kosmosbücher von Dr. Dietmar Aichele:
Das fängt man mit der Angel
Was blüht denn da? Der Fotoband

Zusammen mit Dr. Heinz-Werner Schwegler:
Welcher Baum ist das?
Unsere Gräser
Unsere Moos- und Farnpflanzen
Blumen am Wegesrand
Blumen der Alpen
Blumen in Wald und Flur
Der Kosmos-Pflanzenführer

Bei Pflanzen, die mehrfach besprochen sind, weist die fettgedruckte Seitenzahl auf die Stelle hin, an der die ausführlichen Angaben gemacht wurden.

kosmos Naturführer
Dietmar Aichele
Was blüht denn da?
Wildwachsende
Blütenpflanzen Mitteleuropas

Der Fotoband

Mit dem praktischen
KOSMOS FARBCODE

Was blüht denn da?
Der Fotoband - die
ideale Ergänzung zur
gezeichneten Standard-
ausgabe. 489 ausge-
wählte Farbfotos zeigen
die häufigsten Blüten-
pflanzen mit ihren auf-

448 Seiten, 1127 Abb.
ISBN 3-440-06837-4

fallenden Merkmalen. Mit dem bewährten
Kosmos-Farbcode und einem zusätzlichen Foto-
schlüssel für die auffälligen Früchte lassen sich die
Pflanzen leicht und sicher bestimmen.

Als Extra auf den Umschlagklappen: wichtige
Giftpflanzen auf einen Blick.

Das Jahrhundertwerk: Die Blütenpflanzen Mitteleuropas. Das fünfbändige Bestimmungswerk dokumentiert die gesamte mitteleuropäische Flora. Über 4.000 Arten nach dem neuesten Stand der Wissenschaft beschrieben. Über 2.400 Pflanzen werden, fast immer in natürlicher Größe, in exakten Farbzeichnungen dargestellt. Eine einzigartige Edition für alle Pflanzenfreunde.

Nur als Gesamtwerk zu beziehen.

224 Seiten, 837 Abb.
ISBN 3-440-06201-5

Unsere Gräser - der beliebte Naturführer in 10., verbesserter Auflage. Farbige Gras-Darstellungen ersetzen die bisherigen SW-Abbildungen. Ausführliche Texte beschreiben die Gräser und weisen auf

seltene, nicht abgebildete Arten hin.

Unsere Moos- und Farnpflanzen kennenlernen und sicher bestimmen. Eine Einführung in die Lebensweise, den Bau und das Erkennen heimischer Moose, Farne, Bärlappe und Schachtelhalme.

378 Seiten, 1.445 Abb.
ISBN 3-440-06700-9

Gemeiner
Efeu ☠
S. 388

Schwarzer
Holunder
S. 122

Trauben-
Kirsche
S. 116

Schwarzdorn
S. 116

Gemeiner
Liguster ☠
S. 114

Roter
Hartriegel
S. 114

Schwarze
Johannisbeere
S. 388

Wolliger
Schnee-
ball (☠)
S. 122

Echte
Brombeere
S. 120

Acker-Brom-
beere S. 120

Schwarze
Tollkirsche ☠
S. 354

Schwarzer
Nacht-
schatten ☠
S. 48

Ähren-
Christophs-
kraut ☠
S. 74